Aufbauschemata Zivilrecht/ZPO

- **BGB**
  - Allgemeiner Teil
  - Schuldrecht
  - Sachenrecht
  - Familienrecht
  - Erbrecht
- **Handelsrecht**
- **Gesellschaftsrecht**
- **Arbeitsrecht**
- **Allgemeines Gleichbehandlungsgesetz**
- **Zivilprozessrecht**

2020

Dr. Tobias Langkamp
Rechtsanwalt und Repetitor

Frank Müller
Rechtsanwalt und Repetitor

ALPMANN UND SCHMIDT Juristische Lehrgänge Verlagsges. mbH & Co. KG
48143 Münster, Alter Fischmarkt 8, 48001 Postfach 11 69, Telefon (0251) 98109-0
AS-Online: www.alpmann-schmidt.de

Dr. Langkamp, Tobias
Müller, Frank
Aufbauschemata Zivilrecht/ZPO
18., überarbeitete Auflage 2020
ISBN: 978-3-86752-709-5
Verlag: Alpmann und Schmidt Juristische Lehrgänge
Verlagsgesellschaft mbH & Co. KG, Münster

Die Vervielfältigung, insbesondere das Fotokopieren,
ist nicht gestattet (§§ 53, 54 UrhG) und strafbar (§ 106 UrhG).
Im Fall der Zuwiderhandlung wird Strafantrag gestellt.

Unterstützen Sie uns bei der Weiterentwicklung unserer Produkte.
Wir freuen uns über Anregungen, Wünsche, Lob oder Kritik an:
feedback@alpmann-schmidt.de

Benutzerhinweise

Die Aufbauschemata Zivilrecht sind als Grundlage für die Wiederholung des Stoffes und als Ratgeber und Leitfaden für den Aufbau von Klausuren gedacht. Mithilfe der Aufbauschemata kann einerseits der typische Fallaufbau nach Anspruchsgrundlagen eingeübt werden, andererseits wird das Verständnis durch vergleichende Übersichten und Bezüge erleichtert und vertieft.

Bei der Benutzung der Aufbauschemata Zivilrecht sollte man immer die Vorgehensweise bei der Falllösung in einer Klausur „im Hinterkopf" haben:

1. Aufbereitung des Sachverhaltes (ggf. Fallskizze).

2. Genaue Beachtung bzw. – sofern nicht ausdrücklich formuliert – Ermittlung der Fallfrage nach dem Grundsatz: „**WER** will **WAS** von **WEM**?"

3. Die **Aufbauschemata (A)** helfen sodann bei der Beantwortung der für die Falllösung wichtigen Frage, „**WORAUS**" der Anspruchsteller sein so ermitteltes Interesse (möglicherweise) ersetzt verlangen kann. In der Überblicksübersicht ⇨ *S. VII.* finden Sie eine **Zusammenfassung der möglichen Anspruchsbegehren**. Diese Übersicht führt Sie weiter zu den examenswichtigen Anspruchsgrundlagen für dieses Anspruchsbegehren. Die Übersicht ⇨ *S. 1–3* hilft Ihnen bei der Reihenfolge der Anspruchsprüfung – alle Übersichten zu den verschiedenen Anspruchsbegehren sind im Übrigen auch in der „richtigen" Prüfungsreihenfolge aufgebaut.

4. Innerhalb der Aufbauschemata (A) wird auf die **Vertiefungsschemata (B)** verwiesen, in denen materielle Rechtsfragen systematisch aufbereitet wurden, und die man sich an den durch Verweisungen gekennzeichneten Stellen immer wieder vergegenwärtigen sollte.

5. Die Vertiefungsschemata (B) dienen darüber hinaus der Wiederholung und Strukturierung examenswichtiger Probleme.

6. Wichtige Bezüge quer durch das gesamte Zivilrecht vermitteln die 4 Strukturschemata (C) zu den Folgen der beschränkten Geschäftsfähigkeit (I), akzessorischen Sicherungsrechten (II), den Konkurrenzregeln des Gewährleistungsrechts und des EBV (III) und zu Zurechnungs- bzw. Rechtsscheinproblemen (IV).

Bitte beachten Sie bei der Arbeit mit den Aufbauschemata Zivilrecht folgende Symbole:

⇨ Verweis auf ein anderes Schema

⚠ Besonders wichtige Anmerkung

℗ Problem/Streit (Nur überblicksartig; das Problem bzw. den Meinungsstand sollten Sie kennen.)

☞ Beispiel

INHALTSVERZEICHNIS

A. Aufbauschemata

I. Prüfungsreihenfolge 1–3
II. Primärleistung: Erfüllung 4
   1. Anspruchsgrundlagen 4–6
   2. Allgemeiner Aufbau 7, 8
III. Primärleistung: Nacherfüllung 9
   1. Anspruchsgrundlagen 9
   2. Aufbau Kaufrecht, §§ 437 Nr. 1, 439 10–12
   3. Aufbau Werkvertragsrecht, §§ 634 Nr. 1, 635 .... 13, 14
IV. Schadensersatz 15
   1. Anspruchsgrundlagen 15–17
   2. Statt der Leistung wegen anfänglicher Unmöglichkeit, § 311 a 18
   3. Statt der Leistung wegen anfänglicher Unmöglichkeit
      der Nacherfüllung im Kauf- und Werkvertragsrecht,
      § 437 Nr. 3 bzw. § 634 Nr. 4, § 311 a 19, 20
   4. Sonstiger Schadensersatz neben der Leistung wegen
      Pflichtverletzung, § 280 Abs. 1 .... 21, 22
   5. Neben der Leistung wegen (Neben-)Pflichtverletzung beim Kauf- und
      Werkvertrag, § 437 Nr. 3 Alt. 1 bzw. § 634 Nr. 4 Alt. 1, § 280 Abs. 1 .... 23, 24
   6. Statt der Leistung wegen Nicht- oder Schlechtleistung,
      §§ 280 Abs. 1 u. 3, 281 Abs. 1 S. 1 25–27
   7. Statt der Leistung im Kauf- und Werkvertragsrecht,
      § 437 Nr. 3 bzw. § 634 Nr. 4, §§ 280 Abs. 1 u. 3, 281 28–31
   8. Statt der Leistung wegen nachträglicher Unmöglichkeit,
      §§ 280 Abs. 1 u. 3, 283 .... 32, 33
   9. Statt der Leistung wegen nachträglicher Unmöglichkeit der
      Nacherfüllung im Kauf- und Werkvertragsrecht,
      § 437 Nr. 3 bzw. § 634 Nr. 4, §§ 280 Abs. 1 u. 3, 283 34–36
   10. Neben der Leistung wegen Verzögerung der Leistung,
       §§ 280 Abs. 1 u. 2, 286 37
   11. Neben der Leistung wegen Verzögerung der Nacherfüllung im
       Kauf- und Werkvertragsrecht, § 437 Nr. 3 bzw. § 634 Nr. 4,
       §§ 280 Abs. 1 u. 2, 286 .... 38, 39
   12. Statt der Leistung wegen Unzumutbarkeit,
       §§ 280 Abs. 1 u. 3, 282, 241 Abs. 2 40
   13. Schadensersatzansprüche Mietrecht, § 536 a 41, 42
   14. Schadensersatzansprüche Reiserecht, § 651 n 43–45
   15. Vertrauensschaden gem. §§ 122, 179 Abs. 2 46
   16. Schadensersatzanspruch des Geschäftsherrn bei GoA gem. § 678
       (§ 687 Abs. 2) 47, 48
   17. Unrechtmäßiger verklagter/bösgläubiger Besitzer, §§ 989, 990 49–52
   18. Unrechtmäßiger gutgläubiger Fremdbesitzer,
       §§ 991 Abs. 2, 989/§ 823 53

19. Deliktsbesitzer, § 992 .... 54, 55
20. Unerlaubte Handlung, § 823 Abs. 1 56–58
21. Schadensersatz gem. § 823 Abs. 1 wegen Verletzung von
    Rahmenrechten 59, 60
22. Schadensersatz wegen anderer deliktischer Tatbestände (Überblick) 61–65
23. Schadensersatz gem. §§ 7, 18 StVG 66
24. Schadensersatz gem. § 1 Abs. 1 ProdHaftG 67, 68

V. Herausgabe/Rückzahlung/Wertersatz 69
  1. Anspruchsgrundlagen 69, 70
  2. Rückabwicklung gem. § 346 – Grundschema 71–73
  3. Rückforderung der Leistung bei Unmöglichkeit, § 326 Abs. 4 .... 74, 75
  4. Rücktritt bei Nicht- oder Schlechtleistung, § 323 Abs. 1 .... 76, 77
  5. Rücktritt bei Schlechtleistung im Kauf- bzw. Werkvertragsrecht,
     § 437 Nr. 2 bzw. § 634 Nr. 3, § 323 .... 78, 79
  6. Rücktritt wegen Nebenpflichtverletzung, § 324 80
  7. Rücktritt bei (teilweiser) Unmöglichkeit, §§ 326 Abs. 5, 323 .... 81, 82
  8. Rücktritt bei (teilweiser) Unmöglichkeit der Nacherfüllungspflicht
     im Kauf- und Werkvertragsrecht, § 437 Nr. 2 bzw. § 634 Nr. 3 .... 83, 84
  9. Eigentumsherausgabeanspruch, § 985 85–87
  10. Besitzansprüche, §§ 861, 862 .... 88, 89
  11. Petitorische Besitzansprüche, § 1007 90
  12. Leistungskondiktion wegen Verfehlung des Erfüllungszwecks,
      § 812 Abs. 1 S. 1 Alt. 1 bzw. § 812 Abs. 1 S. 2 Alt. 1 .... 91, 92
  13. Leistungskondiktion wegen sonstiger Zweckverfehlung,
      § 812 Abs. 1 S. 2 Alt. 2 93
  14. Leistungskondiktion bei Gesetzes- oder Sittenwidrigkeit, § 817 94
  15. Nichtleistungskondiktion gegenüber Verfügendem oder
      Drittem, § 816 Abs. 1 S. 1 bzw. § 816 Abs. 1 S. 2 .... 95, 96
  16. Nichtleistungskondiktion gegenüber Leistungsempfänger, § 816 Abs. 2 97
  17. Allgemeine Nichtleistungskondiktion, § 812 Abs. 1 S. 1 Alt. 2
      („in sonstiger Weise") 98, 99
  18. Kondiktion bei Eigentumsverlust kraft Gesetzes, §§ 951, 812 ff. 100

VI. Nutzungsersatz 101
  1. Anspruchsgrundlagen 101, 102
  2. Nutzungsersatz im EBV 103–105

VII. Verwendungsersatz 106
  1. Anspruchsgrundlagen 106, 107
  2. Verwendungsersatz im EBV 108–110

VIII. Aufwendungsersatz 111
  1. Anspruchsgrundlagen 111
  2. Aufwendungsersatz anstelle Schadensersatzes statt der
     Leistung, § 284 .... 112, 113
  3. Aufwendungsersatz bei Gläubigerverzug, § 304 114
  4. Aufwendungsersatz des Käufers gem. § 439 Abs. 3 115
  5. Aufwendungsersatz des Verkäufers gem. § 445 a Abs. 1 .... 116, 117

  6. Aufwendungsersatzanspruch des Mieters bei Mangelbeseitigung, § 536 a Abs. 2 .... 118, 119
  7. Aufwendungsersatzanspruch bei Mangelbeseitigung durch Besteller, §§ 634 Nr. 2, 637 120
  8. Aufwendungsersatzanspruch bei Mangelbeseitigung durch den Reisenden, § 651 k Abs. 2 S. 1 121
  9. Aufwendungsersatzanspruch des Geschäftsführers bei berechtigter GoA gem. §§ 677, 683 S. 1, 670 .... 122, 123
 IX. Herausgabe des Surrogats/Abtretung des Erlösanspruchs 124
  Anspruchsgrundlagen 124
 X. Auskunft 125
  Anspruchsgrundlagen 125
 XI. Unterlassung/Beseitigung 126
  1. Anspruchsgrundlagen 126
  2. Eigentumsbeeinträchtigungen, § 1004 127–130
 XII. Duldung der Zwangsvollstreckung 131
  1. Anspruchsgrundlagen 131
  2. Duldung der Zwangsvollstreckung aus Hypothek, § 1147 132–134
  3. Duldung der Zwangsvollstreckung aus Grundschuld, §§ 1192 Abs. 1, 1147 135–137
 XIII. Abgabe einer Willenserklärung 138
  Anspruchsgrundlagen 138

B. Vertiefungsschemata – Übersicht 139–142
 I. Allgemeiner Teil 143
  1. Einigung, Willenserklärung, Abgabe und Zugang 143–145
  2. Besondere Formen des Vertragsschlusses 146, 147
  3. Vertretung 148–150
  4. AGB 151, 152
  5. Beschränkte Geschäftsfähigkeit, Geschäftsunfähigkeit 153, 154
  6. Form 155–157
  7. Anfechtung 158, 159
  8. Bedingung, Befristung 160
  9. Auslegung, Dissens, Einigungsmängel 161
 II. Schuldrecht 162
  1. Erfüllung und Erfüllungssurrogate 162–165
  2. Leistungsmodalitäten 166
  3. Vertretenmüssen, Verschulden 167–169
  4. Unmöglichkeit 170, 171
  5. Störung der Geschäftsgrundlage, § 313 172
  6. Schuldnerverzug 173, 174
  7. Gläubigerverzug 175, 176
  8. Bürgschaft 177–179

9. Widerruf von Verbraucherverträgen 180–183
10. Systematik Pflichtverletzungen Schadensersatz 184
11. Systematik Pflichtverletzungen Rücktritt 185
12. Mangelbegriff im Kauf- und Werkvertragsrecht 186, 187
13. Mangelbegriff im Miet- und Reiserecht 188, 189
14. Systematik Gewährleistungsrecht Kaufrecht 190
15. Systematik Gewährleistungsrecht Werkvertragsrecht 191
16. Systematik Gewährleistungsrecht Mietrecht 192
17. Systematik Verbraucherschutz im BGB 193
18. Minderung im Kauf- und Werkvertragsrecht 194, 195
19. Minderung im Miet- und Reiserecht, § 576 Abs. 1 bzw. § 651 m 196, 197
20. Besonderheiten Verbrauchsgüterkauf 198, 199
21. Überblick Miete 200, 201
22. Leasing 202, 203
23. Garantie beim Kaufvertrag 204, 205
24. Dritte im Schuldverhältnis 206, 207
25. Gesamtschuld 208–210
26. Verkehrssicherungspflichten 211, 212
27. Umfang des Schadensersatzes 213–215
28. Schadensregulierung bei Kfz-Schäden 216
29. Verjährung 217–219
30. Überblick GoA 220
31. Überblick Bereicherungsrecht 221
32. Umfang der Herausgabe bei Bereicherung, § 818 .... 222, 223

III. Sachenrecht 224
1. Eigentumserwerb an beweglichen Sachen, §§ 929 ff. 224–226
2. Eigentumserwerb an beweglichen Sachen vom Nichtberechtigten 227–229
3. Eigentumserwerb an unbeweglichen Sachen vom Berechtigten 230, 231
4. Eigentumserwerb an unbeweglichen Sachen vom Nichtberechtigten 232, 233
5. Eigentumserwerb kraft Gesetzes/Hoheitsakts 234–236
6. Sicherungsübereignung 237, 238
7. Anwartschaftsrecht 239–241
8. Eigentumsvorbehalt 242, 243
9. Factoring 244, 245
10. Vormerkung, §§ 883 ff. 246, 247
11. Ersterwerb einer Hypothek/Grundschuld vom Berechtigten 248–250
12. Gutgläubiger Ersterwerb einer Hypothek/Grundschuld vom Nichtberechtigten 251, 252
13. Zweiterwerb einer Hypothek/Grundschuld vom Berechtigten 253
14. Zweiterwerb einer Hypothek/Grundschuld vom Nichtberechtigten 254–256
15. Haftungsverband der Hypothek/Grundschuld 257, 258
16. Unwirksamkeit von Sicherungsverträgen 259
17. Pfandrecht, §§ 1204 ff. 260–263

IV. Familienrecht 264
1. Systematik 264, 265

2. Rechtswirkungen der Ehe/Lebenspartnerschaft ... 266
3. Güterstände ... 267
4. Veräußerungsverbote ... 268
5. Ausgleich von Zuwendungen unter Ehegatten, Lebenspartnern, nichtehelichen Lebenspartnern ... 269
6. Eheverträge ... 270
7. Beendigung der Ehe ... 271
8. Abstammung ... 272
9. Adoption, Vormundschaft, Pflegschaft ... 273

V. Erbrecht ... 274
1. Systematik ... 274, 275
2. Erbfähige Personen ... 276, 277
3. Besonderheiten beim gemeinschaftlichen Testament ... 278
4. Erbenstellung ... 279
5. Erbenstellung – Verlust ... 280
6. Am Nachlass Beteiligte ... 281, 282
7. Rechtsfolgen des Erbfalls ... 283
8. Erbschein ... 284

VI. Handelsrecht ... 285
1. Systematik ... 285
2. Kaufleute, Firmengrundsätze ... 286
3. Unselbstständige Hilfspersonen der Kaufleute ... 287
4. Selbstständige Hilfspersonen ... 288
5. Rechtsschein im Handelsregister/außerhalb ... 289
6. Handelsgeschäfte – Abweichen vom BGB ... 290, 291

VII. Gesellschaftsrecht ... 292
1. Systematik ... 292
2. Prüfungsschema zum Anspruchsaufbau bei Personengesellschaften ... 293, 294
3. Entstehen der Personengesellschaften ... 295, 296
4. Vertretung und Geschäftsführung ... 297
5. Haftung ... 298, 299
6. Wechsel im Gesellschafterbestand ... 300, 301
7. Körperschaften – GmbH ... 302
8. Körperschaften – AG ... 303

VIII. Arbeitsrecht ... 304
1. Systematik – Rechtsquellen im Arbeitsrecht ... 304
2. Entstehen des Arbeitsverhältnisses ... 305, 306
3. Pflichten im Arbeitsverhältnis ... 307, 308
4. Haftungsprivilegien im Arbeitsrecht ... 309
5. Beschäftigungs- und Weiterbeschäftigungsanspruch ... 310
6. Abänderung oder Untergang des Arbeitsverhältnisses ... 311, 312
7. Grundzüge des arbeitsgerichtlichen Verfahrens ... 313
8. Kündigungsschutzklage ... 314
9. Tarifrecht – Arbeitskampfrecht (Grundzüge) ... 315

- IX. Allgemeines Gleichbehandlungsgesetz 316
  - 1. Struktur 316
  - 2. Schutz vor Benachteiligung im Arbeitsrecht 317
  - 3. Schutz vor Benachteiligung im allgemeinen Zivilrechtsverkehr 318
- X. Zivilprozessrecht 319
  - 1. Systematik 319
  - 2. Prüfungsschema: Zulässigkeit der Klage 320
  - 3. Zuständigkeit der Zivilgerichte 321
  - 4. Parteien 322
  - 5. Besondere Zulässigkeitsfragen 323
  - 6. Widerklage 324
  - 7. Besondere Verfahren 325, 326
  - 8. Beendigung des Verfahrens 327
  - 9. Rechtsmittel 328
  - 10. Vollstreckungsarten 329
  - 11. Voraussetzung jeder Zwangsvollstreckung 330
  - 12. Zwangsvollstreckung in Sachen 331
  - 13. Zwangsvollstreckung in Forderungen 332, 333
  - 14. Rechtsbehelfe in der Zwangsvollstreckung 334, 335
  - 15. Vorläufiger Rechtsschutz 336

C. Strukturschemata 337
- I. Auswirkungen mangelnder/beschränkter Geschäftsfähigkeit 337, 338
- II. Akzessorietät 339, 340
- III. Normkonkurrenzen 341–345
- IV. Zurechnung und Rechtsschein 346

A. Aufbauschemata

Überblick Anspruchsbegehren

Interesse des Anspruchstellers ist gerichtet auf ...

- II. Primärleistung: Erfüllung ⇨ **S. 4**
- III. Primärleistung: Nacherfüllung ⇨ **S. 9**
- IV. Schadensersatz ⇨ **S. 15**
- V. Herausgabe/Rückzahlung/Wertersatz ⇨ **S. 69**
- VI. Nutzungsersatz ⇨ **S. 101**
- VII. Verwendungsersatz ⇨ **S. 106**
- VIII. Aufwendungsersatz ⇨ **S. 111**
- IX. Surrogat/Erlös ⇨ **S. 124**
- X. Auskunft ⇨ **S. 125**
- XI. Unterlassung/Beseitigung ⇨ **S. 126**
- XII. Duldung der Zwangsvollstreckung ⇨ **S. 131**
- XIII. Abgabe einer Willenserklärung ⇨ **S. 138**

} **Anspruchsgrundlage**

A. Aufbauschemata

I. Prüfungsreihenfolge

I. Vertragliche Ansprüche

- **Primärleistung**
  - Erfüllung
  - Nacherfüllung (in Form von Nachlieferung/Neuherstellung oder Mangelbeseitigung)
- **Sekundärleistung**
  - Rückzahlung/Rückgabe
  - Minderung
  - Schadensersatz
  - Aufwendungsersatz
  - Herausgabe eines Surrogats

1. **vor vertragsähnlichen Ansprüchen zu prüfen, weil**
   - Haftungsmaßstab des intendierten Vertrages sich auf Ansprüche wegen vorvertraglichen Verschuldens (**§§ 280 Abs. 1, 311 Abs. 2, 3***) erstrecken kann;
   - vertragliches Gewährleistungsrecht vorrangig vor Ansprüchen aus §§ 280 Abs. 1, 311 Abs. 2, 3 sein kann und die Anfechtbarkeit nach § 119 Abs. 2 ausschließt;
   - ein Vertrag die Geschäftsführung ohne Auftrag ausschließt.
2. **vor dinglichen Ansprüchen zu prüfen, weil**
   - sich aus Vertrag Recht zum Besitz ergeben kann, sodass §§ 985 ff. ausgeschlossen sind;
   - Vertrag verbotene Eigenmacht ausschließen kann, sodass § 861 ausgeschlossen ist;
   - Vertrag Ansprüche aus § 1007 ausschließen kann.
3. **vor deliktischen Ansprüchen zu prüfen, weil**
   - vertraglicher Haftungsmaßstab sich auf deliktischen Haftungsmaßstab der §§ 823 ff. auswirken kann;
   - Vertrag Rechtfertigungsgrund sein kann.
4. **vor bereicherungsrechtlichen Ansprüchen zu prüfen, weil**
   - Vertrag Rechtsgrund i.S.d. §§ 812 ff. sein kann;
   - Vertrag Leistungsbeziehungen im Rahmen der §§ 812 ff. festlegt.

II. Vertragsähnliche Ansprüche

- § 122 bei Anfechtung
- § 179 bei Vertretung ohne Vertretungsmacht
- § 313 Vertragsanpassung bei Störung der Geschäftsgrundlage
- §§ 677 ff. Geschäftsführung ohne Auftrag
- §§ 280 Abs. 1, 311 Abs. 2, 3, 241 Abs. 2 Pflichtverletzung in rechtsgeschäftsähnlichen Schuldverhältnissen

*Im Folgenden sind §§ ohne Gesetzesangabe solche des BGB.

A. Aufbauschemata

I. Prüfungsreihenfolge (Fortsetzung)

II. Vertragsähnliche Ansprüche (Fortsetzung)

1. **vor dinglichen Ansprüchen zu prüfen, weil**
   - aus berechtigter GoA sich Recht zum Besitz ergeben kann, sodass §§ 985 ff. ausgeschlossen sind;
   - berechtigte GoA verbotene Eigenmacht ausschließen kann, sodass § 861 ausgeschlossen ist;
   - berechtigte GoA Ansprüche aus § 1007 ausschließen kann.
2. **vor deliktischen Ansprüchen zu prüfen, weil**
   - Haftungsmaßstab vorvertraglicher Schuldverhältnisse auf deliktische Haftung der §§ 823 ff. durchschlagen kann;
   - berechtigte GoA im Rahmen der §§ 823 ff. ein Rechtfertigungsgrund sein oder den Haftungsmaßstab mildern kann.
3. **vor bereicherungsrechtlichen Ansprüchen zu prüfen, weil**
   - berechtigte GoA Rechtsgrund i.S.v. §§ 812 ff. sein kann.

III. Dingliche Ansprüche

- Primäransprüche
  - Herausgabe
  - Grundbuchberichtigung
  - Duldung der Zwangsvollstreckung
  - Unterlassen
- Sekundäransprüche
  - Schadensersatz
  - Nutzungsersatz
  - Verwendungsersatz

1. **vor deliktischen Ansprüchen zu prüfen, weil**
   die §§ 987 ff., 2018 ff. und § 1007 Abs. 3 S. 2 für Schadensersatz spezielle Regelungen enthalten, welche die §§ 823 ff. verdrängen.
2. **vor bereicherungsrechtlichen Ansprüchen zu prüfen, weil**
   die §§ 987 ff., 2018 ff. und § 1007 Abs. 3 S. 2 ebenfalls für Nutzungs- und Verwendungsersatz spezielle Regelungen enthalten, welche die §§ 812 ff. verdrängen.

IV. Deliktische Ansprüche

- §§ 823 ff.
- §§ 7, 18 StVG
- § 1 ProdHaftG

Vor bereicherungsrechtlichen Ansprüchen
Vorrang ist nicht zwingend; sofern deliktischer Anspruch besteht, ist dieser zumeist jedoch „stärker", da kein Entreicherungseinwand i.S.d. § 818 Abs. 3 möglich.

A. Aufbauschemata

I. Prüfungsreihenfolge (Fortsetzung)

V. Bereicherungsrechtliche Ansprüche

- Leistungskondiktion
  - § 812 (Rechtsgrund fehlt, ist weggefallen oder Zweck wurde verfehlt)
  - § 813
  - § 817 S. 1
- Nichtleistungskondiktion
  - § 812 (Eingriffs-, Verwendungs-, Rückgriffskondiktion)
  - § 816 (Verfügungen eines oder an einen Nichtberechtigten)
  - § 822

VI. Sonstige Ansprüche („Hilfsansprüche" und übergegangene Ansprüche)

- Gesamtschuldausgleich, § 426 Abs. 1
- Ggf. analoge Ansprüche
- Übergegangene Ansprüche (wieder in der Reihenfolge „von vorne")
  - kraft erfolgter Abtretung (⚠ *§§ 285, 255 ergeben nur einen Anspruch auf Abtretung; Anspruch gegen Dritten erst nach Abtretung durch bisherigen Rechtsinhaber*)
  - kraft Gesetzes (§§ 426 Abs. 2, 774 Abs. 1, 999, 1143 Abs. 1, § 116 Abs. 1 SGB X, § 86 Abs. 1 VVG, § 6 Abs. 1 EntgFG)

A. Aufbauschemata

II. Primärleistung: Erfüllung
1. Anspruchsgrundlagen

I. Geregelte Vertragstypen

Endgültige Verschaffung einer Sache

Kauf
- § 433 Abs. 1 S. 1 — Übergabe und Übereignung der Kaufsache
- § 433 Abs. 2 — Kaufpreiszahlung und Abnahme der Kaufsache

Werklieferung
- §§ 650 S. 1, 433 Abs. 1 S. 1 — Herstellung einer beweglichen Sache sowie Übergabe und Übereignung
- §§ 650 S. 1, 433 Abs. 2 — Zahlung der Vergütung und Abnahme der Sache

Schenkung
- § 516 Abs. 1 — Übereignung der geschenkten Sache

Überlassung einer Sache auf Zeit zum Gebrauch/Fruchtgenuss

Miete
- § 535 Abs. 1 — Überlassung der Mietsache zum Gebrauch
- § 535 Abs. 2 — Mietzahlung

Pacht
- § 581 Abs. 1 S. 1 — Überlassung der Pachtsache zum Gebrauch und Fruchtgenuss
- § 581 Abs. 1 S. 2 — Pachtzahlung

Leihe
- § 598 — Überlassung der verliehenen Sache zum Gebrauch

Überlassung einer vertretbaren Sache/Geld gegen Rückerstattung

Darlehen
- § 488 Abs. 1 S. 1 — Zurverfügungstellung eines Geldbetrages
- § 488 Abs. 1 S. 2 Var. 1 — Zinszahlung

Sachdarlehen
- § 607 Abs. 1 S. 1 — Überlassung vertretbarer Sachen
- § 607 Abs. 1 S. 2 Var. 1 — Zahlung eines Darlehensentgeltes

A. Aufbauschemata

II. Primärleistung: Erfüllung
1. Anspruchsgrundlagen (Fortsetzung)

Tätigkeit

Dienstvertrag
- § 611 Abs. 1 Var. 1 — Leistung der versprochenen Dienste
- § 611 Abs. 1 Var. 2 — Zahlung der vereinbarten Vergütung

Arbeitsvertrag
- § 611 a Abs. 1 S. 1 — Arbeitsleistung
- § 611 a Abs. 2 — Zahlung der vereinbarten Vergütung

Auftrag
- § 662 — Besorgung eines Geschäftes

Geschäftsbesorgung mit dienstvertraglichem Charakter
- §§ 675 Abs. 1, 611 Abs. 1 — Leistung der versprochenen Dienste
- §§ 675 Abs. 1, 611 Abs. 1 — Zahlung der vereinbarten Vergütung

Zahlungsdienste
- § 675 f Abs. 1, 2 — Zahlungsvorgang ausführen
- § 675 f Abs. 4 S. 1 — Entgelt

Verwahrung

- § 688 — Aufbewahrung einer beweglichen Sache
- § 689 — Vergütung

Rückgabe einer Sache bei Vertragsbeendigung

- § 546 Abs. 1 — Rückgabepflicht des Mieters
- § 546 Abs. 2 — Rückgabepflicht des Untermieters
- §§ 581 Abs. 2, 546 — Rückgabepflicht des Pächters
- § 604 — Rückgabepflicht des Entleihers
- § 488 Abs. 1 S. 2 Var. 2 — Rückzahlung eines Gelddarlehens
- § 607 Abs. 1 S. 2 Var. 2 — Rückgewähr von Sachen gleicher Art, Güte und Menge beim Sachdarlehen
- § 667 — Herausgabe des zur Ausführung eines Vertrages Erhaltenen sowie des aus der Ausführung Erlangten
- § 695 S. 1 — Rückforderungsrecht bei Verwahrung
- § 732 Abs. 1 — Rückgabe bei Beendigung einer Gesellschaft

⚠ Es handelt sich bei diesen Ansprüchen zwar um vertragliche **Primäransprüche**, die allerdings nicht im Synallagma stehen und daher auch kein Zurückbehaltungsrecht gem. § 320 Abs. 1 begründen; ggf. aber nach § 273 Abs. 1.

A. Aufbauschemata

II. Primärleistung: Erfüllung
1. Anspruchsgrundlagen (Fortsetzung)

	Erfolg

Werkvertrag
- § 631 Abs. 1   Herstellung des Werkes
- § 631 Abs. 1   Zahlung der Vergütung
- § 645 Abs. 1   Teilvergütung bei Undurchführbarkeit des Werkes

Bauvertrag
- § 650 a   (Wieder-) Herstellung/Beseitigung eines Bauwerks
- § 650 b   Anordnungsrecht des Bestellers
- § 650 c   Vergütungsanpassung bei § 650 b
- § 650 h   Schriftform der Kündigung

Verbraucherbauvertrag
- § 650 i   (Um-) Bau eines Gebäudes
- § 650 m   Abschlagszahlung
- § 650 l   Widerrufsrecht

Geschäftsbesorgung mit werkvertraglichem Charakter
- §§ 675 Abs. 1, 631 Abs. 1   Herstellung des Werkes
- §§ 675 Abs. 1, 631 Abs. 1   Zahlung der vereinbarten Vergütung

Pauschalreisevertrag
- § 651 a Abs. 1 S. 1   Erbringung von Reiseleistungen
- § 651 a Abs. 1 S. 2   Zahlung des Reisepreises

II. Nicht geregelte Vertragstypen

- Anspruchsgrundlage unmittelbar aus Vertrag i.V.m. § 311 Abs. 1

III. Verträge zugunsten Dritter

- Anspruchsgrundlage des jeweiligen Vertrages i.V.m. § 328
⇨ **S. 206**

IV. Übergegangene Ansprüche

Rechtsgeschäftlich
- Anspruchsgrundlage des jeweiligen Vertrages i.V.m. § 398 (Abtretung)

Gesetzlich
- Anspruchsgrundlage des jeweiligen Vertrages i.V.m. § 268 Abs. 3 (Ablösungsrecht eines Dritten)
- Anspruchsgrundlage des jeweiligen Vertrages i.V.m. § 426 Abs. 2 (Gesamtschuldnerausgleich)
- Anspruchsgrundlage des jeweiligen Vertrages i.V.m. § 774 (Bürgschaft) bzw. § 1143 (Hypothek)
- Anspruchsgrundlage des jeweiligen Vertrages i.V.m. § 1225 (Pfandrecht)

A. Aufbauschemata

II. Primärleistung: Erfüllung
2. Allgemeiner Aufbau

I. Anspruch entstanden
(Anspruchsvoraussetzungen sind vom Anspruchsteller darzulegen und ggf. zu beweisen)

1. Einigung über die wesentlichen Vertragsbestandteile ⇨ **S. 143**
   a) Einigung unmittelbar zwischen Anspruchsteller und Anspruchsgegner
   b) Einigung unter Einschaltung von Organen oder Vertretern ⇨ **S. 148**
   c) Einbeziehung von Allgemeinen Geschäftsbedingungen ⇨ **S. 151**
   d) Einigung ohne Angebot und Annahme ⇨ **S. 146**
2. Einigung über Nebenpflichten und Leistungsmodalitäten (Beschaffenheit, Leistungsort, Leistungszeit, Nebenleistungen, Sorgfaltspflichten)
   ⇨ **S. 166** ggf. durch Einbeziehung von AGB ⇨ **S. 151**
3. Bei übergegangenen Ansprüchen:
   a) Wirksame Abtretung, § 398 oder
   b) Gesetzlicher Übergang, §§ 426 Abs. 2, 774 Abs. 1, 1225, 1143
4. Keine rechtshindernden Einwendungen (Nichtigkeitsgründe)
   a) Mangelnde Geschäftsfähigkeit, §§ 104 ff. ⇨ **S. 337, 338** ⇨ **S. 153**
   b) Anfechtung, § 142 ⇨ **S. 158**
   c) Gesetzlicher oder vertraglicher Formverstoß, § 125 ⇨ **S. 155**
   d) Aufschiebende Bedingung, § 158 Abs. 1 ⇨ **S. 160**
   e) Verstoß gegen ein Verbotsgesetz, § 134
   f) Sittenwidrigkeit, § 138 Abs. 1
   g) Wucher, § 138 Abs. 2
   h) Vertrag über künftiges Vermögen oder Nachlass, § 311 b Abs. 2, 4
5. Fälligkeit, § 271 ⇨ **S. 166**

II. Anspruch nicht untergegangen oder inhaltlich verändert
(von Amts wegen zu berücksichtigende Einwendungen)

1. Aufhebungsvertrag, Erlassvertrag, § 397
2. Erfüllung oder Erfüllungssurrogate, §§ 362 ff. ⇨ **S. 162**
3. Leistungshindernisse gem. § 275 Abs. 1–3 (Gegenleistung: § 326 Abs. 1)
   (⚠ *§ 275 Abs. 2, 3 sind rechtsvernichtende Einreden* ⇨ *S. 8*) ⇨ **S. 170, 171**
4. Verlangen von Schadensersatz statt der Leistung, § 281 Abs. 4
5. Rücktritt, § 346 ⇨ **S. 71–84**
6. Minderung ⇨ **S. 194–197**
7. Keine Modifikation in Nacherfüllungsanspruch ⇨ **S. 9–14**
8. Kündigung eines Dauerschuldverhältnisses, § 314
9. Widerruf ⇨ **S. 180**
10. Auflösende Bedingung, § 158 Abs. 2 ⇨ **S. 160**
11. Aufrechnung, § 387 ⇨ **S. 165**
12. Vertragsanpassung, § 313 ⇨ **S. 172**
13. Zeitablauf, §§ 163, 575
14. Tod (bei höchstpersönlichen Ansprüchen, §§ 520, 673)

A. Aufbauschemata
II. Primärleistung: Erfüllung
2. Allgemeiner Aufbau (Fortsetzung)

III. Anspruch durchsetzbar (dem Anspruch dürfen keine Einreden entgegenstehen)
(vom Anspruchsgegner zu erheben und ggf. zu beweisen)

1. Einreden, die die **Durchsetzung auf Dauer ausschließen (peremptorisch)**
   a) Verjährung ⇨ **S. 217–219**
   b) Ausschluss der Leistungspflicht, § 275 Abs. 2, 3
      (⚠ Nach h.M. handelt es sich bei § 275 Abs. 2 u. 3 um den Sonderfall einer rechtsvernichtenden Einrede – „Einrede", da sie ein Verweigerungsrecht ist, das die Erhebung durch den Schuldner erfordert und „rechtsvernichtend", da nach h.M. die Geltendmachung zum Erlöschen des Erfüllungsanspruchs führt und nicht nur seine Durchsetzbarkeit hindert.)
      ⇨ **S. 170**
   c) Kaufrechtliche Mängeleinrede § 438 Abs. 4 S. 2 bzw. § 438 Abs. 5 trotz Verjährung
      ⇨ **S. 79**
   d) Werkrechtliche Mängeleinrede § 634 a Abs. 4 S. 2 bzw. § 634 a Abs. 5 trotz Verjährung
      ⇨ **S. 79**
   e) Anspruch auf Vertragsanpassung führt zu dauerhafter Einrede gegen ursprünglichen Vertrag, § 313

2. Einreden, die die **Durchsetzbarkeit nur aufschieben (dilatorisch)**
   a) Stundung, §§ 311, 271
   b) Nicht erfüllter Vertrag, § 320 (bei synallagmatischen Verträgen)
      (⚠ auch bei mangelhafter Gegenleistung, da Mängelfreiheit Hauptleistungspflicht)
   c) Zurückbehaltungsrecht, § 273
   d) Bürgeneinreden, §§ 768, 770, 771 ⇨ **S. 179**
   e) Schenker, § 519
   f) Dingliches Zurückbehaltungsrecht, § 1000 ⇨ **S. 87**

3. Von Amts wegen zu beachtende Durchsetzbarkeitshindernisse, § 242
   (⚠ **Einwendung** [also von Amts wegen zu beachten], die jedoch die **Durchsetzbarkeit eines Anspruchs hindert**)
   Fallgruppen:
   - Unredlicher Rechtserwerb
   - Widerspruch zu einer schuldrechtlichen Verpflichtung
   - venire contra factum proprium
   - dolo agit, qui petit, quod statim redditurus est

IV. Rechtsfolgen

1. Hauptleistungspflichten (ggf. Auslegung ⇨ **S. 161**)
2. Leistungsmodalitäten ⇨ **S. 166**
3. Nebenleistungspflichten
4. Obliegenheiten, z.B. § 642

A. Aufbauschemata

III. Primärleistung: Nacherfüllung
1. Anspruchsgrundlagen

Endgültige Verschaffung einer Sache

Kauf
- §§ 437 Nr. 1, 439   Nachlieferung oder Mangelbeseitigung grds. nach Wahl des **Käufers**, § 439 Abs. 1

Werklieferung
- §§ 650 S. 1, 437 Nr. 1, 439   Nachlieferung oder Mangelbeseitigung grds. nach Wahl des **Bestellers**

Erfolg

Werkvertrag
- §§ 634 Nr. 1, 635   Neuherstellung oder Mangelbeseitigung grds. nach Wahl des **Unternehmers**, § 635 Abs. 1

Geschäftsbesorgung mit werkvertraglichem Charakter
- § 675 i.V.m. §§ 634 Nr. 1, 635   Neuherstellung oder Mangelbeseitigung nach Wahl des Unternehmers

Reisevertrag
- § 651 k   Abhilfe

A. Aufbauschemata

III. Primärleistung: Nacherfüllung
2. Aufbau Kaufrecht, §§ 437 Nr. 1, 439

I. Allgemeine Voraussetzungen

1. Zustandekommen eines **wirksamen Kaufvertrages** ⇨ *S. 7*
2. **Sach- oder Rechtsmangel**, §§ 434, 435 ⇨ *S. 186*
3. Vorliegen des Mangels im **relevanten Zeitpunkt**
   a) **Sachmangel**
      - § 446 S. 1 Übergabe
      - § 446 S. 3 Annahmeverzug des Käufers ⇨ *S. 175*
      - § 447 Abs. 1 Gefahrübergang beim Versendungskauf; beachte aber § 475 II beim Verbrauchsgüterkauf ⇨ *S. 199*
      - Beweislastumkehr beim Verbrauchsgüterkauf in den ersten 6 Monaten ⇨ *S. 199*
   b) **Rechtsmangel**
      - Zeitpunkt des Rechtsübergangs (z.B. Eigentumserwerb), unabhängig vom Übergang der Gefahr

II. Kein Gewährleistungsausschluss durch Rechtsgeschäft oder Gesetz

1. **Individualvertraglicher** Gewährleistungsausschluss gem. § 444
   a) Nicht bei arglistigem Verschweigen des Mangels
   b) Nicht bei Übernahme einer Beschaffenheitsgarantie oder des Beschaffungsrisikos, § 276
   c) Nicht bei einem Verbrauchsgüterkauf, § 476 Abs. 1 ⇨ *S. 199*
2. Gewährleistungsausschluss durch **AGB** (insbesondere § 309 Nr. 8 b) aa)–ff) bei neu hergestellten Sachen) ⇨ *S. 151*
3. **Kenntnis des Käufers** vom Mangel beim Vertragsabschluss, § 442 Abs. 1 S. 1
4. **Grob fahrlässige Unkenntnis des Käufers** soweit Verkäufer nicht arglistig handelt oder eine Garantie übernommen hat, § 442 Abs. 1 S. 2
5. Haftungsbegrenzung bei **öffentlichen Versteigerungen**, § 445 (nicht beim Verbrauchsgüterkauf, § 474 Abs. 2 S. 2 ⇨ *S. 199*)
6. Verlust der Gewährleistungsrechte gem. **§ 377 HGB** ⇨ *S. 291*
7. **Eigene Vertragsuntreue des Käufers, § 242**

A. Aufbau-schemata	**III. Primärleistung: Nacherfüllung**
	2. Aufbau Kaufrecht, §§ 437 Nr. 1, 439 (Fortsetzung)

III. Spezielle Voraussetzungen der Nacherfüllung

1. Ausübung des **Wahlrechts** des Käufers
   - Nach h.M. trotz Ausübung noch Wechsel möglich
   - Bei fehlender Ausübung Wahlrecht des Verkäufers
2. Keine **(relative) Unverhältnismäßigkeit/Unmöglichkeit** der gewählten Art der Nacherfüllung:

Mangelbeseitigung, § 439 Abs. 1 Alt. 1	**Nachlieferung, § 439 Abs. 1 Alt. 2**
a) Keine **Unmöglichkeit**, § 275 • bei unbehebbaren Mängeln *Wenn Unmöglichkeit (+)*	a) Keine **Unmöglichkeit**, § 275 • Beim Stückkauf neuer Sachen, es sei denn, es handelt sich um Massenware (str.) • Beim Stückkauf gebrauchter Sachen, es sei denn, Leistungsinteresse des Käufers kann auch durch andere gebrauchte Sachen befriedigt werden (str.) • Beim Gattungskauf nur, wenn Lieferung aus Gattung nicht mehr möglich *Wenn Unmöglichkeit (+)*

b) Kein **Leistungsverweigerungsrecht**
 aa) Gem. § 439 Abs. 4
  Unverhältnismäßigkeit der Kosten
  Kriterien:
  – Wert der mangelfreien Sache (nicht: Kaufpreis)
  – Bedeutung des Mangels
  – Kostenvergleich mit Nachlieferung
 bb) Gem. § 275 Abs. 2
  Grobes Missverhältnis zwischen Nacherfüllungsaufwand des Verkäufers und Leistungsinteresse des Käufers
 cc) Gem. § 275 Abs. 3
Wenn Leistungsverweigerungsrecht (+)
	b) Kein **Leistungsverweigerungsrecht**
	 aa) Gem. § 439 Abs. 4
	  Unverhältnismäßigkeit der Kosten
	  Kriterien:
	  – Wert der mangelfreien Sache (nicht: Kaufpreis)
	  – Bedeutung des Mangels
	  – Kostenvergleich mit Mangelbeseitigung
	 bb) Gem. § 275 Abs. 2
	  Grobes Missverhältnis zwischen Nacherfüllungsaufwand des Verkäufers und Leistungsinteresse des Käufers
	 cc) Gem. § 275 Abs. 3
	Wenn Leistungsverweigerungsrecht (+)

3. Keine **absolute Unverhältnismäßigkeit** beider Arten der Nacherfüllung/Unmöglichkeit einer Art und Unverhältnismäßigkeit der anderen Art

   (+), wenn Kosten der Nacherfüllung 150% des Wertes der Sache in mangelfreiem Zustand oder 200% des mangelbedingten Minderwerts übersteigen (Faustformel)

⚠ *Beachte beim **Verbrauchsgüterkauf** das **beschränkte Leistungsverweigerungsrecht** des Unternehmers gem. § 475 Abs. 4 u. 5* ⇨ *S. 199.*

A. Aufbauschemata

III. Primärleistung: Nacherfüllung
2. Aufbau Kaufrecht, §§ 437 Nr. 1, 439 (Fortsetzung)

IV. Rechtsfolgen der Nacherfüllung

1. **Erfüllungsort** für beide Arten der Nacherfüllung ist nach neuerer Rspr. nicht der Ort an dem sich die Sache vertragsgemäß befindet (Belegenheitsort), sondern er ergibt sich aus § 269. Liegt also keine Vereinbarung vor und ist auch aus den Umständen nichts anderes zu entnehmen, so ist das der Wohnsitz des Verkäufers.
2. Ein **Wechsel des Nacherfüllungsbegehrens** ist nach h.M. auch nach Ausübung des Wahlrechts noch möglich (**elektive Konkurrenz der Nacherfüllungsvarianten**). Nach a.A. handelt es sich um eine **Wahlschuld**, sodass nach Ausübung die andere Art der Nacherfüllung erlischt.
3. Der **Erfüllungsanspruch** (in Form des Nacherfüllungsanspruchs) **erlischt** trotz Fristsetzung zur Nacherfüllung erst mit Rücktritt bzw. Schadensersatzverlangen, **§ 281 Abs. 4**. Macht der Käufer nach Ablauf der Nacherfüllungsfrist weiter den Nacherfüllungsanspruch geltend, kann er grds. jederzeit (Grenze: § 242) ohne erneute Fristsetzung zu Rücktritt oder Schadensersatz übergehen.

Mangelbeseitigung	Nachlieferung
▪ Mangelbeseitigung ▪ Verschuldensunabhängige Tragung der zur Nacherfüllung erforderlichen Aufwendungen, § 439 Abs. 2	▪ Lieferung einer mangelfreien Sache ▪ Verschuldensunabhängige Tragung der zur Nacherfüllung erforderlichen Aufwendungen, § 439 Abs. 2

⚠ **§ 439 Abs. 2** regelt in erster Linie die Kostentragung und stellt eine **eigenständige Anspruchsgrundlage** für den Ersatz von Aufwendungen nur dar, wenn der Käufer diese trotz Nacherfüllung des Verkäufers getragen hat.

▪ **Rückgewähr der mangelhaften Sache** gem. §§ 439 Abs. 4, 346 ff. (⇨ **S. 72**)

▪ Herausgabe gezogener **Nutzungen** gem. §§ 439 Abs. 5, 346 Abs. 1, 2 (⚠ gem. § 475 Abs. 3 S. 1 nicht bei Verbrauchsgüterkauf)

4. Anspruch des Käufers auf **Aufwendungsersatz** gem. **§ 439 Abs. 3** ⇨ **S. 115**
5. Beim **Verbrauchsgüterkauf** hat Käufer gem. **§ 475 Abs. 6** Anspruch auf **Kostenvorschuss**

V. Keine Verjährung

⇨ **S. 217**

A. Aufbauschemata
III. Primärleistung: Nacherfüllung
2. Aufbau Werkvertragsrecht, §§ 634 Nr. 1, 635

I. Allgemeine Voraussetzungen der Nacherfüllung

1. Zustandekommen eines **wirksamen Werkvertrages** ⇨ *S. 7*
2. **Sach-** oder **Rechtsmangel**, § 633 ⇨ *S. 186*
3. Maßgeblicher Zeitpunkt des Mangels
   - Abnahme, § 644
   - Vollendung statt Abnahme, § 646
   - Abnahmefiktion nach Abnahmefrist
   - Annahmeverzug des Bestellers, § 644 S. 2 ⇨ *S. 175*
   - Gefahrübergang bei Versendung des Werkes, §§ 644 Abs. 2, 447
   - (P) *Gewährleistungsrechte vor Abnahme, aber nach der Fertigstellung?*
     (H.M. [+], da sonst Besteller gezwungen wäre, mangelhaftes Werk abzunehmen.)

II. Kein Gewährleistungsausschluss durch Rechtsgeschäft oder Gesetz

1. Individualvertraglicher Gewährleistungsausschluss gem. **§ 639**
   a) Nicht bei arglistigem Verschweigen des Mangels
   b) Nicht bei Übernahme einer Beschaffenheitsgarantie oder des Beschaffungsrisikos, § 278
      ⇨ *S. 204, 205*
2. Gewährleistungsausschluss durch AGB (insbesondere § 309 Nr. 8 b) aa)–ff)) ⇨ *S. 151*
3. Kenntnis des Käufers vom Mangel bei Abnahme ohne Vorbehalt der Mängelrechte, **§ 640 Abs. 3**
4. Eigene Vertragstreue des Käufers, § 242
   ⚠ *§§ 474 ff. gelten nicht für Werkverträge, wohl aber für Werklieferungsverträge.*

III. Spezielle Voraussetzungen der Nacherfüllung

1. **Wahlrecht des Werkunternehmers** (⚠ *nicht des Bestellers!*) zwischen Neuherstellung und Mangelbeseitigung
2. **Möglichkeit** der Nacherfüllung (§ 275 Abs. 1) nur (–), wenn beide Arten der Nacherfüllung unmöglich sind ⇨ *S. 170*
3. Kein **Leistungsverweigerungsrecht** des Werkunternehmers
   a) Gem. § 635 Abs. 3 bei (absoluter) Unverhältnismäßigkeit der Kosten beider Nacherfüllungsvarianten; Kriterien wie im Kaufrecht entsprechend § 439 Abs. 4 ⇨ *S. 11*
   b) Gem. § 275 Abs. 2 bei grobem Missverhältnis zwischen Nacherfüllungsaufwand und Leistungsinteresse des Bestellers
   c) Gem. § 275 Abs. 3

A. Aufbauschemata

III. Primärleistung: Nacherfüllung
2. Aufbau Werkvertragsrecht, §§ 634 Nr. 1, 635 (Fortsetzung)

IV. Rechtsfolgen der Nacherfüllung

Erfüllungsort für beide Arten der Nacherfüllung ist im Werkvertragsrecht im Zweifel der Ort, wo das Werk sich vertragsgemäß befindet.

Mangelbeseitigung	Neuherstellung
1. Mangelbeseitigung	1. Mangelfreie Neuherstellung des Werkes
2. Verschuldensunabhängige Tragung der Nacherfüllungsaufwendungen, § 635 Abs. 2	2. Verschuldensunabhängige Tragung der Nacherfüllungsaufwendungen, § 635 Abs. 2 (AGL, soweit Besteller Aufwendungen hatte)

⚠ Der Besteller kann nach erfolglosem Ablauf einer Frist den Mangel selbst beseitigen und Ersatz seiner Aufwendungen verlangen (sog. **Selbstvornahme**), § 637. Außerdem besteht nach § 637 Abs. 3 ein Vorschussanspruch. ⇨ *S. 120*

3. Rückgewähr des mangelhaften Werkes gem. §§ 635 Abs. 4, 346 ff. (⇨ *S. 74*)
4. Herausgabe gezogener Nutzungen gem. §§ 635 Abs. 4, 346 Abs. 1, 2

V. Keine Verjährung

⇨ *S. 217*

A. Aufbauschemata

IV. Schadensersatz
1. Anspruchsgrundlagen

⚠ **Prüfungsreihenfolge der Schadensersatzansprüche:**
Die Ansprüche sind – entgegen ihrer Auflistung im Gesetz – in folgender Reihenfolge zu prüfen:
1. Unmöglichkeit (§ 311 a Abs. 2/§§ 280 Abs. 1 u. 3, 283)
2. Statt der Leistung (§§ 280 Abs. 1 u. 3, 281)
3. Statt der Leistung bei Nebenpflichtverletzung (§§ 280 Abs. 1 u. 3, 282)
4. Verzug (§§ 280 Abs. 1 u. 2, 286)
5. Allgemeine Pflichtverletzung (§ 280 Abs. 1)

I. Vertrag

Verträge ohne spezielles Gewährleistungsrecht bzw. vor dessen Anwendbarkeit

§ 311 a Abs. 2	Schadensersatz statt der Leistung bei anfänglicher Unmöglichkeit	⇨ *S. 18*
§ 280 Abs. 1	Sonstiger Schadensersatz neben der Leistung wegen Verletzung von Leistungs- oder Rücksichtnahmepflichten (§ 241 Abs. 2)	⇨ *S. 22*
§§ 280 Abs. 1 u. 3, 281 Abs. 1 S. 1	Schadensersatz statt der Leistung wegen Nicht- oder Schlechtleistung	⇨ *S. 25*
§§ 280 Abs. 1 u. 3, 282	Schadensersatz statt der Leistung wegen Verletzung der Pflichten aus § 241 Abs. 2	⇨ *S. 40*
§§ 280 Abs. 1 u. 3, 283	Schadensersatz statt der Leistung bei nachträglicher Unmöglichkeit	⇨ *S. 32*
§§ 280 Abs. 1 u. 2, 286	Schadensersatz wegen Verzögerung der Leistung	⇨ *S. 37*

Verträge, deren Gewährleistungsrecht auf die allgemeinen Regeln verweist

▪ **§ 437 Nr. 3** i.V.m.	**Mängelhaftung im Kaufrecht**	
– § 311 a Abs. 2	Schadensersatz statt der Leistung bei anfänglicher Unmöglichkeit der Nacherfüllung	⇨ *S. 19*
– § 280 Abs. 1	Sonstiger Schadensersatz neben der Leistung	⇨ *S. 23, 24*
– §§ 280 Abs. 1 u. 3, 281	Schadensersatz statt der Leistung wegen nicht oder nicht wie geschuldet erbrachter Leistung/Nacherfüllung	⇨ *S. 28*
– §§ 280 Abs. 1 u. 3, 282	Schadensersatz statt der Leistung wegen Verletzung der Pflichten aus § 241 Abs. 2	⇨ *S. 40*
– §§ 280 Abs. 1 u. 3, 283	Schadensersatz statt der Leistung bei nachträglicher Unmöglichkeit der Nacherfüllung	⇨ *S. 34*
– §§ 280 Abs. 1 u. 2, 286	Schadensersatz wegen Verzögerung der Nacherfüllung	⇨ *S. 38*

A. Aufbau-schemata	IV. Schadensersatz
	1. Anspruchsgrundlagen (Fortsetzung)

Verträge, deren Gewährleistungsrecht auf die allgemeinen Regeln verweist (Fortsetzung)

- § 634 Nr. 4 i.V.m. **Mängelhaftung im Werkvertragsrecht**
  - § 311 a Abs. 2   Schadensersatz statt der Leistung bei anfänglicher Unmöglichkeit der Nacherfüllung   ⇨ *S. 219*
  - § 280 Abs. 1   Sonstiger Schadensersatz neben der Leistung   ⇨ *S. 23, 24*
  - §§ 280 Abs. 1 u. 3, 281   Schadensersatz statt der Leistung wegen nicht oder nicht wie geschuldet erbrachter Leistung/Nacherfüllung   ⇨ *S. 28*
  - §§ 280 Abs. 1 u. 3, 282   Schadensersatz statt der Leistung wegen Verletzung der Pflichten aus § 241 Abs. 2   ⇨ *S. 40*
  - §§ 280 Abs. 1 u. 3, 283   Schadensersatz statt der Leistung bei nachträglicher Unmöglichkeit der Nacherfüllung   ⇨ *S. 34*
  - §§ 280 Abs. 1 u. 2, 286   Schadensersatz wegen Verzögerung der Nacherfüllung   ⇨ *S. 38*
- § 346 Abs. 4 i.V.m.
  - §§ 280–283   **Schadensersatz nach Rücktritt**

Abgrenzung zu § 346 Abs. 2, *siehe:* ⇨ *S. 73*

Verträge, deren Gewährleistungsrecht *nicht* oder *nicht ausschließlich* auf die allgemeinen Regeln verweist

§§ 523 ff.	Mängelhaftung Schenkungsrecht	
§ 536 a	Schadensersatzansprüche Mietrecht	⇨ *S. 41*
§ 642 Abs. 2	Entschädigungsanspruch des Unternehmers bei unterlassener Mitwirkung des Bestellers	
§ 651 n	Schadensersatzansprüche Reiserecht	⇨ *S. 43*

II. Vertragsähnlich

§ 122	Vertrauensschaden nach Anfechtung	⇨ *S. 46*
§ 160	Schadensersatz bei Zwischenverfügungen	
	vgl. beim Anwartschaftsrecht	⇨ *S. 241*
§ 179 Abs. 1	Schadensersatz des Vertreters ohne Vertretungsmacht (Erfüllungsinteresse)	⇨ *S. 46*
§ 179 Abs. 2	Vertrauensschaden des Vertreters ohne Vertretungsmacht	⇨ *S. 46*
§ 280 Abs. 1 (§§ 311 Abs. 2, 3, 241 Abs. 2)	Pflichtverletzung in rechtsgeschäftlichen Schuldverhältnissen	⇨ *S. 21*
§ 678	Schadensersatzanspruch des Geschäftsherrn bei unberechtigter GoA	⇨ *S. 47*
§§ 687 Abs. 2, 678	Schadensersatzanspruch des Geschäftsherrn bei angemaßter GoA	⇨ *S. 48*

A. Aufbauschemata

IV. Schadensersatz
1. Anspruchsgrundlagen (Fortsetzung)

III. Dinglich

§§ 989, 990	Unrechtmäßiger verklagter/bösgläubiger Besitzer	⇨ *S. 49–52*
§ 990 Abs. 2	Unrechtmäßiger bösgläubiger Besitzer im Verzug	*siehe:* ⇨ *S. 52*
§§ 991 Abs. 2, 989	Unrechtmäßiger gutgläubiger Besitzer	⇨ *S. 53*
§§ 992, 823 ff.	Deliktsbesitzer	⇨ *S. 54*

IV. Deliktisch

§ 823 Abs. 1	Schadensersatz wegen Rechts(gut)verletzung	⇨ *S. 56*
§ 823 Abs. 1 i.V.m. Grundrechten	Schadensersatz wegen Verletzung des Allgemeinen Persönlichkeitsrechts (APR) bzw. des Rechts am eingerichteten und ausgeübten Gewerbebetrieb (REAG)	⇨ *S. 59*
§ 823 Abs. 2	Schadensersatz wegen Schutzgesetzverletzung	
§ 824	Schadensersatz wegen Kreditgefährdung	
§ 825	Schadensersatz bei Bestimmung zu sexuellen Handlungen	
§ 830	Schadensersatz bei gemeinschaftlicher Begehung	
§ 831	Schadensersatz bei Delikt des Verrichtungsgehilfen	⇨ *S. 61–65*
§ 832	Schadensersatz des Aufsichtspflichtigen	
§ 833	Schadensersatz des Tierhalters	
§ 834	Schadensersatz des Tieraufsehers	
§§ 836, 837, 838	Schadensersatz bei Schäden durch Gebäude/Grundstücke	
§ 839 a	Schadensersatz des gerichtlichen Sachverständigen	

V. Bereicherungsrechtlich

§§ 812, 818 Abs. 4, 819, 292, 989	Verschärfte Haftung des verklagten/bösgläubigen Bereicherungsschuldners	*vgl.* ⇨ *S. 49* *und* ⇨ *S. 223*

VI. Sonstige

§ 7 StVG	Schadensersatz des Fahrzeughalters	⇨ *S. 66*
§ 18 StVG	Schadensersatz des Fahrzeugführers	⇨ *S. 66*
§ 1 ProdHaftG	Schadensersatz für gefährliche Produkte	⇨ *S. 67*

A. Aufbauschemata

IV. Schadensersatz
2. Statt der Leistung wegen anfänglicher Unmöglichkeit, § 311 a

I. Anspruchsvoraussetzungen

1. Wirksamer **Vertrag** (⚠ *Bei nachträglicher Unmöglichkeit gem. §§ 280 Abs. 1 u. 3, 283 reicht ein „Schuldverhältnis"*) ➪ *S. 7*
2. Schuldner braucht nach **§ 275 Abs. 1–3** nicht zu leisten ➪ *S. 170*
3. Leistungshindernis lag objektiv **bereits im Zeitpunkt des Vertragsschlusses** vor
4. **Keine Exkulpation** des Schuldners gem. § 311 a Abs. 2 S. 2
   a) Schuldner kannte das Leistungshindernis nicht
   b) Schuldner hat seine Unkenntnis nicht zu vertreten, §§ 276, 278 ➪ *S. 167*

II. Rechtsfolgen

Schadensersatz statt der Leistung, §§ 311 a Abs. 2 **S. 3**, 281 Abs. 1 S. 2 u. 3, Abs. 5
- Bei **vollständiger Unmöglichkeit** erhält der Gläubiger Schadensersatz statt der ganzen Leistung (großer Schadensersatz)
- Bei **Teilunmöglichkeit** wird Schadensersatz grundsätzlich nur gewährt, „soweit" das Leistungshindernis besteht (vgl. § 281 Abs. 1 S. 1) = **kleiner Schadensersatz**
- Unter folgenden Voraussetzungen wird auch bei **Teilunmöglichkeit** Schadensersatz statt der ganzen Leistung = **großer Schadensersatz** gewährt:

Hat der Schuldner eine **Teilleistung** erbracht (quantitative Unmöglichkeit), wird Schadensersatz statt der ganzen Leistung **nur** bei Interessenwegfall gewährt (§ 281 Abs. 1 S. 2) = Nur **ausnahmsweise** SE statt der ganzen Leistung	Bei **Schlechtleistung** (qualitative Unmöglichkeit) wird Schadensersatz statt der ganzen Leistung nicht bei Unerheblichkeit gewährt (§ 281 Abs. 1 S. 3) = **Grds.** SE statt der ganzen Leistung ⓟ *Unerheblichkeit bei Arglist des Vertragspartners?* ➪ *S. 83*

ⓟ *Haftung auf das positive Interesse angemessen? (Zwar ist die anfängliche Unmöglichkeit eigentlich nichts anderes als eine vorvertragliche Pflichtverletzung (c.i.c.), sodass die Haftung auf das **negative** Interesse angemessen wäre, trotzdem besteht nach h.M. wegen des eindeutigen Wortlauts ein Anspruch auf das **positive** Interesse.)*
➪ *S. 27*

III. Keine Verjährung

1. Relative Frist des § 195: 3 Jahre ab Ende des Jahres der Anspruchsentstehung und Kenntnis des Gläubigers (§ 199 Abs. 1)
2. Absolute Frist des § 199 Abs. 3 Nr. 1: 10 Jahre ab Anspruchsentstehung
➪ *S. 217*

A. Aufbauschemata

IV. Schadensersatz
3. Statt der Leistung wg. anfängl. Unmöglichkeit der Nacherfüllung im Kauf- u. WerkR, § 437 Nr. 3 bzw. § 634 Nr. 4, § 311 a

I. Anspruchsvoraussetzungen

1. Wirksames Zustandekommen eines Kauf- bzw. Werkvertrages ➪ **S. 7**
2. Vorliegen eines Mangels (§ 434 bzw. § 633) im relevanten Zeitpunkt
   ➪ **S. 10 (Kaufrecht),** ➪ **S. 13 (Werkvertragsrecht)**
3. Schuldner braucht **Nacherfüllung nach § 275 Abs. 1–3 nicht zu erbringen** ➪ **S. 170**
4. Leistungshindernis lag objektiv bereits im Zeitpunkt des Vertragsschlusses vor
5. Keine Exkulpation des Schuldners gem. § 311 a Abs. 2 S. 2
   a) Schuldner kannte das Leistungshindernis nicht
   b) Schuldner hat seine Unkenntnis nicht zu vertreten, §§ 276, 278
6. Kein wirksamer Gewährleistungsausschluss ➪ **S. 10 (Kaufrecht),** ➪ **S. 13 (Werkvertragsrecht)**
Besonderheit: Disponibilität des kaufrechtlichen Schadensersatzanspruchs in den Grenzen der §§ 307–309 trotz Verbrauchsgüterkaufs, vgl. §§ 476 Abs. 3, 478 Abs. 2 S. 2 ➪ **S. 199**

II. Rechtsfolgen

1. **Erlöschen der Primäransprüche**
   - Der **Nacherfüllungsanspruch** des Gläubigers erlischt bei Unmöglichkeit unmittelbar gem. § 275 Abs. 1
   - Der **Gegenleistungsanspruch** erlischt im Kauf- und Werkvertragsrecht **nicht** gem. § 326 Abs. 1 S. 1 (vgl. § 326 Abs. 1 S. 2). Der Gläubiger muss vielmehr (ganz oder teilweise) zurücktreten, um von seiner Verpflichtung frei zu werden (§ 326 Abs. 5). Eine Fristsetzung ist dazu entbehrlich.
2. **Wahlrecht des Gläubigers**
   a) **Schadensersatz statt der Leistung,** §§ 311 a Abs. 2 **S. 3**, 281 Abs. 1 S. 2 und 3, Abs. 5
   - Bei **vollständiger Unmöglichkeit** erhält der Gläubiger **Schadensersatz statt der ganzen Leistung**
     ⚠ *Abzustellen ist dabei nicht auf die vollständige Unmöglichkeit der Nacherfüllung, sondern auf die Gesamtleistung. Im Gewährleistungsrecht des Kauf- bzw. Werkvertragsrechts ist eine vollständige Unmöglichkeit selten, da die Anwendbarkeit des Gewährleistungsrechts ja zumindest eine Teillieferung erfordert. Denkbar ist dies allerdings z.B. bei einer Aliudlieferung.*
   - Bei **Teilunmöglichkeit** wird Schadensersatz grds. nur gewährt, „soweit" das Leistungshindernis besteht (vgl. § 281 Abs. 1 S. 1) = **kleiner Schadensersatz**
   - Unter folgenden Voraussetzungen wird auch bei **Teilunmöglichkeit** Schadensersatz statt der ganzen Leistung = **großer Schadensersatz** gewährt:

   Hat der Schuldner eine **Teilleistung** erbracht (quantitative Unmöglichkeit), wird Schadensersatz statt der ganzen Leistung **nur** bei Interessenwegfall gewährt (§ 281 Abs. 1 S. 2) = Nur **ausnahmsweise** SE statt der ganzen Leistung
   ⓟ *Minderlieferung im Kauf- und Werkvertragsrecht wegen § 434 Abs. 3 bzw. § 633 Abs. 2 S. 3 = Teilleistung oder Schlechtleistung? (Nach h.M. ist die Minderlieferung trotz Gleichstellung mit einem Sachmangel im Rahmen des allgemeinen Schuldrechts als Teilleistung zu werten, da die Vorschrift des § 281 Abs. 1 S. 2 sonst praktisch leer liefe.)*

   Bei **Schlechtleistung** (qualitative Unmöglichkeit) wird Schadensersatz statt der ganzen Leistung nicht bei Unerheblichkeit gewährt (§ 281 Abs. 1 S. 3) = **Grds.** SE statt der ganzen Leistung
   ⓟ *Unerheblichkeit bei Arglist des Vertragspartners?*
   ➪ **S. 83**
   ⓟ *Teilschlechtleistung = Teilleistung oder Schlechtleistung? (Wird die volle Menge geliefert, von der aber ein Teil mangelhaft ist, ist fraglich, ob dies als Teil- oder als Schlechtleistung zu werten ist. Vorzugswürdig ist die Behandlung als Teilleistung, da der Verkäufer nicht schlechter stehen soll, als hätte er nur den ordnungsgemäßen Teil geliefert.)*

   ⓟ *Haftung auf das positive Interesse angemessen? (vgl.* ➪ **S. 18***)*
   b) Zur Ermittlung des Erfüllungsinteresses siehe ➪ **S. 30**
3. **Berechnung des Schadensersatzanspruchs**
   Die Ermittlung des Schadensersatzanspruchs nach der Differenz- oder Surrogationsmethode (dazu ➪ **S. 27**) spielt im Gewährleistungsrecht des Kauf- und Werkvertrages keine Rolle, da die Gegenleistung immer in Geld besteht.

19

A. Aufbauschemata

IV. Schadensersatz
3. Statt der Leistung wg. anfängl. Unmöglichkeit der Nacherfüllung im Kauf- u. WerkR, § 437 Nr. 3 bzw. § 634 Nr. 4, § 311 a (Fortsetzung)

III. Keine Verjährung

Kaufvertrag, § 438

1. **Verjährungsbeginn**
   - bei Grundstücken: **Übergabe**
   - sonst: **Ablieferung**
2. **Verjährungsfrist**
   a) **Grundsatz:** 2 Jahre, § 438 Abs. 1 Nr. 3
   b) **Ausnahmen:**
      - Bauwerke/Baumaterialien: 5 Jahre
      - Dinglicher Rechtsmangel: 30 Jahre
      ⚠ *Bei Arglist: Regelmäßige Verjährung, vgl. § 438 Abs. 3*
3. **Vereinbarungen über die Verjährung**
   a) **Verlängerung**, § 202 Abs. 2 (max. 30 Jahre ab gesetzlichem Verjährungsbeginn)
   b) **Verkürzung**
      aa) Verbrauchsgüterkauf, § 476 Abs. 2
      ⚠ *§ 476 Abs. 2 gilt nicht für Schadensersatzansprüche (§ 476 Abs. 3)*
      – Verjährung in den Grenzen der §§ 307–309 verkürzbar
      – Ablaufhemmung bei Verkäuferregress, § 445 b Abs. 2 ⇨ *S. 199*
      bb) **Sonstige Verträge**
      (1) Individualvereinbarung
         - Vertragsfreiheit
         - Grenzen:
           – § 444
           – § 202 Abs. 1
      (2) AGB
         - § 309 Nr. 7
         - §§ 309 Nr. 8 b) ff.
         - § 307

Werkvertrag, § 634 a

1. **Verjährungsbeginn**
   - Bauwerke und Arbeiten an einer Sache: **Abnahme**
   - bei sonstigen Werkleistungen: **§ 199**
   (☞ Gutachten, Beförderung, Operation)
2. **Verjährungsfrist**
   a) **Grundsatz:** 3 Jahre, § 634 a Abs. 1 Nr. 3 i.V.m. § 195
   b) **Ausnahmen:**
      - Arbeiten an einer Sache: 2 Jahre
      - Bauwerke: 5 Jahre
      ⚠ *Bei Arglist: Regelmäßige Verjährung (als Mindestverjährungsfrist), vgl. § 634 a Abs. 3*
3. **Vereinbarungen über die Verjährung**
   a) **Verlängerung**, § 202 Abs. 2 (max. 30 Jahre ab gesetzlichem Verjährungsbeginn)
   b) **Verkürzung**
      aa) Individualvereinbarung
         - Vertragsfreiheit
         - Grenzen:
           – § 639
           – § 202 Abs. 1
      bb) **AGB**
         - § 309 Nr. 7
         - §§ 309 Nr. 8 b) ff.
         - § 307

A. Aufbauschemata

IV. Schadensersatz
4. Sonstiger Schadensersatz neben der Leistung wegen Pflichtverletzung, § 280 Abs. 1

I. Anspruchsvoraussetzungen

1. **Schuldverhältnis**
   a) Vertragliches Schuldverhältnis i.S.v. § 311 Abs. 1
   b) Vorvertragliches Schuldverhältnis i.S.v. § 311 Abs. 2
      - Nr. 1: Vertragsverhandlungen
      - Nr. 2: Vertragsanbahnung (☞ Betreten eines Selbstbedienungsladens)
      - Nr. 3: ähnliche geschäftliche Kontakte (☞ Gefälligkeitsverhältnisse)
      - ⓟ *Abgrenzung:*
        – **Gefälligkeit** *(unentgeltlich, kein Rechtsbindungswille, kein Schuldverhältnis)*
        – Gefälligkeits**verhältnis** *(unentgeltlich, mit Rechtsbindungswillen, Schuldverhältnis **nur** mit Sorgfaltspflichten)*
        – Gefälligkeits**vertrag** *(unentgeltlich, mit Rechtsbindungswillen, Schuldverhältnis mit Leistungs- und Sorgfaltspflichten)*
   c) Schuldverhältnisse zu „Dritten", § 311 Abs. 3
      ⚠ *§ 311 Abs. 3 regelt in erster Linie die Haftung Dritter; ob aus § 311 Abs. 3 auch eine Berechtigung Dritter abgeleitet werden kann, ist streitig.*
      - **Inanspruchnahme persönlichen Vertrauens in besonderem Maße**
        (nur besondere Sachkunde des Dritten reicht allerdings nicht)
        ⓟ *Haftung von Personen, deren Berufsbild bereits eine besondere Vertrauenswürdigkeit vermittelt? (Der Begriff der besonderen Vertrauenswürdigkeit ist für die **Berufshaftung** von Anwälten, Steuerberatern, Sachverständigen zu weitgehend, sodass eine Haftung in diesen Fällen nur nach den Grundsätzen des Vertrages mit Schutzwirkung zugunsten Dritter in Betracht kommt.)*
      - besonderes **wirtschaftliches Eigeninteresse** (nur mittelbare Interessen allerdings **nicht** ausreichend, ☞ Abschlussprovision, gesellschaftsrechtliche Beteiligung; Interesse aber (+), bei ☞ Ehegatten, Geschäften, die zum Schein mit einem Dritten geschlossen werden)
   d) Gesetzliches Schuldverhältnis
      - GoA, §§ 677 ff.
      - Bereicherung, §§ 812 ff. (bei verschärfter Haftung, §§ 818 Abs. 4, 819 Abs. 1)
      - Unerlaubte Handlung, §§ 823 ff.
      - Gesellschaftsvertrag, §§ 705 ff.
      - Bruchteilsgemeinschaft, §§ 741 ff.
      - Vorlegung von Sachen, §§ 809 ff.
      - Fund, §§ 965 ff.
      - Nießbrauch, §§ 1090 ff.
      - Pfandrecht, §§ 1204 ff. (wg. § 1215 = Verwahrungspflicht des Pfandgläubigers)
      - Unterhaltsansprüche, §§ 1360, 1569, 1601
      - Vermächtnisanspruch, § 2174

A. Aufbau-schemata	IV. Schadensersatz 4. Sonstiger Schadensersatz neben der Leistung wegen Pflichtverletzung, § 280 Abs. 1 (Fortsetzung)

I. Anspruchsvoraussetzungen (Fortsetzung)

e) Gesetzliches Schuldverhältnis (Fortsetzung)
- Pflichtteilsanspruch, §§ 2303 ff.
- Erbengemeinschaft, §§ 2032 ff. (wg. § 2038 und §§ 2042 ff.)
- NICHT: dingliche Ansprüche, da diese rein sachbezogen sind
- NICHT: das nachbarrechtliche Gemeinschaftsverhältnis (str.)
- NICHT: die eheliche Lebensgemeinschaft, § 1353

2. **Pflichtverletzung**
   a) Verletzung von **nicht leistungsbezogenen Nebenpflichten** (Rücksichtnahmepflichten) i.S.v. § 241 Abs. 2
   - Schutzpflichten (keine Verletzung von Rechtsgütern des anderen Teils)
   - Aufklärungspflichten (Aufklärung über Gefahren und erhebliche Umstände)
   - Leistungstreuepflichten (keine Gefährdung des Leistungszwecks)
   - Spezielle vorvertragliche Pflichten
     – Kein grundloser Abbruch von Vertragsverhandlungen
     Ⓟ *Schadensersatz für Abbruch von Vertragsverhandlungen bei formbedürftigen Verträgen? (Bei formbedürftigen Verträgen grds. kein Schadensersatzanspruch, da sonst faktische Bindung ohne formgerechten Abschluss besteht; Ausnahme: besonders schwerwiegender Treueverstoß.)*
     – Verschuldete Unwirksamkeit des Vertrages
   b) Verletzung von **Leistungspflichten**
     ⚠ *Nur Ersatz von **sonstigen Schäden**: Auch bei Verletzung von Leistungspflichten wird nach § 280 Abs. 1 weder der Verzögerungsschaden noch das Leistungsinteresse ersetzt.*

3. **Keine Exkulpation des Schuldners gem. § 280 Abs. 1 S. 2**
   - Vertretenmüssen der Pflichtverletzung ⇨ **S. 167**

II. Rechtsfolgen

- Schadensersatz **neben** der Leistung: Nach § 280 Abs. 1 wird weder der Verzögerungsschaden noch das Leistungsinteresse ersetzt.
  Zum Ersatzumfang ⇨ **S. 213**
- ⚠ *Aufwendungsersatz unter den Voraussetzungen der §§ 280, 281 ff., 284 auch **neben** einem Schadensersatzanspruch aus § 280 Abs. 1 möglich (die Alternativitätsanordnung in § 284 bezieht sich nur auf den Schadenersatzanspruch **statt** der Leistung).*

III. Keine Verjährung

1. Relative Frist des § 195: 3 Jahre ab Ende des Jahres der Anspruchsentstehung und Kenntnis des Gläubigers (§ 199 Abs. 1)
2. Absolute Frist des § 199 Abs. 3 Nr. 1: 10 Jahre ab Anspruchsentstehung (bei Körperschäden 30 Jahre, § 199 Abs. 2)
   ⇨ **S. 217**

A. Aufbauschemata

IV. Schadensersatz
5. Neben der Leistung wegen (Neben-)Pflichtverletzung beim Kauf- und Werkvertrag, § 437 Nr. 3 Alt. 1 bzw. § 634 Nr. 4 Alt. 1, § 280 Abs. 1

I. Anspruchsvoraussetzungen

1. Wirksames Zustandekommen eines Kauf- bzw. Werkvertrages ⇨ **S. 7**
2. Vorliegen eines Mangels (§ 434 bzw. § 633) im relevanten Zeitpunkt
   ⇨ **S. 10 (Kaufrecht),** ⇨ **S. 13 (Werkvertragsrecht)**
3. Keine Exkulpation des Schuldners gem. § 280 Abs. 1 S. 2 hinsichtlich des Mangels
   - Vertretenmüssen ⇨ **S. 167**
4. Kein wirksamer Gewährleistungsausschluss ⇨ **S. 10 (Kaufrecht),** ⇨ **S. 13 (Werkvertragsrecht)**

Besonderheit: Disponibilität des kaufrechtlichen Schadensersatzanspruchs in den Grenzen der §§ 307–309 auch beim Verbrauchsgüterkauf, vgl. §§ 476 Abs. 3, 478 Abs. 2 S. 2
⇨ **S. 198**

II. Rechtsfolgen

Zum Ersatzumfang ⇨ **S. 213**

- Schadensersatz **neben** der Leistung: Nach § 280 Abs. 1 wird weder der **Verzögerungsschaden** noch **Schadensersatz statt der Leistung** ersetzt, aber Mangelfolgeschäden.
- Ⓟ *Betriebsausfallschäden*
  Die Anspruchsgrundlage richtet sich nach der Pflichtverletzung des Verkäufers
  – *Schuldhafte Lieferung einer mangelhaften Sache: §§ 437 Nr. 3 Alt. 1, 280 Abs. 1*
  – *Nichtlieferung einer mangelfreien Sache trotz Mahnung: §§ 437 Nr. 3 Alt. 1, 280 Abs. 1 u. 2, 286*
  – *Endgültiges Ausbleiben der Leistung: §§ 437 Nr. 3 Alt. 1, 280 Abs. 1 u. 3, 281*
- ⚠ *Aufwendungsersatz unter den Voraussetzungen der §§ 280, 281 ff., 284 auch **neben** einem Schadensersatzanspruch möglich (die Alternativitätsanordnung in § 284 bezieht sich nur auf den Schadenersatzanspruch statt der Leistung).*

A. Aufbauschemata

IV. Schadensersatz
5. Neben der Leistung wegen (Neben-)Pflichtverletzung beim Kauf- und Werkvertrag (Fortsetzung)

III. Keine Verjährung

Kaufvertrag, § 438

1. **Verjährungsbeginn**
   - bei Grundstücken: **Übergabe**
   - sonst: **Ablieferung**

2. **Verjährungsfrist**
   a) **Grundsatz:** 2 Jahre, § 438 Abs. 1 Nr. 3
   b) **Ausnahmen:**
   - Bauwerke/Baumaterialien: 5 Jahre
   - Dinglicher Rechtsmangel: 30 Jahre
   ⚠ *Bei Arglist: Regelmäßige Verjährung, vgl. §§ 195, 438 Abs. 3*

3. **Vereinbarungen über die Verjährung**
   a) **Verlängerung,** § 202 Abs. 2 (max. 30 Jahre ab gesetzlichem Verjährungsbeginn)
   b) **Verkürzung**
      aa) Verbrauchsgüterkauf, § 476 Abs. 2
         ⚠ *§ 476 Abs. 2 gilt nicht für Schadensersatzansprüche (§ 476 Abs. 3)*
         – Verjährung in den Grenzen der §§ 307–309 verkürzbar
         – Ablaufhemmung bei Verkäuferregress, § 445 b Abs. 2 ⇨ *S. 198*
      bb) **Sonstige Verträge**
         (1) Individualvereinbarung
            - Vertragsfreiheit
            - Grenzen:
              – § 444
              – § 202 Abs. 1
         (2) AGB
            - § 309 Nr. 7
            - §§ 309 Nr. 8 b) ff.
            - § 307

Werkvertrag, § 634 a

1. **Verjährungsbeginn**
   - Bauwerke und Arbeiten an einer Sache: **Abnahme**
   - bei sonstigen Werkleistungen: **§ 199**
   (☞ Gutachten, Beförderung)

2. **Verjährungsfrist**
   a) **Grundsatz:** 3 Jahre, § 634 a Abs. 1 Nr. 3 i.V.m. § 195
   b) **Ausnahmen:**
   - Arbeiten an einer Sache: 2 Jahre
   - Bauwerke: 5 Jahre
   ⚠ *Bei Arglist: Regelmäßige Verjährung (als Mindestverjährungsfrist), vgl. § 634 a Abs. 3*

3. **Vereinbarungen über die Verjährung**
   a) **Verlängerung,** § 202 Abs. 2 (max. 30 Jahre ab gesetzlichem Verjährungsbeginn)
   b) **Verkürzung**
      aa) Individualvereinbarung
         - Vertragsfreiheit
         - Grenzen:
           – § 639
           – § 202 Abs. 1
      bb) **AGB**
         - § 309 Nr. 7
         - §§ 309 Nr. 8 b) ff.
         - § 307

A. Aufbauschemata

IV. Schadensersatz
6. Statt der Leistung wegen Nicht- oder Schlechtleistung, §§ 280 Abs. 1 u. 3, 281 Abs. 1 S. 1

⚠ *Der Schadensersatzanspruch nach §§ 280 Abs. 1 u. 3, 281 Abs. 1 S. 1 Alt. 2 wegen Schlechtleistung hat kaum eigenständige Bedeutung, sondern wird meist beim Gewährleistungsrecht des Kauf- und Werkvertrags relevant.* ⇨ *S. 28*

I. Anspruchsvoraussetzungen

1. **Schuldverhältnis**
   a) Vertragliches Schuldverhältnis i.S.v. § 311 Abs. 1
      - Unmittelbar anwendbar im Kauf- und Werkvertragsrecht **vor Anwendbarkeit des Gewährleistungsrechts** (⇨ *S. 10/S. 13*) sowie bei allen Vertragstypen ohne spezielles Gewährleistungsrecht
      - Gewährleistungsrecht im Miet- und Reisevertrag speziell geregelt, § 281 unanwendbar
      - Rückgewährschuldverhältnis, vgl. § 346 Abs. 4
      - Zur Anwendbarkeit innerhalb des Gewährleistungsrechts bei Kauf- und Werkverträgen ⇨ *S. 28*
   b) Gesetzliches Schuldverhältnis
      - §§ 280 ff. werden verdrängt durch § 818 Abs. 2 im Bereicherungsrecht
      - Für dingliche Ansprüche bestehen überwiegend Sondervorschriften (im E-B-V, gelten die §§ 989, 990; auf § 1004 sind die §§ 280 ff. ebenfalls nicht anwendbar).
      - Ist Naturalrestitution geschuldet (z.B. aus §§ 823, 249) und wird diese unmöglich, so ist § 250 spezieller. (⚠ *Auf andere Leistungsstörungen im Rahmen der Naturalrestitution sind die §§ 280 ff. anwendbar.*)
2. **Nichtleistung im Zeitpunkt der Fälligkeit/Schlechtleistung im Zeitpunkt der Fälligkeit**
   (bei Verträgen ohne Gewährleistungsrecht)
      - Jede vertragliche **Leistungs**pflicht (nicht notwendig eine synallagmatische)
      - Auch Neben**leistungs**pflichten, nicht jedoch reine Nebenpflichten (dann Schadensersatz statt der Leistung nur nach §§ 280 Abs. 1 u. 3, 282, 241 Abs. 2) ⇨ *S. 40*
3. **Fälliger und durchsetzbarer Anspruch**
   a) **Relevanter Zeitpunkt**
      - Zeitpunkt des **Fristablaufs**
      - Bei Entbehrlichkeit der Fristsetzung: Zeitpunkt des Eintritts der **Umstände, die die Fristsetzung entbehrlich gemacht haben**
   b) **Fälligkeit** (⇨ *S. 166*)
      - Bei ernsthafter und endgültiger Erfüllungsverweigerung ist analog § 281 Abs. 2 auch Schadensersatz bereits vor Fälligkeit möglich.
      - Ist offensichtlich, dass die Voraussetzungen des Schadensersatzanspruchs eintreten werden, ist analog § 323 Abs. 4 die Fälligkeit entbehrlich.
   c) **Durchsetzbarkeit**
      - Allein das Bestehen der Einreden aus §§ 320, 214, 275 Abs. 2 u. 3 hindert die Durchsetzbarkeit.
      - Das Zurückbehaltungsrecht nach § 273 muss geltend gemacht werden.
4. **Erfolgloser Fristablauf oder Entbehrlichkeit der Fristsetzung**
   a) Grundsätzlich: Erforderlichkeit einer angemessenen Fristsetzung, § 281 Abs. 1 S. 1
      - Zu kurze Frist setzt angemessene Frist in Gang.
      - Wird keine Frist gesetzt, reicht auch ein ernsthaftes Erfüllungsverlangen; dies setzt eine angemessene Frist in Gang.
   b) Entbehrlichkeit nach allgemeinen Regeln:
      - Entbehrlichkeit aufgrund Parteivereinbarung (nicht möglich in AGB gem. § 309 Nr. 4 bzw. gegenüber Unternehmern gem. § 307 Abs. 1, wenn Fristsetzung dadurch **für Verwender** entbehrlich)

A. Aufbauschemata

IV. Schadensersatz
6. Statt der Leistung wegen Nicht- oder Schlechtleistung, §§ 280 Abs. 1 u. 3, 281 Abs. 1 S. 1 (Fortsetzung)

I. Anspruchsvoraussetzungen (Fortsetzung)

- Ernsthafte und endgültige Erfüllungsverweigerung, § 281 Abs. 2 Var. 1
- Besondere Umstände i.S.v. § 281 Abs. 2 Alt. 2 (z.B. bei relativem Fixgeschäft, da ausdrückliche Regelung wie in § 323 Abs. 2 Nr. 2 fehlt)
- Abmahnung, § 281 Abs. 3 (bei Unterlassungsansprüchen)

c) **Erfolgloser Fristablauf**
- Keine Einhaltung der Frist bei Teilleistung (§ 266)
- Frist zur Leistung wird nach h.M. auch bei einer dann erfolgenden Schlechtleistung eingehalten (ggf. neue Fristsetzung zur Nacherfüllung erforderlich)

5. **Keine Exkulpation des Schuldners** gem. § 280 Abs. 1 S. 2

ⓟ *Bezugspunkt des Vertretenmüssens*
- Nach wohl **h.M.** kann bei § 281 für das Vertretenmüssen **entweder** auf die **Schlechtleistung oder** das **Nichtleisten bei Fristablauf**, also auf die unterbliebene Nacherfüllung, abgestellt werden. Das bedeutet wiederum, dass sich der Schuldner gem. § 280 Abs. 1 S. 2 nur dann entlasten kann, wenn er weder die mangelhafte Lieferung noch die Nichtnacherfüllung zu vertreten hat.
- Eine a.A. stellt beim Schadensersatzanspruch hingegen **nur** auf das **Nichtleisten bei Fristablauf** ab. Bei Entbehrlichkeit der Frist sind die Umstände entscheidend, die die Entbehrlichkeit begründen.

Zum Vertretenmüssen ⇨ **S. 167**

II. Rechtsfolgen

1. **Primäransprüche**
a) **Zunächst: Schwebezustand**
   - Allein Fristablauf oder Ereignis, welches die Fristsetzung entbehrlich macht, führt nicht zum Untergang des **Erfüllungsanspruchs**
   - Erfüllungsanspruch erlischt erst mit dem Verlangen nach Schadensersatz statt der Leistung, § 281 Abs. 4 oder Rücktritt gem. §§ 323 ff.
   Konsequenzen:
   - Primäranspruch kann noch erfüllt werden, wenn Gläubiger die Leistung annimmt
   - ⓟ *Kann SE noch verlangt werden, wenn Erfüllung ohne Mitwirkung des Gläubigers eingetreten ist? (Nach h.M. darf dem Gläubiger sein Wahlrecht nicht genommen werden; er kann die Leistung zurückweisen und SE verlangen.)*
   - ⓟ *Schließt ein Erfüllungsverlangen nach Fristablauf den SE-Anspruch aus? (Erfüllung und Schadensersatz stehen zueinander im Verhältnis elektiver Konkurrenz – und nicht im Verhältnis einer Wahlschuld. Bei Verlangen des Schadensersatzes ist der Erfüllungsanspruch ausgeschlossen, vgl. § 281 Abs. 4, umgekehrt gilt diese Regel aber nicht.)*
b) **Erlöschen des Erfüllungsanspruchs** durch Schadensersatzverlangen gem. § 281 Abs. 4 oder Rücktritt
c) **Erlöschen des Gegenleistungsanspruchs** bei gegenseitigen Verträgen; nach h.M. erlischt der Gegenleistungsanspruch „erst recht" gem. § 281 Abs. 4; nach a.A. muss der Gläubiger ergänzend vom ganzen Vertrag zurücktreten.

2. **Wahlrecht des Gläubigers: Schadensersatz statt der Leistung**, § 281 Abs. 1 S. 1
a) **Nichtleistung**
   - Bei vollständiger Nichtleistung erhält der Gläubiger ohne weitere Voraussetzungen Schadensersatz statt der ganzen Leistung
   - Bei **Teilnichtleistung** wird Schadensersatz grds. nur gewährt, „soweit" das Leistungshindernis besteht (vgl. § 281 Abs. 1 S. 2) = **kleiner Schadensersatz**
   - Schadensersatz statt der ganzen Leistung kann der Gläubiger bei einer Teilleistung **nur** bei Interessenwegfall verlangen (§ 281 Abs. 1 S. 2) = Nur **ausnahmsweise** SE statt der ganzen Leistung

A. Aufbauschemata

IV. Schadensersatz
6. Statt der Leistung wegen Nicht- oder Schlechtleistung, §§ 280 Abs. 1 u. 3, 281 Abs. 1 S. 1 (Fortsetzung)

II. Rechtsfolgen (Fortsetzung)

b) **Schlechtleistung**
- Bei **Schlechtleistung** (2. Alt.) wird Schadensersatz grds. auch statt der ganzen Leistung gewährt = **großer Schadensersatz**
- Der Gläubiger ist auf Schadensersatz statt der Nacherfüllung = **kleinen Schadensersatz** beschränkt, wenn die Pflichtverletzung unerheblich ist, § 281 Abs. 1 S. 3
- Ⓟ *Unerheblichkeit bei Arglist des Vertragspartners* ⇨ *S. 83*

3. **Berechnung des Schadensersatzanspruchs**

   a) **Methode**
   - **Differenzmethode:** An die Stelle der gegenseitigen Verpflichtungen tritt eine einseitige Geldforderung des ersatzberechtigten Gläubigers in Höhe der Wertdifferenz zwischen Wert der Leistung und Wert der Gegenleistung zuzüglich etwaiger Folgeschäden.
   - **Surrogationsmethode:** Anspruch auf Gegenleistung bleibt bestehen und der Schadensersatzanspruch tritt an die Stelle des entfallenen Primäranspruchs.
   - ⚠ Besteht die **Gegenleistung in Geld**, kommen beide Methoden letztlich zum gleichen Ergebnis (bei der Surrogationsmethode können die gegenseitigen Forderungen aufgerechnet werden, bei der Differenzmethode besteht von vornherein nur eine Forderung). Unterschiede bestehen bei einem **Tauschvertrag** oder wenn die **Gegenleistung nicht in Geld** besteht (z.B. Käufer zahlt nicht).
     – Hat der Gläubiger seine **Gegenleistung noch nicht erbracht**, kann er wahlweise nach der Differenzmethode vorgehen oder seine Gegenleistung noch erbringen und nach der Surrogationsmethode abrechnen.
     – Hat der Gläubiger seine Gegenleistung bereits erbracht, kann er sie nach §§ 326 Abs. 4, 346 ff. zurückfordern und nach der Differenzmethode vorgehen oder sie beim Schuldner belassen und nach der Surrogationsmethode abrechnen.

   b) **Erfüllungsinteresse** des Gläubigers
   - Nach e.A. ist der Gläubiger **so zu stellen, als wäre ordnungsgemäß erfüllt worden**.
     ⚠ Dann wären allerdings auch typische Verzögerungsschäden ersatzfähig, da der Schuldner dann auch rechtzeitig geleistet hätte; diese sind nach h.M. jedoch nur nach §§ 280 Abs. 1 u. 2, 286 (⇨ *S. 37*) ersatzfähig, sodass diese auszunehmen sind.
     Auch Folgeschäden wären vom Schadensersatz statt der Leistung nicht umfasst und nach § 280 Abs. 1 zu ersetzen (⇨ *S. 21*).
   - Nach a.A. ist derjenige Schaden zu ersetzen, der sich aus dem **endgültigen Ausbleiben der Leistung ergibt**.
     Umstritten ist dabei der relevante Zeitpunkt:
     – Teilweise wird angenommen, es komme auf den Zeitpunkt des Ablaufs der Nachfrist (also das Entstehen des Schadensersatzanspruchs) an;
     – teilweise wird auf das Erlöschen des Leistungsanspruchs im Zeitpunkt des Schadensersatzverlangens/Rücktritts abgestellt.

III. Keine Verjährung

1. Relative Frist des § 195: 3 Jahre ab Ende des Jahres der Anspruchsentstehung und Kenntnis des Gläubigers (§ 199 Abs. 1)
2. Absolute Frist des § 199 Abs. 3 Nr. 1: 10 Jahre ab Anspruchsentstehung

⇨ *S. 217*

A. Aufbau-schemata

IV. Schadensersatz
7. Statt der Leistung im Kauf- u. Werkvertragsrecht, § 437 Nr. 3 Alt. 1 bzw. § 634 Nr. 4 Alt. 1, §§ 280 Abs. 1 u. 3, 281

I. Anspruchsvoraussetzungen

1. Wirksames Zustandekommen eines Kauf- bzw. Werkvertrages ⇨ *S. 7*
2. Vorliegen eines Mangels (§ 434 bzw. § 633) im relevanten Zeitpunkt
   ⇨ *S. 10 (Kaufrecht)*, ⇨ *S. 13 (Werkvertragsrecht)*
3. **Fälliger und durchsetzbarer Nacherfüllungsanspruch:**
   Mit Leistung i.S.d. § 281 gemeint ist nicht die ursprüngliche Leistungspflicht zur mangelfreien Leistung (§ 433 Abs. 1 S. 2); diese hat sich ab Anwendbarkeit des Gewährleistungsrechts in einen Nacherfüllungsanspruch aus § 439 bzw. § 635 umgewandelt ⇨ *S. 10, 13*

   a) **Relevanter Zeitpunkt**
      - Zeitpunkt des **Fristablaufs**
      - Bei Entbehrlichkeit der Fristsetzung: Zeitpunkt des Eintritts der **Umstände, die die Fristsetzung entbehrlich gemacht haben**

   b) **Fälligkeit (**⇨ *S. 166)*
      - Bei ernsthafter und endgültiger Erfüllungsverweigerung ist analog § 281 Abs. 2 auch Schadensersatz bereits vor Fälligkeit möglich.
      - Ist offensichtlich, dass die Voraussetzungen des Schadensersatzanspruchs eintreten werden, ist analog § 323 Abs. 4 die Fälligkeit entbehrlich.

   c) **Durchsetzbarkeit**
      - Allein das Bestehen der Einreden der §§ 320, 275 Abs. 2 u. 3 hindert die Durchsetzbarkeit.
      - Das Zurückbehaltungsrecht nach § 273 muss geltend gemacht werden.

      ⚠ Beruft sich der Schuldner auf Unverhältnismäßigkeit nach § 439 Abs. 4 bzw. § 635 Abs. 3 schließt dies einen Schadensersatzanspruch nicht aus, da in diesen Fällen Schadensersatz sogar ohne Fristsetzung verlangt werden kann (§ 440 S. 1 Var. 1 bzw. § 636 Var. 1). Allerdings muss – wie bei § 275 Abs. 2 – das Vertretenmüssen sich dann auf die zur Unverhältnismäßigkeit führenden Umstände beziehen.

4. **Erfolgloser Fristablauf oder Entbehrlichkeit der Fristsetzung**

   a) Grds.: Erforderlichkeit einer angemessenen Fristsetzung zur Nacherfüllung, § 281 Abs. 1 S. 1 Alt. 2
      - Zu kurze Frist setzt angemessene Frist in Gang.
      - Wird keine Frist gesetzt, reicht auch ein ernsthaftes Erfüllungsverlangen; dies setzt eine angemessene Frist in Gang.

   b) Entbehrlichkeit nach allgemeinen Regeln:
      - Entbehrlichkeit aufgrund Parteivereinbarung (nicht möglich in AGB gem. § 309 Nr. 4 bzw. gegenüber Unternehmern gem. § 307 Abs. 1, wenn Fristsetzung dadurch **für Verwender** entbehrlich)
      - Ernsthafte und endgültige Erfüllungsverweigerung, § 281 Abs. 2 Alt. 1
      - Besondere Umstände i.S.v. § 281 Abs. 2 Alt. 2 (z.B. bei relativem Fixgeschäft, da ausdrückliche Regelung wie in § 323 Abs. 2 Nr. 2 fehlt)

   c) Entbehrlichkeit im Kauf- und Werkvertragsrecht:
      - Verweigerung der Nacherfüllung gem. § 439 Abs. 4 bzw. § 635 Abs. 3 (§ 440 S. 1 Var. 1 bzw. § 636 Var. 1)
         ⇨ *S. 10 (Kaufrecht)*, ⇨ *S. 13 (Werkvertragsrecht)*
         ⚠ Ob die Einrede wirklich besteht, ist für die Entbehrlichkeit der Fristsetzung unbeachtlich.
      - Fehlschlagen der Nacherfüllung (§ 440 S. 1 Var. 2 bzw. § 636 Var. 2)
         – Im Kaufrecht i.d.R. nach erfolglosem zweiten Versuch, § 440 S. 2
         – Im Werkvertragsrecht bietet § 440 S. 2 zumindest einen Anhaltspunkt

A. Aufbauschemata

IV. Schadensersatz
7. Statt der Leistung im Kauf- u. Werkvertragsrecht, § 437 Nr. 3 Alt. 1 bzw. § 634 Nr. 4 Alt. 1, §§ 280 Abs. 1 u. 3, 281 (Forts.)

I. Anspruchsvoraussetzungen (Fortsetzung)

- Unzumutbarkeit der Nacherfüllung (§ 440 S. 1 Var. 3 bzw. § 636 Var. 3)
d) **Erfolgloser Fristablauf**
   - Keine Einhaltung der Frist bei Teilleistung (§ 266) (⚠ *§ 266 ist abdingbar*)
   - Frist zur Leistung wird nach h.M. auch bei einer (erneuten) Schlechtleistung eingehalten (ggf. neue Fristsetzung zur Nacherfüllung erforderlich).

   (⚠ *Es liegen also zwei Pflichtverletzungen vor:*
   – *Der Schuldner hat eine mangelhafte Sache geliefert/ein mangelhaftes Werk erbracht („die Leistung nicht wie geschuldet erbracht").*
   – *Der Schuldner erbringt außerdem die geschuldete Nacherfüllung nicht („eine Leistung nicht erbracht").*
   Trotzdem sollte im Rahmen eines Schadensersatzanspruchs im Kauf- und Werkvertragsrecht immer auf § 281 Abs. 1 S. 1 Alt. 2 („Leistung nicht wie geschuldet erbracht") abgestellt werden.*

5. **Keine Exkulpation** des Schuldners gem. § 280 Abs. 1 S. 2
Ⓟ **Bezugspunkt des Vertretenmüssens**
   - Nach wohl **h.M.** kann bei § 281 für das Vertretenmüssen **entweder** auf die **Schlechtleistung** oder das **Nichtleisten bei Fristablauf**, also auf die unterbliebene Nacherfüllung, abgestellt werden.
   Das bedeutet wiederum, dass sich der Verkäufer gem. § 280 Abs. 1 S. 2 nur dann entlasten kann, wenn er weder die mangelhafte Lieferung noch die Nichtnacherfüllung zu vertreten hat.
   - Eine a.A. stellt beim Schadensersatzanspruch hingegen **nur** auf das **Nichtleisten bei Fristablauf** ab. Bei Entbehrlichkeit der Frist sind die Umstände entscheidend, die die Entbehrlichkeit begründen.
   Zum Vertretenmüssen ⇨ **S. 167**

II. Kein Gewährleistungsausschluss

Kein wirksamer Gewährleistungsausschluss ⇨ **S. 10 (Kaufrecht)**, ⇨ **S. 13 (Werkvertragsrecht)**
Besonderheit: Disponibilität des kaufrechtlichen Schadensersatzanspruchs in den Grenzen der §§ 307–309 trotz Verbrauchsgüterkaufs, §§ 476 Abs. 3, 478 Abs. 2 S. 2) ⇨ **S. 199**

III. Rechtsfolgen

1. **Primäransprüche**
a) **Zunächst: Schwebezustand**
   - Allein Fristablauf oder Ereignis, welches die Fristsetzung entbehrlich macht, führt nicht zum Untergang des **Nacherfüllungsanspruchs**.
   - **Nacherfüllungsanspruch** erlischt erst mit dem Verlangen nach Schadensersatz statt der Leistung, § 281 Abs. 4, oder Rücktritt gem. §§ 323 ff.; Konsequenzen:
     – Nacherfüllungsanspruch kann noch erfüllt werden, wenn Gläubiger die Leistung annimmt
     – Ⓟ Kann SE noch verlangt werden, wenn Erfüllung ohne Mitwirkung des Gläubigers eingetreten ist? (Nach h.M. darf dem Gläubiger sein Wahlrecht nicht genommen werden; er kann die Leistung zurückweisen und SE verlangen.)
     – Ⓟ Schließt ein Nacherfüllungsverlangen nach Fristablauf den SE-Anspruch aus? (Erfüllung und Schadensersatz stehen zueinander im Verhältnis elektiver Konkurrenz – und nicht im Verhältnis einer Wahlschuld. Bei Verlangen des Schadensersatzes ist der Erfüllungsanspruch ausgeschlossen, umgekehrt gilt diese Regel aber nicht.)
b) **Erlöschen des Nacherfüllungsanspruchs** durch Schadensersatzverlangen gem. § 281 Abs. 4 oder Rücktritt

29

A. Aufbauschemata

IV. Schadensersatz
7. Statt der Leistung im Kauf- u. Werkvertragsrecht, § 437 Nr. 3 Alt. 1 bzw. § 634 Nr. 4 Alt. 1, §§ 280 Abs. 1 u. 3, 281 (Forts.)

III. Rechtsfolgen (Fortsetzung)

c) **Erlöschen des Gegenleistungsanspruchs** bei gegenseitigen Verträgen
Nach h.M. erlischt der Gegenleistungsanspruch „erst recht" gem. § 281 Abs. 4; nach a.A. muss der Gläubiger ergänzend vom ganzen Vertrag zurücktreten.

2. **Wahlrecht des Gläubigers: Schadensersatz statt der Leistung/Nacherfüllung**, §§ 437 Nr. 3 Alt. 1, 281 Abs. 1 S. 1
   - Bei **Schlechtleistung** wird Schadensersatz grds. auch statt der ganzen Leistung gewährt = **großer Schadensersatz**
   - Der Gläubiger ist auf Schadensersatz statt der Nacherfüllung = **kleiner Schadensersatz** beschränkt, wenn die Pflichtverletzung unerheblich ist, § 281 Abs. 1 S. 3
   Ⓟ *Unerheblichkeit bei Arglist des Vertragspartners* ⇨ **S. 83**
   - Obwohl eine Teilleistung gem. § 434 Abs. 3 wie ein Sachmangel (= Schlechtleistung) behandelt wird, findet § 281 Abs. 1 S. 2 (= Teilleistung) Anwendung, da diese Vorschrift sonst praktisch leer liefe. Bei einer Teilleistung kann der Gläubiger daher Schadensersatz statt der ganzen Leistung **nur** bei Interessenwegfall verlangen.

3. **Berechnung des Schadensersatzanspruchs**
   a) **Methode:** Die Ermittlung des Schadensersatzanspruchs nach der Differenz- oder Surrogationsmethode spielt im Gewährleistungsrecht des Kauf- und Werkvertrags keine Rolle, da die Gegenleistung immer in Geld besteht.
   b) Welche Schäden von § 281 erfasst werden, ist umstritten:
      - Nach der **Lehre der Gesamtabrechnung** sind alle Schäden ersatzfähig, die ab Fälligkeit eintreten. Deshalb kann der Gläubiger nach seinem Schadensersatzverlangen (§ 281 Abs. 4) überhaupt nur noch Schadensersatz statt der Leistung geltend machen, in den dann ein etwaig vor diesem Zeitpunkt entstandener Schadensersatzanspruch neben der Leistung einzubeziehen ist.
      - Gemäß der Lehre der **schadensphänomenologischen Abgrenzung** wird nur der Schaden erfasst, der aus der Sicht des Käufers und nach seiner Verwendungsabsicht funktional an die Stelle der Leistung tritt. In Abgrenzung dazu werden mit dem Schadensersatz neben der Leistung diejenigen Schäden ausgeglichen, die gerade kein Äquivalent für die Leistung darstellen, insb. die Beeinträchtigungen bereits vorhandener Rechte und Rechtsgüter des Gläubigers, also des Integritätsinteresses.
      - Nach der **h.L.** gehören zum Schadensersatz statt der Leistung nur die Schäden, die auf das **endgültige Ausbleiben der Leistung** zurückzuführen sind. Dabei ist innerhalb dieser Ansicht umstritten, was der letztmögliche Zeitpunkt im Rahmen des § 281 ist, **ab wann** also die Leistung endgültig ausbleibt. Teilweise wird für das endgültige Ausbleiben der Leistung auf den **Zeitpunkt des Fristablaufs** abgestellt, da der Gläubiger ab diesem Zeitpunkt die Leistung zurückweisen dürfe. Nach der Gegenansicht bleibt die Leistung erst in dem Zeitpunkt endgültig aus, in dem der Schuldner sie nicht mehr erbringen kann (z.B. weil der Gläubiger gemäß §§ 323, 349 bereits den **Rücktritt** erklärt hat) oder infolge eines **Schadensersatzverlangens** des Gläubigers nicht mehr erbringen darf, vgl. § 281 Abs. 4.

A. Aufbauschemata

IV. Schadensersatz
7. Statt der Leistung im Kauf- u. Werkvertragsrecht, § 437 Nr. 3 Alt. 1 bzw. § 634 Nr. 4 Alt. 1, §§ 280 Abs. 1 u. 3, 281 (Forts.)

IV. Keine Verjährung

Kaufvertrag, § 438

1. **Verjährungsbeginn**
   - bei Grundstücken: **Übergabe**
   - sonst: **Ablieferung**

2. **Verjährungsfrist**
   a) **Grundsatz:** 2 Jahre, § 438 Abs. 1 Nr. 3
   b) **Ausnahmen:**
      - Bauwerke/Baumaterialien: 5 Jahre
      - Dinglicher Rechtsmangel: 30 Jahre
      ⚠ *Bei Arglist: Regelmäßige Verjährung, vgl. § 438 Abs. 3*

3. **Vereinbarungen über die Verjährung**
   a) **Verlängerung**, § 202 Abs. 2 (max. 30 Jahre ab gesetzlichem Verjährungsbeginn)
   b) **Verkürzung**
      aa) Verbrauchsgüterkauf, § 476 Abs. 2)
         ⚠ § 476 Abs. 2 gilt nicht für Schadensersatzansprüche (§ 476 Abs. 3)
         - Verjährung in den Grenzen der §§ 307–309 verkürzbar
         - Ablaufhemmung bei Verkäuferregress, § 445 b Abs. 2 ⇨ *S. 199*
      bb) **Sonstige Verträge**
         (1) Individualvereinbarung
            - Vertragsfreiheit
            - Grenzen:
              – § 444
              – § 202 Abs. 1
         (2) AGB
            - § 309 Nr. 7
            - §§ 309 Nr. 8 b) ff.
            - § 307

Werkvertrag, § 634 a

1. **Verjährungsbeginn**
   - Bauwerke und Arbeiten an einer Sache: **Abnahme**
   - bei sonstigen Werkleistungen: **§ 199**
   (☞ Gutachten, Beförderung)

2. **Verjährungsfrist**
   a) **Grundsatz:** 3 Jahre, § 634 a Abs. 1 Nr. 3 i.V.m. § 195
   b) **Ausnahmen:**
      - Arbeiten an einer Sache: 2 Jahre
      - Bauwerke: 5 Jahre
      ⚠ *Bei Arglist: Regelmäßige Verjährung (als Mindestverjährungsfrist), vgl. § 634 a Abs. 3*

3. **Vereinbarungen über die Verjährung**
   a) **Verlängerung**, § 202 Abs. 2 (max. 30 Jahre ab gesetzlichem Verjährungsbeginn)
   b) **Verkürzung**
      aa) Individualvereinbarung
         - Vertragsfreiheit
         - Grenzen:
           – § 639
           – § 202 Abs. 1
      bb) **AGB**
         - § 309 Nr. 7
         - §§ 309 Nr. 8 b) ff.
         - § 307

A. Aufbauschemata

IV. Schadensersatz
8. Statt der Leistung wegen nachträglicher Unmöglichkeit, §§ 280 Abs. 1 u. 3, 283

I. Anspruchsvoraussetzungen

1. **Schuldverhältnis**
   a) Vertragliches Schuldverhältnis i.S.v. § 311 Abs. 1
   - auch Rückgewährschuldverhältnis, vgl. § 346 Abs. 4
   b) Gesetzliches Schuldverhältnis
   - §§ 280 ff. werden verdrängt durch § 818 Abs. 2 im Bereicherungsrecht
   - Für dingliche Ansprüche bestehen überwiegend Sondervorschriften (wird der Herausgabeanspruch aus § 985 unmöglich, gelten die §§ 989, 990; auf § 1004 sind die §§ 280 ff. ebenfalls nicht anwendbar).
   - Ist Naturalrestitution geschuldet (z.B. aus §§ 823, 249) und wird diese unmöglich, so ist § 251 spezieller (⚠ *Auf andere Leistungsstörungen im Rahmen der Naturalrestitution sind die §§ 280 ff. anwendbar*).
2. Schuldner braucht nach **§ 275 Abs. 1–3** nicht zu leisten, weil **nach Vertragsschluss** ein Leistungshindernis eingetreten ist ⇨ *S. 170*
3. **Keine Exkulpation** des Schuldners gem. § 280 Abs. 1 S. 2
   - Anknüpfungspunkt: Vertretenmüssen der Umstände, die zur Unmöglichkeit geführt haben ⇨ *S. 167*
   - Bei beiderseitig zu vertretender Unmöglichkeit gilt § 254

II. Rechtsfolgen

1. **Erlöschen der Primäransprüche**
   - Der **Erfüllungsanspruch** des Gläubigers erlischt bei vollständiger Unmöglichkeit unmittelbar gem. § 275 Abs. 1
   - Bei **Teilunmöglichkeit** erlischt er hinsichtlich des unmöglichen Teils gem. § 275 Abs. 1 unmittelbar. Der Restanspruch bleibt bestehen, es sei denn, der Gläubiger macht Schadensersatz statt der ganzen Leistung (großen Schadensersatz) geltend, § 281 Abs. 4 oder tritt vom ganzen Vertrag gem. § 326 Abs. 5 zurück (⇨ *S. 81/S. 83*)
   - Der **Gegenleistungsanspruch** erlischt bei vollständiger Unmöglichkeit gem. § 326 Abs. 1 S. 1
   - Auch bei Teilunmöglichkeit erlischt der Gegenleistungsanspruch teilweise gem. § 326 Abs. 1 S. 1 i.V.m. § 441 Abs. 3 (⚠ *anders bei Teilunmöglichkeit des Nacherfüllungsanspruchs* ⇨ *S. 34*)
2. **Wahlrecht des Gläubigers: Schadensersatz statt der Leistung**, §§ 280 Abs. 1 u. 3, 283 S. 2, 281 Abs. 1 S. 2 u. 3, Abs. 5
   - Bei **vollständiger Unmöglichkeit** erhält der Gläubiger Schadensersatz statt der ganzen Leistung = großer Schadensersatz
   - Bei **Teilunmöglichkeit** wird Schadensersatz grundsätzlich nur gewährt, „soweit" das Leistungshindernis besteht (vgl. § 281 Abs. 1 S. 1) = **kleiner Schadensersatz**

A. Aufbauschemata

IV. Schadensersatz
8. Statt der Leistung wegen nachträglicher Unmöglichkeit, §§ 280 Abs. 1 u. 3, 283 (Fortsetzung)

II. Rechtsfolgen (Fortsetzung)

- Unter folgenden Voraussetzungen wird auch bei **Teilunmöglichkeit** Schadensersatz statt der ganzen Leistung = **großer Schadensersatz** gewährt:

Hat der Schuldner eine **Teilleistung** erbracht (quantitative Unmöglichkeit), wird Schadensersatz statt der ganzen Leistung **nur** bei Interessenwegfall gewährt (§ 281 Abs. 1 S. 2) = Nur **ausnahmsweise** SE statt der ganzen Leistung	Bei **Schlechtleistung** (qualitative Unmöglichkeit) wird Schadensersatz statt der ganzen Leistung nicht bei Unerheblichkeit gewährt (§ 281 Abs. 1 S. 3) = **Grundsätzlich** SE statt der ganzen Leistung ⚠ *Vorrang des Gewährleistungsrechts* ⇨ **S. 34**

3. Berechnung des Schadensersatzanspruchs

- **Differenzmethode:** An die Stelle der gegenseitigen Verpflichtungen tritt eine einseitige Geldforderung des ersatzberechtigten Gläubigers in Höhe der Wertdifferenz zwischen Wert der Leistung und Wert der Gegenleistung zuzüglich etwaiger Folgeschäden.
- **Surrogationsmethode:** Anspruch auf Gegenleistung bleibt bestehen und der Schadensersatzanspruch tritt an die Stelle des entfallenen Primäranspruchs.

  ⚠ *Besteht die **Gegenleistung in Geld**, kommen beide Methoden letztlich zum gleichen Ergebnis (bei der Surrogationsmethode können die gegenseitigen Forderungen aufgerechnet werden, bei der Differenzmethode besteht von vornherein nur eine Forderung.) Unterschiede bestehen bei einem **Tauschvertrag**.*

  – *Hat der Gläubiger seine **Gegenleistung noch nicht erbracht**, kann er wahlweise nach der Differenzmethode vorgehen oder seine Gegenleistung noch erbringen und nach der Surrogationsmethode abrechnen.*

  – *Hat der Gläubiger seine Gegenleistung bereits erbracht, kann er sie nach §§ 326 Abs. 4, 346 ff. zurückfordern und nach der Differenzmethode vorgehen oder sie beim Schuldner belassen und nach der Surrogationsmethode abrechnen.*

III. Verjährung

1. Relative Frist des § 195: 3 Jahre ab Ende des Jahres der Anspruchsentstehung und Kenntnis des Gläubigers (§ 199 Abs. 1)
2. Absolute Frist des § 199 Abs. 3 Nr. 1: 10 Jahre ab Anspruchsentstehung

⇨ **S. 217**

A. Aufbauschemata

IV. Schadensersatz
9. Statt der Leistung wg. nachträglicher Unmöglichkeit der Nacherfüllung im Kauf- und Werkvertragsrecht, § 437 Nr. 3 Alt. 1 bzw. § 634 Nr. 4 Alt. 1, §§ 280 Abs. 1 u. 3, 283

I. Anspruchsvoraussetzungen

1. Wirksames Zustandekommen eines **Kauf-** bzw. **Werkvertrages** ⇨ *S. 7*
2. Vorliegen eines Mangels (§ 434 bzw. § 633) im relevanten Zeitpunkt
   ⇨ *S. 10 (Kaufrecht)*, ⇨ *S. 13 (Werkvertragsrecht)*
3. Schuldner braucht nach § 275 Abs. 1–3 beide Arten der Nacherfüllung nicht zu erbringen, weil **nach Vertragsschluss** ein Leistungshindernis eingetreten ist ⇨ *S. 170*
4. **Keine Exkulpation** des Schuldners gem. § 280 Abs. 1 S. 2
   - Anknüpfungspunkt (str.): Vertretenmüssen der ursprünglichen Schlechtleistung und/oder Vertretenmüssen der Umstände, die zur Unmöglichkeit der Nacherfüllung geführt haben ⇨ *S. 167*
   - Bei beiderseitigem Vertretenmüssen gilt § 254

II. Kein Ausschluss

Kein wirksamer Gewährleistungsausschluss ⇨ *S. 10 (Kaufrecht)*/⇨ *S. 13 (Werkvertragsrecht)*
Besonderheit: Disponibilität des kaufrechtlichen Schadensersatzanspruchs in den Grenzen der §§ 307–309 trotz Verbrauchsgüterkaufs, §§ 476 Abs. 3, 478 Abs. 2 S. 2 ⇨ *S. 199*

III. Rechtsfolgen

1. **Erlöschen der Primäransprüche**
   - Der **Nacherfüllungsanspruch** des Gläubigers erlischt bei Unmöglichkeit unmittelbar gem. § 275 Abs. 1
   - Der **Gegenleistungsanspruch** erlischt im Kauf- und Werkvertragsrecht **nicht** gem. § 326 Abs. 1 S. 1 (vgl. § 326 Abs. 1 S. 2). Der Gläubiger muss vielmehr zurücktreten, um von seiner Verpflichtung frei zu werden (§ 326 Abs. 5). Eine Fristsetzung ist dazu entbehrlich.
2. **Wahlrecht des Gläubigers: Schadensersatz statt der Leistung**, §§ 437 Nr. 3 Alt. 1, 280 Abs. 1 u. 3, 283
   - Bei vollständiger Unmöglichkeit erhält der Gläubiger Schadensersatz statt der ganzen Leistung
     ⚠ *Abzustellen ist nicht auf die vollständige Unmöglichkeit des Nacherfüllungsanspruchs, sondern auf die Gesamtleistung. Im Gewährleistungsrecht des Kauf- bzw. Werkvertragsrechts ist eine vollständige Unmöglichkeit unwahrscheinlich, da die Anwendbarkeit des Gewährleistungsrechts ja zumindest eine Teillieferung erfordert. Denkbar ist dies allerdings z.B. bei einer Aliudlieferung.*
   - Bei **Teilunmöglichkeit** wird Schadensersatz grds. nur gewährt, „soweit" das Leistungshindernis besteht (vgl. § 281 Abs. 1 S. 1 i.V.m. § 283 S. 2) = **kleiner Schadensersatz**

A. Aufbauschemata

IV. Schadensersatz
9. Statt der Leistung wg. nachträglicher Unmöglichkeit der Nacherfüllung im Kauf- u. Werkvertragsrecht, § 437 Nr. 3 Alt. 1 bzw. § 634 Nr. 4 Alt. 1, §§ 280 Abs. 1 u. 3, 283 (Forts.)

III. Rechtsfolgen (Fortsetzung)

- Unter folgenden Voraussetzungen wird auch bei **Teilunmöglichkeit** Schadensersatz statt der ganzen Leistung = **großer Schadensersatz** gewährt:

Hat der Schuldner eine **Teilleistung** erbracht (quantitative Unmöglichkeit), wird Schadensersatz statt der ganzen Leistung **nur** bei Interessenwegfall gewährt (§ 281 Abs. 1 S. 2 i.V.m. § 283 S. 2) = Nur **ausnahmsweise** SE statt der ganzen Leistung

ⓟ *Minderlieferung im Kaufrecht wegen § 434 Abs. 3 = Teilleistung oder Schlechtleistung? (vgl. ⇨ S. 19)*

Bei **Schlechtleistung** (qualitative Unmöglichkeit) wird Schadensersatz statt der ganzen Leistung nicht bei Unerheblichkeit gewährt (§ 281 Abs. 1 S. 3 i.V.m. § 283 S. 2) = **Grundsätzlich** SE statt der ganzen Leistung

ⓟ *Unerheblichkeit bei Arglist des Vertragspartners? ⇨ S. 83*

ⓟ *Teilschlechtleistung = Teilleistung oder Schlechtleistung? (vgl. ⇨ S. 19)*

3. **Berechnung des Schadensersatzanspruchs**

Die Ermittlung des Schadensersatzanspruchs nach der Differenz- oder Surrogationsmethode (dazu ⇨ **S. 27, 33**) spielt im Gewährleistungsrecht des Kauf- und Werkvertrages keine Rolle, da die Gegenleistung immer in Geld besteht.

Zum Ersatzinteresse des Gläubigers beim SE statt der Leistung ⇨ S. 27

A. Aufbauschemata

IV. Schadensersatz
9. Statt der Leistung wg. nachträglicher Unmöglichkeit der Nacherfüllung im Kauf- u. Werkvertragsrecht, § 437 Nr. 3 Alt. 1 bzw. § 634 Nr. 4 Alt. 1, §§ 280 Abs. 1 u. 3, 283 (Forts.)

IV. Verjährung

Kaufvertrag, § 438

1. **Verjährungsbeginn**, § 438 Abs. 2
   - bei Grundstücken: **Übergabe**
   - sonst: **Ablieferung**

2. **Verjährungsfrist**
   a) **Grundsatz:** 2 Jahre, § 438 Abs. 1 Nr. 3
   b) **Ausnahmen:**
      - Bauwerke/Baumaterialien: 5 Jahre
      - Dinglicher Rechtsmangel: 30 Jahre
      ⚠ *Bei Arglist: Regelmäßige Verjährung, vgl. § 438 Abs. 3 i.V.m. § 195*

3. **Vereinbarungen über die Verjährung**
   a) **Verlängerung**, § 202 Abs. 2 (max. 30 Jahre ab gesetzlichem Verjährungsbeginn)
   b) **Verkürzung**
      aa) Verbrauchsgüterkauf, § 476 Abs. 2
         ⚠ *§ 476 Abs. 2 gilt nicht für Schadensersatzansprüche (§ 476 Abs. 3)*
         – Verjährung in den Grenzen der §§ 307–309 verkürzbar
         – Ablaufhemmung bei Verkäuferregress, § 445 b Abs. 2 ⇨ **S. 199**
      bb) **Sonstige Verträge**
         (1) Individualvereinbarung
            - Vertragsfreiheit
            - Grenzen:
              – § 444
              – § 202 Abs. 1
         (2) AGB
            - § 309 Nr. 7
            - §§ 309 Nr. 8 b) ff.
            - § 307

Werkvertrag, § 634 a

1. **Verjährungsbeginn**
   - Bauwerke und Arbeiten an einer Sache: **Abnahme**
   - bei sonstigen Werkleistungen: **§ 199**
   (☞ Gutachten, Beförderung)

2. **Verjährungsfrist**
   a) **Grundsatz:**
      3 Jahre, § 634 a Abs. 1 Nr. 3 i.V.m. § 195
   b) **Ausnahmen:**
      - Arbeiten an einer Sache: 2 Jahre
      - Bauwerke: 5 Jahre
      ⚠ *Bei Arglist: Regelmäßige Verjährung (als Mindestverjährungsfrist), vgl. § 634 a Abs. 3*

3. **Vereinbarungen über die Verjährung**
   a) **Verlängerung**, § 202 Abs. 2 (max. 30 Jahre ab gesetzlichem Verjährungsbeginn)
   b) **Verkürzung**
      aa) Individualvereinbarung
         - Vertragsfreiheit
         - Grenzen:
           – § 639
           – § 202 Abs. 1
      bb) **AGB**
         - § 309 Nr. 7
         - §§ 309 Nr. 8 b) ff.
         - § 307

A. Aufbauschemata

IV. Schadensersatz
10. Neben der Leistung wegen Verzögerung der Leistung, §§ 280 Abs. 1 u. 2, 286

I. Anspruchsvoraussetzungen

1. **Schuldverhältnis**
   a) Vertragliches Schuldverhältnis i.S.v. § 311 Abs. 1; auch Rückgewährschuldverhältnis, vgl. § 346 Abs. 4
   b) Gesetzliches Schuldverhältnis
   - Im Bereicherungsrecht erst bei verschärfter Haftung, § 818 Abs. 4
   - Im EBV nur bei bösgläubigem Besitzer, § 990 Abs. 2
   - Auf § 894 (Grundbuchberichtigung) nur bei Bösgläubigkeit anwendbar
   - Anwendbarkeit auf § 1004 (+)
   - Keine Anwendbarkeit auf §§ 985, 1007, 861
   - Keine Anwendbarkeit auf § 1147
   - Auf § 888 (Zustimmungsanspruch des Vormerkungsberechtigten) nach h.M. nicht anwendbar (str.)

2. **Schuldner ist mit einer Leistung im Verzug** ⇨ *S. 173*

[3. Keine Exkulpation des Schuldners gem. § 280 Abs. 1 S. 2]
   ⚠ *Diese Voraussetzung ist ausnahmsweise nicht gesondert zu prüfen, da Vertretenmüssen bereits Verzugsvoraussetzung ist.*

II. Rechtsfolgen

Ⓟ *Einbeziehung des Verzögerungsschadens in den Schadensersatz statt der Leistung? (Sachgerecht ist es, nach § 281 nur Schäden zu ersetzen, die auf dem endgültigen Ausbleiben der Leistung beruhen, sodass die Verzögerungsschaden nur unter den besonderen Voraussetzungen des § 286 zu ersetzen ist; etwas anderes gilt allerdings für Schäden, die nach Rücktritt oder Schadensersatzverlangen entstehen. Da ab diesem Zeitpunkt kein Primäranspruch besteht, ist auch kein Verzug mehr denkbar, sodass ab diesem Zeitpunkt „Verzögerungsschäden" Bestandteil des Schadensersatzes statt der Leistung sind.)*

- Ersatz des **Verzögerungsschadens**
  - Mehraufwendungen infolge der Verspätung (z.B. Anmietung einer Ersatzsache)
  - Entgangener Gewinn (z.B. wenn Weiterveräußerung nur zu ungünstigeren Konditionen möglich)
  - Kosten der Rechtsverfolgung (nicht der Mahnung, da erst verzugsbegründend)
  - Zinsverluste die über die nach §§ 288 ff. geschuldeten Verzugszinsen hinausgehen (vgl. § 288 Abs. 4)
- wegen **weiterer Verzugsfolgen** ⇨ *S. 174*

III. Verjährung

1. Relative Frist des § 195: 3 Jahre ab Ende des Jahres der Anspruchsentstehung und Kenntnis des Gläubigers (§ 199 Abs. 1); a.A.: Verjährungsfrist des Hauptanspruchs
2. Absolute Frist des § 199 Abs. 3 Nr. 1: 10 Jahre ab Anspruchsentstehung
   ⚠ *Verjährung spätestens mit Verjährung des Hauptanspruchs analog § 217.*

A. Aufbauschemata

IV. Schadensersatz
11. Neben der Leistung wg. Verzögerung der Nacherfüllung im Kauf- und Werkvertragsrecht, § 437 Nr. 3 Alt. 1 bzw. § 634 Nr. 4 Alt. 1, §§ 280 Abs. 1 u. 2, 286

I. Anspruchsvoraussetzungen

1. Wirksames Zustandekommen eines **Kauf-** bzw. **Werkvertrages** ⇨ *S. 7*
   (⚠ *Verweisung in § 437 Nr. 3 Alt. 1 bzw. § 634 Nr. 4 Alt. 1 nicht ausdrücklich auf § 286, aber auf § 280 (Abs. 2) und damit mittelbar auch auf § 286)*
2. Anwendbarkeit des Gewährleistungsrechts: Vorliegen eines Mangels (§§ 434 f. bzw. § 633) im relevanten Zeitpunkt ⇨ *S. 10 (Kaufrecht)*, ⇨ *S. 13 (Werkvertragsrecht)*
3. Schuldner ist **mit geschuldeter Nacherfüllung in Verzug** ⇨ *S. 173*
[4. Keine Exkulpation des Schuldners gem. § 280 Abs. 1 S. 2]
   ⚠ *Diese Voraussetzung ist ausnahmsweise nicht gesondert zu prüfen, da Vertretenmüssen bereits Verzugsvoraussetzung ist.*

II. Kein Gewährleistungsausschluss

Kein wirksamer Gewährleistungsausschluss ⇨ *S. 10 (Kaufrecht)*/⇨ *S. 13 (Werkvertragsrecht)*

Besonderheit: Disponibilität des kaufrechtlichen Schadensersatzanspruchs in den Grenzen der §§ 307–309 trotz Verbrauchsgüterkaufs, §§ 476 Abs. 3, 478 Abs. 2 S. 2 ⇨ *S. 199*

III. Rechtsfolgen

Ⓟ *Einbeziehung des Verzögerungsschadens in den Schadensersatz statt der Leistung?*
(Sachgerecht ist es, nach § 281 nur Schäden zu ersetzen, die auf dem endgültigen Ausbleiben der Leistung beruhen, sodass der Verzögerungsschaden nur unter den besonderen Voraussetzungen des § 286 zu ersetzen ist; etwas anderes gilt allerdings für Schäden, die nach Rücktritt oder Schadensersatzverlangen entstehen. Da ab diesem Zeitpunkt kein Primäranspruch besteht, ist auch kein Verzug mehr denkbar, sodass ab diesem Zeitpunkt „Verzögerungsschäden" Bestandteil des Schadensersatzes statt der Leistung sind.)

- Ersatz des **Verzögerungsschadens**
  - Mehraufwendungen infolge der Verspätung (z.B. Anmietung einer Ersatzsache)
  - Entgangener Gewinn (z.B. wenn Weiterveräußerung nur zu ungünstigeren Konditionen möglich)
  - Kosten der Rechtsverfolgung (nicht der Mahnung, da erst verzugsbegründend)
  - Zinsverluste, die über die nach §§ 288 ff. geschuldeten Verzugszinsen hinausgehen (vgl. § 288 Abs. 4)
- wegen **weiterer Verzugsfolgen** ⇨ *S. 174*

A. Aufbau-schemata

IV. Schadensersatz
11. Neben der Leistung wg. Verzögerung der Nacherfüllung im Kauf- und Werkvertragsrecht, § 437 Nr. 3 Alt. 1 bzw. § 634 Nr. 4 Alt. 1, §§ 280 Abs. 1 u. 2, 286 (Fortsetzung)

IV. Verjährung

Kaufvertrag, § 438	Werkvertrag, § 634 a
1. **Verjährungsbeginn**, § 438 Abs. 2 • bei Grundstücken: **Übergabe** • sonst: **Ablieferung**	1. **Verjährungsbeginn** • Bauwerke und Arbeiten an einer Sache: **Abnahme** • bei sonstigen Werkleistungen: **§ 199** (☞ Gutachten, Beförderung, Operation)
2. **Verjährungsfrist** a) **Grundsatz:** 2 Jahre, § 438 Abs. 1 Nr. 3 b) **Ausnahmen:** • Bauwerke/Baumaterialien: 5 Jahre • Dinglicher Rechtsmangel: 30 Jahre ⚠ *Bei Arglist: Regelmäßige Verjährung, vgl. § 438 Abs. 3 i.V.m. § 195*	2. **Verjährungsfrist** a) **Grundsatz:** 3 Jahre, § 634 a Abs. 1 Nr. 3 i.V.m. § 195 b) **Ausnahmen:** • Arbeiten an einer Sache: 2 Jahre • Bauwerke: 5 Jahre ⚠ *Bei Arglist: Regelmäßige Verjährung (als Mindestverjährungsfrist), vgl. § 634 a Abs. 3*

3. **Vereinbarungen über die Verjährung**
a) **Verlängerung**, § 202 Abs. 2 (max. 30 Jahre ab gesetzlichem Verjährungsbeginn)
b) **Verkürzung**
  aa) Verbrauchsgüterkauf, § 476 Abs. 2
    ⚠ § 476 Abs. 2 gilt nicht für Schadensersatzansprüche (§ 476 Abs. 3)
    – Verjährung in den Grenzen der §§ 307–309 verkürzbar
    – Ablaufhemmung bei Verkäuferregress, § 479 Abs. 2
    § 445 b Abs. 2 ⇨ *S. 199*
  bb) **Sonstige Verträge**
    (1) Individualvereinbarung
      • Vertragsfreiheit
      • Grenzen:
        – § 444
        – § 202 Abs. 1
    (2) AGB
      • § 309 Nr. 7
      • §§ 309 Nr. 8 b) ff.
      • § 307
	3. **Vereinbarungen über die Verjährung**
	a) **Verlängerung**, § 202 Abs. 2 (max. 30 Jahre ab gesetzlichem Verjährungsbeginn)
	b) **Verkürzung**
	  aa) Individualvereinbarung
	    • Vertragsfreiheit
	    • Grenzen:
	      – § 639
	      – § 202 Abs. 1
	  bb) **AGB**
	    • § 309 Nr. 7
	    • §§ 309 Nr. 8 b) ff.
	    • § 307

A. Aufbauschemata

IV. Schadensersatz
12. Statt der Leistung wegen Unzumutbarkeit, §§ 280 Abs. 1 u. 3, 282, 241 Abs. 2

I. Anspruchsvoraussetzungen

1. **Schuldverhältnis**
   a) Vertragliches Schuldverhältnis i.S.v. § 311 Abs. 1
   b) Gesetzliches Schuldverhältnis
2. **Pflichtverletzung**
   hier: Verletzung von **nicht leistungsbezogenen Nebenpflichten** i.S.v § 241 Abs. 2
   - Schutzpflichten (keine Verletzung von Rechtsgütern des anderen Teils)
   - Aufklärungspflichten (Aufklärung über Gefahren und erhebliche Umstände)
   - Leistungstreuepflichten (keine Gefährdung des Leistungszwecks)
3. Unzumutbarkeit der Hauptleistung; maßgeblich sind die Umstände des Einzelfalls, z.B.:
   - Besorgnis weiterer Schäden
   - Schwere des Verschuldens
   - Schwere der Pflichtverletzung
4. **Keine Exkulpation** des Schuldners gem. § 280 Abs. 1 S. 2

II. Rechtsfolgen

Schadensersatz statt der Leistung vgl. ⇨ *S. 26, 27;* zur Berechnung ⇨ *S. 214*

III. Keine Verjährung

1. Relative Frist des § 195: 3 Jahre ab Ende des Jahres der Anspruchsentstehung und Kenntnis des Gläubigers (§ 199 Abs. 1)
2. Absolute Frist des § 199 Abs. 3 Nr. 1: 10 Jahre ab Anspruchsentstehung
3. Begründet Nebenpflichtverletzung zugleich einen Mangel i.S.v. § 434 bzw. § 634 (☞ fortwährende Schlechtleistung bei einem Sukzessivlieferungsvertrag), richtet sich die Verjährung nach § 438 bzw. § 634 a
⇨ *S. 218*

Überblick über die Schadensersatzansprüche wegen Verletzung der Pflicht zur mangelfreien Leistung im Kauf- und Werkvertragsrecht

Schadensersatz statt der Leistung			Schadensersatz neben der Leistung	
anfängliche Unmöglichkeit der Nacherfüllung, §§ 437 Nr. 3 Alt. 1, 634 Nr. 4 Alt. 1, **311 a Abs. 2**	**nachträgliche** Unmöglichkeit der Nacherfüllung, §§ 437 Nr. 3 Alt. 1, 634 Nr. 4 Alt. 1, 280 Abs. 1 u. 3, **283**	**Nichtleistung** der Nacherfüllung, §§ 437 Nr. 3 Alt. 1, 634 Nr. 4 Alt. 1, 280 Abs. 1 u. 3, **281**	**Verzug** mit der Nacherfüllung, §§ 437 Nr. 3 Alt. 1, 634 Nr. 4 Alt. 1, 280 Abs. 1 u. 2, **286**	**sonstige Schäden**, die durch die mangelhafte Leistung entstanden sind, §§ 437 Nr. 3 Alt. 1, 634 Nr. 4 Alt. 1, **280 Abs. 1**
⇨ *S. 19, 20*	⇨ *S. 34–36*	⇨ *S. 30–32*	⇨ *S. 38, 39*	⇨ *S. 23, 24*

A. Aufbauschemata

IV. Schadensersatz
13. Schadensersatzansprüche Mietrecht, § 536 a

I. Wirksamer Mietvertrag

1. **Zustandekommen** eines wirksamen Mietvertrages ⇨ *S. 7*
2. **Abgrenzung** zu anderen Verträgen:
   a) Miete: Gebrauchsüberlassung an einer Sache auf Zeit gegen Entgelt
      bei Wohnräumen: § 549 beachten (insbes.: § 550 Schriftform)
   b) Pacht, §§ 581 ff.: Gebrauchsüberlassung auf Zeit und zusätzlich Nutzungsrecht (Fruchtziehung)
   c) Leihe: Unentgeltliche Gebrauchsüberlassung auf Zeit
   d) Verwahrung, §§ 688 ff.: Übernahme besonderer Obhutspflichten
3. **Besonderheiten** des Zustandekommens
   a) Geltung des § 185 Abs. 1 (Verfügung eines Nichtberechtigten) analog
   b) Bei Wohnraummiete: Schriftform §§ 549, 550 (Nichteinhaltung der Form hat ausnahmsweise nicht Unwirksamkeit des Vertrages zur Folge) ⇨ *S. 155*
   c) Begründung eines Vertrages kraft Gesetzes
      - § 566: „Kauf bricht nicht Miete"
      - §§ 563 ff.: Tod des Mieters

II. Überlassung der Mietsache

III. Sach- oder Rechtsmangel

1. Mangelbegriff ⇨ *S. 188*
2. Relevanter Zeitpunkt: Ab Vertragsschluss **(beachte aber II.)**, aber auch bei erst späterer Entstehung

IV. Kein Gewährleistungsausschluss durch Rechtsgeschäft oder Gesetz

1. Individualvertraglicher Gewährleistungsausschluss (arg. ex § 536 Abs. 4, § 536 d)
   a) Nicht bei arglistigem Verschweigen des Mangels, § 536 d
   b) Nicht bei Eigenschaftszusicherung, § 536 Abs. 2
2. Gewährleistungsausschluss durch AGB ⇨ *S. 151*
3. Kenntnis des Mieters vom Mangel beim Vertragsabschluss, § 536 b S. 1
4. Grob fahrlässige Unkenntnis des Mieters beim Vertragsschluss soweit Vermieter nicht arglistig handelt, § 536 b S. 2
5. Annahme der mangelhaften Mietsache ohne Vorbehalt der Mängelrechte, § 536 b S. 3
6. **Mangel ist durch Mieter selbst zu vertreten oder stammt aus seinem Verantwortungsbereich, § 326 Abs. 2 analog**
7. **Keine rechtzeitige Mängelanzeige, § 536 c Abs. 2 S. 2 und deshalb keine Abhilfe durch Vermieter möglich** (wenn Abhilfe aus anderen Gründen sowieso nicht möglich, greift § 536 c Abs. 2 S. 2 nicht ein)
8. Vorbehaltlose Fortsetzung des Gebrauchs der Mietsache bzw. Weiterzahlung der Miete schließen Gewährleistungsrechte **nicht** mehr aus (Grenze: Verwirkung gem. § 242)

A. Aufbauschemata

IV. Schadensersatz
13. Schadensersatzansprüche Mietrecht, § 536 a (Fortsetzung)

V. Besondere Voraussetzungen des § 536 a

§ 536 a Abs. 1 Var. 1	§ 536 a Abs. 1 Var. 2	§ 536 a Abs. 1 Var. 3
• Mangel bei Vertragsschluss bereits vorhanden • **Garantiehaftung, d.h. kein Vertretenmüssen des Vermieters erforderlich**	• Späteres Entstehen des Mangels • **Vertretenmüssen erforderlich**	• Vermieter ist mit Mängelbeseitigung im Verzug • **Kein Vertretenmüssen des Mangels erforderlich; aber Vertretenmüssen des Verzuges** ⇨ S. 170

VI. Rechtsfolgen

- Nach h.M. werden Mangel- und Mangelfolgeschäden ersetzt
- Ersatz von Mangelfolgeschäden bei § 536 a Abs. 1 Var. 1 (Garantiehaftung) **(str.)**
- Bei vollständiger Unmöglichkeit (z.B. Untergang des Mietobjektes) nach h.M. Schadensersatz auch nach Überlassung nur nach §§ 280 Abs. 1 u. 3, 283 (str.) ⇨ **S. 32**

VII. Verjährung

⚠ *§ 548 greift hier nicht ein!*

1. Relative Frist des § 195: 3 Jahre ab Ende des Jahres der Anspruchsentstehung und Kenntnis des Gläubigers (§ 199 Abs. 1)
2. Absolute Frist des § 199 Abs. 3 Nr. 1: 10 Jahre ab Anspruchsentstehung

⇨ **S. 217**

⚠ *§ 536 a betrifft Ansprüche des Mieters gegen den Vermieter; beschädigt der Mieter die Mietsache, folgt der Anspruch des Vermieters aus § 280 (Verjährung gem. § 548 Abs. 1 in 6 Monaten ab Rückgabe der Mietsache).*

A. Aufbauschemata

IV. Schadensersatz
14. Schadensersatzansprüche Reiserecht, § 651 n

I. Wirksamer Pauschalreisevertrag

1. **Zustandekommen** eines wirksamen Pauschalreisevertrages ⇨ *S. 7*
2. **Abgrenzung** zu anderen Verträgen:
   a) Geschuldet ist Herbeiführung eines Erfolges (Sonderfall des Werkvertrages)
   b) Vertragsgegenstand: **Gesamtheit von Reiseleistungen**, d.h. mindestens zwei Leistungen (einzelne Beförderungsleistung = Werkvertrag), ☞ Flug, Transfer und Hotel
   c) Reiseveranstalter ist weder das Reisebüro (i.d.R. Erfüllungsgehilfe und Vertreter des Reiseveranstalters) noch der einzelne Leistungsträger (Hotels, Fluggesellschaften etc.)

   Es bestehen i.d.R. folgende Rechtsverhältnisse:
   – Reiseveranstalter (V) – Reisender (R): Pauschalreisevertrag, §§ 651 a ff.
   – Reisender (R) – Reisebüro (B): Geschäftsbesorgungsvertrag, § 675
   – Reisebüro (B) – Reiseveranstalter (V): Geschäftsbesorgungsvertrag, § 675
   – Reiseveranstalter (V) – Leistungsträger (L): Entsprechendes Leistungsverhältnis (MietV, WerkV) – als echter Vertrag zugunsten Dritter, § 328

   Übersicht:

   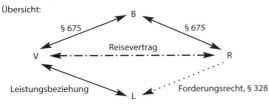

3. **Besonderheiten des Vertrages:**
   a) Informationspflichten des Reiseveranstalters gem. § 651 d Abs. 1
   b) Pflicht des Reiseveranstalters zur Übergabe eines Sicherungsscheins (§ 651 r Abs. 2)
   c) Einseitige Vertragsänderungsmöglichkeiten durch Reiseveranstalter gem. § 651 f
   d) Vertragsübertragungsrecht des Reisenden gem. § 651 e
   e) Jederzeitiges Rücktrittsrecht des Reisenden vor Reisebeginn gem. § 651 h (ggf. Entschädigungspflicht des Reisenden gem. § 651 h Abs. 1 S. 3)

II. Sachmangel

1. Mangelbegriff ⇨ *S. 188*
2. Relevanter Zeitpunkt: Ab **Vertragsschluss**
   ⚠ *Keine Geltung des allg. Leistungsstörungsrechts (auch nicht Unmöglichkeit)*
   Ausnahme: Nebenpflichtverletzungen

A. Aufbauschemata

IV. Schadensersatz
14. Schadensersatzansprüche Reiserecht, § 651 n
(Fortsetzung)

III. Verschulden

1. Reiseveranstalter kann sich nicht exkulpieren (Vertretenmüssen ⇨ **S. 167**)
   - i.d.R. nur bei Verschulden des Reisenden, unvorhersehbaren Versäumnissen eines Dritten und höherer Gewalt
   - insbes. treffen den Reiseveranstalter weitreichende **Verkehrssicherungspflichten** (Überprüfung der Sicherheitsstandards der Leistungsträger) ⇨ **S. 212**
2. Leistungsträger, Reiseleiter und Reisebüro sind Erfüllungsgehilfen, § 278 (jeweilige Angestellte sind Erfüllungsgehilfen der Erfüllungsgehilfen)

IV. Kein Ausschluss der Gewährleistungsrechte

1. **Individualvertraglicher Gewährleistungsausschluss**
   - Vollständiger vertraglicher Gewährleistungsausschluss gem. § 651 Abs. 1 S. 1 nicht möglich
   - Gem. § 651 p Abs. 1 kann Haftung für die leicht fahrlässige Verursachung von **Schäden** (bis auf Körperschäden) auf das Dreifache des Reisepreises beschränkt werden.
2. **Gesetzlicher Gewährleistungsausschluss oder Gewährleistungsausschluss aufgrund internationaler Abkommen, § 651 p Abs. 2**
   (etwa LuftVG, HaftpflG, Eisenbahnverkehrsordnung)
3. § 326 Abs. 2 analog: Überwiegende **Verantwortlichkeit** des Gläubigers
   (Kein Vertretenmüssen erforderlich!)
4. **Kein spezieller reiserechtlicher Ausschluss**
   - **Fehlende Mängelanzeige, § 651 o Abs. 2**
     – Kein Schadensersatz bei schuldhaft unterlassener Mängelanzeige während der Reise
     – Ggf. Entbehrlichkeit, wenn keine zumutbare Anzeigemöglichkeit besteht oder Mangel offensichtlich oder dem Reiseveranstalter bekannt ist

   oder

   - **Fehlendes Abhilfeverlangen, § 651 l Abs. 2 S. 1**
     – Teilw. wird wegen der Formulierung des § 651 u „unbeschadet der Minderung oder der Kündigung" das für die Kündigung erforderliche Abhilfeverlangen mit Fristsetzung gefordert
     – Nach h.M. reicht aber Anzeige i.S.v. § 651 o Abs. 2 aus **(im Abhilfeverlangen ist Anzeige jedenfalls als Minus enthalten)**

A. Aufbau-schemata	IV. Schadensersatz 14. Schadensersatzansprüche Reiserecht, § 651 n (Fortsetzung)

V. Rechtsfolgen

- Nach h.M. werden **Mangel- und Mangelfolgeschäden** ersetzt
- Gem. § 651 n Abs. 2 Anspruch auf angemessene Entschädigung wegen vertaner Urlaubszeit (Ersatz materieller Schäden bei erwerbstätigen Personen, da Urlaub der Wiedererlangung der Arbeitskraft dient, aber auch Ersatz immaterieller Schäden bei Schülern, Studenten, Rentnern etc.)
- Voraussetzungen:
  - Wesentliche Beeinträchtigung der Reise
  - Endgültige Einbuße an Urlaubszeit (mind. teilweise nutzlos verbrachte Zeit)
  - Bei schwerwiegenden Verletzungen auch wenn Beeinträchtigung sich erst nach Reiseende auswirkt

VI. Verjährung

1. Gem. § 651 j S. 1 Verjährung in **zwei Jahren**
2. Verjährungsbeginn mit vertraglich vorgesehenem Reiseende (Berechnung §§ 187 Abs. 1, 188 Abs. 2), vgl. § 651 j S. 2 ⇨ *S. 218*

A. Aufbauschemata

IV. Schadensersatz
15. Vertrauensschaden gem. § 122 bzw. § 179 Abs. 2

I. Anspruchsvoraussetzungen

Anfechtung, § 122
(⇨ S. 158)

1. **Anspruchsinhaber**
   a) Bei empfangsbedürftigen Willenserklärungen nur der **Erklärungsempfänger** (auch bei Verträgen zugunsten Dritter)
   b) Bei Vertretung der Vertretene
   c) Bei nicht empfangsbedürftigen Willenserklärungen jeder „Dritte", der im Vertrauen auf die Erklärung einen Schaden erlitten hat
   d) Bei Scherzerklärungen i.S.v. § 118 jeder, der auf Erklärung vertraut hat
2. **Anspruchsgegner** = Anfechtender
   a) Grundsätzlich Erklärender, in dessen Person die Rechtsfolgen der Willenserklärung eingetreten sind
   b) Bei Vertretung ist Anspruchsgegner der Vertretene (hinsichtlich Willensmängeln kommt es aber auf Vertreter an, vgl. § 166 Abs. 1)
   ⓟ *Anfechtung einer ausgeübten Vollmacht? (Nach h.M. ist die Anfechtung möglich und zwar sowohl gegenüber dem Vertretenen als auch gegenüber dem Dritten; allerdings besteht ein Anspruch auf Ersatz des Vertrauensschadens analog § 122 unmittelbar gegenüber dem Vollmachtgeber.)*
3. **Wirksame Anfechtung bzw. Nichtigkeit der Erklärung gem. § 118** ⇨ **S. 157**
   Kein Schadensersatz bei Anfechtung gem. § 123
4. **Ausschluss der Schadensersatzpflicht**
   a) § 122 Abs. 2 Var. 1: Positive Kenntnis der Nichtigkeit oder der Anfechtbarkeit
   b) § 122 Abs. 2 Var. 2: Fahrlässige Unkenntnis der Nichtigkeit oder der Anfechtbarkeit
   c) Kein Schadensersatz, wenn Nichtigkeit auch aus anderen Gründen besteht (Kausalität erforderlich!)

Vertreter ohne Vertretungsmacht, § 179 Abs. 2
(⇨ S. 149)

1. **Anspruchsinhaber**
   Vermeintlich vertretener Vertragspartner
2. **Anspruchsgegner**
   Vertreter ohne Vertretungsmacht (ggf. auch beschränkt Geschäftsfähiger, vgl. unten 4 c))
3. **Voraussetzungen**
   a) Vertretener hat Genehmigung verweigert oder Genehmigung gilt gem. § 177 Abs. 2 als verweigert
   b) Vertreter hat Mangel der eigenen Vertretungsmacht nicht gekannt (sonst: gem. § 179 Abs. 1 Haftung auf „Erfüllung" oder Schadensersatz wegen Nichterfüllung [positives Interesse])
4. **Ausschluss der Schadensersatzpflicht**
   a) § 179 Abs. 3 S. 1 Alt. 1: Positive Kenntnis des Mangels der Vertretungsmacht
   b) § 179 Abs. 3 S. 1 Alt. 2: Fahrlässige Unkenntnis des Mangels der Vertretungsmacht
   c) § 179 Abs. 3 S. 2: Beschränkte Geschäftsfähigkeit des Vertreters, es sei denn Zustimmung des gesetzlichen Vertreters (zur Vornahme der Vertretung) liegt vor
   d) Kein Schadensersatz, wenn Vertrag aus anderen Gründen nichtig ist (Kausalität erforderlich!)

⚠ *Die Gleichstellung der **Kenntnis der Anfechtbarkeit** und Nichtigkeit gem. § 142 Abs. 2 ist äußerst klausurrelevant: Wer die Anfechtbarkeit kannte, ist z.B. bösgläubig i.S.v. § 932 Abs. 2.*

II. Rechtsfolgen

1. Ersatz des „Vertrauensschadens" (negatives Interesse), d.h. desjenigen Schadens, der infolge Vertrauens auf die Gültigkeit der Willenserklärung erlitten wurde.
   ⚠ ***Der Geschädigte ist so zu stellen, als wäre die unwirksame Willenserklärung nie abgegeben worden.***
2. Begrenzung durch das „Erfüllungsinteresse" (positives Interesse), d.h. auf dasjenige Interesse, was an der Gültigkeit der Erklärungen und an ordnungsgemäßer Erfüllung der Leistungen besteht.
   ⚠ ***Der Geschädigte darf nicht besser stehen, als bei Wirksamkeit der Willenserklärung.***
   Zum Umfang vgl. auch ⇨ **S. 213**

A. Aufbauschemata

IV. Schadensersatz
16. Schadensersatzanspruch des Geschäftsherrn bei GoA gem. § 678 (§ 687 Abs. 2)

Unberechtigte GoA, § 678	Angemaßte GoA, §§ 687 Abs. 2, 678
I. Anspruchsvoraussetzungen	

1. Geschäftsbesorgung
2. Für einen anderen
   a) Fremdes Geschäft
   b) **Fremdgeschäftsführungswille** des Geschäftsführers
 	
              wenn (–)
3. **Ohne Auftrag**
4. **Übernahme** widerspricht objektiv dem (geäußerten) tatsächlichen Willen oder dem mutmaßlichen Willen des Geschäftsherrn.
   • Der Wille geht dem Interesse vor, sodass es auf eine objektive Nützlichkeit nicht ankommt.
5. Keine Unbeachtlichkeit des entgegenstehenden Willens gem. § 679
6. Geschäftsführer hat entgegenstehenden Willen erkannt oder hätte ihn erkennen müssen, §§ 122 Abs. 2, 276 **(Übernahmeverschulden)**. Ggf. Haftungsmaßstab des § 680 bei Geschäftsführung zur Gefahrenabwehr
7. Weiteres Verschulden **nicht** erforderlich
   • ⚠ Schadensersatz wird **nicht** für eine **pflichtwidrige Ausführung** gewährt; dann Schadensersatz gem. §§ 280 ff. i.V.m. § 677 **(Ausführungsverschulden)**. ⇨ **S. 21**
	1. Objektiv fremdes Geschäft
	2. **Kenntnis des Geschäftsführers von der Fremdheit**
	   • Positive Kenntnis erforderlich
	   • Bei fahrlässiger Unkenntnis (irrtümliche Eigengeschäftsführung) finden GoA-Regeln gem. § 687 Abs. 1 keine Anwendung, sondern allgemeine Regeln (§§ 812 ff.; 823 ff.)
	3. **Eigengeschäftsführungswille**
	4. Keine **Berechtigung** des Geschäftsführers zur Geschäftsführung

| **A. Aufbau-** | **IV. Schadensersatz** |
| **schemata** | **16. Schadensersatzanspruch des Geschäftsherrn bei GoA gem. § 678 (§ 687 Abs. 2)** (Fortsetzung) |

Unberechtigte GoA, § 678	Angemaßte GoA, §§ 687 Abs. 2, 678
II. Rechtsfolgen	
1. **Schadensersatz**, § 678 a) Alle durch Übernahme adäquat kausal verursachten Schäden (also auch Zufallsschäden, die trotz sorgfältiger Ausführung ohne Übernahme der Geschäftsführung nicht entstanden wären) b) Etwaige Vorteile des Geschäftsherrn sind allerdings im Rahmen der Vorteilsausgleichung schadensmindernd zu berücksichtigen 2. **Weitere Rechtsfolgen** a) **Auskunft**, §§ 687 Abs. 2, 681, 666 b) **Herausgabe** dessen, was der Geschäftsführer erlangt hat, §§ 687 Abs. 2, 681, 667 (**nicht jedoch Gewinn, den der Geschäftsherr sonst nicht gezogen hätte sowie keine Nutzungen oder Surrogate**; will er dies beanspruchen, muss der Geschäftsherr die GoA gem. § 684 S. 2 genehmigen; dann besteht ein Anspruch gem. §§ 677, 681 S. 2, 667)	1. **Schadensersatz**, §§ 687 Abs. 2, 678 2. **Weitere Rechtsfolgen** a) **Auskunft**, §§ 687 Abs. 2, 681, 666 b) **Herausgabe** dessen, was der Geschäftsführer erlangt hat, §§ 687 Abs. 2, 681, 667 (**auch Gewinn, den der Geschäftsherr sonst nicht gezogen hätte sowie Nutzungen und Surrogate**) c) **Bei Geltendmachung:** Anspruch des Geschäftsführers auf Herausgabe einer Bereicherung, §§ 687 Abs. 2 S. 2, 684 S. 1, 812 ff. (zur Vermeidung eines „Karussells" nicht bzgl. dessen, was selbst an Geschäftsherrn herausgegeben werden muss) ⚠ *§ 684 S. 1 ist Rechtsfolgenverweis.*

III. Keine Verjährung

1. Relative Frist des § 195: 3 Jahre ab Ende des Jahres der Anspruchsentstehung und Kenntnis des Gläubigers (§ 199 Abs. 1)
2. Absolute Frist des § 199 Abs. 3 Nr. 1: 10 Jahre ab Anspruchsentstehung

⇨ **S. 217**

A. Aufbauschemata

IV. Schadensersatz
17. Unrechtmäßiger verklagter/bösgläubiger Besitzer, §§ 989, 990

Verweisungen und entsprechende Anwendbarkeit der §§ 987 ff.

Verweisungen

Haftung bei Herausgabepflicht, § 292

Bereicherungshaftung nach Rechtshängigkeit oder Kenntnis, §§ 818 Abs. 4, 819 Abs. 1, 292

Haftung des „schlechteren" Besitzers, § 1007 Abs. 3 S. 2

Ansprüche des Pfandgläubigers gegen den unrechtmäßigen Besitzer, § 1227

Entsprechende Anwendbarkeit

Schadensersatzanspruch des Eigentümers gegenüber besitzendem „Bucheigentümer"

Schadensersatzanspruch des Vormerkungsberechtigten gegenüber besitzendem Zweiterwerber (str. nur, wenn Vormerkungsberechtigtem auch gegenüber dem Verkäufer die Nutzungen zustehen)

Schadensersatzanspruch des dinglich Vorkaufsberechtigten gegenüber besitzendem Käufer

---

I. Vindikationslage im Zeitpunkt des schädigenden Ereignisses

1. **Anspruchsteller = Eigentümer** (im Zeitpunkt des **schädigenden Ereignisses**, nicht notwendig auch bei Geltendmachung des Anspruchs)

   Eigentum (vor dem schädigenden Ereignis) erworben/Eigentum nicht (vor dem schädigenden Ereignis) wieder verloren

   - kraft **Rechtsgeschäfts**
     - Eigentumserwerb an beweglichen Sachen, §§ 929 ff. ⇨ **S. 224**
     - Gutgläubiger Eigentumserwerb an beweglichen Sachen, §§ 929, 932 ff. ⇨ **S. 227**
     - Eigentumserwerb an unbeweglichen Sachen, §§ 873, 925 ⇨ **S. 230**
     - Gutgläubiger Eigentumserwerb an unbeweglichen Sachen, §§ 873, 925, 892 ⇨ **S. 232**
   - kraft **Gesetzes** oder Hoheitsakt
     - Gesetzlicher Eigentumserwerb, §§ 946 ff. ⇨ **S. 234**
     - Erbfall, § 1922
     - Eingehung einer Gütergemeinschaft, § 1416 Abs. 1 S. 1
     - Eigentumserwerb kraft Hoheitsakts ⇨ **S. 236**

     Beachte die Vermutungswirkungen:
     - bei unbeweglichen Sachen gem. **§ 891**
     - bei beweglichen Sachen gem. **§ 1006**
     - bei Ehegatten § 1362

2. **Anspruchsgegner = Besitzer** (im Zeitpunkt **des schädigenden Ereignisses**)

   - **unmittelbarer** Besitzer
     - tatsächliche Sachherrschaft, § 854, d.h. räumliche Beziehung zu der Sache von gewisser Dauer mit natürlichem Beherrschungswillen
     - Geschäftsherr bei tatsächlicher Gewalt seines Besitzdieners, § 855
     - Erbenbesitz, § 857

> **A. Aufbau-**
> **schemata**
>
> **IV. Schadensersatz**
> **17. Unrechtmäßiger verklagter/bösgläubiger Besitzer,**
> **§§ 989, 990** (Fortsetzung)

I. Vindikationslage im Zeitpunkt des schädigenden Ereignisses (Fortsetzung)

- **mittelbarer** Besitzer, § 868
  - Besitzmittlungsverhältnis i.S.v. § 868
  - Herausgabeanspruch des mittelbaren Besitzers
  - Fremdbesitzerwille des unmittelbaren Besitzers
3. **Unrechtmäßigkeit des Besitzes**
- **Bestand nie ein Besitzrecht i.S.v. § 986, ist der Besitz unrechtmäßig** vgl. dazu ⇨ *S. 86*
- **Problematische Grenzfälle** (siehe zu Konkurrenzproblemen ⇨ *S. 341*)

Nicht-so-Berechtigter	Noch-Berechtigter	Nicht-mehr-Berechtigter (Beendigung wirks. Verträge)	Umwandlung Fremd- in Eigenbesitz	Noch-nicht-Berechtigter
Besitzer ist rechtmäßiger Fremdbesitzer, der jedoch die **Grenzen seines Besitzrechts überschreitet**	Besitzer ist rechtmäßiger Fremdbesitzer, ist aber **jederzeit zur Herausgabe verpflichtet**	Besitzer ist **redlicher** Fremdbesitzer, das **frühere Besitzrecht ist aber erloschen**	Besitzer ist **rechtmäßiger Fremdbesitzer**, verfährt aber mit der Sache unberechtigterweise wie ein Eigentümer	Besitzer hat zwar **kein Besitzrecht**, hat den **Besitz aber auf Veranlassung des Eigentümers erhalten**
☞ Mieter schaukelt am Kronleuchter	☞ Verwahrung, § 695 Leihe, § 604 Abs. 3	☞ Mietvertrag ist wirksam gekündigt, Mieter geht aber gutgl. davon aus, dass Kündigung unwirksam war	☞ Entleiher veräußert Sache	☞ Zusendung unbestellter Ware
H.M.: EBV (−), Besitz kann nicht in rechtmäßigen und unrechtmäßigen Teil aufgespalten werden Haftung unmittelbar aus Vertrag, Delikt	**H.Lit.: EBV (−)**, Besitzer hat bis zum Herausgabeverlangen wirksames Recht (und sogar Pflicht) zum Besitz Haftung unmittelbar aus Vertrag, Delikt	**H.M.: EBV (+)**, neben die Ansprüche aus dem beendeten Vertrag, Delikt oder Bereicherung treten die Ansprüche aus §§ 987 ff. haftungssteigernd hinzu (keine Sperrwirkung des EBV)	**H.Lit.: EBV (−)**, durch Eigenbesitzerwillen wird Rechtmäßigkeit des Besitzes nicht berührt (letztlich ähnlich wie der Nicht-so-Berechtigte – vgl. dort)	**E.A.: EBV (−)**, Besitzer hat wirksames Recht zum Besitz ⚠ *Bei Anwendbarkeit des § 241 a besteht kein Herausgabeanspruch, sodass auch ein EBV nach allen Ansichten ausscheidet*
A.A.: EBV (+), Besitzer hat kein Recht zu diesem Besitz (daneben auch §§ 823 ff. anwendbar)	**Rspr.: EBV (analog) (+)**, Besitzer weiß, dass er jederzeit zur Herausgabe verpflichtet ist und steht daher verklagtem Besitzer gleich §§ 987 ff. zusätzl. analog anwendbar	**A.A.: EBV (−)**, Vorrang des Vertragsrechts verdrängt EBV; §§ 823 ff. u. §§ 812 ff. unmittelbar anwendbar	**Rspr.: EBV (+)**: mit Willenswechsel liegt Besitzneubegründung vor, §§ 989, 990 neben §§ 823 ff. anwendbar	**A.A.: EBV (+)**, Besitzer weiß, dass er bei Rückforderung zur Herausgabe verpflichtet ist und steht daher verklagtem Besitzer gleich

A. Aufbauschemata

IV. Schadensersatz
17. Unrechtmäßiger verklagter/bösgläubiger Besitzer, §§ 989, 990 (Fortsetzung)

II. Rechtshängigkeit oder Bösgläubigkeit

1. **Rechtshängigkeit, § 989**
   Zeitpunkt = Rechtshängigkeit der Herausgabeklage, § 261 ZPO, was nach § 253 Abs. 1 ZPO die Zustellung der Klageschrift an den Beistzer erfordert

oder

2. **Bösgläubigkeit** des Besitzers, § 990 Abs. 1
   a) **Erforderliche Kenntnis**
      - **Positive Kenntnis** oder **grob fährlässige Unkenntnis** des mangelnden Besitzrechts **beim Erwerb des Besitzes** (⚠ *anders als in § 932 muss sich die Gutgläubigkeit nicht auf das Eigentum, sondern auf das Besitzrecht beziehen*)
      - Ist der Besitzer im Zeitpunkt des Besitzerwerbs **gutgläubig**, wird er **später nur bei positiver Kenntnis des mangelnden Besitzrechts** bösgläubig, § 990 Abs. 1 S. 2
      - **Bezugspunkt der Bösgläubigkeit:** fehlendes Recht zum Besitz, vgl. Wortlaut des § 990 Abs. 1 S. 2
   b) **Zurechnung** ⇨ *ausführlich S. 346*
      aa) Bösgläubigkeit des Besitzers bei Einschaltung eines **Besitzdieners** (§ 855)
          - h.M.: Selbstständig handelnder Besitzdiener, **§ 166 Abs. 1 analog**
          - a.A.: Jeder Besitzdiener, § 166 Abs. 1 analog
          - a.A.: § 831 analog, d.h. „Besitzherr" kann sich hinsichtlich des bösgläubig handelnden Besitzdieners exkulpieren
      bb) Bösgläubigkeit eines **Minderjährigen**
          - bei Rückabwicklung unwirksamer Verträge kommt es hinsichtlich der Bösgläubigkeit zum Schutz des Minderjährigen auf den gesetzlichen Vertreter an
          - bei unerlaubter Handlung des Minderjährigen kommt es auf dessen Einsichtsfähigkeit an, § 828 analog
          - a.A.: Generelle Anwendung des § 828
      cc) Bösgläubigkeit des **Erben**
          - solange Erbe „nur" gem. **§ 857** Besitzer ist, wird ihm die Bösgläubigkeit des Erblassers zugerechnet (er rückt als Rechtsnachfolger in die besitzrechtliche Stellung des Erblassers ein)
          - sobald Erbe tatsächliche Sachherrschaft ergreift, kommt es auf eigene Bösgläubigkeit an
      dd) Bösgläubigkeit **juristischer Personen**
          - Zurechnung des Wissens eines Organs **analog § 31**

III. Verletzungshandlung (vgl. Wortlaut § 989)

1. **Beschädigung**
2. **Zerstörung**
3. **Unmöglichkeit der Herausgabe**

⚠ *EBV muss zur Zeit der schädigenden Handlung bestanden haben!*

IV. Verschulden

- Eigenes Verschulden, § 276
- Zugerechnetes Verschulden, § 278, da es sich um ein gesetzliches Schuldverhältnis handelt. ⇨ *S. 169*
- Für Minderjährige gelten die **§§ 827, 828**.
- Verschärfte Haftung des bösgläubigen Besitzers ab Verzug, §§ 990 Abs. 2, 287.

A. Aufbauschemata

IV. Schadensersatz
17. Unrechtmäßiger verklagter/bösgläubiger Besitzer, §§ 989, 990 (Fortsetzung)

V. Rechtsfolgen

- Ersatzfähig ist der Schaden, der durch Zerstörung, Beschädigung bzw. Nichtherausgabe wegen Unmöglichkeit entsteht.
- Nach h.M. gelten die §§ 249 ff., sodass neben dem obj. Wert auch entgangener Gewinn, § 252, ersatzfähig ist. ⇨ **S. 214**
- Nicht ersatzfähig ist der Schaden für die Vorenthaltung der Sache bis zur Herausgabe bzw. bis zu deren Untergang (dieser wird gem. §§ 990 Abs. 2, 286 ff. nur bei Verzug des bösgläubigen Besitzers mit der Herausgabeverpflichtung ersetzt).
- Ab **Verzug mit der Herausgabepflicht** haftet der **bösgläubige** Besitzer verschärft, §§ 990 Abs. 2, 280 Abs. 1 u. 2, 286:
  – Ersatz des Vorenthaltungsschadens
  – Haftung auch für Zufall, § 287
  Ⓟ *Verzug auch ohne Mahnung?*
  Nach e.A. Mahnung entbehrlich, da im EBV bösgläubiger und verklagter Besitzer gleichgestellt werden, sodass Mahnung nach § 286 Abs. 1 S. 2 entbehrlich ist; nach h.M. folgt aus Systematik der §§ 989, 990, dass im EBV nur der Bösgläubige, nicht aber der Verklagte nach Verzugsregeln haftet. Sonst hätte verschärfte Haftung in § 989 geregelt werden müssen.
  Ⓟ *Da § 989 nur Schadensersatz statt Herausgabe wegen Unmöglichkeit erfasst und § 990 Abs. 2 Schadensersatz neben verzögerter Herausgabe, besteht eine Lücke bzgl. Schadensersatz statt der Leistung bei möglicher Herausgabe, sodass nach **h.M. § 280 Abs. 1, Abs. 3 i.V.m. § 281** auf das gesetzliche Schuldverhältnis des EBV anwendbar sind.*

VI. Konkurrenzen

- **§ 816 Abs. 1 S. 1:** Neben EBV anwendbar, da EBV keine Vorschriften über Erlösherausgabe enthält.
  (☞ Unrechtmäßiger bösgläubiger Besitzer, der Sache entgeltlich weiterveräußert, haftet gem. §§ 989, 990 auf Schadensersatz und gem. § 816 Abs. 1 S. 1 auf Erlösherausgabe.)
- **§ 816 Abs. 1 S. 2:** Ebenfalls neben EBV anwendbar
- **§ 687 Abs. 2:** Bei positiver Kenntnis des fehlenden Besitzrechts liegt i.d.R. auch angemaßte GoA vor, die neben dem EBV anwendbar ist. ⇨ **S. 47**
- **§§ 951, 812 Abs. 1 S. 1 Var. 2:** Bei Verbindung, Vermischung, Verarbeitung besteht auch ein bereicherungsrechtlicher Anspruch, da es sich um einen „Rechtsfortwirkungsanspruch" handelt, der an die Stelle des § 985 tritt.
- **§§ 823 ff.:**
  – § 826 nicht ausgeschlossen, da kein Schutzbedürfnis
  – **Sperrwirkung** des § 993 Abs. 1 Hs. 2: §§ 823 ff. werden durch das EBV grds. gesperrt. Es ist jedoch umstritten, ob die Sperrwirkung des § 993 Abs. 1 Hs. 2 auch für den **bösgläubigen und verklagten Besitzer** gilt:
    - **Absolute Theorie:** §§ 823 ff. sind generell gesperrt, da § 993 Abs. 1 Hs. 2 isoliert zu lesen ist. Zudem habe der Gesetzgeber in § 992 die Anwendbarkeit der §§ 823 ff. speziell geregelt.
    - **Relative Theorie:** Nur der unverklagt gutgläubige Eigenbesitzer erhält die Sperrwirkung, da § 993 Abs. 1 Hs. 1 und die Überschrift „redlicher Besitzer" hinzuzulesen sind. Also sind die §§ 823 ff. anwendbar bei verklagten oder bösgläubigen Besitzern.

A. Aufbau-schemata	IV. Schadensersatz 18. Unrechtmäßiger gutgläubiger Fremdbesitzer, §§ 991 Abs. 2, 989/§ 823

I. Vindikationslage im Zeitpunkt des schädigenden Ereignisses

vgl. ⇨ *S. 49*

II. Differenzierung

1. Unrechtmäßiger gutgläubiger *Eigen*besitzer

Keine Haftung für Schäden, da das EBV denjenigen, der sich gutgläubig für den Eigentümer hält, privilegiert (deshalb auch §§ 823 ff. durch § 993 Abs. 1 Hs. 2 gesperrt!); *siehe auch* ⇨ *S. 342 ff.*

2. Unrechtmäßiger gutgläubiger *Fremd*besitzer

a) **Fremdbesitzer besitzt für einen anderen als den Eigentümer (3-Personen-Verhältnis)**
- Fall des § 991 Abs. 2:
    - aa) Bestehen einer Vindikationslage im Zeitpunkt der schädigenden Handlung
    - bb) Gutgläubigkeit des Besitzers (sonst Haftung nach §§ 989, 990 Abs. 1)
    - cc) Besitzer besitzt für einen anderen (ist Fremdbesitzer)
    - dd) Verschlechterung, Untergang oder Unmöglichkeit der Herausgabe der Sache
    - ee) Verantwortlichkeit des unmittelbaren Besitzers ggü. dem mittelbaren Besitzer
        - Haftungs**beschränkungen** zwischen unmittelbarem Besitzer und mittelbarem Besitzer gelten auch gegenüber Eigentümer
        - Haftungs**erweiterungen** zwischen unmittelbarem Besitzer und mittelbarem Besitzer gelten nach h.M. jedenfalls dann nicht ggü. Eigentümer, wenn es um eine Zufallshaftung geht, da dann der **gutgläubige** unrechtmäßige Besitzer schlechter stehen würde als der **bösgläubige**.
        - Bei Unwirksamkeit des Besitzmittlungsverhältnisses i.S.d. § 868 haftet unmittelbarer Besitzer gegenüber Eigentümer trotzdem, da aus dem Besitzmittlungsverhältnis lediglich der Haftungsmaßstab für die Haftung nach § 991 Abs. 2 entnommen werden soll.

b) **Fremdbesitzer besitzt unmittelbar für den Eigentümer (2-Personen-Verhältnis)**
- Fall im EBV gesetzlich nicht geregelt
    - Anspruch aus §§ 989, 990 Abs. 1 (–), da Besitzer gutgläubig
    - Anspruch aus §§ 991 Abs. 2, 989 (–), da Besitzer nicht für Dritten, sondern für Eigentümer besitzt
    - Anspruch aus §§ 992, 823 ff. (–), da Besitz nicht durch verbotene Eigenmacht oder Straftat erlangt
    - Nach h.M. Anspruch unmittelbar aus §§ 823 ff. (sog. **Fremdbesitzerexzess**)
    - Teilw. zusätzliche Haftung analog §§ 991 Abs. 2, 989 (Vorteil für Geschädigten: Im Rahmen der §§ 987 ff. gilt § 278 – also eine Haftung ohne Exkulpationsmöglichkeit für Erfüllungsgehilfen.)

A. Aufbauschemata

IV. Schadensersatz
19. Deliktsbesitzer, § 992

I. Vindikationslage im Zeitpunkt des schädigenden Ereignisses

vgl. ⇨ S. 50

II. Art und Weise der Besitzverschaffung

Straftat

- **Art und Weise der Besitzverschaffung** muss unter **Strafe** stehen (die Norm muss nicht unbedingt gerade dem Schutz des Eigentums dienen)
  - ☞ Besitzverschaffung durch Nötigung reicht ebenso wie eine durch Diebstahl oder Betrug

Verbotene Eigenmacht

- Der Besitz muss durch eine **verbotene Eigenmacht** erlangt worden sein, § 858 Abs. 1 Alt. 1: **Besitzentziehung ohne oder gegen den Willen des (unmittelbaren) Besitzers**
- Über den Wortlaut von § 992 hinaus muss es sich um eine **schuldhaft** verbotene Eigenmacht handeln.
  - △ § 992 differenziert nicht nach Gut- oder Bösgläubigkeit des Besitzers. Gem. §§ 992, 823 ff. soll aber nur haften, wem die verbotene Eigenmacht vorzuwerfen ist.
  - ☞ Restaurantbesucher nimmt versehentlich falschen Schirm mit. Haftung gem. §§ 992, 823 ff. nur, wenn er dies wenigstens hätte erkennen können.

- Besitzverschaffung durch eine Hilfsperson wird unter den Voraussetzungen des § 831 zugerechnet.

III. Schuldhafte Eigentumsverletzung

- § 992 enthält eine **Rechtsgrundverweisung auf die §§ 823 ff.**, sodass für die nachfolgende Verschlechterung/Zerstörung etc. eine schuldhafte rechtswidrige Eigentumsverletzung vorliegen muss.
- Erfüllt schon die **Art und Weise der Besitzverschaffung** den Tatbestand einer unerlaubten Handlung, haftet der Besitzer ab diesem Zeitpunkt für alle Schäden und zwar auch bei zufälliger Verschlechterung oder bei zufälligem Untergang, § 848.
  - ☞ Fahrlässige Verwechslung von Garderobe und deren spätere (schuldlose) Beschädigung.
- Bei einer Besitzverschaffung durch eine Straftat liegt daher immer auch eine Eigentumsverletzung vor.
- Hält sich der Besitzer im Zeitpunkt der Besitzentziehung durch verbotene Eigenmacht **schuldlos** für den Eigentümer, liegt darin noch keine unerlaubte Handlung. Der Besitzer haftet in diesen Fällen nur dann gem. § 992, wenn er später den Tatbestand der §§ 823 ff. erfüllt und von seinem fehlenden Eigentum erfährt oder Kenntnis fahrlässig nicht erlangt.
  - ☞ Es ist also nicht erforderlich, dass die schuldhaft verbotene Eigenmacht und die Eigentumsverletzung zeitlich zusammenfallen.

A. Aufbau-schemata	IV. Schadensersatz
	19. **Deliktsbesitzer, § 992** (Fortsetzung)

IV. Rechtsfolgen

- Ersatzfähig ist der Schaden, der durch Zerstörung, Beschädigung bzw. endgültige Nichtherausgabe entsteht.
- ⚠ *Es gilt § 848, sodass der Deliktsbesitzer auch für Zufall haftet!*
- Gem. §§ 249 ff. ist neben dem objektiven Wert, § 251 auch entgangener Gewinn, § 252, ersatzfähig.
  ⇨ *S. 214*
- Ebenfalls ersatzfähig sind der Vorenthaltungsschaden sowie die gezogenen Nutzungen und sogar nicht gezogene Nutzungen, die aber der Eigentümer gezogen hätte.
  - Ⓟ *Ersatz von **Nutzungen, die der Eigentümer nicht gezogen** hätte?*
  (Nach noch h.M. (+), da sonst Besserstellung des deliktischen gegenüber unrechtmäßigem Besitzer, der nicht gezogene Nutzungen unter den Voraussetzungen des § 987 Abs. 2 herausgeben muss; nach a.A. (-), da es an einem Schaden des Eigentümers fehlt.)

A. Aufbauschemata

IV. Schadensersatz
20. Unerlaubte Handlung, § 823 Abs. 1

I. Voraussetzungen („haftungsbegründender Tatbestand")

1. **Rechtsgut- oder Rechtsverletzung**
   a) benannte Rechtsgüter und Rechte
   - Leben
   - Körper/Gesundheit
     - Körperverletzung
     - vorgeburtliche Schäden
     - psychische Schäden
       - ℗ Zurechnung von **psychischen Schäden**
         (Haftung grds. auch für alle Folgeschäden selbst bei Anlageschäden, es sei denn, Schaden wurde nur zufällig durch Ereignis ausgelöst oder es handelt sich um eine Rentenneurose oder einen Bagatellschaden.) ⎫ Rechtsgüter
       - ℗ **Schockschäden**
         (Haftung auch für pathologische Schockschäden des Opfers oder Dritter, jedenfalls bei nahen Angehörigen oder Personen, zu denen eine enge Bindung bestand.) ⎭
   - Freiheit (nur Fortbewegungsfreiheit)
   - Eigentum ⇨ Recht
     - **Substanzverletzung**
       - ℗ Weiterfressender Mangel
         (Bei Lieferung mangelhafter Sachen ist Deliktsrecht neben dem Gewährleistungsrecht anwendbar, wenn Schaden mit ursprünglichem Mangelunwert **nicht stoffgleich** ist, d.h. der Mangel auf einen Teil des Produkts beschränkt war und technisch sowie wirtschaftlich vertretbar behoben werden konnte.)
       - ⚠ Deliktsrecht schützt das Integritätsinteresse, das Gewährleistungsrecht hingegen das Äquivalenzinteresse.
     - **Sachentzug**
       ggf. Vorrang des EBV ⇨ **S. 344**
     - **Gebrauchsbeeinträchtigung**
       (–), wenn nur Einengung der wirtschaftlichen Nutzung
     - **rechtliche Beeinträchtigung**
       (–), wenn gesetzlicher Grund besteht (gutgläubiger Erwerb)
       (+), wenn kein gesetzlicher Grund besteht (Verfügung eines Nichtberechtigten)
     - **Immissionen**
       solche, die nicht der grundsätzlich gem. § 906 bestehenden Duldungspflicht unterliegen

     ⌜‾‾‾⌝
     ┆ nicht: **Vermögen**, anders u.a. bei § 823 Abs. 2 oder § 826 ┆
     ⌞‾‾‾⌟

   b) sonstige Rechte (= absolute Rechte, gegen jedermann gerichtet)
   - Besitz (nur, wenn Besitzer Abwehrbefugnis der §§ 858 ff. und Nutzungsrecht zusteht):
     - unmittelbarer berechtigter Besitz
     - mittelbarer berechtigter Besitz (nicht ggü. unmittelbarem Besitzer, § 869)
     - berechtigter Mitbesitz
     - **nicht:** unberechtigter Besitz
   - beschränkt dingliche Rechte (☞Pfandrecht, Grundpfandrecht, Dienstbarkeiten)
   - dingliche Anwartschaftsrechte

A. Aufbauschemata

IV. Schadensersatz
20. Unerlaubte Handlung, § 823 Abs. 1 (Fortsetzung)

I. Voraussetzungen („haftungsbegründender Tatbestand") (Fortsetzung)

- absolute Immaterialgüterrechte
- Mitgliedschaftsrechte (an GmbH, AG)
- Familienrechte, soweit als „Herrschaftsrecht" ausgestaltet (z.B. elterliches Sorgerecht)
- „räumlich gegenständlicher Ehebereich"
- Recht am Arbeitsplatz (str.)
- Allgemeines Persönlichkeitsrecht ⇨ **S. 59**
- Eingerichteter und Ausgeübter Gewerbebetrieb ⇨ **S. 59**

> nicht: **Forderungsrecht**, da nur relatives Recht (h.M.)

c) durch **Handeln**, das dem Anspruchsgegner zuzurechnen ist

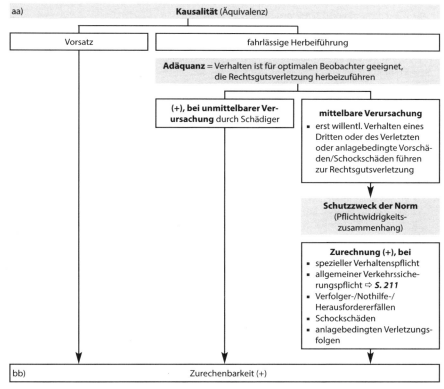

oder

d) durch **Unterlassen** des Anspruchsgegners bei Garantenstellung
  - Beschützergarant
  - Überwachergarant (insbes. allg. Verkehrssicherungspflicht) ⇨ **S. 211**

A. Aufbauschemata

IV. Schadensersatz
20. Unerlaubte Handlung, § 823 Abs. 1 (Fortsetzung)

I. Voraussetzungen („haftungsbegründender Tatbestand") (Fortsetzung)

2. **Rechtswidrigkeit**
   a) Vorsatztat indiziert Rechtswidrigkeit
   b) Fahrlässigkeitstat indiziert ebenfalls Rechtswidrigkeit (str.)
   c) bei „Rahmenrechten" **positive Feststellung** erforderlich ⇨ *S. 60*
   d) Nichteingreifen von Rechtfertigungsgründen
      - Notwehr, § 227
      - Verteidigungsnotstand, § 228
      - aggressiver Notstand, § 904
      - Selbsthilfe, §§ 229 ff. und §§ 858 f.
      - Immissionen, §§ 906 ff.
      - Wahrnehmung berechtigter Interessen
      - gesetzliche Eingriffsermächtigungen (z.B. § 127 StPO)
      - grundrechtlich geschützte Positionen (Meinungsfreiheit)
      - verkehrsrichtiges Verhalten (str.)
      - Einwilligung
        - bei **ärztlichen Heileingriffen** nur, wenn Patient über Risiken rechtzeitig aufgeklärt wurde
        - bei **kämpferischen Sportarten** nur Verletzungen, die bei regelkonformem oder nicht erheblich von den Regeln abweichendem Verhalten verursacht wurden
3. **Verschulden oder Billigkeitshaftung**
   a) Verschuldensfähigkeit, §§ 827, 828, oder Billigkeitshaftung, § 829
   b) Grad des Verschuldens (vgl. §§ 276, 277)
      - Vorsatz
      - Fahrlässigkeit
      - grobe Fahrlässigkeit
      - eigenübliche Sorgfalt
   ⇨ *S. 167*

II. Rechtsfolgen („haftungsausfüllender Tatbestand")

- Ersatz des durch die Rechtsgut- bzw. Rechtsverletzung verursachten Schadens gem. §§ 249 ff., 842 ff.
  ⇨ *S. 213*
  vgl. für Kfz-Schäden ⇨ *S. 216*

III. Verjährung

1. Relative Frist des § 195: 3 Jahre ab Ende des Jahres der Anspruchsentstehung und Kenntnis des Gläubigers (§ 199 Abs. 1)
2. Absolute Frist des § 199 Abs. 2 S. 1 Nr. 1: 30 Jahre ab Anspruchsentstehung (Verletzung von Leben, Körper, Gesundheit, Freiheit)
3. Absolute Verjährungsfrist in 10 Jahren gem. § 199 Abs. 3 (Verletzung von Eigentum oder sonstigem Recht)
⇨ *S. 217*

A. Aufbauschemata

IV. Schadensersatz
21. Schadensersatz gem. § 823 Abs. 1 wegen Verletzung von Rahmenrechten

Allgemeines Persönlichkeitsrecht (APR), Art. 2 Abs. 1, 1 Abs. 1 GG	Recht am eingerichteten und ausgeübten Gewerbebetrieb (REAG)

I. Anwendbarkeit

Grundsatz der Subsidiarität
(soweit Schutz durch besondere Vorschriften besteht, kommt nur eine Verletzung von § 823 Abs. 2 i.V.m. Schutzgesetz in Betracht)

Spezielle Regelungen, z.B.	Spezielle Regelungen, z.B.
• § 12, Namensrecht • §§ 22 ff., KunstUrhG, Recht am eigenen Bild	• Eigentums- und Besitzschutz, § 823 Abs. 1 • § 824 • § 823 Abs. 2 i.V.m. § 186 StGB • UWG • GWB

II. Eingriff in den Schutzbereich

1. **Natürliche Personen** (Beeinträchtigungen der Ehre oder des sozialen Geltungsanspruchs)
   - **Intimsphäre** = absoluter Schutz (Sexualität, Gesundheit, Gefühle, Gedanken)
   - **Privatsphäre** = Schutz im häuslichen Bereich und an abgeschiedenen Orten (auch Schutz des nicht öffentlich gesprochenen Wortes), Besonderheiten bei Bildern: Absolute und relative Personen der Zeitgeschichte genießen geringeren Schutz wegen Informationsinteresses der Öffentlichkeit – Kinder Prominenter bedürfen allerdings besonderen Schutzes
   - **Individualsphäre** (Sozialsphäre) = Schutz des Selbstbestimmungsrechts und der Ausstrahlungen der Persönlichkeit des Einzelnen in seinem öffentlichen, wirtschaftlichen und beruflichen Wirken
2. **Nach dem Tode:** Postmortaler Persönlichkeitsschutz
3. **Kapitalgesellschaften/Handelsgesellschaften:** Sozialer Geltungsanspruch als Wirtschaftsunternehmen
4. **Fallgruppen**
   - Schutz der Intimsphäre
     – heimlicher DNA-Test
     – Verschweigen des Vaters durch nichteheliche Mutter
     – Öffnen von Post
   - Ehrschutz
   - Schutz des eigenen Bildes (Ausnahmen für absolute Personen der Zeitgeschichte)
   - Schutz des Namen- und Firmenzeichens

1. **Schutzbereich**
   - **Gewerbe**
     = jede erlaubte, selbstständige, zum Zwecke der Gewinnerzielung vorgenommene Tätigkeit
   - **eingerichtet und ausgeübt**
     = auf Dauer angelegte Organisation vorhanden und gewerbliche Tätigkeit bereits entfaltet
   - Schutz umfasst:
     – **Bestand** des Gewerbebetriebes (Grundstück, Geschäftsräume etc.)
     – **Erscheinungsformen** (Geschäftsverbindungen, Organisation, Kunden)
     – Auch **freie Berufe** genießen Schutz des Rechts am Unternehmen
2. **Eingriff (nur bei betriebsbezogenen (unmittelbaren) Eingriffen)**
   - nicht, wenn nur einzelne Rechtsgüter betroffen sind
   - Eingriff muss sich gegen Betrieb „als solchen" richten
   - nicht, wenn Eingriff nicht zielgerichtet (final) erfolgt (Stromkabelfälle)
3. **Fallgruppen**
   - Ungerechtfertigte Schutzrechtsverwarnungen
   - Schädigende Werturteile
   - Boykottaufrufe und -maßnahmen
   - Blockade und physische Behinderung

A. Aufbauschemata

IV. Schadensersatz
21. Schadensersatz gem. § 823 Abs. 1 wegen Verletzung von Rahmenrechten (Fortsetzung)

| Allgemeines Persönlichkeitsrecht (APR) | Recht am eingerichteten und ausgeübten Gewerbebetrieb (REAG) |

III. Rechtswidrigkeit

Bei **Rahmenrechten** wird die **Rechtswidrigkeit nicht** schon durch die Verwirklichung des Tatbestandes **indiziert**. Grund: Eine Verletzung z.B. des Eigentums skizziert schon einen „Unrechts-Tatbestand", der von der Rechtsordnung nicht gebilligt werden kann und durch den Gesetzgeber schon die grundsätzliche Bewertung als rechtswidrig erhalten hat. Bei den **offenen Tatbeständen** der Rahmenrechte hat hingegen zur Feststellung der Rechtswidrigkeit eine **umfassende Interessen- und Güterabwägung** zu erfolgen:

Aufseiten des Verletzten
- Welche Sphäre ist betroffen?
- Anlass der Rechtsverletzung und das Verhalten des Verletzten vor der Beeinträchtigung

Aufseiten des Schädigers
- Mittel und Zweck des Eingriffs
- Art und Dauer der Beeinträchtigung
- Grundrechtsausübung
- Rechtfertigungsgründe!

Aufseiten des Verletzten
- Motive, Zweck
- Stärke des Eingriffs

Aufseiten des Schädigers
- Art und Weise der Beeinträchtigung
- Grundrechtsausübung
- Rechtfertigungsgründe!

IV. Verschulden

⇨ S. 167

V. Rechtsfolgen

1. **Ersatz materieller Schäden, §§ 249 ff., 842 ff.**
   ⇨ S. 214
2. **Widerruf von Äußerungen, § 249 Abs. 1**
   - Werturteile (–), aber u.U. Veröffentlichung des der Unterlassungsklage stattgebenden Urteils
   - Nachweislich unwahre Tatsachenbehauptungen müssen widerrufen werden
   - Wenn Tatsache nicht erweislich wahr, aber Unwahrheit auch nicht feststeht, dann eingeschränkter Widerruf, indem Schädiger erklärt, die Behauptung nicht weiter aufrecht zu erhalten
3. **Ersatz immaterieller Schäden**
   - Keine Ableitung aus § 253 Abs. 2, da Persönlichkeitsverletzung von Körperverletzung zu unterscheiden
   - § 823 Abs. 1 i.V.m. Art. 1, 2 GG
     – Schwere Persönlichkeitsverletzung
     – Genugtuungsfunktion
     – Präventivgesichtspunkte

Ersatz materieller Schäden gem. §§ 249 ff., insbes. § 252
⇨ S. 213

VI. Verjährung

1. Relative Frist des § 195: 3 Jahre ab Ende des Jahres der Anspruchsentstehung und Kenntnis des Gläubigers (§ 199 Abs. 1)
2. Absolute Frist des § 199 Abs. 3 Nr. 1: 10 Jahre ab Anspruchsentstehung
   ⇨ S. 217

A. Aufbauschemata

IV. Schadensersatz
22. Schadensersatz wegen anderer deliktischer Tatbestände (Überblick)

I. Aufbauschema für § 823 Abs. 2 – Verletzung eines Schutzgesetzes

Voraussetzungen („haftungsbegründender Tatbestand")

1. **Verletzung eines Schutzgesetzes** i.S.v. § 823 Abs. 2
   a) Schutzgesetz
      aa) Gesetz = jede Rechtsnorm im materiellen Sinne, **Art. 2 EGBGB**
      bb) Verbots- oder Gebotsnorm, nicht bloße Formvorschriften
         ⚠ *Ge- oder Verbot muss nicht ausdrücklich formuliert sein. Ausreichend, wenn es sich aus Sinn und Zweck der Norm ergibt.*
      cc) persönlicher und sachlicher Schutzbereich
         - Schutzgesetz bezweckt (zumindest auch) Individualschutz
           – § 909 BGB   – § 264 a StGB   – § 263 StGB
           – § 231 StGB   – § 265 StGB   – § 858 BGB
           – § 264 StGB   – § 288 StGB
           – nicht: § 267 StGB (Urkundenfälschung = nur Schutz des Rechtsverkehrs)
         - Anspruchsteller gehört zum geschützten Personenbereich
         - das geltend gemachte Interesse muss von der Norm (auch) geschützt werden
   b) Schutzgesetz verletzt
      beurteilt sich nach den Regeln, die für das Schutzgesetz gelten
2. **Rechtswidrigkeit**
3. **Verschulden**
   a) Verschulden muss sich nur auf Schutzgesetzverletzung beziehen und nicht auch auf etwaige Folgeschäden
   b) Erfordert Schutzgesetz selbst Verschulden, muss eine schuldhafte Schutzgesetzverletzung vorliegen.
   c) Erfordert Schutzgesetz selbst kein Verschulden, ist mindestens Fahrlässigkeit erforderlich, §§ 823 Abs. 2 S. 2, 276. ⇨ *S. 167*

Rechtsfolgen („haftungsausfüllender Tatbestand")

- Ersatz des durch die Schutzgesetzverletzung verursachten Schadens ⇨ *S. 214*

II. Aufbauschema für § 824 – Kreditgefährdung

Voraussetzungen („haftungsbegründender Tatbestand")

1. **Behaupten oder Verbreiten unwahrer Tatsachen** (nicht: Meinungsäußerungen)
2. **Unmittelbare Beeinträchtigung wirtschaftlicher Interessen**
3. **Rechtswidrigkeit**
   Besonderer Rechtfertigungsgrund ist § 824 Abs. 2, h.M. (a.A. Entschuldigungsgrund)
4. **Verschulden**
   Fahrlässigkeit genügt; Verschulden muss sich sowohl auf die Unwahrheit der Tatsache als auch auf die Eignung zur Kreditgefährdung beziehen ⇨ *S. 167*

Rechtsfolgen („haftungsausfüllender Tatbestand")

- Ersatz des durch die Kreditgefährdung entstandenen Schadens ⇨ *S. 213*

A. Aufbauschemata

IV. Schadensersatz
22. Schadensersatz wegen anderer deliktischer Tatbestände (Überblick) (Fortsetzung)

III. Aufbauschema für § 826 – Vorsätzliche sittenwidrige Schädigung

Voraussetzungen („haftungsbegründender Tatbestand")

1. **Schaden**, auch bloßer Vermögensschaden
2. **Verstoß gegen die guten Sitten**
   - Sittenwidrigkeit
     - sittenwidriges Mittel
     - sittenwidriger Zweck
     - Folgen
     - Gesinnung
   - Unterlassen: gefordertes Tun muss sittlicher Pflicht entsprechen
3. **Vorsatz** (auch bedingter), jedoch muss der Vorsatz auch den (hier zum TB gehörenden) Schaden umfassen
   Fallgruppen:
   - arglistige Täuschung und rechtswidrige Drohung
   - Missbrauch einer formalen Rechtsposition
   - sittenwidrige Verleitung zum Vertragsbruch

Rechtsfolgen („haftungsausfüllender Tatbestand")

- Ersatz des (Vermögens-)Schadens ⇨ **S. 213**

IV. Aufbauschema für § 830 – Haftung mehrerer Personen

Anm.: § 830 ist in beiden Fällen nach h.M. eine echte Haftungsnorm **(selbstständige Anspruchsgrundlage)**

Voraussetzungen („haftungsbegründender Tatbestand")

§ 830 Abs. 1 S. 1, Abs. 2 Gemeinschaftliche Begehung als Mittäter, Anstifter oder Gehilfe	§ 830 Abs. 1 S. 2 Beteiligung mehrerer ohne Feststellung des Verursachers
1. **Mitwirkung an einer unerlaubten Handlung** – als Mittäter, § 830 Abs. 1 S. 1 – oder als Anstifter oder Gehilfe, § 830 Abs. 2 2. **Rechtswidrigkeit** Erforderlich ist ein eigenständiges Rechtswidrigkeitsurteil über den Tatbeitrag desjenigen, der nach § 830 Abs. 1 S. 1, Abs. 2 in Anspruch genommen wird. 3. **Verschulden** Erforderlich ist Vorsatz desjenigen, der nach § 830 Abs. 1 S. 1, Abs. 2 in Anspruch genommen wird.	1. **Kein Fall von § 830 Abs. 1 S. 1, Abs. 2** 2. Bei jedem Beteiligten muss ein anspruchsbegründendes Verhalten gegeben sein, **wenn man vom Nachweis der Ursächlichkeit absieht**. 3. Die Rechts(gut)verletzung muss mit Sicherheit **entweder durch den einen oder den anderen** Beteiligten, möglicherweise auch durch alle Beteiligte verursacht worden sein. 4. **Verursacher nicht feststellbar** Es darf nicht feststellbar sein, welcher der Beteiligten die Rechts(gut)verletzung verursacht hat.

Rechtsfolgen („haftungsausfüllender Tatbestand")

- Haftung als Gesamtschuldner ⇨ **S. 208**
- Ersatz des (Vermögens-)Schadens ⇨ **S. 213**

A. Aufbauschemata

IV. Schadensersatz
22. Schadensersatz wegen anderer deliktischer Tatbestände (Überblick) (Fortsetzung)

V. Aufbauschema für § 831
Haftung für Verschulden bei Auswahl/Überwachung eines Verrichtungsgehilfen

Voraussetzungen („haftungsbegründender Tatbestand")

1. **Geschäftsherr**
   a) derjenige, der einen anderen **zu einer Verrichtung bestellt**
      - wer Tätigkeit des Handelnden jederzeit beschränken, entziehen, konkretisieren kann
      - ⚠ wenn (–), **§ 831 Abs. 2 prüfen:**
   b) **vertragliche Übernahme** dieser Geschäfte für den Geschäftsherrn (z.B. Bauleiter)
2. **Verrichtungsgehilfe**
   - derjenige, der mit Wissen und Wollen des Geschäftsherrn in dessen Interessen- und Pflichtenkreis tätig wird und von dessen Weisungen abhängig ist
3. **Tatbestandsmäßige, rechtswidrige, unerlaubte Handlung** des Verrichtungsgehilfen (Verschulden des Verrichtungsgehilfen nicht erforderlich)
4. **In Ausübung** der Verrichtung
   - nur wenn zeitlich und sachlich innerer Zusammenhang mit Verrichtung besteht
   - nicht Handeln „bei Gelegenheit"
5. Verschulden **des Geschäftsherrn**
   a) Vermutung
   b) Exkulpation des Geschäftsherrn bzgl.
      - Auswahl, Anweisung und Beaufsichtigung/Überwachung
      - Beschaffung von Gerätschaften
      - Fehlender Kausalität zwischen Pflichtverletzung und Schadenseintritt
        - Ⓟ *Dezentralisierter Entlastungsbeweis in großen Geschäftsbetrieben?*
          (Nach h.M. kann sich der Geschäftsherr in Großbetrieben exkulpieren, wenn er eine Zwischenperson einschaltet, der die Beaufsichtigung des Verrichtungsgehilfen obliegt.)

Rechtsfolgen („haftungsausfüllender Tatbestand")

- Ersatz des zugefügten Schadens ⇨ S. 213

Exkurs: Unterschied zwischen § 278 und § 831, die aber gleichzeitig vorliegen können

§ 278	§ 831
kann nur im Rahmen von **Schuldverhältnissen** Anwendung finden	ist unabhängig davon anwendbar, ob ein Schuldverhältnis besteht oder nicht
ist anwendbar ohne Rücksicht darauf, ob der Erfüllungsgehilfe vom Geschäftsherrn weisungsabhängig ist oder nicht	setzt voraus, dass der Verrichtungsgehilfe vom Geschäftsherrn **weisungsabhängig** ist
ist eine **reine Zurechnungsnorm** mit der Funktion, in einer ansonsten gegebenen Anspruchsgrundlage das Merkmal des „Vertretenmüssens" auszufüllen	ist eine **selbstständige, deliktsrechtliche Anspruchsgrundlage**
begründet eine **Haftung für fremdes Verschulden** (nämlich für Verschulden des Erfüllungsgehilfen)	begründet eine **Haftung für eigenes Verschulden** des Geschäftsherrn (Auswahl- oder Überwachungsverschulden)
gibt dem Geschäftsherrn **keine eigene Exkulpationsmöglichkeit**	gibt dem Geschäftsherrn **eine eigene Exkulpationsmöglichkeit**

A. Aufbauschemata

IV. Schadensersatz
22. Schadensersatz wegen anderer deliktischer Tatbestände (Überblick) (Fortsetzung)

VI. Aufbauschema für § 832 – Haftung des Aufsichtspflichtigen

Voraussetzungen („haftungsbegründender Tatbestand")

1. **Aufsichtspflichtiger**
2. **Aufsichtsbefohlener**
   - Minderjähriger
   - wegen geistigem und körperlichem Zustand Aufsichtsbedürftiger
3. **Tatbestandsmäßige und rechtswidrige unerlaubte Handlung des Aufsichtsbefohlenen**
4. **Verschulden**
   - widerlegbare Vermutung, dass die Aufsichtspflicht verletzt wurde **und**
   - dass diese Pflichtverletzung für die Schädigung ursächlich war
5. Keine **Widerlegung** durch Aufsichtspflichtigen

Rechtsfolgen („haftungsausfüllender Tatbestand")

- Ersatz des zugefügten Schadens ⇨ *S. 213*

VII. Aufbauschema für § 833 – Tierhaltung

Voraussetzungen („haftungsbegründender Tatbestand")

§ 833 S. 1 Tierhalter eines Luxustieres	§ 833 S. 1 u. 2 Tierhalter eines Nutztieres	§ 834 Tieraufseher

1. **Rechtsgutverletzung**
2. **durch ein Tier**
   a) **Kausalität** i.S.d. Äquivalenztheorie
   b) **typische Tiergefahr**
3. **Anspruchsgegner = Tierhalter**
   Ⓟ *Überlassung von Reitpferden – Schädigung des Reiters*
4. **Kein** Verschulden erforderlich: Gefährdungshaftung
	1. **Rechtsgutverletzung**
	2. **durch ein Tier**
	   a) **Kausalität** i.S.d. Äquivalenztheorie
	   b) **typische Tiergefahr**
	3. **Anspruchsgegner = Tierhalter**
	4. **Verschulden** des Tierhalters wird vermutet, wenn kein **Entlastungsbeweis**
		1. **Rechtsgutverletzung**
		2. **Tieraufseher**
		3. **durch ein Tier**
		   a) **Kausalität** i.S.d. Äquivalenztheorie
		   b) **typische Tiergefahr**
		4. **Anspruchsgegner = Tieraufseher**
		5. **Verschulden** des Tieraufsehers wird vermutet, wenn kein **Entlastungsbeweis**

Rechtsfolgen („haftungsausfüllender Tatbestand")

- Ersatz des daraus entstandenen Schadens ⇨ *S. 214*

Für ein „Luxustier" besteht eine **Gefährdungshaftung**. Ein **„Luxustier"** ist ein Tier, das entweder nicht als Haustier anzusehen ist oder das als Haustier nicht dem Beruf, der Erwerbstätigkeit oder dem Unterhalt des Tierhalters zu dienen bestimmt ist. ☞ Reitpferd; Hund oder Katze, die nur Liebhaberzwecken dienen	Für ein „Nutztier" besteht eine **Verschuldenshaftung**, wobei das Verschulden vermutet wird und der Tierhalter sich **exkulpieren** kann. Ein **„Nutztier"** ist ein Haustier, das dem Beruf, der Erwerbstätigkeit oder dem Unterhalt des Tierhalters zu dienen bestimmt ist. ☞ das vom Landwirt gehaltene Zucht-, Schlacht- oder Nutzvieh; Blindhund	Tieraufseher ist nur, wer eine dem Tierhalter angenäherte Stellung hat. Zum Wesen der vertraglich übernommenen „Führung und Aufsicht" über das Tier gehört demgemäß, dass der Übernehmende ein gewisses Maß an **selbstständiger Gewalt über das Tier** hat (auch wenn er zum Tierhalter in einem Abhängigkeitsverhältnis steht). **Nicht:** Stallbursche oder Reitlehrer

A. Aufbauschemata

IV. Schadensersatz
22. Schadensersatz wegen anderer deliktischer Tatbestände (Überblick) (Fortsetzung)

⚠ *Aufbauschema für den Amtshaftungsanspruch aus § 839 (i.V.m. Art. 34 GG)*
⇨ Aufbauschemata Öffentliches Recht

VIII. Aufbauschema für §§ 836–838 – Gebäudehaftung

Voraussetzungen („haftungsbegründender Tatbestand")

§ 836	§ 837	§ 838
1. **Eigenbesitzer** des Grundstücks, Abs. 1, oder früherer Besitzer, Abs. 2	1. **Gebäudebesitzer**	1. **Gebäudeunterhaltungspflichtiger**
2. **Personen- o. Sachschäden** durch **Einsturz o. Ablösung eines Gebäudeteils** • zur Herstellung in ein Gebäude eingefügte Sache • Sache, die in festem baulichem Zusammenhang mit dem Gebäude steht (Baugerüst)	= dto.	= dto.
3. **Als Folge fehlerhafter Errichtung o. mangelnder Unterhaltung**		
4. **Verschulden** wird vermutet, wenn kein Entlastungsbeweis		

Rechtsfolgen („haftungsausfüllender Tatbestand")

• Ersatz des daraus entstandenen Schadens ⇨ **S. 213**	• Haftung **anstelle** des Eigenbesitzers des Grundstücks	• Haftung **neben** dem Besitzer

IX. Aufbauschema für § 839 a – Haftung des gerichtlichen Sachverständigen

Voraussetzungen („haftungsbegründender Tatbestand")

1. Bestellung des Sachverständigen durch das Gericht
2. Unrichtigkeit des Gutachtens
3. Gerichtliche Entscheidung, die auf der Unrichtigkeit des Gutachtens beruht (nicht anderweitige Erledigungen wie z.B. ein Vergleich unter Eindruck des Gutachtens)
4. **Verschulden**
   Vorsatz oder grobe Fahrlässigkeit ⇨ **S. 167**
5. Kein Haftungsausschluss gem. § 839 a Abs. 2 i.V.m. § 839 Abs. 3 durch Versäumung eines Rechtsmittels

Rechtsfolgen („haftungsausfüllender Tatbestand")

• Ersatz des daraus entstandenen Schadens ⇨ **S. 213**

A. Aufbauschemata

IV. Schadensersatz
23. Schadensersatz gem. §§ 7, 18 StVG

Halterhaftung, § 7 StVG	**Fahrerhaftung, § 18 StVG**

I. Voraussetzungen

1. **Rechtsgutverletzung**, § 7 Abs. 1 StVG ▪ Tötung ▪ Körperverletzung ▪ Sachbeschädigung	1. **Rechtsgutverletzung**, § 7 Abs. 1 StVG ▪ Tötung ▪ Körperverletzung ▪ Sachbeschädigung
2. **Bei Betrieb eines Kfz** oder eines Kfz-Anhängers a) Kausalität b) Realisierung der typischen Betriebsgefahr	2. **Bei Betrieb eines Kfz** oder Kfz-Anhängers a) Kausalität b) Realisierung der typischen Betriebsgefahr
3. Anspruchsgegner = **Halter des Kfz**/Anhängers ▪ Halter ist, wer Kfz für **eigene Rechnung** in Gebrauch hat und die **Verfügungsgewalt** besitzt ▪ Eigentum ist nicht entscheidend	3. Anspruchsgegner = **Fahrer des Kfz** (mit Anhänger), der nicht zugleich Halter ist

4. **Keine höhere Gewalt** gem. § 7 Abs. 2 StVG:
▪ Einwirkung von außerhalb
▪ so außergewöhnlich, dass nach menschlicher Einsicht und Erfahrung nicht vorhersehbar
▪ durch größte Sorgfalt nicht abwendbar
	4. **Verschulden** ⇨ *S. 167*
	▪ wird gem. § 18 Abs. 1 S. 2 StVG vermutet
	▪ im Straßenverkehr nach h.M. keine Haftungserleichterungen gem.
	  – § 708: Gesellschafterhaftung
	  – § 1359: Ehegattenhaftung
	  – § 4 LPartG: Lebenspartnerschaftshaftung
	  – § 1664: Elternhaftung

5. **Verschulden nicht erforderl.**: Gefährdungshaftung	
6. **Kein Ausschluss/Einschränkung** a) Ausnahmen des § 8 StVG b) Vereinbarung Haftungsausschluss, § 8 a StVG (unentgeltliche nicht geschäftsmäßige Beförderung) c) Verwirkung bei Verletzung der Anzeigepflicht, § 15 StVG	5. **Kein Ausschluss/Einschränkung** a) Ausnahmen des § 8 StVG b) Vereinbarung Haftungsausschluss, § 8 a StVG (unentgeltliche nicht geschäftsmäßige Beförderung) c) Verwirkung bei Verletzung der Anzeigepflicht, § 15 StVG

II. Rechtsfolgen

1. Grundsätzlich Ersatz gem. §§ 249 ff. ⇨ *S. 213*
2. Modifikationen:
   a) Umfang der Ersatzpflicht bei **Körperverletzung** gem. § 11 StVG
      ▪ Heilungskosten
      ▪ Vermögensnachteil bei Erwerbsminderung
      ▪ Ausgleich für Mehrung der Bedürfnisse
      ▪ Schmerzensgeld, § 11 S. 2 StVG
   b) Umfang der Ersatzpflicht bei **Tötung** gem. § 10 StVG
      ▪ Heilungskosten
      ▪ Vermögensnachteil bei Erwerbsminderung
      ▪ Ausgleich für Mehrung der Bedürfnisse
      ▪ Beerdigungskosten
      ▪ Unterhalt an Dritte
   c) Höchstbeträge gem. § 12 StVG (Tötung/Verletzung: 5 Mio. €/Sachbeschädigung: 1 Mio. €)
3. Unmittelbarer Anspruch auch gegen die Haftpflichtversicherung des Halters gem. **§ 115 VVG** (Halter und Versicherung haften als Gesamtschuldner)
4. Anspruchskonkurrenz zu **§§ 823 ff.**, die also auch noch zu prüfen sind
5. **Mitverschulden des Geschädigten**, der nicht selbst Halter oder Fahrzeugführer ist, richtet sich nach § 9 StVG i.V.m. § 254 (Erweiterung der Zurechnung auf ein Mitverschulden des Gewahrsamsinhabers)
6. **Mitverschulden unter mehreren Haltern/Fahrzeugführern** richtet sich nach § 17 StVG
   a) § 17 Abs. 2 StVG: Quotenbildung unter Kfz-Haltern bzw. -Fahrern untereinander (ohne Drittbeteiligung)
   b) § 17 Abs. 3 StVG: Keine Quotenbildung, wenn unabwendbares Ereignis (Maßstab: nur wenn überdurchschnittlicher Fahrer bei Anwendung äußerster Sorgfalt den Unfall nicht vermeiden konnte = Idealfahrer)

A. Aufbauschemata

IV. Schadensersatz
24. Schadensersatz gem. § 1 Abs. 1 ProdHaftG

I. Anwendbarkeit des ProdHaftG

(+), wenn Produkt nach dem 01.01.1990 in den Verkehr gebracht wurde, § 16 i.V.m. § 19 ProdHaftG
Anspruchskonkurrenz zu §§ 823 ff. (vgl. § 15 Abs. 2 ProdHaftG)

II. Voraussetzungen

1. **Rechtsgutverletzung**, § 1 Abs. 1 ProdHaftG
   a) Leben
   b) Körper/Gesundheit
   c) Sachbeschädigung, aber gem. § 1 Abs. 1 S. 2 ProdHaftG nur, wenn:
      - **andere Sache** als das fehlerhafte Produkt beschädigt wird
      - **und** Sache ihrer Art nach gewöhnlich zum **privaten Gebrauch bestimmt** ist
      - **und** Sache vom Geschädigten auch hauptsächlich **privat genutzt** wurde
2. **Verursacht durch Produktfehler**
   a) **Produkt**, § 2 ProdHaftG
      - jede bewegliche Sache
      - auch Teile einer beweglichen/unbeweglichen Sache
      - Elektrizität
      - auch landwirtschaftliche Produkte
      - nicht: Arzneimittel, § 15 Abs. 1 ProdHaftG
      - Ⓟ *Weiterfresserschäden* ⇨ *S. 56*;
        (–) beim Endhersteller, (+) beim Zulieferer eines Teilprodukts
   b) **Fehler**, § 3 ProdHaftG
      - Es gilt nicht der kaufrechtliche Sachmangelbegriff, sondern ein eigener „sicherheitsrelevanter" Fehlerbegriff
      - Produkt nach h.M. immer dann fehlerhaft, wenn herstellerspezifische Verkehrssicherungspflicht verletzt (Konstruktions-, Fabrikations-, Instruktionsfehler)
      - aber: auch Haftung für einzelne „Ausreißer"
      - Relevanter Zeitpunkt: Inverkehrbringen
   c) **Kausalität** des Produktfehlers für die Rechtsgutverletzung
3. **Anspruchsgegner = Hersteller**, § 4 ProdHaftG
   a) **Endprodukthersteller**, § 4 Abs. 1 S. 1 ProdHaftG
   b) **Zulieferant**, § 4 Abs. 1 S. 1 ProdHaftG
   c) **Quasi-Hersteller** (Versehen eines Produkts mit eigenem Warenzeichen), § 4 Abs. 1 S. 2 ProdHaftG
   d) **Importeur** (bei Importen außerhalb der EG), § 4 Abs. 2 ProdHaftG
   e) **Lieferant**, wenn kein „anderer" Hersteller feststellbar, § 4 Abs. 3 ProdHaftG

| A. Aufbau-schemata | IV. Schadensersatz |
| | 24. Schadensersatz gem. § 1 Abs. 1 ProdHaftG (Fortsetzung) |

II. Voraussetzungen (Fortsetzung)

4. **Kein Haftungsausschluss**, § 1 Abs. 2 u. 3 ProdHaftG
   a) Produkt nicht durch Hersteller in Verkehr gebracht
   b) Fehlerfreiheit des Produkts bei Inverkehrbringen
   c) Nichtkommerzielle Herstellung/Vertrieb
   d) Fehler beruht auf zwingender Rechtsvorschrift
   e) Fehler z.Z. des Inverkehrbringens nicht erkennbar
   f) Keine Haftung des Teilherstellers bei Konstruktionsfehler durch Endproduktsteller
   g) **Keine weitergehenden (vertraglichen) Haftungsausschlüsse, § 14 ProdHaftG**
   ⚠ *Beweislastverteilung* des § 1 Abs. 4 ProdHaftG

III. Rechtsfolgen

1. Grundsätzlich Ersatz gem. §§ 249 ff. BGB ⇨ *S. 213*
2. Modifikationen:
   a) Umfang der Ersatzpflicht bei **Körperverletzung**, §§ 8–10 ProdHaftG
      - Heilungskosten
      - Vermögensnachteil bei Erwerbsminderung
      - Ausgleich für Mehrung der Bedürfnisse
      - Schmerzensgeld, § 8 S. 2 ProdHaftG
      - Höchstbetrag: 85 Mio. €, § 10 Abs. 1 ProdHaftG
   b) Umfang der Ersatzpflicht bei **Tötung** gem. § 7 ProdHaftG
      - Heilungskosten
      - Vermögensnachteil bei Erwerbsminderung
      - Ausgleich für Mehrung der Bedürfnisse
      - Beerdigungskosten
      - Unterhalt an Dritte
   c) **Selbstbeteiligung** (bei Sachschäden) gem. § 11 ProdHaftG (500 €)
3. **Mitverschulden des Geschädigten** gem. § 6 ProdHaftG i.V.m. § 254 (Erweiterung der Zurechnung auf ein Mitverschulden des Gewahrsamsinhabers)

IV. Verjährung

1. § 12 ProdHaftG: 3 Jahre ab Kenntnis des Geschädigten von den Anspruchsvoraussetzungen
2. § 13 ProdHaftG: Erlöschen der Ansprüche 10 Jahre nachdem der Hersteller das Produkt in Verkehr gebracht hat.

A. Aufbauschemata

V. Herausgabe/Rückzahlung/Wertersatz
1. Anspruchsgrundlagen

I. Vertrag

Beendigung eines Vertrages

§ 546 Abs. 1	Rückgabepflicht des Mieters
§ 546 Abs. 2	Rückgabepflicht des Untermieters
§§ 581 Abs. 2, 546	Rückgabepflicht des Pächters
§ 604	Rückgabepflicht des Entleihers
§ 488 Abs. 1 S. 2 Var. 2	Rückzahlung eines Gelddarlehens
§ 607 Abs. 1 S. 2 Var. 2	Rückgewähr von Sachen gleicher Art, Güte und Menge beim Sachdarlehen
§ 667	Herausgabe des zur Ausführung eines Vertrages Erhaltenen sowie des aus der Ausführung Erlangten
§ 695 S. 1	Rückforderungsrecht bei Verwahrung
§ 732 Abs. 1	Rückgabe bei Beendigung einer Gesellschaft
§ 1223	Rückgabepflicht des Pfandgläubigers

⚠ Es handelt sich bei diesen Ansprüchen zwar um vertragliche Primäransprüche, die allerdings nicht im Synallagma stehen und daher auch kein Zurückbehaltungsrecht gem. § 320 Abs. 1 begründen; ggf. aber nach § 273 Abs. 1.

Rückabwicklung eines Vertrages

§ 346	Rückabwicklung eines Vertrages (Grundschema)	⇨ S. 71
§§ 346, 326 Abs. 4	Rückabwicklung der Leistung bei Unmöglichkeit	⇨ S. 74
§ 323 Abs. 1	Rückabwicklung nach Rücktritt wegen Nicht- oder Schlechtleistung	⇨ S. 76
§§ 346, 323, 437 Nr. 2 bzw. § 634 Nr. 3	Rückabwicklung nach Rücktritt wegen Nicht- oder Schlechtleistung im Kauf- bzw. Werkvertragsrecht	⇨ S. 78
§§ 346, 324	Rückabwicklung nach Rücktritt wegen Nebenpflichtverletzung	⇨ S. 80
§§ 346, 326 Abs. 5, 323	Rückabwicklung nach Rücktritt bei Unmöglichkeit	⇨ S. 81
§§ 346, 326 Abs. 5, 437	Rückabwicklung nach Rücktritt bei Unmöglichkeit der Nacherfüllung im Kauf- bzw. Werkvertrag	⇨ S. 83
§§ 346, 281 Abs. 5	Rückabwicklung, wenn Gläubiger Schadensersatz statt der ganzen Leistung verlangt	⇨ B II 18 (Minderung im Kauf- und Werkvertragsrecht)
§§ 346, 439 Abs. 4	Rückabwicklung bei Nachlieferung im Kaufrecht	
§§ 346, 635 Abs. 4	Rückabwicklung bei Neuherstellung im Werkvertragsrecht	
§§ 346, 441 Abs. 4	Rückzahlung der Zuvielzahlung bei Minderung im Kaufrecht	
§§ 346, 638 Abs. 4	Rückzahlung der Zuvielzahlung bei Minderung im Werkvertragsrecht	⇨ S. 71
§§ 346, 651 d, 638 Abs. 4	Rückzahlung der Zuvielzahlung bei Minderung im Reiserecht	⇨ B II 19 (Minderung im Miet- und Reiserecht)
§§ 346, 651 e, 638 Abs. 4	Rückzahlung der Zuvielzahlung bei Kündigung im Reiserecht analog (⚠ Rückzahlung der Zuvielzahlung bei Minderung im Mietrecht nach h.M. gem. §§ 812 ff.)	

A. Aufbauschemata

V. Herausgabe/Rückzahlung/Wertersatz
1. Anspruchsgrundlagen (Fortsetzung)

II. Vertragsähnlich

§§ 677, 681 S. 2, 667	Herausgabeanspruch des Geschäftsherrn bei berechtigter GoA	
§§ 677, 681 S. 2, 667	Herausgabeanspruch des Geschäftsherrn bei unberechtigter GoA	*vgl. dazu* ⇨ *S. 48*
§§ 687 Abs. 2, 681 S. 2, 667	Herausgabeanspruch des Geschäftsherrn bei angemaßter GoA	
§§ 684 S. 1, 812 ff.	Herausgabeanspruch des Geschäftsführers bei unberechtigter GoA (Rechtsfolgenverweisung); **siehe zum Umfang der Herausgabepflicht** ⇨ *S. 222*	
§§ 687 Abs. 2 S. 2, 684 S. 1, 812 ff.	Herausgabeanspruch des Geschäftsführers bei angemaßter GoA, wenn der Geschäftsherr Ansprüche nach § 687 Abs. 2 S. 1 geltend macht (Rechtsfolgenverweisung); **siehe zum Umfang der Herausgabepflicht** ⇨ *S. 222*	

III. Dinglich

§ 985	Herausgabeanspruch des Eigentümers	⇨ *S. 85*
§ 861	Herausgabeanspruch des früheren Besitzers	⇨ *S. 88*
§ 1007 Abs. 1 u. 2	Herausgabeanspruch des „besseren" Besitzers	⇨ *S. 90*
§§ 1065, 985	Herausgabeanspruch des Nießbrauchers	vgl. ⇨ *S. 85*
§§ 1227, 985	Herausgabeanspruch des Pfandgläubigers	*vgl. dazu* ⇨ *S. 262*
§ 1231 S. 1	Herausgabe eines Pfandes bei besitzlosem Pfandrecht	
§ 2018	Herausgabepflicht des Erbschaftsbesitzers	vgl. ⇨ *S. 283*

IV. Deliktisch

§§ 823 ff.	Schadensersatz (Naturalrestitution) wenn Schaden in Vorenthaltung der Sache besteht	⇨ *S. 56*
§§ 852, 812 ff.	Bereicherungshaftung des Deliktstäters nach Verjährung des Schadensersatzanspruchs	

V. Bereicherungsrechtlich

§ 812 Abs. 1 S. 1 Alt. 1 bzw. § 812 Abs. 1 S. 2 Alt. 1	Leistungskondiktion wg. Verfehlung des Erfüllungszwecks	⇨ *S. 91*
§ 812 Abs. 1 S. 2 Alt. 2	Leistungskondiktion wg. sonstiger Zweckverfehlung	⇨ *S. 93*
§ 817	Leistungskondiktion bei Sitten- oder Gesetzesverstoß	⇨ *S. 94*
§ 816 Abs. 1 S. 1	Herausgabe bei Nichtleistungskondiktion ggü. Verfügendem	⇨ *S. 95* *i.V.m.*
§ 816 Abs. 1 S. 2	Herausgabe bei Nichtleistungskondiktion ggü. Drittem	⇨ *S. 95* ⇨ *S. 222*
§ 816 Abs. 2	Herausgabe bei Nichtleistungskondiktion ggü. Empfänger	⇨ *S. 97*
§ 812 Abs. 1 S. 1 Alt. 2	Herausgabe bei allgemeiner Nichtleistungskondiktion	⇨ *S. 98*
§ 822	Herausgabe Dritter bei Unentgeltlichkeit	
§§ 951 Abs. 1 S. 1, 812 ff.	Kondiktion bei Eigentumsverlust kraft Gesetzes	⇨ *S. 100*

A. Aufbau-schemata

V. Herausgabe/Rückzahlung/Wertersatz
2. Rückabwicklung gem. § 346 – Grundschema

I. Rücktrittsgrund oder Verweisung

1. **Vertraglich vereinbartes Rücktrittsrecht, § 346 Abs. 1 Alt. 1**
   z.B. Verwirkungsklausel, § 354

2. **Gesetzliches Rücktrittsrecht, § 346 Abs. 1 Alt. 2**
   a) **§ 323:** Rücktritt wegen **Nicht- oder Schlechtleistung** (einschl. Rücktritt wegen Nicht- oder Schlechtleistung der Nacherfüllung im Kaufrecht, §§ 437 Nr. 2 Alt. 1, 323, und im Werkvertragsrecht, §§ 634 Nr. 3 Alt. 1, 323) ⇨ *S. 76/77,* ⇨ *S. 78 (Kauf- und Werkvertragsrecht)*
   b) **§ 324:** Rücktritt wegen Nebenpflichtverletzung ⇨ *S. 80*
   c) **§ 326 Abs. 5:** Rücktritt wegen Ausschlusses der Leistungspflicht (einschl. Rücktritt wegen Ausschlusses der Nacherfüllung im Kaufrecht, §§ 437 Nr. 2 Alt. 1, 326 Abs. 5, und im Werkvertragsrecht, §§ 634 Nr. 3 Alt. 1, 326 Abs. 5) ⇨ *S. 81,* ⇨ *S. 83 (Kauf- und Werkvertragsrecht)*

3. **(Rechtsfolgen)verweisungen auf §§ 346 ff.**
   (in diesem Prüfungsschema nur IV. zu prüfen ⇨ *S. 72)*
   - § 281 Abs. 5 (Gläubiger verlangt Schadensersatz statt der ganzen Leistung)
   - § 326 Abs. 4 (Rückforderung der Gegenleistung bei Befreiung von der Leistung wegen Unmöglichkeit) ⇨ *S. 74*
   - § 439 Abs. 5 (Rückforderung der Leistung bei Nachlieferung im Kaufrecht)
   - § 635 Abs. 4 (Rückforderung des Werkes bei Neuherstellung im Werkvertragsrecht)

4. **Verweis nur auf § 346 Abs. 1 und § 347 Abs. 1**
   (in diesem Prüfungsschema nur IV. zu prüfen ⇨ *S. 72)*
   - § 441 Abs. 4 (Rückforderung der Zuvielzahlung bei Minderung im Kaufrecht) ⇨ *S. 194*
   - § 638 Abs. 4 (Rückforderung der Zuvielzahlung bei Minderung im Werkvertragsrecht) ⇨ *S. 194*
   - § 651 m (Rückforderung der Zuvielzahlung bei Minderung im Reiserecht) ⇨ *S. 196*

II. Rücktrittserklärung, § 349

Rücktritt = Gestaltungsrecht, empfangsbedürftige, formfreie (ggf. konkludente) Willenserklärung
⇨ *S. 144, 145*

III. Kein Ausschluss/Unwirksamkeit, §§ 350–353

- **§ 350:** Vereinbarung einer Frist beim vertraglichen Rücktrittsrecht
- **§ 351:** Rücktritt bei mehreren Rücktrittsberechtigten
- **§ 352:** Aufrechnung unverzüglich nach Rücktrittserklärung
- **§ 353:** Keine rechtzeitige Entrichtung eines vereinbarten Reugeldes

A. Aufbauschemata

V. Herausgabe/Rückzahlung/Wertersatz
2. Rückabwicklung gem. § 346 – Grundschema
(Fortsetzung)

IV. Rechtsfolgen

1. **Vorrangig „Rückgabe in Natur", § 346 Abs. 1 („Zug-um-Zug", § 348)**
   a) Rückgewähr der Leistungen
   b) Herausgabe der gezogenen Nutzungen
      - Nutzungen = Früchte (§ 99), Gebrauchsvorteile (§ 100) und ersparte Schuldzinsen
      - In der Regel ist Herausgabe von Nutzungen „in Natur" nicht möglich (denkbar aber z.B. bei Fruchtziehung, wenn Früchte noch vorhanden)
      - Pflicht zum Ersatz schuldhaft nicht gezogener Nutzungen nach § 347 (Haftungsmaßstab bei gesetzlichem Rücktrittsrecht, § 277) ⇨ **S. 167**

      ⚠ *Anders als bei § 439 Abs. 4 ist bei einem Rücktritt die Herausgabe von Nutzungen unstreitig. Der Unterschied besteht in Folgendem: Beim Rücktritt wird der Vertrag vollständig rückabgewickelt, sodass z.B. auch der Verkäufer Nutzungen (= Zinsen) herauszugeben hat, während es bei der Nachlieferung (⇨ S. 12) oder der Neuherstellung (⇨ S. 14) bei dem ursprünglichen Vertrag bleibt.*

2. **Nachrangig Wertersatz** für empfangene Leistungen *und* Nutzungen**, § 346 Abs. 2**, wenn
   a) Herausgabe nach Natur des Erlangten nicht möglich (z.B. Gebrauchsvorteile/erbrachte Dienstleistung)
   b) Verbrauch, Veräußerung, Belastung, Verarbeitung oder Umgestaltung des Gegenstandes
      Ⓟ *Unmöglichkeit der Rückgewähr erforderlich?*
      (Nach h.M. ist ungeschriebene Voraussetzung eines Wertersatzanspruchs nach § 346 Abs. 2 S. 1 Nr. 2 die Unmöglichkeit der Rückgewähr in Natur.)
   c) Untergang, Verschlechterung (nicht allerdings Verschlechterung infolge bestimmungsgemäßer Ingebrauchnahme = ☞ „Zulassungsschaden" bei Kfz)

      ⚠ *Gemäß § 346 Abs. 2 S. 2 ist bei der Berechnung des Wertersatzes eine im Vertrag vereinbarte Gegenleistung zugrunde zu legen (dies gilt auch bei Rücktritt wegen Zahlungsverzugs des Schuldners).*

3. **Ausschluss der Wertersatzpflicht, § 346 Abs. 3**
   a) Mangel zeigt sich erst bei Verarbeitung oder Umgestaltung (analog bei Verbrauch)
   b) Gläubiger *(⚠ gemeint ist Gläubiger des Rückgewährschuldverhältnisses, z.B. ursprünglicher Verkäufer)* hat Untergang zu vertreten (§ 276); **gemeint ist untechnisch aber jede Pflichtverletzung, d.h. auch mangelbedingter Untergang bzw. Verschlechterung** (wichtigster Anwendungsbereich!!)
   c) Schaden wäre bei Gläubiger (= ursprünglicher Verkäufer) ebenfalls eingetreten
   d) Bei **gesetzlichem Rücktrittsrecht**: Ausschluss der Wertersatzpflicht bei Einhaltung eigenüblicher Sorgfalt (§ 277)
      Ⓟ *Privilegierung auch nach Kenntnis des Rücktrittsgrundes/Rücktrittserklärung?*
      (Überwiegend wird angenommen, bereits ab Kenntnis/Kennenmüssen vom Rücktrittsgrund müsse § 346 Abs. 3 teleologisch reduziert werden. Nach a.A. ist dies aber erst ab Erklärung des Rücktritts geboten, da der Käufer bis dahin seine Rechte abwägen können soll.)

      ⚠ *Wenn Wertersatzpflicht ausgeschlossen, ist gem. § 346 Abs. 3 S. 2 eine verbleibende Bereicherung nach §§ 812 ff. herauszugeben (Rechtsfolgenverweis)!* ⇨ **S. 222**

A. Aufbauschemata

V. Herausgabe/Rückzahlung/Wertersatz
2. Rückabwicklung gem. § 346 – Grundschema
(Fortsetzung)

IV. Rechtsfolgen (Fortsetzung)

4. **Schadensersatzpflicht, §§ 346 Abs. 4, 280 ff.**
   - Für Pflichtverletzungen *nach* Rücktrittserklärung (Verletzung einer Pflicht aus dem Rückgewährschuldverhältnis) ⇨ *S. 25–27*
   - Für Pflichtverletzungen *vor* Rücktrittserklärung aber **nach** Kenntnis des Rücktrittsgrundes wird überwiegend eine Schadensersatzverpflichtung angenommen. Umstritten ist die dogmatische Begründung:
     - Nach e.A. bestehen „vorgreifliche Nebenpflichten", sodass sich ein Anspruch aus §§ 346 Abs. 4, 280 Abs. 1, 241 Abs. 2 ergibt.
     - Nach a.A. handelt es sich um Nebenpflichten zum Kaufvertrag, sodass der Anspruch aus §§ 280 Abs. 1, 241 Abs. 2 folgt.

5. **Verwendungsersatzanspruch des Rücktrittsschuldners, §§ 347 Abs. 2 S. 2, 812 ff.**
   Der Rücktrittsschuldner kann seine notwendigen Verwendungen (= Aufwendungen auf die Sache, die zu ihrer Erhaltung objektiv notwendig waren) verlangen, wenn er
   - den geschuldeten Gegenstand zurückgewährt,
   - Verwendungsersatz leistet *oder*
   - der Wertersatzanspruch ausgeschlossen ist.

6. **Aufwendungsersatzanspruch des Rücktrittsschuldners, §§ 347 Abs. 2 S. 1, 812 ff.**
   Der Rücktrittsschuldner kann seine anderen Aufwendungen verlangen, wenn der Rücktrittsgläubiger durch sie bereichert ist. Zum Umfang der Haftung ⇨ *S. 222*
   Rechtsfolgenverweisung auf Bereicherungsrecht (str.).

V. Verjährung

⚠ *Die Verjährung von Rückgewähr- und Ersatzansprüchen, die als Folge aus einem wirksam erklärten Rücktritt entstehen, ist nicht zu verwechseln mit der* **„Quasi-Verjährung"** *des Rücktrittsrechts gem.* § 218 *(vgl. § 438 Abs. 4/§ 634 a Abs. 4)!* ⇨ *S. 77*, ⇨ *S. 79 (Kauf- und Werkvertragsrecht)*

1. Verjährung der (wirksam begründeten) Rückgewähr- bzw. Ersatzansprüche entsprechend der Fristen, die für die rückabzuwickelnden Primärleistungsansprüche gegolten hätten, regelmäßig also
   a) relative Frist des § 195: 3 Jahre ab Ende des Jahres der Anspruchsentstehung und Kenntnis des Gläubigers (§ 199 Abs. 1)
   b) absolute Frist des § 199 Abs. 3 Nr. 1: 10 Jahre ab Anspruchsentstehung
2. **Besonderheiten:**
   a) Im Reiserecht gilt für die Rückzahlungsansprüche nach Minderung bzw. Kündigung die zweijährige Verjährung des § 651 i.
   b) Für Rückabwicklungsansprüche im Kauf- und Werkvertragsrecht ⇨ *S. 79*.

⇨ *S. 217*

A. Aufbauschemata

V. Herausgabe/Rückzahlung/Wertersatz
3. Rückforderung der Leistung bei Unmöglichkeit, § 326 Abs. 4

I. Voraussetzungen

1. **Gegenseitiger Austauschvertrag**
   - Kauf-, Werk-, Reise-, Miet-, Pacht-, Dienst-, entgeltlicher Geschäftsbesorgungsvertrag, Darlehen
   - Nicht: einseitig verpflichtende Verträge (Bürgschaft, Schenkung)
   - Nicht: Unvollkommen zweiseitige Verträge (Leihe, Auftrag, Maklervertrag)
   - Nicht: Gesellschaftsvertrag (zwar gegenseitig, aber kein Austauschvertrag)
2. **Untergang des Leistungsanspruchs gem. § 275 Abs. 1–3** ⇨ **S. 170**

> ⚠ Auf den Untergang des **Nacherfüllungsanspruchs** ist § 326 Abs. 1–4 **nicht** anwendbar, da es nicht zu einer „automatischen" Minderung kommen soll (vgl. § 326 Abs. 1 S. 2).
> **Aber: §§ 326 Abs. 5, 323:**
> Gläubiger kann im Falle der nicht behebbaren Schlechtleistung gem. § 323 ohne Fristsetzung vom Vertrag zurücktreten, wenn die Pflichtverletzung **nicht unerheblich** ist (§ 323 Abs. 5 **S. 2**).
> ⇨ **S. 79,** ⇨ **S. 83 (Kauf- und Werkvertragsrecht)**

II. Reichweite der Befreiung des Gläubigers von der Gegenleistung

- **Grundsatz § 326 Abs. 1 S. 1 Hs. 1:** Ist Schuldner gem. § 275 **vollständig** von der **Leistung** befreit, wird Gläubiger ebenfalls **vollständig** von Gegenleistung befreit.
- **Teilleistung § 326 Abs. 1 S. 1 Hs. 2:** Ist Schuldner gem. § 275 nur teilweise von der Leistung befreit, wird Gläubiger entsprechend § 441 Abs. 3 auch nur teilweise von Gegenleistung befreit.

> **Aber: §§ 326 Abs. 5, 323:**
> Gläubiger kann im Falle der **Teilleistung** gem. § 323 ohne Fristsetzung vom Vertrag zurücktreten, wenn er an der Teilleistung **kein Interesse** hat (§ 323 Abs. 5 **S. 1**).
> ⇨ **S. 82,** ⇨ **S. 83 (Kauf- und Werkvertragsrecht)**

III. Bestehenbleiben der Gegenleistung

- § 326 Abs. 2 S. 1 Var. 1: Überwiegende **Verantwortlichkeit** des Gläubigers (kein Vertretenmüssen im technischen Sinne erforderlich!)
  - Verletzung einer dem Schuldner gegenüber bestehenden Verhaltenspflicht (§§ 276, 278 entsprechend)
  - Obliegenheitsverletzung (z.B. Herbeiführung des Leistungserfolges durch den Gläubiger)
  - Vertragliche Risikoübernahme
  - Ⓟ *Beiderseitig zu vertretende Unmöglichkeit?*
    (Nach h.M. bleibt Gegenleistungsanspruch nur dann bestehen, wenn dem Schuldner kein Verursachungsbeitrag gem. § 254 zuzurechnen ist, was aus der Formulierung „weit" überwiegend folgt; vgl. zur Parallelproblematik bei Nicht- oder Schlechtleistung § 323 Abs. 6 S. 1 Var. 1)

A. Aufbauschemata

V. Herausgabe/Rückzahlung/Wertersatz
3. Rückforderung der Leistung bei Unmöglichkeit, § 326 Abs. 4 (Fortsetzung)

III. Bestehenbleiben der Gegenleistung (Fortsetzung)

- **§ 326 Abs. 2 S. 1 Var. 2: Annahmeverzug** des Gläubigers und kein Vertretenmüssen des Schuldners (Maßstab: § 300 Abs. 1!) ⇨ *S. 176*
  - ⚠ Bleibt die Gegenleistung nach *§ 326 Abs. 2* bestehen, wird dasjenige angerechnet, was der Schuldner (der untergegangenen Leistung) erspart oder durch anderweitige Verwendung seiner Arbeitskraft erwirbt oder zu erwerben böswillig unterlässt, § 326 Abs. 2 S. 2.
- **§ 326 Abs. 3:** Gläubiger verlangt gem. § 285 das stellvertretende commodum

IV. Rückforderung einer nicht geschuldeten Gegenleistung

- Gegenleistung, die gem. § 326 nicht geschuldet wird, wurde bereits erbracht
- Rückforderungsrecht gem. § 326 Abs. 4 **soweit** Befreiung reicht (Rechtsfolgenverweisung auf §§ 346 ff.) ⇨ *S. 72*
  - ⚠ **Besonderheit:** Privilegierung des § 346 Abs. 3 Nr. 3 nicht anwendbar für den Gläubiger der Gegenleistung, da dies eine Privilegierung des Rücktrittsberechtigten darstellen soll, was im Fall des § 326 Abs. 4 einer Begünstigung des Rücktrittsgegners entsprechen würde.

A. Aufbauschemata

V. Herausgabe/Rückzahlung/Wertersatz
4. Rücktritt bei Nicht- oder Schlechtleistung, § 323 Abs. 1

⚠ Beachte die Parallelen zum Schadensersatzanspruch gem. §§ 280 Abs. 1 u. 3, 281 ⇨ **S. 25**

⚠ Der unmittelbare Anwendungsbereich von § 323 Abs. 1 Alt. 2 (Schlechtleistung) ist nur gering, da diese Fälle meist die Anwendung des Gewährleistungsrechts eröffnen. ⇨ **S. 78**

I. Voraussetzungen

1. **Gegenseitiger Austauschvertrag**
   - Kauf-, Werk-, Reise-, Miet-, Pacht-, Dienst-, entgeltlicher Geschäftsbesorgungsvertrag, Darlehen
   - Nicht: einseitig verpflichtende Verträge (Bürgschaft, Schenkung)
   - Nicht: Unvollkommen zweiseitige Verträge (Leihe, Auftrag, unentgeltliche Verwahrung, Maklervertrag)
   - Nicht: Gesellschaftsvertrag (zwar gegenseitig, aber kein Austauschvertrag)
2. **Nicht-/Schlechtleistung im Zeitpunkt der Fälligkeit**
   (⚠ nicht bei Verträgen mit besonderem Gewährleistungsrecht)
   - Jede vertragliche **Leistungs**pflicht (nicht notwendig eine synallagmatische)
   - Auch Neben**leistungs**pflichten, nicht jedoch reine Nebenpflichten (dann Rücktritt nur nach § 324) ⇨ **S. 80**
3. **Fälliger und durchsetzbarer Anspruch**
   a) **Relevanter Zeitpunkt**
   - Zeitpunkt des **Fristablaufs**
     - Bei Entbehrlichkeit der Fristsetzung: Zeitpunkt des Eintritts der **Umstände, die die Fristsetzung entbehrlich gemacht haben**
   b) **Fälligkeit** (⇨ **S. 166**)
   Ist offensichtlich, dass die Voraussetzungen des Schadensersatzanspruchs eintreten werden, ist gem. § 323 Abs. 4 die Fälligkeit entbehrlich (darunter fällt vor allem die ernsthafte und endgültige Erfüllungsverweigerung, die zu einem Rücktritt ohne Fristsetzung berechtigt, § 323 Abs. 2 Nr. 1)
   c) **Durchsetzbarkeit**
   - Allein das Bestehen der Einreden aus §§ 320, 214, 275 Abs. 2 u. 3 hindert die Durchsetzbarkeit
   - Zurückbehaltungsrecht nach § 273 muss geltend gemacht werden
4. **Erfolgloser Fristablauf oder Entbehrlichkeit der Fristsetzung**
   a) **Grundsätzlich: Erforderlichkeit einer angemessenen Fristsetzung, § 323 Abs. 1**
   - Zu kurze Frist setzt angemessene Frist in Gang.
   - Wird keine konkrete Frist gesetzt, reicht auch ein ernsthaftes Erfüllungsverlangen; dies setzt eine angemessene Frist in Gang; Angabe eines Zeitraums oder Termins nicht erforderlich.
   b) **Entbehrlichkeit:**
   - Entbehrlichkeit aufgrund Parteivereinbarung (nicht möglich in AGB gem. § 309 Nr. 4 bzw. gegenüber Unternehmern gem. § 307 Abs. 1, wenn Fristsetzung dadurch für **Verwender** entbehrlich).
   - Ernsthafte und endgültige Erfüllungsverweigerung, § 323 Abs. 2 Nr. 1
   - Relatives Fixgeschäft, § 323 Abs. 2 Nr. 2
     (zum absoluten Fixgeschäft vgl. ⇨ **S. 170**)
   - Besondere Umstände i.S.v. § 323 Abs. 2 Nr. 3
   - Abmahnung, § 323 Abs. 3 (z.B. bei Unterlassungsansprüchen)
   - Befreiung des Schuldners von der Leistung gem. § 275 Abs. 1–3, vgl. § 326 Abs. 5 ⇨ **S. 81**

A. Aufbauschemata

V. Herausgabe/Rückzahlung/Wertersatz
4. Rücktritt bei Nicht- oder Schlechtleistung, § 323 Abs. 1
(Fortsetzung)

I. Voraussetzungen (Fortsetzung)

c) **Erfolgloser Fristablauf**
- Keine Einhaltung der Frist bei Teilleistung (§ 266)
- Frist zur Leistung wird nach h.M. auch bei einer Schlechtleistung eingehalten (ggf. neue Fristsetzung zur Nacherfüllung erforderlich).

⚠ *Anders als bei § 281 Vertretenmüssen nicht erforderlich.*

⚠ Damit sind die Voraussetzungen für großen Schadensersatz/Rücktritt – bis auf das Vertretenmüssen – nahezu identisch. In Klausuren sollte daher immer an **beides** gedacht werden (insbes. aufgrund § 325), wenn nach der Rückzahlung des Kaufpreises gefragt wird.

II. Ausschlussgründe

- **§ 323 Abs. 5 S. 1:**
  Bei **Teilleistung** ist **Rücktritt vom ganzen Vertrag** grds. nicht möglich, es sei denn, Gläubiger hat an Teilleistung **kein Interesse**.
- **§ 323 Abs. 5 S. 2:**
  Bei **Schlechtleistung** ist Rücktritt grds. möglich, es sei denn, der Mangel ist unerheblich.
  Ⓟ Unerheblichkeit nicht bei Arglist ⇨ **S. 83**
- **§ 323 Abs. 6 Var. 1:**
  Überwiegende **Verantwortlichkeit** des Gläubigers
  - Verletzung einer dem Schuldner gegenüber bestehenden Verhaltenspflicht (§§ 276, 278 analog)
  - Obliegenheitsverletzung (z.B. Herbeiführung des Leistungserfolges durch den Gläubiger)
  - Vertragliche Risikoübernahme
    Ⓟ Beiderseitig zu vertretendes Leistungshindernis?
    (Nach h.M. bleibt Gegenleistungsanspruch nur dann bestehen, wenn dem Schuldner kein Verursachungsbeitrag gem. § 254 zuzurechnen ist, was aus der Formulierung „weit überwiegend" folgt. Vgl. zur Parallelproblematik bei Unmöglichkeit § 326 Abs. 2 S. 1 Var. 1)
- **§ 323 Abs. 6 Var. 2:**
  Annahmeverzug des Gläubigers und kein Vertretenmüssen des Schuldners (Maßstab: § 300 Abs. 1!) ⇨ **S. 173**

III. Keine Unwirksamkeit wegen „Quasi-Verjährung", § 218

1. Verjährung gilt nur für **Ansprüche (§ 194)**; Rücktritt ist aber Gestaltungsrecht und verjährt daher nicht.
2. Gem. § 218 Abs. 1 S. 1 ist Rücktritt jedoch unwirksam, wenn der ihm zugrunde liegende Erfüllungs- oder Nacherfüllungs**anspruch** verjährt ist. ⇨ **S. 217**
3. Besteht kein Erfüllungs- oder Nacherfüllungsanspruch wegen § 275 Abs. 1–3, kommt es auf eine **hypothetische Verjährung** des Anspruchs an, § 218 Abs. 1 S. 2.
4. Bei einem Eigentumsvorbehaltskauf ist der Rücktritt auch möglich, wenn der gesicherte Anspruch verjährt ist, § 218 Abs. 1 S. 3 i.V.m. § 216 Abs. 2 S. 2.

IV. Rechtsfolgen

Gesetzliches **Rücktrittsrecht**: Rückabwicklung gem. §§ 346 ff. ⇨ **S. 71**

A. Aufbauschemata

V. Herausgabe/Rückzahlung/Wertersatz
5. Rücktritt bei Schlechtleistung im Kauf- bzw. Werkvertragsrecht, § 437 Nr. 2 Alt. 1 bzw. § 634 Nr. 3 Alt. 1, § 323

⚠ Im Gewährleistungsrecht richtet sich der Rücktritt grds. nach § 323 Abs. 1 **Var. 2** (nicht vertragsgemäße Leistung), da stets ein Mangel erforderlich ist. Im Rahmen der Erheblichkeitsprüfung wird aber bei einer Teilleistung trotzdem auf § 323 Abs. 5 **S. 1** zurückgegriffen.

I. Voraussetzungen

1. Wirksames Zustandekommen eines Kauf- bzw. Werkvertrages ⇨ **S. 7**
2. Vorliegen eines Mangels (§ 434 bzw. § 633) im relevanten Zeitpunkt
   ⇨ **S. 10 (Kaufrecht),** ⇨ **S. 13 (Werkvertragsrecht)**
3. **Erfolgloser Fristablauf oder Entbehrlichkeit der Fristsetzung**
   a) Grundsätzlich: Erforderlichkeit einer angemessenen Fristsetzung, § 323 Abs. 1
      - Zu kurze Frist setzt angemessene Frist in Gang.
      - Wird keine konkrete Frist gesetzt, reicht auch ein ernsthaftes Nacherfüllungsverlangen; dies setzt eine angemessene Frist in Gang; Angabe eines Zeitraums oder Termins nicht erforderlich.
   b) Entbehrlichkeit nach allgemeinen Regeln:
      - Entbehrlichkeit aufgrund Parteivereinbarung (nicht möglich in AGB gem. § 309 Nr. 4 bzw. gegenüber Unternehmern gem. § 307 Abs. 1, wenn Fristsetzung dadurch für **Verwender** entbehrlich)
      - Ernsthafte und endgültige Erfüllungsverweigerung, § 323 Abs. 2 Nr. 1
      - Relatives Fixgeschäft, § 323 Abs. 2 Nr. 2 (zum absoluten Fixgeschäft vgl. ⇨ **S. 170**)
      - Besondere Umstände i.S.v. § 323 Abs. 2 Nr. 3
   c) Entbehrlichkeit im Kauf- und Werkvertragsrecht:
      - Befreiung des Schuldners von der Nacherfüllung gem. § 275 Abs. 1–3, vgl. § 437 Nr. 2 bzw. § 634 Nr. 3 i.V.m. **§ 326 Abs. 5**
      - Rechtmäßige Verweigerung der Nacherfüllung gem. § 439 Abs. 4 bzw. § 635 Abs. 3 (**§ 440 S. 1 Var. 1** bzw. **§ 636 Var. 1**)
      - Fehlschlagen der Nacherfüllung (§ 440 S. 1 Var. 2 bzw. § 636 Var. 2)
        Im Kaufrecht i.d.R. nach erfolglosem zweitem Versuch, **§ 440 S. 2**; im Werkvertragsrecht bietet § 440 S. 2 zumindest einen Anhaltspunkt.
      - Unzumutbarkeit der Nacherfüllung (§ 440 S. 1 Var. 3 bzw. § 636 Var. 3)
   d) Erfolgloser Fristablauf
      - Keine Einhaltung der Frist bei Teilleistung (§ 266)
      - Frist zur Leistung wird nach h.M. auch bei einer Schlechtleistung eingehalten (ggf. neue Fristsetzung zur Nacherfüllung erforderlich).

⚠ *Vertretenmüssen nicht erforderlich.*

A. Aufbauschemata

V. Herausgabe/Rückzahlung/Wertersatz
5. Rücktritt bei Schlechtleistung im Kauf- bzw. Werkvertragsrecht (Fortsetzung)

II. Ausschlussgründe

- Kein vertraglicher oder gesetzlicher Gewährleistungsausschluss ⇨ **S. 10 (Kaufrecht)**, ⇨ **S. 13 (Werkvertragsrecht)**
- § 323 Abs. 5 S. 2:
  Bei **Schlechtleistung** ist **Rücktritt** grds. möglich, es sei denn, Mangel ist unerheblich.
  Ⓟ Teilschlechtleistung = Teilleistung oder Schlechtleistung?
  (Wird volle Menge geliefert und ist nur ein Teil nicht vertragsgemäß, ist fraglich, ob dies als Teil- oder Schlechtleistung zu werten ist. Vorzugswürdig ist die Behandlung als Teilleistung, da der Verkäufer nicht schlechter stehen soll als bei Lieferung nur des ordnungsgemäßen Teils.)
  Ⓟ Unerheblichkeit der Arglist des Vertragspartners? (⇨ **S. 83**)
- § 323 Abs. 5 S. 1:
  Bei **Teilleistung** ist **Rücktritt** grds. nicht möglich, es sei denn, Gläubiger hat an Teilleistung kein Interesse.
  Ⓟ Minderlieferung im Kaufrecht wegen § 434 Abs. 3 = Teilleistung oder Schlechtleistung?
  (Nach h.M. ist die Minderlieferung trotz der Gleichstellung mit einem Sachmangel im Rahmen des allgemeinen Schuldrechts als Teilleistung zu werten, da diese Vorschrift sonst praktisch fast leer liefe.)
- § 323 Abs. 6 Var. 1:
  Überwiegende **Verantwortlichkeit** des Gläubigers
  – Verletzung einer dem Schuldner gegenüber bestehenden Verhaltenspflicht (§§ 276, 278 analog)
  – Obliegenheitsverletzung (z.B. Herbeiführung des Leistungserfolges durch den Gläubiger)
  – Vertragliche Risikoübernahme
    Ⓟ Beiderseitig zu vertretendes Leistungshindernis? (⇨ **S. 79**)
- § 323 Abs. 6 Var. 2:
  Annahmeverzug des Gläubigers und kein Vertretenmüssen des Schuldners (Maßstab: § 300 Abs. 1!) ⇨ **S. 175**

III. Keine Unwirksamkeit wg. „Quasi-Verjährung" (§ 438 Abs. 4 bzw. § 634 a Abs. 4), § 218

1. Verjährung gilt nur für **Ansprüche (§ 194)**; Rücktritt ist aber Gestaltungsrecht und verjährt daher nicht.
2. Gem. § 218 Abs. 1 S. 1 ist Rücktritt jedoch unwirksam, wenn der ihm zugrunde liegende Erfüllungs- oder Nacherfüllungs**anspruch** verjährt ist. ⇨ **S. 217**
   ⚠ § 218 Abs. 1 S. 1 regelt nur die Frage, ob ein Rücktrittsrecht noch geltend gemacht werden kann, der Rücktritt also noch erklärt werden kann. Ansprüche aus dem Rückgewährschuldverhältnis verjähren ab Erklärung des Rücktritts in der Regelverjährung der §§ 195, 199 (str., a.A.: Verjährung auch innerhalb der Grenzen von § 438 bzw. § 634 a).
3. Besteht kein Erfüllungs- oder Nacherfüllungsanspruch wegen § 275 Abs. 1–3, kommt es auf eine **hypothetische Verjährung** des Anspruchs an, § 218 Abs. 1 S. 2.
4. Bei einem Eigentumsvorbehaltskauf ist der Rücktritt auch möglich, wenn der gesicherte Anspruch verjährt ist, § 218 Abs. 1 S. 3 i.V.m. § 216 Abs. 2 S. 2.

IV. Rechtsfolgen

1. Gesetzliches **Rücktrittsrecht**: Rückabwicklung gem. §§ 346 ff. ⇨ **S. 71**
2. Käufer/Besteller hat **Mängeleinrede** trotz Unwirksamkeit des Rücktritts (§ 438 Abs. 4 S. 2 bzw. § 634 a Abs. 4 S. 2).
3. Wird Mängeleinrede erhoben, hat Verkäufer/Unternehmer seinerseits ein Rücktrittsrecht trotz Quasi-Verjährung (§ 438 Abs. 4 S. 3 bzw. § 634 a Abs. 4 S. 3).

A. Aufbauschemata

V. Herausgabe/Rückzahlung/Wertersatz
6. Rücktritt wegen Nebenpflichtverletzung, § 324

⚠ *Beachte Parallele zum Schadensersatzanspruch gem. § 282!* ⇨ **S. 40**

I. Voraussetzungen

1. **Gegenseitiger Austauschvertrag**
   - Kauf-, Werk-, Reise-, Miet-, Pacht-, Dienst-, entgeltlicher Geschäftsbesorgungsvertrag, Darlehen
   - Nicht: einseitig verpflichtende Verträge (Bürgschaft, Schenkung)
   - Nicht: Unvollkommen zweiseitige Verträge (Leihe, Auftrag, unentgeltliche Verwahrung, Maklervertrag)
   - Nicht: Gesellschaftsvertrag (zwar gegenseitig, aber kein Austauschvertrag)
2. Verletzung von **nicht leistungsbezogenen Nebenpflichten** i.S.v. § 241 Abs. 2
   - Schutzpflichten (keine Verletzung von Rechtsgütern des anderen Teils)
   - Aufklärungspflicht (Aufklärung über Gefahren und erhebliche Umstände)
   - Leistungstreuepflichten (keine Gefährdung des Leistungszwecks)
3. Unzumutbarkeit der Hauptleistung

II. Rechtsfolgen

- Gesetzliches **Rücktrittsrecht:** Rückabwicklung gem. §§ 346 ff. ⇨ **S. 71**

A. Aufbauschemata

V. Herausgabe/Rückzahlung/Wertersatz
7. Rücktritt bei (teilweiser) Unmöglichkeit, §§ 326 Abs. 5, 323

⚠ Nicht verwechseln mit der „automatischen" Befreiung von der Gegenleistung gem. § 326 Abs. 1 S. 1 (⇨ **S. 75**). Bei § 326 Abs. 5 geht es um einen Rücktritt vom **gesamten Vertrag** und nicht nur um eine Befreiung von der Gegenleistung **soweit** das Leistungshindernis reicht.

I. Voraussetzungen

1. **Gegenseitiger Austauschvertrag**
   - Kauf-, Werk-, Reise-, Miet-, Pacht-, Dienst-, entgeltlicher Geschäftsbesorgungsvertrag, Darlehen
   - Nicht: einseitig verpflichtende Verträge (Bürgschaft, Schenkung)
   - Nicht: Unvollkommen zweiseitige Verträge (Leihe, Auftrag, Maklervertrag)
   - Nicht: Gesellschaftsvertrag (zwar gegenseitig, aber kein Austauschvertrag)
2. **Teilweise oder völlige Unmöglichkeit**
   a) **Völliger** Untergang des **Leistungsanspruchs** gem. § 275 Abs. 1–3 ⇨ **S. 170**

   ⚠ In diesem Fall hat das Rücktrittsrecht kaum Bedeutung, da der Gläubiger gem. § 326 Abs. 1 S. 1 ohnehin von der Gegenleistung frei wird und eine bereits geleistete aber nicht geschuldete Gegenleistung gem. § 326 Abs. 4 zurückgefordert werden kann ⇨ **S. 73**; das Rücktrittsrecht hat hier nur Bedeutung für die Befreiung von **Nebenleistungspflichten** oder wenn dem Gläubiger der **Grund für die Nichtleistung unbekannt ist**, da er nach Fristsetzung dann unabhängig von der Möglichkeit der Leistung entweder nach § 323 oder nach § 326 Abs. 5 zurücktreten kann.

   oder

   b) **Teilweiser** Untergang des **Leistungsanspruchs** gem. § 275 Abs. 1–3

   ⚠ In diesem Fall wird der Gläubiger hinsichtlich des ausgebliebenen Teils gem. §§ 326 Abs. 1 S. 1, 441 Abs. 3 von der Leistung frei. Das Rücktrittsrecht hat für ihn Bedeutung, wenn er einen **Rücktritt vom ganzen Vertrag** will. Voraussetzung ist jedoch, dass hinsichtlich der Teilleistung ein **Interessenwegfall** vorliegt, **§ 323 Abs. 5 S. 1**.
3. **Keine Anwendbarkeit des Gewährleistungsrechts beim Kauf- bzw. Werkvertrag**
   - § 326 findet gem. Abs. 1 S. 2 nicht auf die Unmöglichkeit von Nacherfüllungsansprüchen Anwendung. Sobald das Gewährleistungsrecht anwendbar ist, richtet sich ein Rücktritt bei (teilweiser) Unmöglichkeit nach § 437 Nr. 2 bzw. § 634 Nr. 3. ⇨ **S. 83**

     ⚠ Dies kann auch bei einer Teilleistung der Fall sein, da sie regelmäßig ebenfalls einen Sachmangel darstellt (vgl. § 434 Abs. 3 bzw. § 633 Abs. 2 S. 3 Var. 2). ⇨ **S. 186**
   - Anwendbarkeit des Gewährleistungsrechts ab Gefahrübergang ⇨ **S. 10 (Kaufrecht),** ⇨ **S. 13 (Werkvertragsrecht)**

⚠ *Vertretenmüssen nicht erforderlich.*

⚠ *Fristsetzung nicht erforderlich, § 326 Abs. 5.*

A. Aufbau-schemata	V. Herausgabe/Rückzahlung/Wertersatz
	7. Rücktritt bei (teilweiser) Unmöglichkeit, §§ 326 Abs. 5, 323 (Fortsetzung)

II. Ausschlussgründe

- § 323 Abs. 6 Var. 1: Überwiegende **Verantwortlichkeit** des Gläubigers
  - Verletzung einer dem Schuldner gegenüber bestehenden Verhaltenspflicht (§§ 276, 278 analog)
  - Obliegenheitsverletzung (z.B. Herbeiführung des Leistungserfolges durch den Gläubiger)
  - Vertragliche Risikoübernahme
  - Ⓟ *Beiderseitig zu vertretende Unmöglichkeit?*
    (Nach h.M. bleibt Gegenleistungsanspruch nur dann bestehen, wenn dem Schuldner kein Verursachungsbeitrag gem. § 254 zuzurechnen ist, was aus der Formulierung „weit überwiegend" folgt.)
- **§ 323 Abs. 6 Var. 2: Annahmeverzug** des Gläubigers und kein Vertretenmüssen des Schuldners (Maßstab: § 300 Abs. 1!) ⇨ *S. 175*
- **Bei Teilleistung:** § 323 Abs. 5 S. 1: Wegfall des Interesses an der Teilleistung erforderlich
  ⚠ *Ein Rücktritt **unmittelbar** gem. § 326 Abs. 5 ist jedenfalls bei Kauf- und Werkverträgen meist unnötig, da entweder das Gewährleistungsrecht Anwendung findet oder der Schuldner sowieso gem. § 326 Abs. 1 S. 1 frei wird. § 326 Abs. 5 ist aber auch auf die teilweise bzw. völlige Unmöglichkeit des Nacherfüllungsanspruchs anwendbar; dazu ⇨ S. 83.*

III. Keine Unwirksamkeit wegen „Quasi-Verjährung", § 218

1. Verjährung gilt nur für **Ansprüche (§ 194)**; Rücktritt ist aber Gestaltungsrecht und verjährt daher nicht.
2. Gem. § 218 Abs. 1 S. 1 ist Rücktritt jedoch unwirksam, wenn der ihm zugrunde liegende Erfüllungs- oder Nacherfüllungs**anspruch** verjährt ist. ⇨ *S. 217*
   ⚠ *§ 218 Abs. 1 S. 1 regelt nur die Frage, ob ein Rücktrittsrecht noch geltend gemacht werden kann, der Rücktritt also noch erklärt werden kann. Ansprüche aus dem Rückgewährschuldverhältnis verjähren ab Erklärung des Rücktritts in der Regelverjährung der §§ 195, 199 (str., a.A.: Verjährung auch innerhalb der Grenzen von § 438 bzw. § 634 a).*
3. Besteht kein Erfüllungs- oder Nacherfüllungsanspruch wegen § 275 Abs. 1–3, kommt es auf eine **hypothetische Verjährung** des Anspruchs an, § 218 Abs. 1 S. 2.
4. Bei einem Eigentumsvorbehaltskauf ist der Rücktritt auch möglich, wenn der gesicherte Anspruch verjährt ist, § 218 Abs. 1 S. 3 i.V.m. § 216 Abs. 2 S. 2.

IV. Rechtsfolgen

Gesetzliches **Rücktrittsrecht:** Rückabwicklung gem. §§ 346 ff. ⇨ *S. 71*

A. Aufbauschemata

V. Herausgabe/Rückzahlung/Wertersatz
8. Rücktritt bei (teilw.) Unmöglichkeit d. Nacherfüllungspflicht im Kauf- und Werkvertragsrecht, § 437 Nr. 2 bzw. § 634 Nr. 3

I. Voraussetzungen

1. Vorliegen eines **Kauf-** bzw. **Werkvertrages**
2. Vorliegen eines **Mangels** (§ 434 bzw. § 633) im relevanten Zeitpunkt ⇨ *S. 186*
3. Teilweiser oder völliger Untergang des Nacherfüllungsanspruchs gem. **§ 275 Abs. 1–3** (vgl. § 437 Nr. 2 bzw. § 634 Nr. 3)

   ⚠ *In diesem Fall wird der Gläubiger nicht bereits gesetzlich von seiner Gegenleistung gem. § 326 Abs. 1 S. 1 frei (vgl. § 326 Abs. 1 S. 2), da eine „automatische" Minderung verhindert werden sollte.*
   Der Gläubiger kann zwischen
   – der **Minderung** (§ 441 bzw. § 638) ⇨ *S. 194*
   – und dem **Rücktritt vom ganzen Vertrag** wählen.

II. Ausschlussgründe

- Kein vertraglicher oder gesetzlicher Gewährleistungsausschluss
  ⇨ *S. 10 (Kaufrecht)*, ⇨ *S. 13 (Werkvertragsrecht)*
- **§ 323 Abs. 6 Var. 1:** Überwiegende **Verantwortlichkeit** des Gläubigers
  – Verletzung einer dem Schuldner gegenüber bestehenden Verhaltenspflicht (§§ 276, 278 analog)
  – Obliegenheitsverletzung (z.B. Herbeiführung des Leistungserfolges durch den Gläubiger)
  – Vertragliche Risikoübernahme
    ℗ *Beiderseitig zu vertretende Unmöglichkeit?*
    (Nach h.M. bleibt Gegenleistungsanspruch nur dann bestehen, wenn dem Schuldner kein Verursachungsbeitrag gem. § 254 zuzurechnen ist, was auch aus der Formulierung „weit überwiegend" folgt.)
- **§ 323 Abs. 6 Var. 2: Annahmeverzug** des Gläubigers und kein Vertretenmüssen des Schuldners (Maßstab: § 300 Abs. 1!) ⇨ *S. 175*
- **§ 323 Abs. 5 S. 2:** Bei **Schlechtleistung** ist **Rücktritt** grds. möglich, es sei denn, Mangel ist unerheblich.
    ℗ *Teilschlechtleistung = Teilleistung oder Schlechtleistung? vgl. dazu* ⇨ *S. 79*
    ℗ *Unerheblichkeit bei Arglist des Verkäufers/Werkunternehmers?*
    (Nach Rspr. ist Pflichtverletzung i.d.R. dann nicht unerheblich, wenn Verkäufer arglistig handelt. Nach Lit. bezieht sich die Pflichtverletzung nur auf „Leistungspflichten", sodass eine arglistige Täuschung insoweit unberücksichtigt bleibt.)
- **§ 323 Abs. 5 S. 1:** Bei **Teilleistung** ist **Rücktritt** grds. nicht möglich, es sei denn, Gläubiger hat an Teilleistung kein Interesse.
    ℗ *Minderlieferung im Kaufrecht wegen § 434 Abs. 3 = Teilleistung oder Schlechtleistung?*
    vgl. dazu ⇨ *S. 79*

   ⚠ *Für die Beurteilung nach § 323 Abs. 5 kommt es natürlich **nicht** darauf an, ob die **Nacherfüllung** nur teilweise oder schlecht vorgenommen wurde, sondern ob sich die **Leistung insgesamt** als Teil- oder Schlechtleistung darstellt.*

A. Aufbau-schemata

V. Herausgabe/Rückzahlung/Wertersatz
8. Rücktritt bei (teilw.) Unmöglichkeit der Nacherfüllungspflicht im Kauf- und Werkvertragsrecht (Fortsetzung)

III. Keine Unwirksamkeit wg. „Quasi-Verjährung" (§ 438 Abs. 4 bzw. § 634 a Abs. 4), § 218

1. Verjährung gilt nur für **Ansprüche** (§ 194); Rücktritt ist aber Gestaltungsrecht und verjährt daher nicht.
2. Gem. **§ 218 Abs. 1 S. 1** ist Rücktritt jedoch unwirksam, wenn der ihm zugrunde liegende Erfüllungs- oder Nacherfüllungs**anspruch** verjährt ist. ⇨ *S. 217*
   ⚠ *§ 218 Abs. 1 S. 1 regelt nur die Frage, ob ein Rücktrittsrecht noch geltend gemacht werden kann, der Rücktritt also noch erklärt werden kann. Ansprüche aus dem Rückgewährschuldverhältnis verjähren ab Erklärung des Rücktritts in der Regelverjährung der §§ 195, 199 (str., a.A.: Verjährung auch innerhalb der Grenzen von § 438 bzw. § 634 a).*
3. Besteht kein Erfüllungs- oder Nacherfüllungsanspruch wegen § 275 Abs. 1–3, kommt es auf eine **hypothetische Verjährung** des Anspruchs an, § 218 Abs. 1 S. 2.
4. Bei einem Eigentumsvorbehaltskauf ist der Rücktritt auch möglich, wenn der gesicherte Anspruch verjährt ist, § 218 Abs. 1 S. 3 i.V.m. § 216 Abs. 2 S. 2.

IV. Rechtsfolgen

1. Gesetzliches **Rücktrittsrecht:** Rückabwicklung gem. §§ 346 ff. ⇨ *S. 71*
2. Käufer/Besteller hat Mängeleinrede trotz Unwirksamkeit des Rücktritts (§ 438 Abs. 4 S. 2 bzw. § 634 a Abs. 4 S. 2).
3. Wird Mängeleinrede erhoben, hat Verkäufer/Unternehmer seinerseits ein Rücktrittsrecht trotz Quasi-Verjährung (§ 438 Abs. 4 S. 3 bzw. § 634 a Abs. 4 S. 3).

A. Aufbauschemata

V. Herausgabe/Rückzahlung/Wertersatz
9. Eigentumsherausgabeanspruch, § 985

I. Voraussetzungen

1. **Anspruchsteller = Eigentümer**
   a) Eigentum erworben und nicht wieder verloren
   - **kraft Rechtsgeschäfts**
     - Eigentumserwerb an beweglichen Sachen, §§ 929 ff. ⇨ *S. 224*
     - Gutgläubiger Eigentumserwerb an beweglichen Sachen, §§ 929, 932 ff. ⇨ *S. 227*
     - Eigentumserwerb an unbeweglichen Sachen, §§ 873, 925 ⇨ *S. 230*
     - Gutgläubiger Eigentumserwerb an unbeweglichen Sachen, §§ 873, 925, 892 ⇨ *S. 232*
   - **kraft Gesetzes**
     - Gesetzlicher Eigentumserwerb (Ersitzung, Verbindung, Vermischung, Verarbeitung), §§ 937 ff.
     - Eigentumserwerb kraft Hoheitsakts (Zuschlag, Zuweisung, Ablieferung) ⇨ *S. 236*
     - Erbfall, § 1922
     - Eingehung einer Gütergemeinschaft, § 1416 Abs. 1 S. 1
   b) Eingreifen einer **Eigentumsvermutung**
   - bei unbeweglichen Sachen gem. **§ 891** (Eintragung im Grundbuch)
   - bei beweglichen Sachen gem. **§ 1006**
     aa) zugunsten des **gegenwärtigen** unmittelbaren (Abs. 1) oder mittelbaren (Abs. 3) **Eigenbesitzers:**
       - Anspruchsteller ist **gegenwärtig Eigenbesitzer**
       - Bei **Besitzerwerb** wurde Eigenbesitz begründet (Widerlegung durch Nachweis, dass im Zeitpunkt des Besitzerwerbs [zunächst] Fremdbesitz begründet wurde)
       - Anspruchsgegner kann fehlenden Eigentumserwerb/eingetretenen Eigentumsverlust nicht beweisen
       - Sache ist Anspruchsgegner **als früherem Besitzer** nicht abhanden gekommen (es sei denn, Geld oder Inhaberpapiere), § 1006 Abs. 1 S. 2
     bb) zugunsten des **früheren** unmittelbaren (Abs. 2) oder mittelbaren (Abs. 3) **Eigenbesitzers:**
       - Es spricht **keine Eigentumsvermutung** für einen **gegenwärtigen** Eigenbesitzer
       - Es spricht **keine bessere Vermutung** für einen anderen früheren Besitzer nach § 1006 Abs. 2
       - Anspruchsteller war **früher Eigenbesitzer**
       - Bei **Besitzerwerb** wurde Eigenbesitz begründet (Widerlegung durch Nachweis, dass im Zeitpunkt des Besitzerwerbs [zunächst] Fremdbesitz begründet wurde)
       - Anspruchsgegner kann fehlenden Eigentumserwerb/eingetretenen Eigentumsverlust nicht beweisen
       - Sache ist Anspruchsgegner **als früherem Besitzer** nicht abhanden gekommen (es sei denn, Geld oder Inhaberpapiere), § 1006 Abs. 1 S. 2

A. Aufbauschemata

V. Herausgabe/Rückzahlung/Wertersatz
9. Eigentumsherausgabeanspruch, § 985 (Fortsetzung)

I. Voraussetzungen (Fortsetzung)

2. **Anspruchsgegner = Besitzer**
   - unmittelbarer Besitzer
     - tatsächliche **Sachherrschaft**, § 854 oder
     - tatsächliche Gewalt eines **Besitzdieners**, § 855 (Besitzdiener ist, wer in einem sozialen Abhängigkeitsverhältnis steht, d.h. weisungsgebunden ist und dies nach außen erkennbar ist) oder
     - **Erbenbesitz**, § 857
   - mittelbarer Besitzer, § 868
     a) Rechtsverhältnis i.S.v. § 868 und
     b) Herausgabeanspruch des mittelbaren Besitzers und
     c) Fremdbesitzerwille des unmittelbaren Besitzers

3. **Kein Recht zum Besitz, § 986**
   ℗ *Besitzrecht = Einwendung oder Einrede?*
   (Bedeutung u.a. im Säumnisverfahren [⇨ S. 325]; nach h.M. handelt es sich um Einwendung, die von Amts wegen zu berücksichtigen ist.)
   a) **Eigenes Besitzrecht des Besitzers, § 986 Abs. 1 S. 1 Alt. 1**
      - Inhaber eines dinglichen Rechts (☞ Nießbrauchsberechtigter, Werkunternehmerpfandrecht)
      - Inhaber eines Anwartschaftsrechts (str.) ⇨ *S. 239*
      - Obligatorisch Berechtigter (☞ Mieter, Entleiher, auch der Anspruch auf Übertragung des Eigentums aus § 433 gewährt dem Besitzer ein Recht zum Besitz)
      - Besitzer hat Besitz von nichtberechtigtem Dritten mit Einwilligung des Eigentümers (§ 185 Abs. 1) erhalten
      - Gesetzliches Besitzrecht (☞ § 1626, § 148 Abs. 1 InsO)
      - Besitzrecht aus familien- oder erbrechtlicher Beziehung (☞ § 1353, § 1422 S. 1, § 1985 Abs. 1, § 2205 S. 2)
      - Besitzrecht aus berechtigter GoA
      - Besitzrecht kraft Öffentlichen Rechts
      - Besitzrecht aus § 241 a (str., teilweise dauerhaftes Zurückbehaltungsrecht, s.u.)
      - Besitzrecht aus Zurückbehaltungsrecht (str.)
      ⚠ *§§ 1257, 1231 S. 1, 1228 Abs. 2 S. 1, 562: Vermieterpfandrecht nach Pfandreife*
   b) **Abgeleitetes Besitzrecht des Besitzers, § 986 Abs. 1 S. 1 Alt. 2**
      aa) Mittelbarer Besitzer muss Eigentümer ggü. a) zum Besitz berechtigt sein und
      bb) mittelbarer Besitzer muss dem Eigentümer gegenüber zur Überlassung des Besitzes berechtigt sein und
      cc) unmittelbarer Besitzer muss sein Besitzrecht von dem mittelbaren Besitzer ableiten
   c) **Besitzrecht bei Veräußerung gem. §§ 929, 931 aus § 986 Abs. 2**
      ⚠ *Der unmittelbare Fremdbesitzer, der kein – eigenes oder abgeleitetes – Besitzrecht gegenüber dem (neuen) Eigentümer hat, kann ihm, wenn dieser das Eigentum durch Abtretung des Herausgabeanspruchs erlangt hat, die gegen den Herausgabeanspruch bestehenden Einwendungen und Einreden entgegenhalten; nach h.M. analoge Anwendung bei Veräußerung gem. §§ 929, 930.*

A. Aufbauschemata

V. Herausgabe/Rückzahlung/Wertersatz
9. Eigentumsherausgabeanspruch, § 985 (Fortsetzung)

II. Durchsetzbarkeit

- Zurückbehaltungsrecht des unrechtmäßigen Besitzers wg. Verwendungen, **§ 1000 S. 1**
  Zum Bestehen eines Verwendungsersatzanspruchs vgl. ⇨ *S. 108–110*
- Zurückbehaltungsrecht bei Zusendung unbestellter Waren, **§ 241 a**

III. Rechtsfolgen

1. Anspruch auf Herausgabe der Sache **gegenüber unmittelbarem Besitzer**
   - d.h. Verschaffung des unmittelbaren Besitzes
   - soweit der mittelbare Besitzer zur Überlassung der Sache an einen Dritten nicht befugt war, kann der Eigentümer jedoch nur Herausgabe an den mittelbaren Besitzer verlangen, es sei denn, dieser kann oder will den Besitz nicht wieder übernehmen, § 986 Abs. 1 S. 2
2. Anspruch auf Herausgabe der Sache **gegenüber mittelbarem Besitzer**
   - Abtretung des Herausgabeanspruchs gem. §§ 870, 398
   - Nach h.M. auch Verschaffungsanspruch hinsichtlich des unmittelbaren Besitzes (Vollstreckung nach § 886 ZPO).
3. Erfüllungsort
   - Ort, an dem sich die Sache zum Zeitpunkt des Herausgabeverlangens befindet
   - beim Anspruch gegen bösgläubigen/verklagten Besitzer der Ort, an dem sich die Sache bei Klageerhebung/Eintritt der Bösgläubigkeit befindet
   - beim Deliktsbesitzer der Ort, an dem der Besitz erlangt wurde
4. Unmöglichkeit/Schuldnerverzug
   keine Anwendbarkeit, da EBV insoweit abschließend
5. Umstritten ist, ob § 285 bei Weiterveräußerung an einen Dritten anwendbar ist (nach h.M. [–]), da Eigentümer von unrechtmäßigem Besitzer Kaufpreis und vom Erwerber sein Eigentum (§ 985) herausverlangen könnte, wenn dieser nicht gutgläubig erworben hat).
6. Annahmeverzug, §§ 293 ff., ist anwendbar.
7. Herausgabeanspruch ist **nicht selbstständig abtretbar**.
8. Umstritten ist, ob § 281 Anwendung findet:
   BGH (+): Der dinglich Berechtigte darf nicht schlechter stehen als der schuldrechtlich Berechtigte.
   a.A. (-): Gem. § 281 Abs. 4 ginge der Primäranspruch unter, was zu einer Trennung von Eigentum und Eigentumsherausgabeanspruch führen würde.
   Zu Konkurrenzen vgl. ⇨ *S. 341*

IV. Verjährung

1. Herausgabeanspruch des Grundstückseigentümers unterliegt gem. § 902 Abs. 1 S. 1 keiner Verjährung. *(⚠ Beachte aber die Möglichkeit einer Buchersitzung gem. § 900!)*
2. Andere Herausgabeansprüche verjähren gem. § 197 Abs. 1 Nr. 1 in **30 Jahren**; Verjährungsbeginn gem. § 200 mit Entstehung des Anspruchs.
⇨ *S. 217*

| A. Aufbau- | V. Herausgabe/Rückzahlung/Wertersatz |
| schemata | 10. Besitzansprüche, §§ 861, 862 |

Besitzentzug, § 861	Besitzstörung, § 862
	⚠ *Bei einer Besitzstörung besteht kein Herausgabe-, sondern ein Beseitigungs- oder Unterlassungsanspruch. Wegen der Parallelen zu § 861 wird dieser Anspruch bereits hier behandelt.*

I. Voraussetzungen

1. **Anspruchsteller = Ehemaliger Besitzer**
   (auch mittelbarer Besitzer, § 869 S. 1)
2. **Anspruchsgegner = Fehlerhafter Besitzer**
   a) Gem. § 858 Abs. 2 S. 1 derjenige, der den Besitz selbst **durch verbotene Eigenmacht** entzogen hat.

   Verbotene Eigenmacht, § 858 Abs. 1 Alt. 1: Besitzentziehung ohne Willen des (unmittelbaren) Besitzers

   Es sei denn, Besitzentzug war erlaubte **Besitzkehr:**
   - § 859 Abs. 2 bei beweglichen Sachen, wenn Täter auf frischer Tat betroffen oder unmittelbar verfolgt (Nacheile)
   - § 859 Abs. 3 bei Grundstücken, wenn sich Besitzer sofort nach Besitzentziehung durch Entsetzung des Täters des Grundstücks wieder bemächtigt
     Ⓟ *Abschleppen verbotswidrig geparkter Kfz*
     (Ist das Kfz auf fremdem Grundstück abgestellt, liegt darin eine Teilentziehung des Besitzes; „sofort" kann auch noch am folgenden Tag sein.)

   b) Gem. **§ 858 Abs. 2** der Nachfolger im Besitz, wenn er **Erbe** des Besitzers ist oder die **Fehlerhaftigkeit** des Besitzes des Vorgängers **kannte**.

   Das Recht zur **Besitzkehr** (s.o.) steht dem Besitzer auch gegen denjenigen zu, der die Fehlerhaftigkeit des Besitzes gegen sich gelten lassen muss, **§ 859 Abs. 4**.

1. **Anspruchsteller = Besitzer**
   (auch mittelbarer Besitzer, § 869 S. 1)
2. **Anspruchsgegner = Störer**
   Gem. § 858 Abs. 2 S. 1 derjenige, der den Besitz **durch verbotene Eigenmacht** stört.

   Verbotene Eigenmacht, § 858 Abs. 1 Alt. 2: Besitzstörung ohne Willen des Besitzers

   Zum Begriff des Störers: ⇨ *S. 128*

   Es sei denn, Besitzstörung ist erlaubte **Besitzwehr:**
   - § 859 Abs. 1 Gewaltanwendung darf erforderliches Maß nicht überschreiten.
   - Anders als für §§ 229, 230 schließt die Möglichkeit, rechtzeitig obrigkeitliche Hilfe zu erlangen, das Selbsthilferecht nicht aus.

A. Aufbauschemata

V. Herausgabe/Rückzahlung/Wertersatz
10. Besitzansprüche, §§ 861, 862 (Fortsetzung)

Besitzentzug, § 861	Besitzstörung, § 862

II. Keine Einwendungen/kein Erlöschen

- Bereits der entzogene Besitz war fehlerhaft und im letzten Jahr vor Störung/Entzug erlangt bzw. der Besitzer besitzt dem Störer gegenüber selbst fehlerhaft, §§ 861 Abs. 2, 862 Abs. 2.
- Andere Einwendungen sind ausgeschlossen, § 863, z.B.
  - die Einwendungen, der Anspruchsgegner sei Eigentümer oder schuldrechtlich zum Besitz berechtigt (☞ Mieter, Entleiher);
  - die Einwendung, der Anspruchsgegner habe ein Recht auf Besitzverschaffung (☞ aus Kaufvertrag).
- **Anspruch erlischt gem. § 864 Abs. 1 ein Jahr nach Verübung der verbotenen Eigenmacht, es sei denn, er wird vorher im Wege der Klage geltend gemacht.**
- **Widerklage gem. § 33 ZPO aufgrund materiell-rechtlicher Einwendungen im Besitzschutzprozess?**
  - nach h.M. zulässig
  - str., ob bei gleichzeitiger **Entscheidungsreife Besitzschutzklage** abzuweisen ist
  - im einstweiligen Rechtsschutz nach h.M. keine Möglichkeit, petitorische Einwendungen geltend zu machen

III. Rechtsfolgen

Anspruch auf Herausgabe der Sache
- Ehemals unmittelbarer Besitzer kann Wiedereinräumung des unmittelbaren Besitzes verlangen.
- Ehemals mittelbarer Besitzer kann nur Herausgabe an den bisherigen Besitzer verlangen, es sei denn, dieser kann oder will den Besitz nicht wieder übernehmen, § 869 S. 2.

Anspruch auf Unterlassung/Beseitigung der Störung

zum Anspruchsumfang siehe ⇨ *S. 129*

A. Aufbauschemata

V. Herausgabe/Rückzahlung/Wertersatz
11. Petitorische Besitzansprüche, § 1007

Herausgabepflicht des bei Besitzerwerb bösgläubigen Besitzers, § 1007 Abs. 1 u. 3	Herausgabepflicht des gutgläubigen Besitzers bei Abhandenkommen der Sache, § 1007 Abs. 2 u. 3
I. Voraussetzungen, § 1007 Abs. 1	**I. Voraussetzungen, § 1007 Abs. 2**
1. Anspruchsteller = früherer Besitzer • Eigen- oder Fremdbesitzer • Mittelbarer oder unmittelbarer Besitzer • Rechtmäßiger oder unrechtmäßiger Besitzer 2. Anspruchsgegner = gegenwärtiger Besitzer 3. Anspruchsgegner **im Zeitpunkt des Besitzerwerbs bösgläubig** (d.h. Kenntnis bzw. grob fahrlässige Unkenntnis des fehlenden Besitzrechts – § 932 Abs. 2 entsprechend).	1. Anspruchsteller = früherer Besitzer • Eigen- oder Fremdbesitzer • Mittelbarer oder unmittelbarer Besitzer • Rechtmäßiger oder unrechtmäßiger Besitzer 2. Anspruchsgegner = gegenwärtiger Besitzer 3. Anspruchsteller ist die **Sache gestohlen worden, verloren gegangen oder sonst abhanden gekommen.** 4. Anspruchsgegner ist **nicht Eigentümer** (Beachte: §§ 932 ff.). 5. Sache ist Anspruchsgegner vor Besitzzeit des Anspruchstellers **nicht *selbst* abhanden gekommen.**

II. Ausschlussgründe, § 1007 Abs. 3

1. Anspruchsteller war bei eigenem Besitzerwerb **bösgläubig**.
2. Anspruchsteller hatte Besitz **freiwillig aufgegeben**.
3. Gem. **§ 1007 Abs. 3 S. 2 i.V.m. § 986** ist der Anspruch ferner ausgeschlossen, wenn der gegenwärtige Besitzer ein Recht zum Besitz hat. ⇨ *S. 86*

⚠ *§ 1007 kann nicht gegen den Eigentümer geltend gemacht werden, da dieser immer ein (besseres) Recht zum Besitz hat.*

III. Rechtsfolgen

Einräumung der vorherigen Besitzposition (d.h. wenn früherer Besitzer nur mittelbarer Besitzer war, kann er nicht Herausgabe an sich, sondern nur an den unmittelbaren Besitzer verlangen, **§ 869 S. 2 analog**)

⚠ **Bedeutung des § 1007:**
*Die Bedeutung des § 1007 ist gering: Die §§ 985, 861, 823 sind **vorrangig zu prüfen**. Oft ist im Falle des § 1007 Abs. 1 auch ein Anspruch aus § 861 gegeben und im Falle des § 1007 Abs. 2 ein Anspruch aus § 985. Auch in der Praxis ist die Bedeutung des § 1007 gering, da die Voraussetzungen des § 985 wegen der Eigentumsvermutung (§ 1006) einfach zu beweisen sind und der positive Beweis der Bösgläubigkeit bei § 1007 Abs. 1 schwierig ist. In einem Gutachten sollte man § 1007 aber in jedem Fall **kurz** erwähnen.*

A. Aufbauschemata

V. Herausgabe/Rückzahlung/Wertersatz
12. Leistungskondiktion wg. Verfehlung d. Erfüllungszwecks, § 812 Abs. 1 S. 1 Alt. 1 bzw. § 812 Abs. 1 S. 2 Alt. 1

§ 812 Abs. 1 S. 1 Alt. 1	§ 812 Abs. 1 S. 2 Alt. 1

I. Anwendbarkeit

1. Verweisungen auf das Bereicherungsrecht, z.B. § 684 S. 1 oder § 346 Abs. 3 S. 2
2. Einschränkungen
   Verhältnis zu den §§ 987 ff. ⇨ S. 344

II. Voraussetzungen

1. **Etwas erlangt**
   Jeder Vermögensvorteil:
   - Eigentum
   - Besitz
   - Rechte/Ansprüche
   - Gebrauchs- oder Nutzungsmöglichkeit (str.)

2. **Durch Leistung**
   - Bewusste und **zweck**gerichtete Mehrung fremden Vermögens
   - Bei der **Leistungskondiktion** gem. § 812 Abs. 1 S. 1 Alt. 1 bzw. § 812 Abs. 1 S. 2 Alt. 1 besteht der Leistungs**zweck** in der **Erfüllung einer (vermeintlichen) Verbindlichkeit**

   > ⚠ Besonderheiten im **Mehrpersonenverhältnis:**
   > **Ob** eine Leistung vorliegt und **wer** Leistender ist, bestimmt sich nach dem **Empfängerhorizont des Zuwendungsempfängers** (h.M.)
   > **Fallgruppen:**
   > – **Anweisungsfälle/Verkürzte Lieferung**
   >   • Leistungskondiktion im Rahmen der Leistungsbeziehungen, wenn
   >   -- Deckungsverhältnis fehlerhaft
   >   -- Valutaverhältnis fehlerhaft
   >   -- Beide Rechtsverhältnisse fehlerhaft
   >   -- Weisung fehlerhaft
   >   • Ausnahmsweise direkte Nichtleistungskondiktion, wenn
   >   -- Empfänger weiß oder grob fahrlässig nicht weiß, dass Anweisung unwirksam ist
   >   -- keine zurechenbare Weisung erteilt worden ist (Fälschung, Vertreter ohne Vertretungsmacht, mangelnde Geschäftsfähigkeit, keinerlei Veranlassung, Doppelzahlung)
   >   -- die gesetzliche Wertung dies ergibt (§§ 822, 358, 359)
   > – **Vertrag zugunsten Dritter**
   >   • Leistungskondiktion im Rahmen der Vertragsbeziehungen, da mit Zuwendung an Dritten Leistung an Versprechensempfänger erbracht wird (§ 335)
   >   • Ausnahmsweise direkte Nichtleistungskondiktion, wenn
   >   -- Zuwendung an den Dritten dessen Versorgung dient (§ 330)
   >   -- Verzicht des Versprechensempfängers auf Anspruch (§ 335)
   > – **Abtretung (unwirksamer Anspruch wird abgetreten und deswegen geleistet)**
   >   • Teilw. Leistungskondiktion ggü. Zessionar (Empfänger)
   >   • Rspr. Leistungskondiktion ggü. Zedenten, da Schuldverhältnis fortbesteht
   > – **Zahlung einer nicht bestehenden fremden Schuld, § 267**
   >   • Leistungskondiktion bei Nichtbestehen der Schuld gegen Empfänger
   >   • Bei Tilgung vermeintlich eigener Schuld ebenfalls Leistungskondiktion gegen Empfänger

A. Aufbauschemata

V. Herausgabe/Rückzahlung/Wertersatz
12. Leistungskondiktion wegen Verfehlung des Erfüllungszwecks (Fortsetzung)

II. Voraussetzungen (Fortsetzung)

3. **Ohne rechtlichen Grund**, § 812 Abs. 1 S. 1 Alt. 1
   - Bei der **Leistungskondiktion** besteht der Rechtsgrund in der **Erreichung des Leistungszwecks**.
   - Kein Rechtsgrund liegt daher vor, wenn die Erfüllung der Verbindlichkeit **von vornherein** nicht erreicht werden kann.
   - Gründe für diese Zweckverfehlung:
     – Verbindlichkeit besteht nicht (§ 812 Abs. 1 S. 1 Alt. 1)
     – Erfüllung tritt nicht ein, weil eine andere als die geschuldete Leistung bewirkt wird
     – Erfüllung tritt nicht ein, weil ein nicht voll geschäftsfähiger Gläubiger die Leistung entgegennimmt (fehlende Empfangszuständigkeit)
       ⇨ **S. 162**
     – § 813 Abs. 1 S. 1: Rückforderung auch, wenn dem erfüllten Anspruch eine dauernde Einrede entgegenstand (ausgenommen die Einrede der Verjährung, § 813 Abs. 1 S. 2)
       ⚠ *§ 813 Abs. 1 ist eine eigene Anspruchsgrundlage, die eine Erweiterung von § 812 Abs. 1 S. 1 Alt.1 darstellt (h.M.).*
   - Ⓟ *§ 937 als Rechtsgrund?*
     (§ 937 regelt allein die dingliche Zuordnung und stellt daher keinen Rechtsgrund dar.)
   - Ⓟ *GoA als Rechtsgrund?*
     (Nur die berechtigte GoA wird nach h.M. als Rechtsgrund anerkannt.)

3. **Wegfall des rechtlichen Grundes**, § 812 Abs. 1 S. 2 Alt. 1
   - Bei der **Leistungskondiktion** besteht der Rechtsgrund in der **Erreichung des Leistungszwecks**.
   - Kein Rechtsgrund liegt vor, wenn die Erfüllung der Verbindlichkeit **nachträglich** nicht mehr möglich ist.
   - Gründe für diese Zweckverfehlung:
     – Verbindlichkeit bestand unter auflösender Bedingung
     – Dauerschuldverhältnis ist wirksam gekündigt worden und Schuldner hat Vorleistungen erbracht
     – **NICHT: Anfechtung** eines Vertrages, da diese ex tunc wirkt und daher Leistungszweck von vornherein nicht erreicht werden konnte (str.)

III. Kein Ausschluss

1. **§ 814: Kenntnis der Nichtschuld**
   - Leistender hat gewusst, dass er zur Leistung nicht verpflichtet war
   - Leistung entsprach einer sittlichen Pflicht

2. **§ 817 S. 2 analog: Leistender verstößt gegen ein gesetzliches Verbot oder die guten Sitten**
   - Objektiver Verstoß
   - Verschulden (Vorsatz oder Fahrlässigkeit), da strafrechtsähnliche Sanktionsnorm

   (⚠ *§ 817 S. 2 ist nach h.M. **auf alle Fälle der Leistungskondiktion analog** anzuwenden. Bei beiderseitigem Sittenverstoß liefe § 817 S. 2 sonst praktisch leer, da entsprechende Verträge ebenfalls sittenwidrig wären und eine Rückforderung regelmäßig gem. § 812 möglich wäre.)*

IV. Rechtsfolgen

Zum Umfang der Herausgabepflicht siehe ausführlich ⇨ **S. 222**

A. Aufbauschemata

V. Herausgabe/Rückzahlung/Wertersatz
13. Leistungskondiktion wegen sonstiger Zweckverfehlung, § 812 Abs. 1 S. 2 Alt. 2

I. Voraussetzungen

1. **Etwas erlangt**

   Jeder Vermögensvorteil
   - Eigentum
   - Besitz
   - Rechte
   - Gebrauchs- oder Nutzungsmöglichkeit (str.)

2. **Durch Leistung**
   - Bewusste und *zweck*gerichtete Mehrung fremden Vermögens
   - Bei der **Leistungskondiktion** gem. § 812 Abs. 1 S. 2 Alt. 2 besteht der Leistungs*zweck* in der Erreichung eines Zwecks, der **nicht** in der **Erfüllung einer Verbindlichkeit besteht**

3. **Zweckverfehlung**
   - Erforderlich ist eine (rechtsgeschäftliche) **Zweckvereinbarung** zwischen Leistendem und Leistungsempfänger, die jedoch keine Verbindlichkeiten begründen soll
   - **Beispiele:**
     – Es soll ein rechtlich nicht erzwingbares Verhalten des Leistungsempfängers erreicht werden (z.B. Verzicht auf das Stellen einer Strafanzeige)
     – Arbeit/Dienstleistung erfolgt in Erwartung einer späteren Beteiligung an dem Unternehmen (z.B. Unentgeltliche Mitarbeit im elterlichen Betrieb)
     – Durch die Leistung soll der Empfänger zum Abschluss eines Vertrages veranlasst werden
     – Als „Gegenleistung" war eine spätere Erbeinsetzung beabsichtigt
     – Zuwendung wird erbracht, um formnichtigen Vertrag zu heilen (Leistung nicht auf die tatsächlich nicht bestehende Verbindlichkeit, sondern zum Zwecke der Heilung des Vertrages)
   - (P) *Anwendbarkeit von § 812 Abs. 1 S. 2 Alt. 2 bei der Verfolgung anderer Zwecke neben der Erfüllung einer Verbindlichkeit?*
     (Nach h.M. nur, wenn auch diese zum Inhalt des Rechtsgeschäfts geworden sind.)

II. Kein Ausschluss

1. **§ 815: Nichteintritt des Erfolges**
2. **§ 817 S. 2 analog: Leistender verstößt gegen ein gesetzliches Verbot oder die guten Sitten**
   - Objektiver Verstoß
   - Verschulden (Vorsatz oder Fahrlässigkeit), da strafrechtsähnliche Sanktionsnorm

   (⚠ *§ 817 S. 2 ist nach h.M.* **auf alle Fälle der Leistungskondiktion analog** *anzuwenden. Bei beiderseitigem Sittenverstoß liefe § 817 S. 2 sonst praktisch leer, da entsprechende Verträge ebenfalls sittenwidrig wären und eine Rückforderung regelmäßig gem. § 812 Abs. 1 S. 1 Alt. 1 möglich wäre.)*

III. Rechtsfolgen

Zum Umfang der Herausgabepflicht siehe ausführlich ⇨ **S. 222**

A. Aufbauschemata

V. Herausgabe/Rückzahlung/Wertersatz
14. Leistungskondiktion bei Gesetzes- oder Sittenwidrigkeit, § 817

I. Voraussetzungen

1. **Etwas erlangt**
   Jeder Vermögensvorteil
   - Eigentum
   - Besitz
   - Rechte
   - Gebrauchs- oder Nutzungsmöglichkeit (str.)
2. Durch eine **Leistung, mit deren Annahme Empfänger gegen Gesetz/gute Sitten verstößt**
   - Leistung: Bewusste und *zweck*gerichtete Mehrung fremden Vermögens
   - Bei der **Leistungskondiktion** nach § 817 S. 1 besteht ein Leistungs*zweck*, nach dem der Leistungsempfänger durch die Annahme der Leistung gegen ein Gesetz bzw. die guten Sitten verstößt.

II. Kein Ausschluss

§ 817 S. 2: Leistender verstößt **ebenfalls** gegen ein gesetzliches Verbot oder die guten Sitten
- Objektiver Verstoß
- Verschulden (Vorsatz oder Fahrlässigkeit), da strafrechtsähnliche Sanktionsnorm

III. Rechtsfolgen

Zum Umfang der Herausgabepflicht siehe ausführlich ⇨ **S. 222**

| A. Aufbau-schemata | V. Herausgabe/Rückzahlung/Wertersatz
15. Nichtleistungskondiktion gegenüber Verfügendem oder Drittem, § 816 Abs. 1 S. 1 bzw. § 816 Abs. 1 S. 2 |

| Nichtleistungskondiktion gegenüber Verfügendem, § 816 Abs. 1 S. 1 | Nichtleistungskondiktion gegenüber Drittem, § 816 Abs. 1 S. 2 |

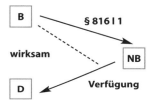 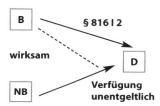

I. Voraussetzungen

1. **Verfügung:** Ein Recht wird aufgehoben/übertragen/belastet/inhaltlich verändert.
2. **Über einen Gegenstand:** Gegenstände sind alle Sachen/Rechte.
3. **Eines Nichtberechtigten**
   Berechtigter ist
   - der verfügungsberechtigte Rechtsinhaber
   - der kraft Gesetzes Verfügungsberechtigte
   - der gem. § 185 Abs. 1 zur Verfügung Ermächtigte

   Nichtberechtigter ist demnach
   - derjenige, der überhaupt nicht berechtigt ist
   - derjenige, der nur gemeinsam mit einem anderen berechtigt ist (Bruchteils- oder Gesamthandsberechtigung)
   - derjenige, der zwar Rechtsinhaber ist, dessen Verfügungsbefugnis aber beschränkt ist
   - derjenige, der ein belastetes Recht unbelastet überträgt

   ⚠ Obwohl eine Genehmigung nach § 185 Abs. 2 Var. 1 gem. § 184 Abs. 1 auf den Zeitpunkt der Verfügung zurückwirkt, handelt der Verfügende als „Nichtberechtigter" i.S.d. § 816. Grund: Durch Genehmigung soll der eigentlich Berechtigte gerade in die Lage versetzt werden, den Anspruch aus § 816 geltend zu machen.

   ⚠ Zur Berechtigung des Veräußerers einer Sache ausführlich vgl. ⇨ S. 231

4. **Entgeltlichkeit**
   Die Kondiktion ist auf Herausgabe der „Gegenleistung" gerichtet, die bei Unentgeltlichkeit fehlt.

4. **Unentgeltlichkeit**
   Die Kondiktion ist auf Herausgabe des ursprünglichen Leistungsgegenstandes gerichtet. Derjenige, der diesen unentgeltlich erhalten hat, ist nicht schutzwürdig.

   ⓟ *Rechtsgrundlos = unentgeltlich?*

   – Verfügt der Nichtberechtigte an den Dritten rechtsgrundlos, hat er – wie bei Unentgeltlichkeit – ebenfalls keinen Anspruch auf eine Gegenleistung.
   – Nach e.A. kann er deshalb analog § 816 Abs. 1 S. 2 Herausgabe von dem Dritten verlangen.
   – Nach h.M. muss der Dritte sich bereicherungsrechtlich nur mit seinem Vertragspartner auseinandersetzen.

| A. Aufbau-schemata | V. Herausgabe/Rückzahlung/Wertersatz |
| | 15. Nichtleistungskondiktion gegenüber Verfügendem oder Drittem (Fortsetzung) |

I. Voraussetzungen (Fortsetzung)

5. **Die dem Berechtigten gegenüber wirksam ist**
   - Gutgläubiger Erwerb, §§ 932 ff. bzw. § 892
     vgl. dazu ⇨ *S. 227 (bewegliche Sachen) und* ⇨ *S. 232 (unbewegliche Sachen)*
   - Nachträgliche Genehmigung, § 185 Abs. 2 (auch nach Genehmigung bleibt Verfügender im Zeitpunkt der Verfügung Nichtberechtigter)
     (⚠ *Nach Lit. Genehmigung i.d.R. konkludent nur unter der Bedingung der Herausgabe des Erlöses, da bei Vermögenslosigkeit des Verfügenden sonst weder Eigentum noch Erlös erzielbar.*)
     (⚠ *Der gem. § 185 Abs. 1 mit vorheriger Einwilligung des Berechtigten Verfügende wird zwar auch als „Nichtberechtigter" bezeichnet – nicht aber auch bereicherungsrechtlich als ein solcher behandelt.*)

II. Rechtsfolgen

1. Herausgabe des „durch die Verfügung" Erlangten
   a) h.M.: Alles was erlangt wurde, d.h. der Erlös, ist herauszugeben.
   b) a.A.: Nur der objektive Wert ist herauszugeben (Begründung: „durch" die Verfügung kann nur die Befreiung von der Herausgabeverbindlichkeit erlangt werden – Abstraktionsprinzip – sodass nur der objektive Wert herauszugeben ist).
2. Anwendbarkeit der „allgemeinen" bereicherungsrechtlichen Regeln
   - § 818 Abs. 3 – Entreicherungseinwand
     ⚠ **ABER:** *Hat bereits der Verfügende Erwerbskosten gehabt (z.B. die Sache von einem Dieb angekauft), sind diese* **NICHT** *als Wegfall der Bereicherung zu berücksichtigen. (Grund: § 816 Abs. 1 S. 1 rückt an die Stelle des nicht mehr möglichen Eigentumsherausgabeanspruchs aus § 985. Gegenüber diesem gibt es auch keinen Entreicherungseinwand.)*
   - § 818 Abs. 4 – verschärfte Haftung bei Rechtshängigkeit
   - § 819 – verschärfte Haftung bei Bösgläubigkeit
   - § 820 – verschärfte Haftung bei ungewissem Erfolgseintritt

III. Weitere Ansprüche

1. **Auf Herausgabe des Erlangten**
   a) **§ 285 Abs. 1**, wenn dem Verfügenden oder Dritten die Herausgabe der Sache **unmöglich** geworden ist
   b) **§§ 687 Abs. 2, 681, 667**, wenn Verfügender **weiß**, dass er über ein fremdes Recht verfügt
      vgl. ⇨ *S. 48*
2. **Auf Schadensersatz**
   a) **§ 823**, wenn der Verfügende **schuldhaft** ein fremdes Recht verletzt ⇨ *S. 56*
   b) **§§ 989, 990**, wenn der Verfügende als **unrechtmäßiger Besitzer** die Verfügung vorgenommen hat ⇨ *S. 49*
   c) **§§ 678, 687 Abs. 2 analog**, wenn der Verfügende **weiß**, dass er über ein fremdes Recht verfügt
      ⇨ *S. 47*

A. Aufbauschemata

V. Herausgabe/Rückzahlung/Wertersatz
16. Nichtleistungskondiktion gegenüber Leistungsempfänger, § 816 Abs. 2

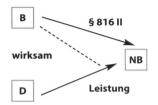

I. Voraussetzungen

1. **Leistung**
2. **An einen Nichtberechtigten**

   Berechtigt ist grds. der Gläubiger, es sei denn,
   - er hat den Anspruch abgetreten
   - der Anspruch ist kraft Gesetzes auf einen anderen übergegangen

3. **Die dem Berechtigten gegenüber wirksam ist**
   - Grds. wird der Schuldner nur durch Leistung an den Gläubiger frei. Auch wenn er an einen Nichtberechtigten leistet, kann der Gläubiger grds. die Leistung noch von dem Schuldner verlangen.
   - Ausnahmen
     - **§ 407:** Schuldner kannte eine erfolgte Abtretung nicht
     - **§ 408:** Mehrfache Abtretung
     - **§ 851:** Ersatzleistung an unrechtmäßigen Besitzer
     - Leistung an Nichtberechtigten wird später genehmigt, **§ 185 Abs. 2**

II. Rechtsfolgen

Zum Umfang der Herausgabepflicht siehe ausführlich ⇨ *S. 222*

A. Aufbauschemata

V. Herausgabe/Rückzahlung/Wertersatz
17. Allgemeine Nichtleistungskondiktion, § 812 Abs. 1 S. 1 Alt. 2 („in sonstiger Weise")

I. Voraussetzungen

1. **Etwas erlangt**
   Jeder Vermögensvorteil
   - Eigentum
   - Besitz
   - Rechte
   - Gebrauchs- oder Nutzungsmöglichkeit

2. **In sonstiger Weise ohne rechtlichen Grund**
   a) **Nicht durch Leistung** = Vorrang der Leistungsbeziehung

   ⚠ Besonderheiten im **Mehrpersonenverhältnis**:
   - **Ob** eine Leistung vorliegt und **wer** Leistender ist, bestimmt sich aus **Empfängerhorizont des Zuwendungsempfängers** (h.M.)
   - *Fallgruppen:*
     - *Anweisungsfälle/Verkürzte Lieferung*
       - Leistungskondiktion im Rahmen der Leistungsbeziehungen, wenn
         -- Deckungsverhältnis fehlerhaft
         -- Valutaverhältnis fehlerhaft
         -- Beide Rechtsverhältnisse fehlerhaft
         -- Weisung fehlerhaft
       - Ausnahmsweise direkte Nichtleistungskondiktion, wenn
         -- Empfänger weiß oder grob fahrlässig nicht weiß, dass Anweisung unwirksam ist
         -- keine zurechenbare Weisung erteilt worden ist (Fälschung, Vertreter ohne Vertretungsmacht, mangelnde Geschäftsfähigkeit, keinerlei Veranlassung, Doppelzahlung)
         -- die gesetzliche Wertung dies ergibt (§§ 822, 358, 359)
     - *Vertrag zugunsten Dritter*
       - Leistungskondiktion im Rahmen der Vertragsbeziehungen, da mit Zuwendung an Dritten Leistung an Versprechensempfänger erbracht wird (§ 335)
       - Ausnahmsweise direkte Nichtleistungskondiktion, wenn
         -- Zuwendung an den Dritten dessen Versorgung dient (§ 330)
         -- Verzicht des Versprechensempfängers auf Anspruch (§ 335)
     - *Abtretung* (unwirksamer Anspruch wird abgetreten und deswegen geleistet)
       - Teilw. Leistungskondiktion ggü. Zessionar (Empfänger)
       - Rspr. Leistungskondiktion ggü. Zedenten, da Schuldverhältnis fortbesteht
     - *Zahlung einer nicht bestehenden fremden Schuld, § 267*
       - Leistungskondiktion bei Nichtbestehen der Schuld gegen Empfänger
       - Bei Tilgung vermeintlich eigener Schuld ebenfalls Leistungskondiktion gegen Empfänger

A. Aufbau-	V. **Herausgabe/Rückzahlung/Wertersatz**
schemata	**17. Allgemeine Nichtleistungskondiktion,**
	§ 812 Abs. 1 S. 1 Alt. 2 („in sonstiger Weise") (Fortsetzung)

I. Voraussetzungen (Fortsetzung)

b) **Fallgruppen der Nichtleistungskondiktion**
   aa) **Eingriffskondiktion**
   - Eingriff in den Zuweisungsgehalt eines fremden Rechts oder einer fremden Rechtsposition (d.h. wem gebührt nach der gesetzlichen Güterzuordnung der unter Ausnutzung des Eingriffsobjektes erzielte Vorteil?)
   - Beispiele:
     – Eingriffe in das Eigentum
       • Vorteilsverschaffung ohne Besitzbegründung (☞ Benutzung einer Wand zu Reklamezwecken)
       • Vorteilsverschaffung durch unrechtmäßigen Besitzer (⚠ *Vorrang der §§ 987 ff.*)
       • Vorteilsverschaffung durch rechtmäßigen Besitzer, der sein Besitzrecht überschreitet (z.B. unberechtigte Untervermietung – wobei hier nach h.M. der Erlös dem Mieter zugewiesen ist) **Beachte auch hier das Verhältnis zum EBV ⇨ S. 341**
     – Inanspruchnahme einer Leistung (☞ Blinder Passagier)
     – Eingriff in das Persönlichkeitsrecht (☞ Fotos Prominenter zu Werbezwecken)
     – Eingriffe in immaterielle Rechte (☞ lizenzlose Nutzung fremder Urheber-, Patent- und Gebrauchsmusterrechte)
     – Eingriffe in den Gewerbebetrieb durch unzulässige Wettbewerbsmaßnahmen (str.)
   bb) **Verwendungskondiktion**
   - Verwendung auf eine fremde Sache, die nicht nach Sonderregeln zu erstatten ist
   - Sonderregeln über Verwendungsersatz
     – Vertragliche Sonderregeln
     – Geschäftsführung ohne Auftrag
     – §§ 994 ff. bei Verwendungen des unrechtmäßigen Besitzers ⇨ **S. 108–110**
   - Anwendungsbereich für § 812 – Vor allem: Vorzeitige Beendigung von Dauerschuldverhältnissen
   - Schutz des Eigentümers vor „aufgedrängter Bereicherung"
     – Abwehr des Anspruchs aus § 812 durch Anspruch auf Beseitigung gem. § 1004 oder § 823
     – Begrenzung des Ersatzanspruchs nach Wertung des § 818 Abs. 3 auf subjektiven Ertragswert des Bereicherungsgegenstandes für Bereicherten
   cc) **Rückgriffskondiktion**
   - Rückgriff für eine Leistung, die neben dem Empfänger auch einem Dritten zugute kommt, soweit nicht Sonderregeln eingreifen
   - Sonderregeln über Rückgriff
     – Anspruch gegen Dritten wegen cessio legis (§§ 426 Abs. 2 S. 1, 268 Abs. 3, 774 Abs. 1 S. 1, 1143 Abs. 1, 1225 etc.)
     – Gesetzlicher Anspruch auf Abtretung der Ansprüche gegen den Dritten (§§ 255, 285)
     – Eigener (neuer) gesetzlicher Anspruch gegen Dritten (§ 426 Abs. 1, GoA)
   - Anwendungsbereich für § 812
     – Vor allem: Tilgung fremder bestehender Schulden, § 267
     – Stellung als unberechtigter Hinterlegungsbeteiligter

3. **Auf dessen Kosten = Unmittelbar**, d.h. gerade auf Kosten des Anspruchstellers

II. Rechtsfolgen

Zum Umfang der Herausgabepflicht ⇨ **S. 222**

A. Aufbauschemata
V. Herausgabe/Rückzahlung/Wertersatz
18. Kondiktion bei Eigentumsverlust kraft Gesetzes, §§ 951, 812 ff.

I. Voraussetzungen

1. **Anwendbarkeit** der §§ 812 ff. (Rechtsgrundverweis des § 951)
   a) **Rechtsverlust** gem. §§ 946 ff. ⇨ *S. 234*
   b) **Keine vorrangigen Sonderregeln**
      Verwendungsersatz des unrechtmäßigen Besitzers
      Zum Konkurrenzverhältnis des Bereicherungsrechts zum EBV vgl. ausführlich ⇨ *S. 344*
2. **Etwas erlangt = Eigentum** gem. §§ 946 ff.
3. **Durch Leistung oder in sonstiger Weise und ohne rechtlichen Grund**
   a) Bereicherungsausgleich im Falle des **„Eingriffs"**
      - Erwerber nimmt Verbindung, Vermischung, Verarbeitung ohne Einverständnis des Berechtigten vor
      - Wertersatz gem. § 812 Abs. 1 S. 1 Alt. 2 („in sonstiger Weise")
   b) Bereicherungsausgleich **bei Zuwendung durch Dritten mit Einverständnis des Eigentümers**
      (☞ Einbau von Baumaterialien des Baustoffhändlers durch den Werkunternehmer in das Haus des Eigentümers)
      - Einbau erfolgt aufgrund Werkvertrages (also durch Leistung)
      - Keine Direktkondiktion des Baustoffhändlers gegen den Eigentümer
   c) Bereicherungsausgleich **bei Zuwendung durch Dritten ohne Einverständnis des Eigentümers**
      (☞ wie vor – nur stehen die Baumaterialien unter verlängertem Eigentumsvorbehalt des Baustoffhändlers ⇨ *S. 243*)
      - Einbau erfolgt (aus maßgeblicher Sicht des Leistungsempfängers) wieder aufgrund Werkvertrages, also durch Leistung
      - Direktkondiktion grds. ausgeschlossen, es sei denn, Erwerber ist bösgläubig (str.)
   d) Bereicherungsausgleich **bei abhanden gekommenen Sachen**
      (☞ Verarbeitung eines von X gekauften Jungbullen zu Wurst, der dem Bauern B abhanden gekommen war.)
      - Nach h.M. kein Vorrang der Leistungskondiktion, da X nur Besitz geleistet hat (Eigentumswechsel wird erst durch Verarbeitung herbeigeführt).

II. Rechtsfolgen

1. Gem. § 951 Abs. 1 ist von vornherein nur eine **Vergütung in Geld** geschuldet
2. Zu erstatten ist der **objektive Wert** des Vermögenszuwachses
3. Anwendbarkeit der Grundsätze über die **aufgedrängte Bereicherung**, d.h.
   - Abwehr des Anspruchs aus § 812 durch Anspruch auf Beseitigung gem. § 1004 oder § 823
   - Begrenzung des Ersatzanspruchs nach Wertung des § 818 Abs. 3 auf subjektiven Ertragswert des Bereicherungsgegenstandes für Bereicherten
   - Verweisung des Anspruchstellers entsprechend § 1001 S. 2 auf Wegnahmerecht

A. Aufbauschemata

VI. Nutzungsersatz
1. Anspruchsgrundlagen

I. Vertrag

Vertrag

§ 311 Abs. 1	Vereinbarung	
§ 667	Nutzung „aus der Geschäftsführung erlangt"	

Rückabwicklung eines Vertrages

§ 346	Rückabwicklung eines Vertrages (Grundschema)	⇨ S. 71
§§ 346, 326 Abs. 4	Rückabwicklung der Leistung bei Unmöglichkeit	⇨ S. 74
§§ 346, 323	Rückabwicklung nach Rücktritt wegen Nicht- oder Schlechtleistung	⇨ S. 76, 77
§§ 346, 323, 437 Nr. 2 Alt. 1 bzw. § 634 Nr. 3 Alt. 1	Rückabwicklung nach Rücktritt wegen Schlechtleistung im Kauf- bzw. Werkvertragsrecht	⇨ S. 78
§§ 346, 324	Rückabwicklung nach Rücktritt wegen Nebenpflichtverletzungen	⇨ S. 80
§§ 346, 326 Abs. 5, 323	Rückabwicklung nach Rücktritt bei Unmöglichkeit	⇨ S. 81
§§ 346, 326 Abs. 5, 437 Nr. 2 Alt. 1 bzw. § 634 Nr. 3 Alt. 1	Rückabwicklung nach Rücktritt bei Unmöglichkeit der Nacherfüllung im Kauf- bzw. Werkvertrag	⇨ S. 83
§§ 346, 281 Abs. 5	Rückabwicklung, wenn Gläubiger Schadensersatz statt der ganzen Leistung verlangt	⇨ S. 71
§§ 346, 439 Abs. 4	Rückabwicklung bei Nachlieferung im Kaufrecht	
§§ 346, 635 Abs. 4	Rückabwicklung bei Neuherstellung im Werkvertragsrecht	

II. Vertragsähnlich

§§ 677, 681 S. 2, 667	Nutzungsersatzanspruch des Geschäftsherrn bei berechtigter GoA	vgl. dazu: ⇨ S. 47
§§ 677, 681 S. 2, 667	Nutzungsersatzanspruch des Geschäftsherrn bei unberechtigter GoA	
§§ 687 Abs. 2, 681 S. 2, 667	Nutzungsersatzanspruch des Geschäftsherrn bei angemaßter GoA	
§§ 684 S. 1, 812 ff., 818 Abs. 1	Nutzungsersatzanspruch des Geschäftsführers bei unberechtigter GoA (Rechtsfolgenverweisung) **siehe zum Umfang der Herausgabepflicht** ⇨ S. 222	
§§ 687 Abs. 2 S. 2, 684 S. 1, 812 ff., 818 Abs. 1	Nutzungsersatzanspruch des Geschäftsführers bei angemaßter GoA, wenn der Geschäftsherr Ansprüche nach § 687 Abs. 2 S. 1 geltend macht (Rechtsfolgenverweisung) **siehe zum Umfang der Herausgabepflicht** ⇨ S. 222	

A. Aufbauschemata
VI. Nutzungsersatz
1. Anspruchsgrundlagen (Fortsetzung)

III. Dinglich (EBV)		
§§ 987, 990	Nutzungsersatz des verklagten/bösgläubigen/Besitzers	⇨ S. 103
§§ 991 Abs. 1, 990, 987	Nutzungsersatz des bösgläubigen Fremdbesitzers, der für einen Dritten besitzt	⇨ S. 104
§§ 988, 812 ff., 818 Abs. 1	Nutzungsersatz des unentgeltlichen gutgläubigen Besitzers	⇨ S. 104
§§ 993 Abs. 1 Hs. 1, 812 ff.	Nutzungsersatz des gutgläubigen Besitzers, der Übermaßfrüchte zieht	⇨ S. 105
§§ 992, 823 ff.	Nutzungsersatz des deliktischen Besitzers (Nutzungen als Schaden)	⇨ S. 105

IV. Deliktisch		
§§ 823 ff.	Schadensersatz (Naturalrestitution) wenn Schaden in entgangenen Nutzungen besteht	⇨ S. 56
§§ 852, 812 ff., 818 Abs. 1	Bereicherungshaftung des Deliktstäters nach Verjährung des Schadensersatzanspruchs	
	siehe zum Umfang der Herausgabepflicht	⇨ S. 222

V. Bereicherungsrechtlich		
§ 812 Abs. 1 S. 1 Alt. 1 bzw. § 812 Abs. 1 S. 2 Alt. 1	Leistungskondiktion bei Verfehlung des Erfüllungszwecks	⇨ S. 91
§ 812 Abs. 1 S. 2 Alt. 2	Leistungskondiktion bei sonstiger Zweckverfehlung	⇨ S. 93
§ 817	Leistungskondiktion bei Gesetzes- oder Sittenverstoß	⇨ S. 94
§ 816 Abs. 1 S. 1	Herausgabe bei Nichtleistungskondiktion ggü. Verfügendem	⇨ S. 95
§ 816 Abs. 1 S. 2	Herausgabe bei Nichtleistungskondiktion ggü. Drittem	⇨ S. 95
§ 816 Abs. 2	Herausgabe bei Nichtleistungskondiktion ggü. Empfänger	⇨ S. 97
§ 812 Abs. 1 S. 1 Alt. 2	Herausgabe bei allgemeiner Nichtleistungskondiktion	⇨ S. 98
§ 822	Herausgabe Dritter bei Unentgeltlichkeit	

i.V.m. ⇨ S. 222

A. Aufbauschemata | **VI. Nutzungsersatz**
2. Nutzungsersatz im EBV

Verweisungen und entsprechende Anwendbarkeit der §§ 987 ff.

1. **Verweisungen**
   Haftung bei Herausgabepflicht, § 292
   Bereicherungshaftung nach Rechtshängigkeit oder Kenntnis, §§ 818 Abs. 4, 819 Abs. 1, 292
   Haftung des „schlechteren" Besitzers, § 1007 Abs. 3 S. 2
   Ansprüche des Pfandgläubigers gegen den unrechtmäßigen Besitzer, § 1227

2. **Entsprechende Anwendbarkeit**
   Nutzungsersatzanspruch des Eigentümers gegenüber besitzendem Bucheigentümer
   Nutzungsersatzanspruch des Vormerkungsberechtigten gegenüber besitzendem Zweiterwerber (str., nur wenn Vormerkungsberechtigtem auch ggü. dem Verkäufer die Nutzungen zustehen)
   Nutzungsersatzanspruch des dinglich Vorkaufsberechtigten gegenüber besitzendem Käufer

---

I. Nutzungsersatz des unrechtmäßigen verklagten/bösgläubigen Besitzers, §§ 987, 990

1. Vindikationslage im Zeitpunkt der Nutzung

Zum Vorliegen einer Vindikationsklage ⇨ **S. 50**

2. Rechtshängig verklagt oder bösgläubig, §§ 987, 990

a) Verklagter/bösgläubiger **Eigen**besitzer
b) Verklagter/bösgläubiger **Fremd**besitzer, der für den **Eigentümer** besitzt

Zu den Voraussetzungen vgl. im Einzelnen ⇨ **S. 51**

⚠ Der verklagte oder bösgläubige Fremdbesitzer, der für einen Dritten besitzt, haftet nur, wenn auch der Oberbesitzer verklagt oder bösgläubig ist, § 991 Abs. 1.

3. Rechtsfolgen: Ersatz sämtlicher Nutzungen ab Bösgläubigkeit/Rechtshängigkeit

- **Nutzungsbegriff**

  Früchte und **Gebrauchsvorteile** einer <u>Sache</u> (anders als in § 100 nicht die Früchte und Gebrauchsvorteile eines Rechts, da diese nicht der Vindikation unterliegen, die §§ 987 ff. also gar nicht anwendbar sind)
  - **Sachfrüchte:**
    Erzeugnisse, bestimmungsgemäße Ausbeute (§ 99 Abs. 1) sowie Erträge (§ 99 Abs. 3, ☞ Miete einer vermieteten Wohnung)
  - **Gebrauchsvorteile, § 99**
    - Vorteile, die – ohne Früchte zu sein – gezogen werden können (§ 100, ☞ Wohnvorteil bei selbst genutzter Wohnung)
    - Kein **Ver**brauch, da kein **Ge**brauch mehr (☞ Verzehr von Speisen)
      Ggf. aber Schadensersatz gem. §§ 989 ff. wegen Unmöglichkeit der Herausgabe
      - Ⓟ *Gewinn eines Unternehmens als Nutzung?*
        (Grundsätzlich kann auch der Gewinn eines Unternehmens als Nutzung anzusehen sein, wobei die „Eigenleistung" des Unternehmers abzuziehen ist.)

- Soweit Nutzungen nicht mehr vorhanden sind, muss in **Höhe des objektiven Wertes** Ersatz geleistet werden.

> **A. Aufbauschemata**
>
> **VI. Nutzungsersatz**
> **2. Nutzungsersatz im EBV** (Fortsetzung)

3. Rechtsfolgen (Fortsetzung)

- Auf den **Wegfall der Bereicherung** kann sich der unrechtmäßige verklagte oder bösgläubige Besitzer nicht berufen. (⚠ §§ 812 ff. und insbes. § 818 Abs. 3 sind durch das EBV gesperrt!)
- Nach § 987 Abs. 2 sind auch schuldhaft nicht gezogene Nutzungen zu ersetzen.
- Ab Annahmeverzug des Gläubigers (Eigentümers) gem. §§ 293 ff. ist die Nutzungsersatzpflicht gem. § 302 auf die tatsächlich gezogenen Nutzungen beschränkt. Zu den Voraussetzungen des Annahmeverzugs gem. §§ 293 ff. ⇨ **S. 175**

II. Sonderfall: Nutzungsersatz des unrechtmäßigen verklagten/ bösgläubigen Fremdbesitzers, der für einen Dritten besitzt, § 991 Abs. 1

⚠ Vergleiche zur Sonderstellung des unrechtmäßigen bösgläubigen oder verklagten Besitzers im Hinblick auf Schadensersatz gem. § 991 Abs. 2 ⇨ **S. 53**

1. Vindikationslage im Zeitpunkt der Nutzung

⇨ **S. 49**

2. Rechtshängigkeit/Bösgläubigkeit *bei unmittelbarem* Besitzer

- Verklagter oder bösgläubiger **Fremd**besitzer, der für einen **Dritten** besitzt

Zu den Voraussetzungen der Rechtshängigkeit/Bösgläubigkeit ⇨ **S. 51**

3. Rechtshängigkeit/Bösgläubigkeit *bei mittelbarem* Besitzer

⚠ **Sinn und Zweck:** Haftet der mittelbare Besitzer dem Eigentümer gegenüber nicht (weil er unverklagt bzw. gutgläubig ist) soll auch der unmittelbare Besitzer dem Eigentümer gegenüber nicht haften. Andernfalls könnte er u.U. den privilegierten mittelbaren Besitzer in Regress nehmen.

⚠ Deswegen wird § 991 Abs. 1 für den Fall **teleologisch reduziert**, dass der unmittelbare Besitzer gegen den mittelbaren Besitzer keine Regressansprüche hat.

4. Rechtsfolgen: Ersatz sämtlicher Nutzungen ab Bösgläubigkeit/Rechtshängigkeit

⇨ **S. 103**

III. Nutzungsersatz des unentgeltlichen gutgläubigen Besitzers, § 988

1. Vindikationslage im Zeitpunkt der Nutzung

⇨ **S. 49**

2. Ziehung der Nutzungen vor Eintritt der Rechtshängigkeit

Vgl. Wortlaut des § 988 (Nach Rechtshängigkeit ist der Besitzer dem Eigentümer gem. §§ 987, 990 verantwortlich, **vgl.** ⇨ **S. 103**)

A. Aufbauschemata

VI. Nutzungsersatz
2. Nutzungsersatz im EBV (Fortsetzung)

3. Gutgläubigkeit des Besitzers

Umkehrschluss aus §§ 987, 990, da sonst schon nach diesen Vorschriften eine Haftung des Besitzers bestünde.

4. Unentgeltlichkeit des Besitzes

(⚠ *Der gutgläubige Besitzer ist gem. § 993 Abs. 1 letzter Hs. grundsätzlich vor einer Inanspruchnahme geschützt. Er ist aber weniger schutzbedürftig, wenn er unentgeltlich besitzt.*)

a) Nach dem **Wortlaut** haftet nur:
- der **unentgeltliche Eigenbesitzer** (☞ jemand, dem die Sache vermeintlich geschenkt wurde)
- derjenige Besitzer, dem ein **unentgeltliches dingliches Nutzungsrecht** zusteht

b) Eine **analoge Anwendung** kommt in Betracht auf:
- denjenigen Besitzer, dem ein **unentgeltliches schuldrechtliches Nutzungsrecht** zusteht (☞ Entleiher – h.M. [+])
- denjenigen Besitzer, der sich den **Besitz durch Eingriff ohne Rechtsgrund i.S.v. § 812 verschafft** hat, da dieser auch kein Entgelt gezahlt hat (h.M. [+])
- denjenigen Besitzer, der **rechtsgrundlos besitzt** (str.); *vgl. ausführlich:* ⇨ *S. 344*

IV. Nutzungsersatz des gutgläubigen Besitzers bei Übermaßfrüchten, § 993 Abs. 1 Hs. 1

1. Vindikationslage im Zeitpunkt der Nutzung

⇨ *S. 49*

2. Gutgläubigkeit des Besitzers

3. Ziehung von Übermaßfrüchten

⚠ *Der gutgläubige Besitzer ist zwar gem. § 993 Abs. 1 Hs. 2 grundsätzlich vor einer Inanspruchnahme geschützt. Er ist aber nicht schutzbedürftig, wenn er Übermaßfrüchte zieht.*

4. Rechtsfolgen: Ersatz der Nutzungen gem. § 818 Abs. 1–3

- **Nutzungsbegriff** (⇨ *S. 103*)
- Herausgegeben werden müssen auch Früchte, an denen der Besitzer Eigentum erlangt hat (z.B. gem. § 955).
- Gem. **§ 818 Abs. 2** ist auch für nicht mehr vorhandene Nutzungen Wertersatz zu leisten.

V. Nutzungsersatz des Deliktsbesitzers, §§ 992, 823

- Besitz durch Straftat (§§ 242 ff. StGB) oder (nach h.M. schuldhaft begangene) verbotene Eigenmacht, § 858, erlangt
- Rechtsgrundverweisung auf §§ 823 ff.; zu den Einzelheiten der Haftung ⇨ *S. 53, 54*
- Ⓟ Sind auch Nutzungen zu ersetzen, die der **Eigentümer selbst nie gezogen** hätte?
  (Die h.M. gewährt auch dann Nutzungsersatz, da der deliktische Besitzer nicht besser stehen darf als der bösgläubige oder verklagte Besitzer; nach a.A. scheidet ein Nutzungsersatzanspruch mangels Schadens aus.)

A. Aufbauschemata

VII. Verwendungsersatz
1. Anspruchsgrundlagen

I. Vertrag

Vertrag

§ 311 Abs. 1	Vereinbarung
§ 459	Verwendungsersatzanspruch des Wiederverkäufers
§§ 539 Abs. 1, 683, 670	Verwendungsersatzanspruch für sonstige Aufwendungen des Mieters bei berechtigter GoA (Rechtsgrundverweisung) ⇨ *S. 122*
§ 590 b	Verwendungsersatzanspruch des Pächters für notwendige Verwendungen auf Pachtsache
§ 591	Verwendungsersatz des Pächters für wertverbessernde Verwendungen auf Pachtsache
§§ 601 Abs. 2, 683, 670	Verwendungsersatzanspruch des Entleihers bei berechtigter GoA (Rechtsgrundverweisung) ⇨ *S. 122*
§ 670	Verwendungsersatz des Beauftragten (Verwendung = Aufwendung auf Sache)
§§ 675, 670	Aufwendungsersatz des Geschäftsbesorgers
§ 693	Verwendungsersatz des Verwahrers (Verwendung = Aufwendung auf Sache)

Rückabwicklung eines Vertrages

§ 347 Abs. 2 S. 1	Verwendungsersatzanspruch des Rücktrittsschuldners *vgl. dazu* ⇨ *S. 73* bei Rückgabe, Wertersatz oder Ausschluss der Wertersatzpflicht
	siehe zum Umfang der Herausgabepflicht ⇨ *S. 222*

II. Vertragsähnlich

§§ 677, 683 S. 1, 670	Verwendungsersatzanspruch des Geschäftsführers bei berechtigter GoA ⇨ *S. 122*
§§ 684 S. 1, 812 ff.	Verwendungsersatzanspruch des Geschäftsführers bei unberechtigter GoA (Rechtsfolgenverweisung)
	siehe zum Umfang der Herausgabepflicht ⇨ *S. 222*
§§ 687 Abs. 2 S. 2, 684 S. 1, 812 ff.	Verwendungsersatzanspruch des Geschäftsführers bei angemaßter GoA, wenn der Geschäftsherr Ansprüche nach § 687 Abs. 2 S. 1 geltend macht (Rechtsfolgenverweisung)
	siehe zum Umfang der Herausgabepflicht ⇨ *S. 222*

A. Aufbauschemata

VII. Verwendungsersatz
1. Anspruchsgrundlagen (Fortsetzung)

III. Dinglich (EBV)

§ 994 Abs. 1	Verwendungsersatzanspruch des gutgläubigen Besitzers für notwendige Verwendungen	
§ 996	Verwendungsersatzanspruch des gutgläubigen Besitzers für nützliche Verwendungen	
§§ 994 Abs. 2, 683	Verwendungsersatzanspruch des bösgläubigen Besitzers bei interessengerechten Verwendungen	⇨ *S. 109–110*
§§ 994 Abs. 2, 684, 812 ff.	Verwendungsersatzanspruch des bösgläubigen Besitzers bei nicht interessengerechten Verwendungen	
§ 999 Abs. 1	Verwendungsersatzanspruch des Rechtsnachfolgers	
§ 999 Abs. 2	Verwendungsersatzanspruch gegen den Rechtsnachfolger des Eigentümers	

IV. Deliktisch

§§ 850, 994 ff.	Verwendungsersatzanspruch desjenigen, der eine Sache durch Delikt entzogen hat (Rechtsgrundverweisung)

V. Bereicherungsrechtlich

§§ 812, 818 Abs. 2 u. 3		⇨ *S. 222*
§ 812 Abs. 1 S. 1 Alt. 2	Verwendungskondiktion	⇨ *S. 99, 222*
§§ 951, 812		

A. Aufbauschemata

VII. Verwendungsersatz
2. Verwendungsersatz im EBV

Verwendungsbegriff i.S.v. §§ 994 ff.

1. **Verwendungen**
   - Verwendungen sind Aufwendungen (= freiwillige Vermögensopfer) des Besitzers, die er getroffen hat, um den Bestand der Sache zu
     - **erhalten**
     - **verbessern** oder
     - **wiederherzustellen.**
   - Umfasst ist dafür entgeltlich in Anspruch genommene Arbeitskraft.
   - Eigene Arbeitskraft nur umfasst, wenn sonst entgeltliche Arbeitskraft in Anspruch genommen worden wäre (a.A. wenn dadurch fremde Arbeitskraft erspart wurde).
   - **Streitig, ob Sache nicht grundlegend umgestaltet/verändert werden darf (enger Verwendungsbegriff).**

2. **Notwendige Verwendungen**
   Verwendungen, die objektiv erforderlich sind, um die Sache in ihrem wirtschaftlichen Bestand zu erhalten.
   Gewöhnliche Erhaltungskosten nicht ersatzfähig, falls Nutzungen verbleiben, § 994

3. **Nützliche Verwendungen**
   Verwendungen, die den Wert der Sache steigern oder die Gebrauchsfähigkeit erhöhen.

Verweisungen und entsprechende Anwendbarkeit der §§ 987 ff.

1. **Verweisungen**
   a) Haftung bei Herausgabepflicht, § 292
   b) Bereicherungshaftung nach Rechtshängigkeit oder Kenntnis, §§ 818 Abs. 4, 819 Abs. 1, 292
   c) Haftung des „schlechteren" Besitzers, § 1007 Abs. 3 S. 2
   d) Ansprüche des Pfandgläubigers gegen den unrechtmäßigen Besitzer, § 1227

2. **Entsprechende Anwendbarkeit**
   a) Verwendungsersatzanspruch des besitzenden „Bucheigentümers" gegenüber wahrem Eigentümer
   b) Verwendungsersatzanspruch des besitzenden Zweiterwerbers gegenüber dem Vormerkungsberechtigten
   c) Verwendungsersatzanspruch des besitzenden Käufers gegenüber dinglich Vorkaufsberechtigtem

Wegen der Konkurrenz der §§ 994 ff. zum Bereicherungsrecht siehe ⇨ *S. 345*

A. Aufbauschemata

VII. Verwendungsersatz
2. Verwendungsersatz im EBV (Fortsetzung)

I. Verwendungsersatzansprüche des gutgläubigen Besitzers

1. § 994 Abs. 1: Verwendungsersatzanspruch des gutgläubigen Besitzers für notwendige Verwendungen

a) **Vindikationslage im Zeitpunkt der Verwendung**
b) **Keine Rechtshängigkeit/Bösgläubigkeit** ⇨ *S. 51*
c) **Kein Erlöschen des Anspruchs gem. § 1002**
   (1 Monat nach Herausgabe bzw. bei Grundstücken 6 Monate)
d) **Rechtsfolge**
   - Ersatz der **notwendigen** Verwendungen
   - Bei gutgläubigem Fremdbesitzer ggf. Kürzung nach vertraglichen Vorgaben
   - **Anspruchskürzung** um die **gewöhnlichen Erhaltungskosten**, für die Zeit, in der dem Besitzer die Nutzungen verbleiben, § 994 Abs. 1 S. 2; zum Nutzungsbegriff ⇨ *S. 103*
e) **Klagbarkeit, § 1001**
   - Eigentümer hat Sache **wiedererlangt** (muss mindestens mittelbaren Besitz bekommen haben; eine Realisierung des Mehrwertes der Verwendungen ohne Besitz reicht nicht aus!) *oder*
   - Eigentümer hat Verwendung **genehmigt** *oder*
   - die Verwendung **gilt als genehmigt**, weil Eigentümer die unter Vorbehalt des Anspruchs angebotene Sache angenommen hat

2. § 996: Verwendungsersatzanspruch des gutgläubigen Besitzers für nützliche Verwendungen

a) **Vindikationslage im Zeitpunkt der Verwendung**
b) **Keine Rechtshängigkeit/Bösgläubigkeit** ⇨ *S. 51*
c) Für den Eigentümer nützliche **Wertsteigerung ist noch vorhanden** im Zeitpunkt der Wiedererlangung der Sache
d) **Kein Erlöschen des Anspruchs gem. § 1002**
   (1 Monat nach Herausgabe bzw. bei Grundstücken 6 Monate)
e) **Rechtsfolge**
   - Ersatz der **nützlichen** Verwendungen
   - Bei gutgläubigem Fremdbesitzer ggf. Kürzung nach vertraglichen Vorgaben
   - Nicht ersatzfähig sind **Luxusverwendungen**
   - Daneben nach h.M. auch **kein Ersatz gem. §§ 951, 812 ff. (str.)**
f) **Klagbarkeit, § 1001**
   - Eigentümer hat Sache wiedererlangt (muss mindestens mittelbaren Besitz bekommen haben; eine Realisierung des Mehrwertes der Verwendungen ohne Besitz reicht nicht aus!) *oder*
   - Eigentümer hat Verwendung genehmigt *oder*
   - die Verwendung gilt als genehmigt, weil Eigentümer die unter Vorbehalt des Anspruchs angebotene Sache angenommen hat

Zum **Sonderproblem** der Verwendungsersatzansprüche des **Werkunternehmers** siehe ⇨ *S. 345*

A. Aufbauschemata

VII. Verwendungsersatz
2. Verwendungsersatz im EBV (Fortsetzung)

II. Verwendungsersatzansprüche des verklagten/bösgläubigen Besitzers

§ 994 Abs. 2: Verwendungsersatzanspruch des bösgläubigen Besitzers

1. **Vindikationslage im Zeitpunkt der Verwendung**
2. **Rechtshängigkeit/Bösgläubigkeit** ⇨ *S. 51*
3. **Verweisung auf §§ 677 ff.** *(⚠ Partielle Rechtsgrundverweisung)*
   - **Erforderlich ist:**
     - Fremdes Geschäft
     - Ohne Auftrag
     - Voraussetzungen des § 683
       (Geschäftsführung entspricht Interesse und mutmaßlichem Willen des Geschäftsherrn)
     - Andernfalls: §§ 684, 812 ff.
       vgl. ausführlich ⇨ *S. 122*
   - **Entbehrlich** ist: **Fremdgeschäftsführungswille** (andernfalls könnte der bösgläubige Eigenbesitzer nie Ersatz verlangen)
4. **Kein Erlöschen des Anspruchs gem. § 1002**
   (1 Monat nach Herausgabe bzw. bei Grundstücken 6 Monate)
5. **Rechtsfolge**
   - Ersatz der **notwendigen** Verwendungen
   - Kein Ersatz der **gewöhnlichen Erhaltungskosten**, für die Zeit, in der dem Besitzer die Nutzungen verbleiben, § 994 Abs. 1 S. 2 (dem bösgläubigen Besitzer verbleiben die Nutzungen aber wegen §§ 987, 990 regelmäßig nicht);
     zum Nutzungsbegriff ⇨ *S. 103*
6. **Klagbarkeit, § 1001**
   - Eigentümer hat Sache **wiedererlangt** (muss mindestens mittelbaren Besitz bekommen haben; eine Realisierung des Mehrwertes der Verwendungen ohne Besitz reicht nicht aus!) *oder*
   - Eigentümer hat Verwendung **genehmigt** *oder*
   - die Verwendung **gilt als genehmigt**, weil Eigentümer die unter Vorbehalt des Anspruchs angebotene Sache angenommen hat.

A. Aufbauschemata

VIII. Aufwendungsersatz
1. Anspruchsgrundlagen

I. Vertrag

Vertrag

§ 311 Abs. 1	Vereinbarung	
§ 284	Aufwendungsersatz anstelle Schadensersatzes statt der Leistung	⇨ *S. 112*
§ 304	Aufwendungsersatzanspruch bei Annahmeverzug des Gläubigers	⇨ *S. 114*
§ 439 Abs. 3 S. 1	Aufwendungsersatzanspruch des Käufers	⇨ *S. 115*
§ 445 a Abs. 1	Aufwendungsersatzanspruch des Verkäufers	⇨ *S. 116*
§ 536 a Abs. 2	Aufwendungsersatzanspruch bei Mangelbeseitigung durch Mieter	⇨ *S. 118*
§§ 539 Abs. 1, 683, 670	Aufwendungsersatzanspruch für sonstige Aufwendungen des Mieters bei berechtigter GoA (Rechtsgrundverweisung)	⇨ *S. 122*
§§ 539 Abs. 1, 684, 812 ff.	Aufwendungsersatzanspruch für sonstige Aufwendungen des Mieters bei unberechtigter GoA	⇨ *S. 122*
§§ 634 Nr. 2, 637	Aufwendungsersatzanspruch bei Mangelbeseitigung durch Besteller	⇨ *S. 120*
§§ 651 k Abs. 2 S. 1	Aufwendungsersatzanspruch für Mangelbeseitigung durch den Reisenden	⇨ *S. 121*
§ 652 Abs. 2	Aufwendungsersatzanspruch beim Maklervertrag	
§ 670	Aufwendungsersatzanspruch des Beauftragten	
§§ 675, 670	Aufwendungsersatzanspruch des Geschäftsbesorgers	
§ 693	Aufwendungsersatzanspruch des Verwahrers	
§§ 713, 670	Aufwendungsersatzanspruch des GbR-Gesellschafters	

Rückabwicklung eines Vertrages

§§ 347 Abs. 2 S. 2, 812 ff.	Aufwendungsersatzanspruch des Rücktrittsschuldners	*vgl.* ⇨ *S. 73* ⇨ *S. 222*

II. Vertragsähnlich

§§ 677, 683 S. 1, 670	Aufwendungsersatzanspruch des Geschäftsführers bei berechtigter GoA	⇨ *S. 122*
§§ 684 S. 1, 812 ff.	Aufwendungsersatzanspruch des Geschäftsführers bei unberechtigter GoA (Rechtsfolgenverweisung) **siehe zum Umfang der Herausgabepflicht**	⇨ *S. 222*
§§ 687 Abs. 2 S. 2, 684 S. 1, 812 ff.	Aufwendungsersatzanspruch des Geschäftsführers bei angemaßter GoA, wenn der Geschäftsherr Ansprüche nach § 687 Abs. 2 S. 1 geltend macht (Rechtsfolgenverweisung) **siehe zum Umfang der Herausgabepflicht**	⇨ *S. 222*

III. Dinglich

IV. Deliktisch

V. Bereicherungsrechtlich

VI. Sonstige

§ 970	Aufwendungsersatz beim Fund
§ 1648	Aufwendungsersatzanspruch der Eltern
§ 1835	Aufwendungsersatzanspruch des Vormunds

A. Aufbauschemata

VIII. Aufwendungsersatz
2. Aufwendungsersatz anstelle Schadensersatzes statt der Leistung, § 284

I. Anspruchsvoraussetzungen

1. **Wirksamer Schadensersatzanspruch statt der Leistung (bis auf Schaden)**
   - § 311 a Abs. 2
   - §§ 280 Abs. 1 u. 3, 283
   - §§ 280 Abs. 1 u. 3, 282
   - §§ 280 Abs. 1 u. 3, 281
   - §§ 437 Nr. 3 Alt. 1/634 Nr. 4 Alt. 1, 311 a Abs. 2
   - §§ 437 Nr. 3 Alt. 1/634 Nr. 4 Alt. 1, 280 Abs. 1 u. 3, 283
   - §§ 437 Nr. 3 Alt. 1/634 Nr. 4 Alt. 1, 280 Abs. 1 u. 3, 282
   - §§ 437 Nr. 3 Alt. 1/634 Nr. 4 Alt. 1, 280 Abs. 1 u. 3, 281
   - § 536 a (str.)

2. **Besonderheiten**
   Die für einen Schadensersatz gem. §§ 280 Abs. 1 u. 3, 281 eigentlich erforderliche Fristsetzung kann entbehrlich sein bei Aufwendungen, die trotz Nacherfüllung oder verspäteter Leistung vergeblich bleiben.

3. **Frustrierte Aufwendungen**
   a) Aufwendungen
      - Aufwendungen = **freiwillige Vermögensopfer**
      - Auch Eingehung von Verbindlichkeiten (Darlehen)
      - Vertragskosten
      - Folgekosten zur geplanten Verwertung des Leistungsgegenstandes
   b) Tatsächliches Vertrauen
      - Ersatzfähig sind nur Aufwendungen, die **nach Vertragsschluss** gemacht wurden
   c) Billigkeit
      - Gedanke des § 254 (musste Gläubiger mit Leistungshindernis rechnen, ist der Anspruch beschränkt oder sogar ganz ausgeschlossen)
      - Allerdings keine Begrenzung auf das Erfüllungsinteresse (h.M.)
   d) Kausalität der Pflichtverletzung für die Vergeblichkeit
      - bei konsumptiven, ideellen oder ähnlichen Geschäften, wenn eine Zweckverfehlung aus anderen Gründen als der Pflichtverletzung eintritt
      - bei wirtschaftlichen Aufwendungen, wenn nachweisbar ist, dass ohnehin ein Verlust gemacht worden wäre (Widerlegung der Rentabilität)

A. Aufbauschemata

VIII. Aufwendungsersatz
2. Aufwendungsersatz anstelle Schadensersatzes statt der Leistung, § 284 (Fortsetzung)

II. Rechtsfolgen

- Ersatz der tatsächlich getätigten, frustrierten Aufwendungen **anstelle** des Schadensersatzes statt der Leistung (Wahlrecht)
- Kein volles negatives Interesse (z.B. kein Ersatz für einen Vertrauensschaden, den der Gläubiger dadurch erleidet, dass er in der Zwischenzeit ein günstigeres Geschäft abgelehnt hat, oder keinen entgangenen Gewinn für ein lukratives Ersatzgeschäft)
- Ausnahmsweise auch Ersatz frustrierter Aufwendungen **neben** dem Schadensersatz statt der Leistung (teleologische Reduktion), soweit sichergestellt ist, dass keine Doppelkompensation des Gläubigers erfolgt und dies erforderlich erscheint (str.)
- Keine Anwendbarkeit der §§ 256, 257
- Ein Schadensersatzanspruch „neben" der Leistung gem. § 280 wird durch § 284 allerdings nicht ausgeschlossen.

III. Verjährung

- Relative Frist des § 195: 3 Jahre ab Ende des Jahres der Anspruchsentstehung und Kenntnis des Gläubigers (§ 199 Abs. 1)
- Absolute Frist des § 199 Abs. 3 (gilt entsprechend, da Aufwendungsersatz an die Stelle des Schadensersatzanspruchs tritt)
- Ist Leistungshindernis zugleich ein Mangel i.S.v. § 434 bzw. § 633, richtet sich die Verjährung nach § 438 bzw. § 634 a.

⇨ *S. 217*

A. Aufbauschemata

VIII. Aufwendungsersatz
3. Aufwendungsersatz bei Gläubigerverzug, § 304

I. Voraussetzungen

1. **Angebot der Leistung oder Entbehrlichkeit eines Angebots**
   a) **Tatsächliches Angebot, § 294:** Angebot der Leistung, **„so wie sie zu bewirken ist"** am rechten Ort, zur rechten Zeit und in der rechten Weise (Art, Güte, Menge); Faustregel: „Der Gläubiger muss nur noch zugreifen"
      - **Bringschuld:** Tatsächliches Angebot am Wohn- oder Geschäftssitz des Gläubigers
      - **Schickschuld:** Die Versandperson muss nach h.M. die Sache anbieten (Übergabe an Versandperson reicht nicht).
   b) Tatsächliches Angebot ist **entbehrlich**, wenn ein **wörtliches Angebot** ausreicht, **§ 295**
      - Wenn Gläubiger erklärt, dass er die Annahme verweigern wird
      - Wenn Mitwirkungshandlung des Gläubigers erforderlich ist, z.B. Holschuld
   c) Sowohl tatsächliches als auch wörtliches Angebot sind **entbehrlich** in den Fällen des **§ 296**
      - Wenn für Mitwirkungshandlung des Gläubigers Zeitpunkt nach dem Kalender bestimmt ist (beachte § 192)
      - Wenn Mitwirkungshandlung ein Ereignis vorauszugehen hat und die Zeit für die Handlung von dem Ereignis an berechenbar ist
2. **Eigene Leistungsbereitschaft** des Schuldners, **§ 297**
3. **Nichtannahme der Leistung oder Unterlassen einer Mitwirkungshandlung**
   - Grund für Nichtannahme/unterlassene Mitwirkung ist grds. unerheblich, da Vertretenmüssen nicht erforderlich
   - **Ausnahmen:**
     - Vorübergehende Annahmeverhinderung, wenn **Leistungszeit nicht bestimmt** ist und Schuldner **unangekündigt leistet**
     - Bei unangekündigter Leistung vor **Fälligkeit** (§ 271 Abs. 2)
   - Trotz Annahmebereitschaft Verzug, wenn Gläubiger Zug-um-Zug zu erbringende Leistung nicht anbietet.

⚠ *Vertretenmüssen nicht erforderlich.*

II. Rechtsfolgen

Ersatz der erforderlichen Mehraufwendungen für erfolgloses Angebot, Aufbewahrung und Erhaltung
- Aufwendungen = freiwillige Vermögensopfer
  - Kosten des erfolglosen Angebots (nicht aber Kosten eines erfolgreichen Zweitangebots)
  - Kosten der Aufbewahrung und Erhaltung
  - Kosten einer Androhung i.S.v. § 303
- Erforderlichkeit (anders als bei § 683 kommt es hier auf eine **objektive Erforderlichkeit** an)
- Befreiung von Verbindlichkeiten, § 257
- Zinsen, § 256

A. Aufbauschemata

VIII. Aufwendungsersatz
4. Aufwendungsersatzanspruch des Käufers gem. § 439 Abs. 3

I. Anwendungsbereich

§ 439 Abs. 3 **gilt für alle Kaufverträge** (nicht nur für Verbrauchsgüterkäufe) und unabhängig von der Art der Nacherfüllung (also bei Nachbesserung und Nachlieferung).

II. Voraussetzungen

1. Sache **eingebaut** oder **angebracht**
   ☞ Einbau von Fenstern in ein Haus, Befestigung von Fassadenteilen, Montage von Leuchten
2. Gemäß ihrer **Art** und ihrem **Verwendungszweck**
   (–), wenn Kaufsache durch Einbau entgegen ihrer funktionellen Bestimmung verwendet wird
3. **Kein Ausschluss** wegen Kenntnis oder Kennenmüssen, **§ 439 Abs. 3 S. 2** i.V.m. **§ 442 Abs. 1**
   ⚠ *Es ist nicht der Zeitpunkt des Vertragsschlusses, sondern der Zeitpunkt des Einbaus bzw. des Anbringens maßgeblich.*

III. Rechtsfolgen

- **Kein Wahlrecht** des Verkäufers zwischen Selbstvornahme und Aufwendungsersatz
- **Kein „echtes" Selbstvornahmerecht** des Käufers, da kein Aufwendungsersatz für Mangelbeseitigung selbst (daher nur selektives Selbstvornahmerecht)
- **Keine Verpflichtung** des Verkäufers **zur Selbstvornahme** (str.)
- Ersatz der **erforderlichen** Aufwendungen für Entfernen und Einbau oder erneutes Anbringen
- **Vorschusspflicht** und beschränktes Leistungsverweigerungsrecht des Verkäufers bei Verbrauchsgüterkauf, § 475 Abs. 6 u. 4

A. Aufbauschemata

VIII. Aufwendungsersatz
5. Aufwendungsersatzanspruch des Verkäufers gem. § 445 a Abs. 1

I. Anwendungsbereich

Anspruch auf Aufwendungsersatz aus **§ 445 a Abs. 1** (sog. Selbstständiger Regress) gilt nur für **neu hergestellte** Sachen, da es für gebrauchte Sachen i.d.R. keine geschlossenen Vertriebswege gibt.

II. Voraussetzungen

- Kaufsache muss sowohl im **Verhältnis** zwischen **Lieferanten** und **Letztverkäufer** als auch im Verhältnis zwischen **Letztverkäufer** und **Endkunden** mangelhaft sein.
- Dazu muss sie bei **Gefahrübergang** auf den Käufer bzgl. **desselben Fehlers** einen Mangel aufweisen.
- Kein Ausschluss gem. § 377 HGB, vgl. § 445 a Abs. 4.

III. Rechtsfolgen

Nach § 445 a Abs. 1 ist nur der Aufwand ersatzfähig, den der (Letzt-)Verkäufer gem.

- **§ 439 Abs. 2** (Transport-, Wege-, Arbeits- und Materialkosten) und
- **§ 439 Abs. 3** (Aus- und Wiedereinbaukosten bzw. Kosten des Anbringens) und
- **§ 475 Abs. 4** (Aufwendungskosten in beschränkter Höhe) und
- **§ 475 Abs. 6** (Vorschussverpflichtung gegenüber Verbrauchern)

zu tragen hatte, also im **Rahmen der Nacherfüllung** gegenüber dem Endkunden angefallen ist.

⚠ *Während die Ansprüche aus § 439 Abs. 2 und § 439 Abs. 3 stets in Betracht kommen, kann der Letztverkäufer ein Aufwand nach § 475 Abs. 4 u. 5 nur entstehen, wenn er mit dem Endkunden einen Verbrauchsgüterkaufvertrag abgeschlossen hat.*

IV. Weitere Regelungen

- Anders als § 445 a Abs. 1 statuiert **§ 445 a Abs. 2 keine eigenständige Anspruchsgrundlage**, sondern eine Modifikation des Gewährleistungsrechts (sog. unselbstständiger Regress).
- Nach § 445 a Abs. 2 bedarf es für die Geltendmachung der Gewährleistungsrechte des Letztverkäufers gegen seinen Lieferanten aus § 437 Nr. 2 u. 3 einer sonst grds. nach den §§ 323 Abs. 1, 441 Abs. 1 oder § 281 Abs. 1 erforderlichen **Fristsetzung** für Rücktritt, Minderung und Schadensersatz **nicht**.

A. Aufbauschemata	VIII. Aufwendungsersatz
	5. Aufwendungsersatzanspruch des Verkäufers gem. § 445 a Abs. 1 (Fortsetzung)

IV. Weitere Regelungen (Fortsetzung)

- § 445 a Abs. 2 gilt ebenso wie der Anspruch aus § 445 a Abs. 1 nur für den Verkauf **neu hergestellter Sachen**. Erforderlich ist außerdem, dass der Letztverkäufer die Sache zurücknehmen musste oder Käufer den Kaufpreis gemindert hat.
- Rücknahme oder Minderung muss Folge der Mangelhaftigkeit sein und nicht aus Kulanz, aufgrund eines vereinbarten Rücktrittsrechts oder eines Widerrufsrechts nach § 355 erfolgen.
- Regress in der **unternehmerischen Lieferkette, § 445 a Abs. 3**, wenn die Schuldner Unternehmer i.S.d. § 14 sind.

K ◄──────── V ◄──────── L ◄──────── H
    § 433   § 445 a Abs. 1 u. 2   § 445 Abs. 3

Endkunde   Letztverkäufer   Lieferant   Hersteller

- **§ 445 b** statuiert **spezielle Verjährungsregelungen** für die Regressansprüche aus § 445 a.
- Sonderbestimmungen für den **Regress des Unternehmers** enthält **§ 478**.
- ⚠ *§ 478 gilt nur für den Fall, das ein Verbrauchsgüterkauf (§ 474 I) zwischen Letztverkäufer (Unternehmer) und Letztkäufer (Verbraucher) vorliegt*
  - Anwendung der Beweislastumkehr (§ 477), § 478 Abs. 1
  - Einschränkung abweichender Vereinbarung, § 478 Abs. 2
  - Erstreckung auf die Lieferkette, § 478 Abs. 3

A. Aufbauschemata

VIII. Aufwendungsersatz
6. Aufwendungsersatzanspruch des Mieters bei Mangelbeseitigung, § 536 a Abs. 2

I. Wirksamer Mietvertrag

1. **Zustandekommen** eines wirksamen Mietvertrages ➪ *S. 7*
2. **Abgrenzung** zu anderen Verträgen:
   a) Leihe: unentgeltliche Gebrauchsüberlassung an einer Sache auf Zeit
   b) Pacht, §§ 581 ff.: Gebrauchsüberlassung auf Zeit und zusätzlich Nutzungsrecht (Fruchtziehung)
   c) Verwahrung, §§ 688 ff.: Übernahme besonderer Obhutspflichten
3. **Besonderheiten** des Zustandekommens
   a) Geltung des § 185 Abs. 1 (Verfügung eines Nichtberechtigten) analog
   b) Bei Wohnraummiete: **Schriftform** §§ 549, 550 (Nichteinhaltung der Form hat ausnahmsweise **nicht Unwirksamkeit des Vertrages** zur Folge) ➪ *S. 155*
   c) Gesetzliche Vertragsbegründungsmöglichkeiten
      - § 566: „Kauf bricht nicht Miete"
      - §§ 563 ff.: Tod des Mieters

II. Überlassung der Mietsache

III. Sach- oder Rechtsmangel

Mangelbegriff ➪ *S. 188*

IV. Gewährleistungsausschluss durch Rechtsgeschäft oder Gesetz

1. **Individualvertraglicher Gewährleistungsausschluss** (arg. ex §§ 536 Abs. 4, 536 d)
   a) Nicht bei arglistigem Verschweigen des Mangels, § 536 d
   b) Nicht bei Eigenschaftszusicherung
2. Gewährleistungsausschluss durch **AGB** ➪ *S. 151*
3. **Kenntnis des Mieters** vom Mangel beim Vertragsabschluss, § 536 b S. 1
4. Grob **fahrlässige Unkenntnis** des Mieters beim Vertragsschluss soweit Vermieter nicht arglistig handelt, **§ 536 b S. 2**
5. Annahme der mangelhaften Mietsache **ohne Vorbehalt** der Mängelrechte, **§ 536 b S. 3**
6. Mangel ist durch Mieter **selbst zu vertreten** oder stammt **aus seinem Verantwortungsbereich**, **§ 326 Abs. 2 analog**.

A. Aufbauschemata

VIII. Aufwendungsersatz
6. Aufwendungsersatzanspruch des Mieters bei Mangelbeseitigung, § 536 a Abs. 2 (Fortsetzung)

V. Besondere Voraussetzungen des § 536 a	
§ 536 a Abs. 2 Nr. 1	**§ 536 a Abs. 2 Nr. 2**
• Verzug des Vermieters mit der Mängelbeseitigung ⇨ **S. 173**	• Umgehende Beseitigung des Mangels für Bestand der Mietsache erforderlich
	Ⓟ Analoge Anwendung des § 536 a Abs. 2 Nr. 2 bei Gefahr für den Mieter (nach h.M. [+] bei erheblicher Gefahr; nach a.A. dann Anspruch aus § 539 i.V.m. §§ 677, 689 S. 1, 670)

VI. Rechtsfolgen

Ersatz der erforderlichen Aufwendungen

- Aufwendungen = freiwillige Vermögensopfer zur Durchführung der Geschäftsführungsmaßnahmen
- Erforderlich = alle Maßnahmen, die der Geschäftsführer bei Übernahme für erforderlich halten durfte (auf eine objektive Erforderlichkeit kommt es nicht an)
- Befreiung von Verbindlichkeiten, § 257
- Zinsen, § 256
- Vorschusspflicht des Vermieters, § 242

VII. Verjährung

- Verjährung gem. § 548 Abs. 2 in **6 Monaten nach Beendigung des Mietvertrages**
⇨ **S. 218**

⚠ Ein Aufwendungsersatz des Mieters für Mangelbeseitigungskosten ergibt sich nach h.M. auch nicht aus § 539 i.V.m. §§ 677 ff.: Nach § 539 sind nur Aufwendungen ersatzfähig, die nicht der Mangelbeseitigung dienten **(keine Selbstvornahme im Mietrecht!)**.

A. Aufbauschemata

VIII. Aufwendungsersatz
7. Aufwendungsersatzanspruch bei Mangelbeseitigung durch Besteller, §§ 634 Nr. 2, 637

Zur Systematik des Gewährleistungsrechts beim Werkvertrag s. ⇨ *S. 191*

I. Voraussetzungen

1. Zustandekommen eines **wirksamen Werkvertrages**
2. Vorliegen eines **Mangels** (§ 633) im **relevanten Zeitpunkt** ⇨ *S. 186*
3. Fälliger und durchsetzbarer Nacherfüllungsanspruch
4. Erfolgloser Fristablauf oder Entbehrlichkeit der Fristsetzung
   a) **Grundsätzlich: Erforderlichkeit einer angemessenen Fristsetzung, § 637 Abs. 1**
      - Zu kurze Frist setzt angemessene Frist in Gang.
      - Wird keine Frist gesetzt, reicht auch ein ernsthaftes Erfüllungsverlangen; dies setzt eine angemessene Frist in Gang.
   b) **Entbehrlichkeit nach allgemeinen Regeln:**
      - Entbehrlichkeit aufgrund Parteivereinbarung (nicht möglich in AGB gem. § 309 Nr. 4 bzw. gegenüber Unternehmern gem. § 307 Abs. 1, wenn Fristsetzung dadurch für **Verwender** entbehrlich)
      - Ernsthafte und endgültige Erfüllungsverweigerung, § 323 Abs. 2 Nr. 1
      - Relatives Fixgeschäft, § 323 Abs. 2 Nr. 2
      - Besondere Umstände i.S.v. § 323 Abs. 2 Nr. 3
   c) **Entbehrlichkeit im Werkvertragsrecht:**
      - Rechtmäßige Verweigerung der Nacherfüllung gem. § 635 Abs. 3 (vgl. § 636 Alt. 1)
      - Fehlschlagen der Nacherfüllung, § 637 Abs. 2 S. 2 Alt. 1
      Im Kaufrecht i.d.R. nach erfolglosem zweiten Versuch, § 440 S. 2; im Werkvertragsrecht bietet § 440 S. 2 zumindest einen Anhaltspunkt
      - Unzumutbarkeit der Nacherfüllung, § 637 Abs. 2 S. 2 Alt. 2
   d) **Erfolgloser Fristablauf**
      - Keine Einhaltung der Frist bei Teilleistung (§ 266)
5. **Keine rechtmäßige Verweigerung der Nacherfüllung gem. § 635 Abs. 3**

II. Kein Gewährleistungsausschluss

- Kein vertraglicher oder gesetzlicher Gewährleistungsausschluss ⇨ *S. 13*

III. Keine Unwirksamkeit wegen Verjährung, §§ 634 a Abs. 1, 218

⇨ *S. 218*

IV. Rechtsfolgen

Ersatz der erforderlichen Aufwendungen
- Aufwendungen = freiwillige Vermögensopfer zur Durchführung der Mängelbeseitigung
- Erforderlich = alle Maßnahmen, die den Mangel sicher beseitigen
- Befreiung von Verbindlichkeiten, § 257
- Zinsen, § 256

- **Vorschusspflicht des Unternehmers, § 637 Abs. 3** ⚠

A. Aufbauschemata

VIII. Aufwendungsersatz
8. Aufwendungsersatzanspruch bei Mangelbeseitigung durch den Reisenden, § 651 k Abs. 2 S. 1

I. Wirksamer Pauschalreisevertrag

1. Zustandekommen eines wirksamen Pauschalreisevertrags ⇨ *S. 7*
2. Zur Abgrenzung zu anderen Verträgen und zu Besonderheiten des Pauschalreisevertrags ⇨ *S. 43*

II. Sachmangel

Zum Mangelbegriff ⇨ *S. 188*

III. Kein Ausschluss der Gewährleistungsrechte

- **Individualvertraglicher Gewährleistungsausschluss/Gewährleistungsausschluss durch AGB**
  Vollständiger vertraglicher Gewährleistungsausschluss gem. § 651 y S. 1 nicht möglich
- **Gesetzlicher Gewährleistungsausschluss oder Gewährleistungsausschluss aufgrund internationaler Abkommen, § 651 p Abs. 2 u. 3** (etwa LuftVG, HaftpflG, Eisenbahnverkehrsordnung)

IV. Besondere Voraussetzungen des § 651 k Abs. 2

1. **Erfolgloser Fristablauf oder Entbehrlichkeit**
   a) **Grundsätzlich: Erforderlichkeit einer angemessenen Fristsetzung zur Abhilfe, § 651 k Abs. 2 S. 1**
      - Setzung einer zu kurzen Frist setzt angemessene Frist in Gang
      - Fristsetzung erfordert Angabe eines konkreten Zeitpunkts oder Zeitraums
   b) **Entbehrlichkeit**
      - Entbehrlichkeit aufgrund Parteivereinbarung
      - Ernsthafte und endgültige Verweigerung, § 651 k Abs. 2 S. 2 Alt. 1
      - Sofortige Abhilfe durch besonderes Interesse geboten, § 651 k Abs. 2 S. 2 Alt. 2
   c) **Erfolgloser Fristablauf**
2. **Keine rechtmäßige Verweigerung der Abhilfe gem. § 651 k Abs. 1 S. 2**

V. Rechtsfolgen

Ersatz der erforderlichen Aufwendungen
- Aufwendungen = freiwillige Vermögensopfer zur Durchführung der Geschäftsführungsmaßnahmen
- Erforderlich = alle Aufwendungen, die der Reisende bei sorgfältiger Prüfung für erforderlich halten durfte
- Befreiung von Verbindlichkeiten, § 257
- Zinsen, § 256
- Nach h.M. Vorschusspflicht des Reiseveranstalters (Reiseleiters)

VI. Verjährung

1. Gem. § 651 j S. 1 Verjährung in 2 Jahren
2. Verjährungsbeginn mit vertraglich vorgesehenem Reiseende (Berechnung: §§ 187 Abs. 1, 188 Abs. 2), vgl. § 651 j S. 2 ⇨ *S. 218*

A. Aufbauschemata

VIII. Aufwendungsersatz
9. Aufwendungsersatzanspruch des Geschäftsführers bei berechtigter GoA gem. §§ 677, 683 S. 1, 670

I. Anspruchsvoraussetzungen

1. **Geschäftsbesorgung**
   - Alle rechtsgeschäftlichen und tatsächlichen Handlungen
2. **Für einen anderen**
   a) **Fremdheit**
      aa) **Objektiv fremdes Geschäft** (Geschäft gehört ausschließlich zu fremdem Geschäftskreis)
         ☞ Hilfe in Notsituationen; Reparatur fremder Sachen; Beseitigung von Störungen, die ein Dritter veranlasst hat; Zahlung fremder Schulden
      oder
      bb) **Auch fremdes Geschäft** (Geschäft gehört zu Geschäftskreis des Geschäftsherrn aber auch zu dem des Geschäftsführers)
         - Bestehen einer Mitverpflichtung
         - Geschäftsführer will Verbindlichkeit gegenüber Drittem erfüllen (str.)
         - Behörde nimmt öffentlich-rechtliche Aufgabe wahr, erledigt damit aber auch Aufgabe einer Privatperson
      cc) **Neutrales Geschäft** (Charakter als fremdes Geschäft ergibt sich nur durch Fremdgeschäftsführungswillen)
   b) **Fremdgeschäftsführungswille**
      aa) Beim **objektiv fremden Geschäft:** Vermutung
      bb) Beim **auch fremden Geschäft:**
         - h.M.: Vermutung
         - a.A.: Konkrete Anhaltspunkte für Fremdgeschäftsführungswillen erforderlich
      cc) Beim **neutralen Geschäft:** nach außen erkennbarer Fremdgeschäftsführungswille erforderlich
3. **Ohne Auftrag und ohne sonstige Berechtigung**
   a) Kein **Vertrag** mit dem Geschäftsherrn
      - Auftrag, § 670
      - Entgeltliche Geschäftsbesorgung, §§ 675, 670
      - Verwahrung, § 693
      - GbR, §§ 713, 670
      - Mangelbeseitigung Werkvertrag, §§ 634 Nr. 2, 637
      - Mangelbeseitigung Reisevertrag, § 651 k Abs. 2 S. 1
      - Mangelbeseitigung Mietvertrag, § 536 a Abs. 2
   b) Kein **gesetzliches Schuldverhältnis**
      - Kind, § 1648
      - Vormund, § 1835
   c) Aus **§ 323 c StGB** ergibt sich **keine Berechtigung** i.S.d. § 677

A. Aufbauschemata

VIII. Aufwendungsersatz
9. Aufwendungsersatzanspruch des Geschäftsführers bei berechtigter GoA gem. §§ 677, 683 S. 1, 670 (Fortsetzung)

I. Anspruchsvoraussetzungen (Fortsetzung)

4. **Voraussetzungen der berechtigten GoA, § 683**
   - Übernahme im **Interesse** des Geschäftsherrn   **und**
     - Interesse (+), wenn objektiv nützlich
     - Es kommt auf den Zeitpunkt der „Übernahme", also den Beginn der Geschäftsführung an.
   - Übernahme entspricht **Willen** des Geschäftsherrn
     - **Vorrangig: Tatsächlicher** (geäußerter) **Wille**
     - Ausnahme: § 679, Unbeachtlichkeit, wenn Geschäftsführung im öffentlichen Interesse oder zur Erfüllung einer gesetzlichen Unterhaltspflicht
     - Nachrangig: Mutmaßlicher Wille (wird bei objektiver Nützlichkeit vermutet)
     - **Bei Geschäftsunfähigen** kommt es auf mutmaßlichen **Willen des gesetzlichen Vertreters** an.

   oder

   - **Genehmigung** der Geschäftsführung durch den Geschäftsherrn, § 684 S. 2; bei Fehlen der Voraussetzungen des § 683 Herausgabe einer Bereicherung, §§ 684, 812 ff. ⇨ *S. 222*

II. Rechtsfolgen

1. **Ersatz der erforderlichen Aufwendungen** (§§ 677, 683 S. 1, 670 **unmittelbar**)
   - **Aufwendungen** = freiwillige Vermögensopfer zur Durchführung der Geschäftsführungsmaßnahmen
   - **Erforderlich** = alle Maßnahmen, die der Geschäftsführer bei Übernahme für erforderlich halten durfte (auf eine objektive Erforderlichkeit kommt es nicht an)
   - Befreiung von Verbindlichkeiten, § 257
   - Zinsen, § 256

2. **Schadensersatz** (§§ 677, 683 S. 1, 670 **analog**)
   - Aufwendungsersatz umfasst auch Schäden, in denen sich das **typische Risiko** der übernommenen Geschäftsführung realisiert hat (☞ Rettungsfälle); Rechtsgedanke des **§ 110 Abs. 1 HGB**
   - Anspruch ist gem. **§ 254** um ein etwaiges Mitverschulden zu kürzen
   - Bei Geschäftsführung zur Gefahrenabwehr allerdings bei Mitverschulden Haftungsmaßstab nach dem Gedanken des **§ 680** auf Vorsatz und grobe Fahrlässigkeit des Geschäftsführers beschränkt

3. **Tätigkeitsvergütung**
   - Grundsätzlich nicht
   - Gehört die Geschäftsführungsmaßnahme zum Beruf/Gewerbe des Geschäftsführers nach h.M. Vergütung **analog § 1835 Abs. 3**

III. Keine Verjährung

1. Relative Frist des § 195: 3 Jahre ab Ende des Jahres der Anspruchsentstehung und Kenntnis des Gläubigers (§ 199 Abs. 1)
2. Absolute Frist des § 199 Abs. 3 Nr. 1: 10 Jahre ab Anspruchsentstehung

⇨ *S. 217*

A. Aufbauschemata

IX. Herausgabe des Surrogats/Abtretung des Erlösanspruchs Anspruchsgrundlagen

I. Vertrag

§ 311 Abs. 1	Vereinbarung	
§ 285	Herausgabe des Ersatzes bzw. Abtretung des Ersatzanspruchs bei Unmöglichkeit	*vgl. auch* ⇨ *S. 18* ⇨ *S. 32*

II. Vertragsähnlich

§§ 677, 681 S. 2, 667	Herausgabeanspruch des Geschäftsherrn bei berechtigter GoA	
§§ 677, 681 S. 2, 667	Herausgabeanspruch des Geschäftsherrn bei unberechtigter GoA	*vgl. dazu:* ⇨*S. 48*
§§ 687 Abs. 2, 681 S. 2, 667	Herausgabeanspruch des Geschäftsherrn bei angemaßter GoA	

III. Dinglich

IV. Deliktisch

V. Bereicherungsrechtlich

§ 816 Abs. 1 S. 1	Herausgabe bei Nichtleistungskondiktion ggü. Verfügendem ⇨ *S. 95*
§§ 812 Abs. 1, 818 Abs. 1	Herausgabeanspruch des Bereicherungsgläubigers **siehe zum Umfang der Herausgabepflicht bei Bereicherung** ⇨ *S. 222*
§§ 812, 818 Abs. 4, 819, 285	Erlöserausgabe des verklagten/bösgläubigen Bereicherungsschuldners

VI. Sonstige

A. Aufbauschemata

X. Auskunft Anspruchsgrundlagen

I. Vertrag

§ 311 Abs. 1	Vereinbarung
§ 242 oder § 241 Abs. 2	Vertragliche Sonderbeziehung kann Auskunftsanspruch enthalten (Auslegung)
§§ 27 Abs. 3, 666	Auskunftspflicht des Vereinsvorstandes
§ 402	Auskunftsanspruch bei Abtretung
§ 469	Mitteilungspflicht bei Vorkauf
§ 666	Auskunfts-/Rechenschaftspflicht beim Auftrag
§§ 675, 666	Auskunftspflicht bei Geschäftsbesorgung
§ 675 a	Informationspflichten bei Geschäftsbesorgung
§§ 713, 666	Auskunftsanspruch der Gesellschafter
§ 740	Auskunftsanspruch des ausgeschiedenen Gesellschafters

II. Vertragsähnlich

§§ 677, 681 S. 2, 666	Auskunftsanspruch des Geschäftsherrn bei berechtigter GoA	
§§ 677, 681 S. 2, 666	Auskunftsanspruch des Geschäftsherrn bei unberechtigter GoA	vgl. dazu: ⇨ S. 48
§§ 687 Abs. 2, 681 S. 2, 666	Auskunftsanspruch des Geschäftsherrn bei angemaßter GoA	

III. Dinglich

IV. Deliktisch

V. Bereicherungsrechtlich

VI. Sonstige

§ 1379	Auskunftsanspruch des Ehegatten über Endvermögen
§ 1580	Auskunftsanspruch des geschiedenen Ehegatten über Einkünfte und Vermögen
§ 1605	Auskunftsanspruch zur Feststellung eines Unterhaltsanspruchs
§ 1686	Auskunftsanspruch eines Elternteils über persönliche Verhältnisse des Kindes
§ 2027	Auskunftspflicht des Erbschaftsbesitzers
§ 2057	Auskunftsanspruch des Miterben
§ 2127	Auskunftsanspruch des Nacherben
§ 2314	Auskunftsanspruch des Pflichtteilsberechtigten

⚠ **§§ 259, 260 sind keine Anspruchsgrundlagen** für einen Auskunftsanspruch; sie bestimmen vielmehr den Umfang der Auskunft, wenn bereits ein entsprechender Anspruch besteht.

A. Aufbauschemata

XI. Unterlassung/Beseitigung
1. Anspruchsgrundlagen

I. Vertrag

§ 311 Abs. 1	Vereinbarung
§ 242 i.V.m. vertraglicher Grundlage	Nebenpflicht eines anderen Vertrages

II. Vertragsähnlich

III. Dinglich

§ 862	Unterlassungsanspruch des Besitzers	⇨ **S. 88**
§ 1004 Abs. 1	Unterlassungsanspruch des Eigentümers	⇨ **S. 127**
§ 1004 Abs. 1 analog	Quasi-negatorischer Unterlassungsanspruch	

IV. Deliktisch

V. Bereicherungsrechtlich

A. Aufbauschemata

XI. Unterlassung
2. Eigentumsbeeinträchtigungen, § 1004

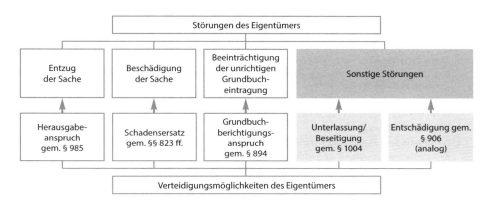

I. Anwendbarkeit

1. **Entsprechend**
   - §§ 1027, 1090 Abs. 2: Dienstbarkeiten
   - § 1065: Nießbrauch
   - § 1227: Pfandrecht
   - § 11 ErbbauVO: Erbbaurecht
   - § 34 Abs. 2 WEG: Dauerwohnrecht
2. **Analog:** Rechte und Rechtsgüter, die durch § 823 geschützt werden (sog. „quasi-negatorischer Abwehranspruch") ⇨ *S. 56*

II. Voraussetzungen

1. **Anspruchsteller = Eigentümer**
   a) Eigentum erworben und nicht wieder verloren oder vermutet
   - Erwerb kraft Rechtsgeschäfts
     - Eigentumserwerb an beweglichen Sachen, §§ 929 ff. ⇨ *S. 224*
     - Gutgläubiger Eigentumserwerb an beweglichen Sachen, §§ 929, 932 ff. ⇨ *S. 227*
     - Eigentumserwerb an unbeweglichen Sachen, §§ 873, 925 ⇨ *S. 230*
     - Gutgläubiger Eigentumserwerb an unbeweglichen Sachen, §§ 873, 925, 892 ⇨ *S. 232*
   - Erwerb kraft Gesetzes
     - Gesetzlicher Eigentumserwerb (Verbindung, Vermischung, Verarbeitung) ⇨ *S. 234*
     - Gesetzlicher Eigentumserwerb (Trennung, Aneignung, Fund) ⇨ *S. 236*
     - Eigentumserwerb kraft Hoheitsakts (Zuschlag, Zuweisung, Ablieferung) ⇨ *S. 236*
     - Erbfall, § 1922
     - Eingehung einer Gütergemeinschaft, § 1416 Abs. 1 S. 1
   b) Eingreifen einer Eigentumsvermutung
   - bei unbeweglichen Sachen gem. § 891
   - bei beweglichen Sachen gem. § 1006
     - gem. § 1006 Abs. 1 zugunsten des gegenwärtigen unmittelbaren Besitzers
     - gem. § 1006 Abs. 2 zugunsten des früheren unmittelbaren Besitzers
     - gem. § 1006 Abs. 3 zugunsten des mittelbaren Besitzers

     Einzelheiten ⇨ *S. 85*

A. Aufbauschemata

XI. Unterlassung
2. Eigentumsbeeinträchtigungen, § 1004 (Fortsetzung)

II. Voraussetzungen (Fortsetzung)

2. **Eigentumsbeeinträchtigung**
   a) Anwendungsbereich (s. auch Skizze S. 126)
      - § 1004 schützt vor Beeinträchtigungen durch **Einwirkung auf die Sache** oder durch **Eingriff in die Rechtsposition** des Eigentümers.
      - **Nicht:** Vorenthaltung oder Entziehung des Besitzes (vgl. § 1004 Abs. 1 S. 1), hier § 985 spezieller
      - **Nicht:** Unrichtigkeit des Grundbuchs, hier § 894 spezieller
      - **Str.** Beschädigungen
   b) Beeinträchtigung durch **Einwirkung auf die Sache**
      - Unmittelbare Einwirkung auf Sachkörper
        - Beschädigungen (str., ob Schaden als solcher oder schädigende Handlung)
        - Veränderungen
        - Unbefugte Nutzung
      - Zuführung wägbarer Stoffe (grenzüberschreitende Grobimmissionen)
      - Grenzüberschreitung unwägbarer Stoffe, § 906
      - Gefährdende Maßnahmen/Vorrichtungen auf Nachbargrundstück
   c) Beeinträchtigung durch **Eingriff in die Rechtsposition**
      - Behinderung des Besitzes (beachte Vorrang § 985 bei vollständiger Besitzentziehung)
      - Beeinträchtigung durch Angriff auf Rechtsposition (Bestreiten der Eigentümerstellung)
   d) **Keine Beeinträchtigungen** durch **nicht grenzüberschreitende Immissionen**
      - bei „sittlichen Immissionen" (Bordell auf dem Nachbargrundstück) – ggf. aber Unterlassungsanspruch bei Verletzung des Allgemeinen Persönlichkeitsrechts
      - bei „ideellen Immissionen" (hässlicher Anblick des benachbarten Schrottplatzes)
   e) **Keine Beeinträchtigungen** durch **„negative Einwirkungen"**
      - bei Entzug von Licht, Luft, Funkwellen etc.
3. **Anspruchsgegner = Störer**
   a) **Handlungsstörer** = jemand der Störung durch eigenes Verhalten (Tun oder Unterlassen) adäquat kausal verursacht (hat)
      - Bei mehreren Personen Anspruch gegen jeden Störer
      - Bei Störungen durch selbstständigen Werkunternehmer sind Unternehmer und Besteller Störer
      - Bei Störungen durch weisungsgebundenen Arbeitnehmer ist nur der Arbeitgeber Störer
      - Bei Grundstücken sind Mieter und Vermieter Störer, wenn die Störung von der im Mietvertrag vorgesehenen Tätigkeit ausgeht (geht sie von einer nicht erlaubten oder vorgesehenen Tätigkeit aus, ist nur der Mieter Störer; geht sie von der Mietsache als solcher aus, nur der Vermieter)
   b) **Zustandsstörer** = jemand der die Herrschaft über die gefährliche Sache ausübt, wobei der eigentumsbeeinträchtigende Sachzustand zumindest mittelbar auf den Willen des Anspruchsgegners zurückführbar sein muss.
      Ⓟ *Natürliche Immissionen*
      (Bei natürlichen Immissionen wie Wurzeln /Blättern/Tieren ist darauf abzustellen, ob den Inhaber der Sachherrschaft eine „Sicherungspflicht" zur Verhinderung der Immission trifft oder ob er durch vorangegangene Handlungen die Immission mitverursacht hat.)
      Beispiele für „Sicherungspflichten":
      - Grenzüberschreitende Baumwurzeln, § 910
      - Rohrbruch im Nachbarhaus, § 836

A. Aufbauschemata

XI. Unterlassung
2. Eigentumsbeeinträchtigungen, § 1004
(Fortsetzung)

II. Voraussetzungen (Fortsetzung)

4. **Keine Duldungspflicht, § 1004 Abs. 2**
   a) **Privatrechtliche Duldungspflichten**
      - Rechtsgeschäftliche Verpflichtung, Maßnahmen zu dulden/Immissionen hinzunehmen (schuldrechtlicher Vertrag oder Belastung des Grundstücks mit beschränkt dinglichem Recht)
      - § 906 Abs. 1: Duldungspflicht bei Zuführung unwägbarer Stoffe, die keine wesentliche Beeinträchtigung hervorrufen
      - § 906 Abs. 1 analog: Grobimmissionen
      - § 906 Abs. 2 S. 1: Duldungspflicht bei wesentlichen Beeinträchtigungen, die aber ortsüblich sind und nicht durch zumutbare Maßnahmen verhindert werden können
      - § 904 S. 1: Notstand
      - § 912: Überbau ohne grobes Verschulden
      - § 917: Notwegerecht
      - Nachbarliches Gemeinschaftsverhältnis i.V.m. § 242 (str.)
   b) **Öffentlich-rechtliche Duldungspflichten**
      - § 14 BImSchG
      - Planfeststellungsverfahren (z.B. § 17 FStrG)
      - Kommunale Satzungen (Baumschutzsatzungen)
      - Duldungspflicht aus VA
      - Duldungspflicht aus überwiegendem öffentlichem Interesse

III. Kein Untergang/Durchsetzbarkeit

1. Keine Gegenrechte des Störers gem. § 273
2. Keine Unmöglichkeit der Beseitigung/Unterlassung, § 275
3. Kein unverhältnismäßiger Aufwand der Störungsbeseitigung (sonst Entschädigungspflicht s.u.)

IV. Rechtsfolgen

1. **§ 1004 Abs. 1 S. 1: Beseitigung**
   - Auf das Grundstück verbrachte – wägbare oder unwägbare – Sachen müssen entfernt werden.
   - Str.: Umfang der Beseitigungspflicht bei Schäden
     - Teilweise: Beseitigung von Schäden fällt nicht unter § 1004, da Reichweite der Beseitigung sonst wie Naturalrestitution und damit Umgehung der Voraussetzung des Verschuldens in §§ 823 ff.
     - h.M.: Auch die Beseitigung von Schäden fällt unter § 1004, da die Risiken von Eigentumsbeeinträchtigungen sachgerecht durch den Verursacher zu tragen sind
2. **§ 1004 Abs. 1 S. 2: Unterlassung**
   - Konkrete Gefahr „weiterer" Störungen
   - Konkrete Gefahr der Erstbegehung einer Störung nach h.M. ebenfalls ausreichend
3. **Allgemeine Vorschriften**
   - Bei Verzug mit der Beseitigungspflicht: Schadensersatzanspruch gem. §§ 280 Abs. 1 u. 2, 286
   - Bei Mitverursachung durch den Gestörten analoge Anwendbarkeit von § 254 (str.)
   - Anwendbarkeit der Grundsätze über die Vorteilsanrechnung (str.)

A. Aufbauschemata

XI. Unterlassung
2. Eigentumsbeeinträchtigungen, § 1004 (Fortsetzung)

V. Verjährung

1. Verjährung richtet sich nach §§ 195, 199 Abs. 1, 4, 5 (Beginn mit Zuwiderhandlung) ⇨ **S. 217**
2. Verjährungsbeginn erst mit letzter Einwirkung (bei jeder erneuten Einwirkung beginnt neue Verjährungsfrist)
3. Bei **Wechsel des Eigentums** am **gestörten** Grundstück beginnt keine neue Verjährungsfrist; bei Wechsel am Eigentum des **störenden** Grundstücks ist dies str. (teilweise wird hier eine Anrechnung der Verjährung analog § 198 befürwortet, teilweise der Beginn einer neuen Verjährungsfrist jedenfalls bei Handlungsstörerschaft angenommen).

VI. Weitere Ansprüche

Entschädigungsanspruch gem. § 906 Abs. 2 S. 2

I. Anspruchsteller ist Eigentümer des Grundstücks
II. **Voraussetzungen eines Abwehranspruchs aus § 1004** wegen Einwirkungen i.S.d. § 906 Abs. 1 S. 1
   1. Einwirkungen i.S.d. § 906 Abs. 1 S. 1 (von einem anderen Grundstück ausgehend)
   2. Wesentliche Beeinträchtigung
   3. Anspruchsgegner ist Störer
III. Duldungspflicht gem. § 906 Abs. 2 S. 1
IV. Einwirkungen müssen die ortsübliche Benutzung des Grundstücks oder dessen Ertrag über das zumutbare Maß hinaus beeinträchtigen
V. Rechtsfolge: Angemessener Ausgleich in Geld

Nachbarrechtlicher Ausgleichsanspruch analog § 906 Abs. 2 S. 2

I. Anwendbarkeit: Kein vorrangiges Haftungssystem
II. Anspruchsteller ist Eigentümer oder Besitzer des Grundstücks
III. **Voraussetzungen eines Abwehranspruchs aus §§ 1004, 907–909 oder 862**
IV. Anspruchsteller an der Abwehr aus besonderem Grund gehindert
   1. Faktischer Duldungszwang
   2. Duldungspflicht aus übergeordnetem öffentlich-rechtlichen Interesse
V. Beeinträchtigendes Verhalten muss konkreten Grundstücksbezug haben
VI. Nachteile müssen das zumutbare Maß einer entschädigungslos hinzunehmenden Beeinträchtigung überschreiten
VII. Rechtsfolge: Angemessener **Ausgleich in Geld**
   (⚠ *Soweit der Anspruch für unzulässige Immissionen gewährt wird, handelt es sich um eine einfache Analogie, soweit ein faktischer Duldungszwang einem rechtlichen gleichgestellt wird, um eine doppelte. Macht diesen Anspruch ein berechtigter Besitzer geltend, liegt der – sehr seltene – Fall einer **dreifachen Analogie** vor.*)

A. Aufbauschemata

XII. Duldung der Zwangsvollstreckung
1. Anspruchsgrundlagen

I. Vertrag

II. Vertragsähnlich

III. Dinglich

§ 1147	Duldung der Zwangsvollstreckung bei Hypothek	⇨ *S. 132*
§§ 1147, 1192 Abs. 1	Duldung der Zwangsvollstreckung bei Grundschuld	⇨ *S. 135*

IV. Deliktisch

V. Bereicherungsrechtlich

A. Aufbauschemata	XII. Duldung der Zwangsvollstreckung
	2. Duldung der Zwangsvollstreckung aus Hypothek, § 1147

I. Anspruch entstanden

1. **Anspruchsteller = Hypothekeninhaber**
   a) **Hypothek entstanden für Anspruchsteller**
      - durch Ersterwerb vom Berechtigten ➪ *S. 248*
      - durch Ersterwerb vom Nichtberechtigten ➪ *S. 251*
      - durch Zweiterwerb vom Berechtigten ➪ *S. 253*
      - durch Zweiterwerb vom Nichtberechtigten ➪ *S. 254*
      - **durch Zahlung als ablösungsberechtigter Dritter:** Forderung gegen Schuldner geht auf zahlenden Dritten über (§§ 1150, 268 Abs. 3) und damit auch die Hypothek (§§ 401, 412, 1153 Abs. 1) z.B.: Mieter zahlt, um die Versteigerung der Immobilie zu verhindern
      - **durch Zahlung als Gesamtschuldner:** Forderung gegen andere Schuldner geht auf zahlenden Gesamtschuldner über (§ 426 Abs. 2) und damit auch die Hypothek (§§ 401, 412)
      - **durch Zahlung als anderer Sicherungsgeber (Bürge):** Forderung gegen Schuldner geht auf Bürgen mit Zahlung über (§ 774 Abs. 1 S. 1) und damit auch die Hypothek (§§ 401, 412)
        Ⓟ *Wettlauf der Sicherungsgeber (h.M. § 426 analog)*
      - Ferner kann eine Hypothek durch dingliche Surrogation, § 1287 S. 2 oder § 848 Abs. 2 ZPO, entstehen.
      - Kraft Hoheitsakt entsteht eine Sicherungshypothek gem. §§ 866, 867 ZPO.

   b) **Hypothek nicht wieder verloren**
      - durch Übertragung an einen Dritten als Berechtigter ➪ *S. 253*
      - durch Übertragung an einen Dritten durch einen Nichtberechtigten ➪ *S. 254*

2. **Anspruchsgegner = Grundstückseigentümer**
   a) **Wahrer (eingetragener oder nicht eingetragener) Grundstückseigentümer**
      - Eigentumserwerb am Grundstück, §§ 873, 925 ➪ *S. 230*
      - Gutgläubiger Eigentumserwerb am Grundstück, §§ 873, 925, 892 ➪ *S. 232*
      - Eigentumserwerb am Grundstück kraft Hoheitsakts (Zuschlag, Zuweisung) ➪ *S. 236*
      - Erbfall, § 1922
      - Eingehung einer Gütergemeinschaft, § 1416 Abs. 1 S. 1
   b) **Eingetragener Nichteigentümer, Eigentumsfiktion des § 1148**

A. Aufbauschemata

XII. Duldung der Zwangsvollstreckung
2. Duldung der Zwangsvollstreckung aus Hypothek, § 1147 (Fortsetzung)

II. Anspruch nicht untergegangen
(Hypothek nicht zur Eigentümergrundschuld geworden oder auf Dritten übergegangen)

1. **Rechtsfolgen der Zahlung an Gläubiger/Hypothekar**
   a) **Identität von Eigentümer und persönlichem Schuldner**
      - Gesicherte Forderung erlischt durch Erfüllung, § 362 Abs. 1
      - Mit Erlöschen der Forderung geht die Hypothek als Eigentümergrundschuld auf den Grundstückseigentümer über (§§ 1163 Abs. 1 S. 2, 1177 Abs. 1 S. 1); dadurch verliert Gläubiger die Hypothek
   b) **Personenverschiedenheit von Eigentümer und persönlichem Schuldner**
      - **Schuldner zahlt auf Forderung:**
        - Forderung erlischt durch Erfüllung, § 362 Abs. 1
        - Hypothek wird zur Eigentümergrundschuld, §§ 1163 Abs. 1 S. 2, 1177 Abs. 1 S. 1
      - **Eigentümer zahlt auf Hypothek (= Normalfall, § 1142)**
        - Forderung gegen Schuldner geht auf ihn über, § 1143 Abs. 1
        - damit auch die Hypothek, § 1153 Abs. 1, die aber nicht zur Eigentümergrundschuld wird, § 1177 Abs. 2 (Eigentümerhypothek)
      - **Eigentümer zahlt auf Forderung (= Ausnahme):**
        - Forderung erlischt, § 362 Abs. 1
        - Hypothek wird zur Eigentümergrundschuld, §§ 1163 Abs. 1 S. 2, 1177 Abs. 1 S. 1
        - (⚠ In Fällen, in denen ein ablösungsberechtigter Dritter, ein Sicherungsgeber oder ein Gesamtschuldner zahlt, führt dies nicht zu einem Erlöschen der Forderung, sondern zu einem Übergang auf den Zahlenden (vgl. oben); in diesen Fällen besteht die Hypothek daher fort.)
   c) **Zahlung durch ablösungsberechtigten Dritten, §§ 1150, 268**
      - Forderung geht kraft Gesetzes auf Dritten über, §§ 1150, 268 Abs. 3
      - Hypothek geht gem. §§ 401, 412, 1153 ebenfalls auf Dritten über.
2. **Rechtsfolgen der Zahlung an Dritte**
   a) **Zahlung an den im Grundbuch eingetragenen bzw. im Brief ausgewiesenen Hypothekar**
      - Gutglaubensschutz gem. § 893 (§ 1155), d.h. Befreiung von dinglicher Haftung; streitig, ob auch Befreiung von der Forderung.
   b) **Zahlung an bisherigen Gläubiger nach Abtretung**
      - Bei Zahlung auf Forderung: Schuldner gem. § 407 geschützt
      - Bei Zahlung auf Hypothek: Schuldner gem. § 1156 nicht geschützt: Keine Anwendbarkeit der §§ 406–408 (Schuldner hätte sich durch Blick ins Grundbuch/Hypothekenbrief [vgl. §§ 1160, 1161] schützen können); für das Fortbestehen der Hypothek wird die Forderung trotz Erlöschens gem. § 407 ebenfalls als fortbestehend fingiert, vgl. § 1138 (§ 407 gilt nicht in Ansehung der Hypothek).
3. **Sonstiges**
   a) Verzicht auf die Hypothek, § 1168 (wird zur Eigentümergrundschuld)
   b) Aufhebung der Hypothek, § 1183 (Hypothek erlischt)

A. Aufbau-	XII. Duldung der Zwangsvollstreckung
schemata	2. Duldung der Zwangsvollstreckung aus Hypothek, § 1147 (Fortsetzung)

III. Keine Einreden des Grundstückseigentümers

wenn Anspruchsteller Ersterwerber ist	wenn Anspruchsteller Zweiterwerber ist

1. **Einreden unmittelbar gegen die Hypothek**

⇨ aus der Sicherungsabrede:
- Stundung der Hypothek
- Vollstreckungsverzicht
- Verwertungsbeschränkungen

a) Grds.: § 1157 S. 1 auch gegen Zweiterwerber:
- Stundung der Hypothek
- Vollstreckungsverzicht
- Verwertungsbeschränkungen

b) **Ausn.: Gutgläubiger einredefreier Erwerb** der Hypothek, §§ 1157 S. 2, 892 (nur bei rechtsgeschäftlichem Erwerb!)

2. **Einreden *gegen die gesicherte Forderung*, die auch gegen die Hypothek wirken (Akzessorietät)**

§ 1137 Abs. 1 S. 1 Alt. 1
- Stundung der Forderung
- Zurückbehaltungsrecht, § 273
- Nicht erfüllter Vertrag, § 320

a) **Grds.: § 1137 Abs. 1 S. 1 Alt. 1 auch gegenüber Zweiterwerber:**
- Stundung der Forderung
- Zurückbehaltungsrecht, § 273
- Nicht erfüllter Vertrag, § 320

b) **Ausn.: Gutgläubiger einredefreier Erwerb** der Hypothek, §§ 1138 Alt. 2, 892 (nur bei rechtsgeschäftlichem Erwerb!)

(⚠ *Verzicht des persönlichen Schuldners führt **nicht** zum Verlust der Einrede, § 1137 Abs. 2!*)

3. **Besondere Einreden bei Personenverschiedenheit von Eigentümer und persönlichem Schuldner**

§§ 1137 Abs. 1 S. 1 Alt. 2, 770
- Anfechtbarkeit
- Aufrechenbarkeit
- Rücktritt (entspr.)

a) Grds.: §§ 1137 Abs. 1 S. 1 Alt. 2, 770
- Anfechtbarkeit
- Aufrechenbarkeit
- Rücktritt (entspr.)

b) **Ausn.: Gutgläubiger einredefreier Erwerb** der Hypothek, §§ 1138, 892 (nur bei rechtsgeschäftlichem Erwerb!)

(⚠ *Verzicht des persönlichen Schuldners führt zum Verlust der Einrede [§ 1137 Abs. 2 gilt hier nicht]!*)

IV. Rechtsfolgen

- Der Gläubiger kann gem. § 1147 Duldung der Zwangsvollstreckung verlangen und – aufgrund eines Titels i.S.v. §§ 704, 794 ZPO – die Zwangsvollstreckung in das Grundstück nach den Regeln des Zwangsversteigerungsgesetzes (ZVG) betreiben, um den erzielten Erlös zur Befriedigung seiner Forderungen zu verwenden.
- Zum Umfang der der Zwangsversteigerung unterfallenden Gegenstände, §§ 1120 ff.: ⇨ *S. 257*

A. Aufbauschemata

XII. Duldung der Zwangsvollstreckung
3. Duldung der Zwangsvollstreckung aus Grundschuld, §§ 1192 Abs. 1, 1147

I. Anspruch entstanden

1. **Anspruchsteller = Grundschuldgläubiger**
   a) **Grundschuld entstanden für Anspruchsteller**
      - durch Ersterwerb vom Berechtigten ⇨ *S. 248*
      - durch Ersterwerb vom Nichtberechtigten ⇨ *S. 251*
      - durch Zweiterwerb vom Berechtigten ⇨ *S. 253*
      - durch Zweiterwerb vom Nichtberechtigten ⇨ *S. 254*
      - **durch Zahlung als ablösungsberechtigter Dritter auf Grundschuld:** Grundschuld geht auf zahlenden Dritten über (§§ 1192 Abs. 1, 1150, 268 Abs. 3)
        ⚠ Es ist umstritten, ob bei Zahlung auf Grundschuld die Forderung erlischt oder an Dritten abgetreten werden muss. Bei Zahlung (auch) auf Forderung geht diese gem. § 268 Abs. 3 auf Dritten über.
      - **durch Zahlung als Gesamtschuldner:** Forderung gegen andere Schuldner geht auf zahlenden Gesamtschuldner über (§ 426 Abs. 2), Grundschuld geht als nicht-akzessorisches Recht zwar nicht gem. §§ 401, 412 mit über, aber Grundschuldgläubiger ist zur Übertragung aus Sicherungsvertrag verpflichtet.
      - **durch Zahlung als anderer Sicherungsgeber (Bürge):** Forderung gegen Schuldner geht auf Bürgen mit Zahlung über (§ 774 Abs. 1 S. 1), Grundschuld geht als nicht-akzessorisches Recht zwar nicht gem. §§ 401, 412 auf Bürgen über, aber Grundschuldgläubiger ist zur Übertragung aus dem Sicherungsvertrag verpflichtet.
        Ⓟ *Wettlauf der Sicherungsgeber (h.M. § 426 analog)*
   b) **Grundschuld nicht wieder verloren**
      - durch Übertragung an einen Dritten als Berechtigter ⇨ *S. 253*
      - durch Übertragung an einen Dritten durch einen Nichtberechtigten ⇨ *S. 254*
2. **Anspruchsgegner = Grundstückseigentümer**
   a) **Wahrer (eingetragener oder nicht eingetragener) Grundstückseigentümer**
      - Eigentumserwerb am Grundstück, §§ 873, 925 ⇨ *S. 230*
      - Gutgläubiger Eigentumserwerb am Grundstück, §§ 873, 925, 892 ⇨ *S. 232*
      - Eigentumserwerb am Grundstück kraft Hoheitsakts (Zuschlag) ⇨ *S. 236*
      - Erbfall, § 1922
      - Eingehung einer Gütergemeinschaft, § 1416 Abs. 1 S. 1
   b) **Eingetragener Nichteigentümer, Eigentumsfiktion des § 1148 (§ 1192 Abs. 1)**

II. Anspruch nicht untergegangen
(Fremdgrundschuld nicht zur Eigentümergrundschuld geworden o. auf Dritten übergegangen)

1. **Rechtsfolgen der Zahlung auf Forderung/Grundschuld**, wenn nicht in der Sicherungsabrede Abweichendes vereinbart.
   a) **Identität von Eigentümer und persönlichem Schuldner**
      - **Zahlung in Raten erfolgt regelmäßig nur auf Forderung**
        - Forderung erlischt, § 362
        - Grundschuld bleibt bestehen, ist aber einredebehaftet (Einrede aus der Sicherungsabrede, s.u.)
      - **Zahlung der Gesamtsumme erfolgt regelmäßig auf Forderung u. Grundschuld** (Gedanke des § 364 Abs. 2)
        - Gesicherte Forderung erlischt durch Erfüllung, § 362 Abs. 1
        - Fremdgrundschuld wird zur Eigentümergrundschuld
          (dogmatische Grundlage str.: teilw. Lit.: § 1163 Abs. 1 S. 2 analog; h.M.: §§ 1142, 1143 analog)

A. Aufbauschemata

XII. Duldung der Zwangsvollstreckung
3. Duldung der Zwangsvollstreckung aus Grundschuld, §§ 1192 Abs. 1, 1147 (Fortsetzung)

II. Anspruch nicht untergegangen (Fortsetzung)

b) **Personenverschiedenheit von Eigentümer und persönlichem Schuldner**
  - **Schuldner zahlt (regelmäßig nur auf Forderung):**
    – Gesicherte Forderung erlischt durch Erfüllung, § 362 Abs. 1
    – Grundschuld bleibt bestehen, ist aber einredebehaftet (Einrede aus der Sicherungsabrede)
  - **Eigentümer zahlt auf Grundschuld (= Normalfall):**
    – Fremdgrundschuld wird zur Eigentümergrundschuld (dogmatische Grundlage str.: § 1163 Abs. 1 S. 2 analog; § 1143 analog)
    – Forderung geht **nicht** kraft Gesetzes (§ 1143) auf Eigentümer über, er kann aber aus dem Sicherungsvertrag Abtretung der Forderung an sich verlangen
  - **Eigentümer zahlt auf Forderung (= Ausnahme):**
    – Forderung erlischt, § 362 Abs. 1 i.V.m. § 267
    – Grundschuld bleibt bestehen, ist aber einredebehaftet (Einrede aus der Sicherungsabrede)
c) **Zahlung durch ablösungsberechtigten Dritten, §§ 1150, 268, 1192 Abs. 1**
  - Grundschuld geht auf zahlenden Dritten über, §§ 1150, 268 Abs. 3, 1192 Abs. 1
  - Str., ob Forderung erlischt oder Dritter Anspruch auf Abtretung hat

2. **Rechtsfolgen der Zahlung an Dritte**
   a) **Zahlung an den im Grundbuch eingetragenen/im Brief ausgewiesenen Gläubiger**
     - Gutglaubensschutz gem. § 893 (§ 1155), d.h. Befreiung von dinglicher Haftung; streitig, ob auch Befreiung von der Forderung.
   b) **Zahlung an bisherigen Gläubiger nach Abtretung**
     - bei Zahlung auf Forderung: Schuldner gem. § 407 geschützt
     - bei Zahlung auf Grundschuld: Schuldner gem. § 1156 nicht geschützt: Keine Anwendbarkeit der §§ 406–408 (Schuldner hätte sich durch Blick ins Grundbuch/Grundschuldbrief schützen können)

3. **Sonstiges**
   - **Verzicht** auf die Grundschuld, § 1168
   - **Aufhebung** der Grundschuld, § 1183

III. Keine Einreden des Grundstückseigentümers

wenn Anspruchsteller Ersterwerber ist

1. **Einreden unmittelbar *gegen die Grundschuld***
   - Stundung der Grundschuld
   - Vollstreckungsverzicht
   - Bereicherungseinrede des § 821, wenn Sicherungsvertrag unwirksam

wenn Anspruchsteller Zweiterwerber ist

a) **Grds.: auch gegenüber Zweiterwerber, §§ 1157 S. 1, 1192 Abs. 1:**
   - Stundung der Grundschuld
   - Vollstreckungsverzicht
   - Bereicherungseinrede des § 821, wenn Sicherungsvertrag unwirksam
b) **Ausn.: Gutgläubiger, einredefreier Erwerb** der Grundschuld, §§ 1157 S. 2, 892 (nur bei rechtsgeschäftlichem Erwerb!)
   ⚠ *§ 1192 Abs. 1 a* greift hier nicht ein, da es sich nicht um Einreden aus dem Sicherungsvertrag, sondern aus der Grundschuld selbst handelt; eine analoge Anwendung wird von der h.M. abgelehnt.

A. Aufbauschemata

XII. Duldung der Zwangsvollstreckung
3. Duldung der Zwangsvollstreckung aus Grundschuld, §§ 1192 Abs. 1, 1147 (Fortsetzung)

III. Keine Einreden (Fortsetzung)

| wenn Anspruchsteller Ersterwerber ist | wenn Anspruchsteller Zweiterwerber ist |

2. Kann das Nichtbestehen der Forderung (Nichtvalutierung/späteres Erlöschen z.B. durch Erfüllung und Einreden gegen die Forderung) der Geltendmachung der Grundschuld entgegengehalten werden?

a) § 1137 unanwendbar, da keine Akzessorietät
b) **ABER: Aus dem Sicherungsvertrag**
  - str., ob im Sicherungsvertrag das Bestehen der zu sichernden Forderung als aufschiebende oder auflösende Bedingung vereinbart werden kann
  - str., ob Grundschuld und Forderungsgeschäft zu einer Geschäftseinheit i.S.v. § 139 zusammengefasst werden können

- Jedenfalls hat der Eigentümer eine **Einrede aus dem Sicherungsvertrag wegen Fehlens des Sicherungsfalls**.

a) **Grds.:** Gem. §§ 1157 S. 1, 1192 Abs. 1 **Einrede aus dem Sicherungsvertrag** auch gegenüber Zweiterwerber der Grundschuld.
b) **Ausn.: Gutgläubiger einredefreier Erwerb** der Grundschuld, **§§ 1157 S. 2, 892**
  - Ⓟ Bösgläubigkeit schon bei Kenntnis vom Sicherungscharakter der Grundschuld?
    (Nach h.M. schadet nur die Kenntnis des Sicherungscharakters **und** der entsprechenden Einrede.)
c) **Aber: Ausschluss des gutgläubigen einredefreien Erwerbs bei der Sicherungsgrundschuld gem. § 1192 Abs. 1 a** ⚠
  - Grundschuld zur **Sicherung einer Forderung**
  - **Abtretung** der Grundschuld
  - Folge: Gutgläubiger einredefreier Erwerb ist hinsichtlich Einreden **aus dem Sicherungsvertrag** ausgeschlossen

3. **Besonderheiten bei Auseinanderfallen von Grundschuld und Forderung**
   a) **Vereinbarung von Abtretungsverboten**
     - Abtretungsverbot bzgl. Forderung; Wirkung: Forderung kann nicht abgetreten werden, § 399
     - Abtretungsverbot bzgl. Grundschuld; Wirkung: ohne Eintragung in das Grundbuch (§§ 873, 877) nicht wirksam, sodass Grundschuld abgetreten werden kann
   b) **Schutz gegen Doppelinanspruchnahme**
     - **Gegen Forderung** gem. § 404 Einrede aus dem Sicherungsvertrag, um lediglich Zug-um-Zug gegen Rückgabe der Grundschuld leisten zu müssen
     - **Gegen die Grundschuld** steht dem Eigentümer die aufschiebend bedingte Einrede des Wegfalls des Sicherungszwecks zu. Da bei Abtretung die Einrede aber noch nicht entstanden ist, erwirbt der neue Gläubiger die Grundschuld nach h.M. einredefrei.

IV. Rechtsfolgen

Der Gläubiger kann gem. §§ 1147, 1192 Abs. 1 Duldung der Zwangsvollstreckung verlangen und – aufgrund eines Titels i.S.v. §§ 704, 794 ZPO – die Zwangsvollstreckung in das Grundstück nach den Regeln des Zwangsversteigerungsgesetzes betreiben, um den erzielten Erlös zur Befriedigung seiner Forderungen zu verwenden.
Zum Umfang der der Zwangsversteigerung unterfallenden Gegenstände, §§ 1120 ff.: ⇨ **S. 257**

A. Aufbauschemata

XIII. Abgabe einer Willenserklärung
Anspruchsgrundlagen

I. Vertrag

§ 311 Abs. 1	Als Erfüllungsanspruch aus einem Vertrag (z.B. Erfüllungsanspruch des Grundstückskäufers ist u.a. auf Abgabe einer Auflassungserklärung gerichtet) Vereinbarung

II. Vertragsähnlich

III. Dinglich

§ 888	Anspruch des Vormerkungsberechtigten auf Zustimmung zur Eintragung/Löschung	*vgl.* ⇨ *S. 247*
§ 894	Anspruch auf Zustimmung zur Grundbuchberichtigung	

IV. Deliktisch

§§ 823 ff.	Anspruch auf Zustimmung zur Grundbuchberichtigung

V. Bereicherungsrechtlich

§§ 812 ff.	Anspruch auf Zustimmung zur Grundbuchberichtigung

B. Vertiefungsschemata

Übersicht

I. Allgemeiner Teil

1. Einigung, Willenserklärung, Abgabe und Zugang ⇨ **S. 143–145**
2. Besondere Formen des Vertragsschlusses ⇨ **S. 146, 147**
3. Vertretung ⇨ **S. 148–150**
4. AGB ⇨ **S. 151, 152**
5. Beschränkte Geschäftsfähigkeit, Geschäftsunfähigkeit ⇨ **S. 153, 154**
6. Form ⇨ **S. 155–157**
7. Anfechtung ⇨ **S. 158, 159**
8. Bedingung, Befristung ⇨ **S. 160**
9. Auslegung, Dissens, Einigungsmängel ⇨ **S. 161**

II. Schuldrecht

1. Erfüllung und Erfüllungssurrogate ⇨ **S. 162–165**
2. Leistungsmodalitäten ⇨ **S. 166**
3. Vertretenmüssen, Verschulden ⇨ **S. 167–169**
4. Unmöglichkeit ⇨ **S. 170, 171**
5. Störung der Geschäftsgrundlage, § 313 ⇨ **S. 172**
6. Schuldnerverzug ⇨ **S. 173, 174**
7. Gläubigerverzug ⇨ **S. 175, 176**
8. Bürgschaft ⇨ **S. 177–179**
9. Widerruf von Verbraucherverträgen ⇨ **S. 180–183**
10. Systematik Pflichtverletzungen Schadensersatz ⇨ **S. 184**
11. Systematik Pflichtverletzungen Rücktritt ⇨ **S. 185**
12. Mangelbegriff im Kauf- und Werkvertragsrecht ⇨ **S. 186, 187**
13. Mangelbegriff im Miet- und Reiserecht ⇨ **S. 188, 189**
14. Systematik Gewährleistungsrecht Kaufrecht ⇨ **S. 190**
15. Systematik Gewährleistungsrecht Werkvertragsrecht ⇨ **S. 191**
16. Systematik Gewährleistungsrecht Mietrecht ⇨ **S. 192**
17. Systematik Verbraucherschutz im BGB ⇨ **S. 193**
18. Minderung im Kauf- und Werkvertragsrecht ⇨ **S. 194, 195**
19. Minderung im Miet- und Reiserecht ⇨ **S. 196, 197**
20. Besonderheiten Verbrauchsgüterkauf ⇨ **S. 198, 199**
21. Überblick Miete ⇨ **S. 200, 201**
22. Leasing ⇨ **S. 202, 203**
23. Garantie beim Kaufvertrag ⇨ **S. 204, 205**
24. Dritte im Schuldverhältnis ⇨ **S. 206, 207**

B. Vertiefungsschemata
Übersicht (Fortsetzung)

II. Schuldrecht (Fortsetzung)

25. Gesamtschuld	⇨ *S. 208–210*
26. Verkehrssicherungspflichten	⇨ *S. 211, 212*
27. Umfang des Schadensersatzes	⇨ *S. 213–215*
28. Schadensregulierung bei Kfz-Schäden	⇨ *S. 216*
29. Verjährung	⇨ *S. 217–219*
30. Überblick GoA	⇨ *S. 220*
31. Überblick Bereicherungsrecht	⇨ *S. 221*
32. Umfang der Herausgabe bei Bereicherung, § 818	⇨ *S. 222, 223*

III. Sachenrecht

1. Eigentumserwerb an beweglichen Sachen, §§ 929 ff.	⇨ *S. 224–226*
2. Eigentumserwerb an beweglichen Sachen vom Nichtberechtigten	⇨ *S. 227–229*
3. Eigentumserwerb an unbeweglichen Sachen vom Berechtigten	⇨ *S. 230, 231*
4. Eigentumserwerb an unbeweglichen Sachen vom Nichtberechtigten	⇨ *S. 232, 233*
5. Eigentumserwerb kraft Gesetzes/Hoheitsakts	⇨ *S. 234–236*
6. Sicherungsübereignung	⇨ *S. 237, 238*
7. Anwartschaftsrecht	⇨ *S. 239–241*
8. Eigentumsvorbehalt	⇨ *S. 242, 243*
9. Factoring	⇨ *S. 244, 245*
10. Vormerkung, §§ 883 ff.	⇨ *S. 246, 247*
11. Ersterwerb einer Hypothek/Grundschuld vom Berechtigten	⇨ *S. 248–250*
12. Gutgläubiger Erwerb einer Hypothek/Grundschuld vom Nichtberechtigten	⇨ *S. 251, 252*
13. Zweiterwerb einer Hypothek/Grundschuld vom Berechtigten	⇨ *S. 253*
14. Zweiterwerb einer Hypothek/Grundschuld vom Nichtberechtigten	⇨ *S. 254–256*
15. Haftungsverband der Hypothek/Grundschuld	⇨ *S. 257, 258*
16. Unwirksamkeit von Sicherungsverträgen	⇨ *S. 259*
17. Pfandrecht, §§ 1204 ff.	⇨ *S. 260–263*

IV. Familienrecht

1. Systematik	⇨ *S. 264, 265*
2. Rechtswirkungen der Ehe/Lebenspartnerschaft	⇨ *S. 266*
3. Güterstände	⇨ *S. 267*
4. Veräußerungsverbote	⇨ *S. 268*
5. Ausgleich von Zuwendungen unter Ehegatten, Lebenspartnern, nichtehelichen Lebenspartnern	⇨ *S. 269*

B. Vertiefungsschemata

Übersicht (Fortsetzung)

IV. Familienrecht (Fortsetzung)

6. Eheverträge	⇨ S. 270
7. Beendigung der Ehe	⇨ S. 271
8. Abstammung	⇨ S. 272
9. Adoption, Vormundschaft, Pflegschaft	⇨ S. 273

V. Erbrecht

1. Systematik	⇨ S. 274, 275
2. Erbfähige Personen	⇨ S. 276, 277
3. Besonderheiten beim gemeinschaftlichen Testament	⇨ S. 278
4. Erbenstellung	⇨ S. 279
5. Erbenstellung – Verlust	⇨ S. 280
6. Am Nachlass Beteiligte	⇨ S. 281, 282
7. Rechtsfolgen des Erbfalls	⇨ S. 283
8. Erbschein	⇨ S. 284

VI. Handelsrecht

1. Systematik	⇨ S. 285
2. Kaufleute, Firmengrundsätze	⇨ S. 286
3. Unselbstständige Hilfspersonen der Kaufleute	⇨ S. 287
4. Selbstständige Hilfspersonen	⇨ S. 288
5. Rechtsschein im Handelsregister/außerhalb	⇨ S. 289
6. Handelsgeschäfte – Abweichungen vom BGB	⇨ S. 290, 291

VII. Gesellschaftsrecht

1. Systematik	⇨ S. 292
2. Prüfungsschema zum Anspruchsaufbau bei Personengesellschaften	⇨ S. 293, 294
3. Entstehen der Personengesellschaften	⇨ S. 295, 296
4. Vertretung und Geschäftsführung	⇨ S. 297
5. Haftung	⇨ S. 298, 299
6. Wechsel im Gesellschafterbestand	⇨ S. 300, 301
7. Körperschaften – GmbH	⇨ S. 302
8. Körperschaften – AG	⇨ S. 303

B. Vertiefungsschemata

Übersicht (Fortsetzung)

VIII. Arbeitsrecht

1. Systematik – Rechtsquellen im Arbeitsrecht ⇨ **S. 304**
2. Entstehen des Arbeitsverhältnisses ⇨ **S. 305, 306**
3. Pflichten im Arbeitsverhältnis ⇨ **S. 307, 308**
4. Haftungsprivilegien im Arbeitsrecht ⇨ **S. 309**
5. Beschäftigungs- und Weiterbeschäftigungsanspruch ⇨ **S. 310**
6. Abänderung oder Untergang des Arbeitsverhältnisses ⇨ **S. 311, 312**
7. Grundzüge des arbeitsrechtlichen Verfahrens ⇨ **S. 313**
8. Kündigungsschutzklage ⇨ **S. 314**
9. Tarifrecht – Arbeitskampfrecht (Grundzüge) ⇨ **S. 315**

IX. Allgemeines Gleichbehandlungsgesetz

1. Struktur ⇨ **S. 316**
2. Schutz vor Benachteiligung im Arbeitsrecht ⇨ **S. 317**
3. Schutz vor Benachteiligung im allgemeinen Zivilrechtsverkehr ⇨ **S. 318**

X. Zivilprozessrecht

1. Systematik ⇨ **S. 319**
2. Prüfungsschema: Zulässigkeit der Klage ⇨ **S. 320**
3. Zuständigkeit der Zivilgerichte ⇨ **S. 321**
4. Parteien ⇨ **S. 322**
5. Besondere Zulässigkeitsfragen ⇨ **S. 323**
6. Widerklage ⇨ **S. 324**
7. Besondere Verfahren ⇨ **S. 325, 326**
8. Beendigung des Verfahrens ⇨ **S. 327**
9. Rechtsmittel ⇨ **S. 328**
10. Vollstreckungsarten ⇨ **S. 329**
11. Voraussetzung jeder Zwangsvollstreckung ⇨ **S. 330**
12. Zwangsvollstreckung in Sachen ⇨ **S. 331**
13. Zwangsvollstreckung in Forderungen ⇨ **S. 332, 333**
14. Rechtsbehelfe in der Zwangsvollstreckung ⇨ **S. 334, 335**
15. Vorläufiger Rechtsschutz ⇨ **S. 336**

B. Vertiefungs-schemata

I. Allgemeiner Teil
1. Einigung, Willenserklärung, Abgabe und Zugang

Einigung, §§ 145, 147
Zur Auslegung und zu Einigungsmängeln vgl. ⇨ *S. 170*

I. Angebot

1. **Willenserklärung**
   a) äußerer Erklärungstatbestand } ⇨ *S. 144*
   b) innerer Erklärungstatbestand
2. **Wirksamwerden**
   a) Abgabe } ⇨ *S. 145*
   b) Zugang

II. Annahme

1. **Willenserklärung** ⇨ *S. 144*
   a) äußerer Erklärungstatbestand
      - abändernde oder verspätete Annahme ist neues Angebot, § 150
   b) innerer Erklärungstatbestand
2. **Wirksamwerden** ⇨ *S. 145*
   a) Abgabe
   b) Zugang
      - Entbehrlich gem. § 151 S. 1 Alt. 1, wenn eine Erklärung der Annahme nach der Verkehrssitte nicht zu erwarten ist
      - Entbehrlich gem. § 151 S. 1 Alt. 2, wenn der Antragende auf den Zugang der Annahmeerklärung verzichtet hat.
        ⚠ *Häufiger Fehler:* **Entbehrlich** *ist nicht die Annahme (= Willenserklärung), sondern* **nur der Zugang**. *Ein (mindestens konkludentes) Erklärungsverhalten ist für eine Annahme aber immer erforderlich.*
      - Entbehrlich gem. § 152, bei notarieller Beurkundung der Annahmeerklärung
   c) **Frist**
      - wenn ausdrücklich bestimmt, § 148
      - unter Anwesenden sofort, § 147 Abs. 1
        Ⓟ *Handelt es sich bei einer Online-Buchung um eine WE unter Anwesenden? (Nach h.M. nicht, da die charakteristische Interaktionsmöglichkeit fehlt.)*
      - unter Abwesenden in üblicher Zeit, § 147 Abs. 2
      - Verspätung unter den Voraussetzungen des § 149 unbeachtlich (Beförderungshindernis)
      - Verspätung nach § 242 unbeachtlich, wenn Annahme zu erwarten war
        ⚠ **verspätete** *oder* **abändernde** *Annahme ist neues Angebot, § 150*
        ⇨ *(konkludente) Annahme prüfen*

B. Vertiefungsschemata

I. Allgemeiner Teil
1. Einigung, Willenserklärung, Abgabe und Zugang
(Fortsetzung)

Willenserklärung

Äußerer Erklärungstatbestand	Innerer Erklärungstatbestand
Der äußere Erklärungstatbestand wird durch normative Auslegung (§ 157) ⇨ *S. 161* ermittelt (Ausnahme: natürliche Auslegung, § 133, bei nicht empfangsbedürftigen Willenserklärungen). D.h. das Verhalten des Erklärenden muss objektiv schließen lassen auf:	Zurechnung des äußeren Erklärungstatbestandes durch:

- **Handlungsbewusstsein**
  ☞ nicht z.B. bei äußerer Gewalt

- **Rechtsbindungswillen**
  – nicht bei invitatio ad offerendum
  – Vorverhandlungen
    Ⓟ *Abbruch von Vertragsverhandlungen*
    (Wer das Vertrauen eines anderen weckt, der Vertrag werde zustande kommen und die Verhandlungen grundlos abbricht, kann zum Schadensersatz verpflichtet sein; etwas anderes gilt bei formbedürftigen Verträgen, da die Formvorschriften i.d.R. eine faktische Bindung verhindern wollen.)
  – Gefälligkeiten
    Ⓟ *Abgrenzung:*
      • **Gefälligkeit** (unentgeltlich, kein Rechtsbindungswille, kein Schuldverhältnis)
      • **Gefälligkeitsvertrag** (unentgeltlich, mit Rechtsbindungswillen, Schuldverhältnis mit Leistungs- u. Sorgfaltspflichten)
      ⚠ Nach h.M. gibt es ein Gefälligkeitsverhältnis (Schuldverhältnis nur mit Sorgfaltspflichten) nicht, da es den Parteien regelmäßig gerade am Rechtsbindungswillen fehlt, wenn keine Leistungspflichten begründet werden sollen.
  – Hilferuf
  – Scheingeschäft, § 117

- **Geschäftswille**
  – muss die wesentl. Vertragsbestandteile (bestimmt oder zumindest bestimmbar) enthalten
  – kann weitere Vereinbarungen enthalten
    ⇨ *S. 166*

- **Handlungsbewusstsein; bei Fehlen:**
  keine Willenserklärung (z.B. Fälschung)

- **Erklärungsbewusstsein**
  – **aktuelles** Erklärungsbewusstsein (Bewusstsein, rechtsgeschäftlich tätig zu werden)
    Bei Fehlen:
    • nach h.M. reicht **potenzielles** Erklärungsbewusstsein aus (dieses liegt vor, wenn der Erklärende zumindest hätte erkennen können, dass sein Verhalten als Willenserklärung aufgefasst wird)
    • aber WE **analog** § 119 Abs. 1 **anfechtbar**
  – **Bei Fehlen** des potenziellen Erklärungsbewusstseins: WE nichtig

- **Geschäftswille**
  bei fehlendem oder abweichendem Geschäftswillen ist die WE gem. § 119 Abs. 1 anfechtbar ⇨ *S. 158*

- **Zurechnung ohne inneren Erklärungstatbestand**
  Liegt kein innerer Erklärungstatbestand (also mindestens Handlungsbewusstsein und potenzielles Erklärungsbewusstsein) vor, so wird eine Erklärung zugerechnet:
  – bei bewusster Begebung einer Blanketturkunde mit Ausfüllungsermächtigung (analog § 172 Abs. 2)
  – nach allg. Grundsätzen der Rechtsscheinshaftung
    ⇨ *S. 346*

B. Vertiefungsschemata

I. Allgemeiner Teil
1. Einigung, Willenserklärung, Abgabe und Zugang (Fortsetzung)

Wirksamwerden einer empfangsbedürftigen Willenserklärung, §§ 130–133

I. Abgabe

„Endgültige willentliche Entäußerung"

- **mündlich:** mit dem Aussprechen
- **schriftlich:** wenn Erklärender alles getan hat, damit das Schriftstück an Empfänger gelangt oder ihm das Inverkehrbringen zugerechnet werden kann
  - Ⓟ *Abhanden gekommene Willenserklärung*
    (Auch bei nicht zielgerichtetem, sondern nur zu vertretendem Inverkehrbringen liegt eine Abgabe vor, da die abhanden gekommene Willenserklärung nicht anders zu behandeln ist, als eine ohne Erklärungsbewusstsein abgegebene Erklärung. ☞ Absendung eines vorformulierten Schreibens durch die Reinigungskraft.)
- **bei Einschaltung eines Boten:** wenn der Bote losgeschickt („auf den Weg gebracht") wurde

II. Zugang

„So in den Machtbereich des Empfängers gelangt, dass unter normalen Umständen mit Kenntnisnahme zu rechnen ist"

- **mündlich:** nach sog. abgeschwächter Vernehmungstheorie dann, wenn Erklärender damit rechnen kann, dass Empfänger sie richtig vernommen hat
- **schriftlich:** wenn sie in den Machtbereich des Empfängers gelangt ist und die Möglichkeit der Kenntnisnahme bestand
  - Ⓟ *Zugangsvereitelung*
    (Fiktion des Zugangs bei grundloser Annahmeverweigerung oder arglistiger Zugangsvereitelung; bei sonstigen, vom Empfänger zu vertretenden Zugangshindernissen ist ein erneuter Zustellversuch erforderlich, der auf den Zeitpunkt der erfolglosen Zustellung zurückwirkt.)
- Eine Willenserklärung wird nicht wirksam, wenn vorher oder gleichzeitig ein **Widerruf** zugeht, § 130 Abs. 1 S. 2.
- Geht die Willenserklärung einem **Empfangsvertreter** zu, ist sie zugleich dem Vertretenen zugegangen, § 164 Abs. 3.
- Geht die Willenserklärung einem **Empfangsboten** zu, geht sie dem Erklärungsempfänger erst zu, wenn unter gewöhnlichen Umständen mit Weiterleitung an ihn zu rechnen ist.
  - Ⓟ *Abgrenzung Empfangsvertreter/Empfangsbote*
    (Empfangsvertreter ist mit eigener Empfangszuständigkeit ausgestattet, während Empfangsbote die WE nur an den Empfangszuständigen übermitteln soll, z.B. im Haushalt des Empfängers lebende Personen, Betriebsangehörige.)
  - Ⓟ *Abgrenzung Empfangsbote/Erklärungsbote*
    (Eine Person, die als Empfangsbote nicht geeignet ist – z.B. kleines Kind, Handwerker – wird als Erklärungsbote tätig, da das Zugangsrisiko dann den Erklärenden trifft.)
- **Tod** oder **Geschäftsunfähigkeit** des Erklärenden **nach Abgabe** hindern das Wirksamwerden des Zugangs nicht, § 130 Abs. 2.
- Gegenüber **Geschäftsunfähigen** geht Erklärung erst mit Zugang an seinen gesetzlichen Vertreter zu, § 131 Abs. 1.
- Gegenüber **beschränkt Geschäftsfähigen** Zugang unmittelbar, wenn Erklärung lediglich rechtlich vorteilhaft oder Einwilligung des gesetzlichen Vertreters vorliegt, § 131 Abs. 2.
  - ⚠ Ein **Angebot** ist immer lediglich rechtlich vorteilhaft, da – unabhängig vom Inhalt – der Rechtskreis jedenfalls erweitert wird!
  - Wird gegenüber einem beschränkt Geschäftsfähigen die **Annahme** erklärt, kann der gesetzliche Vertreter neben dem Vertrag auch den Zugang genehmigen, da andernfalls § 108 leer liefe.

B. Vertiefungsschemata

I. Allgemeiner Teil
2. Besondere Formen des Vertragsschlusses

I. Gemeinsame Erklärungen

- Durch eine Partei oder Dritten vorbereitete Verträge werden unterzeichnet.
- Es wird sukzessiv eine Einigung erzielt.

II. Vollzug des Vertrages

- Trotz fehlender Einigung über alle Vertragsbestandteile kommt Vertrag durch Vollzug der Hauptleistungen zustande.

III. Vertragsschluss bei Leistungen der Daseinsvorsorge

- In der Abnahme einer Leistung, die im Rahmen der Daseinsvorsorge angeboten wird (Wasser, Strom, Gas etc.), kann ein Vertragsschluss liegen, wenn der Verbraucher die durch Bereitstellung angebotene Leistung nutzt = **konkludenter Vertragsschluss** (nach der Liberalisierung des Telefon- und Strommarktes gilt dies aber nur, soweit der Verbraucher nicht annimmt bzw. annehmen darf, von einem anderen Versorger beliefert zu werden).
- Die Lehre vom **sozialtypischen Verhalten**, wonach der Vertragsschluss nicht durch konkludente Willenserklärungen, sondern durch tatsächliche Inanspruchnahme zustande kommt, ist damit nach h.M. überholt.
- Fraglich ist nur, ob ein bei Inanspruchnahme erklärter Protest beachtlich ist (h.M. [–] gem. § 242, da dies ein widersprüchliches Verhalten wäre [protestatio facto contraria]).

IV. Fortsetzung eines Vertrages bei Dauerschuldverhältnissen

- Nach § 545 Fortsetzung eines Mietvertrages
- Nach § 625 Fortsetzung eines Dienstvertrages
- Auch andere Dauerschuldverhältnisse können fortgesetzt werden, wobei in der Fortführung dann konkludente Willenserklärungen liegen.

V. Zustandekommen eines Vertrages kraft Gesetzes

- § 566 „Kauf bricht nicht Miete"
- § 464 Abs. 2 } Ausüben eines Vorkaufsrechts
- § 1098

VI. Schweigen

Grundsätzlich hat Schweigen **keinen Erklärungswert**.
Ausnahmen:
- **Vereinbarung** des Schweigens als Willenserklärung
- Geltung **kraft Gesetzes** als Willenserklärung
  - § 362 Abs. 1 HGB: Regelmäßige Geschäftsbesorgungen eines Kaufmannes
  - § 5 Abs. 3 PflichtVersG: Haftpflichtversicherung
  - § 516 Abs. 2 S. 2: Schenkung
  - § 416 Abs. 1 S. 2: Genehmigung einer Schuldübernahme bei Hypothek
  - §§ 75 h, 91 a HGB: Genehmigung
  - §§ 108 Abs. 2 S. 2, 177 Abs. 2 S. 2, 415 Abs. 2 S. 2: Schweigen als Ablehnung

B. Vertiefungsschemata
I. Allgemeiner Teil
2. Besondere Formen des Vertragsschlusses (Fortsetzung)

VII. Schweigen (Fortsetzung)

- Wertung gem. § 242 als Willenserklärung
  - Schweigen als Reaktion auf eine verspätete/geringfügig geänderte Annahme
  - Schweigen auf Angebot nach umfassenden Vorverhandlungen
- Schweigen auf ein **kaufmännisches Bestätigungsschreiben**

Voraussetzungen:
1. Parteien sind beide Kaufleute oder nehmen in größerem Umfang wie Kaufleute am Wirtschaftsleben teil.
2. Es wurden tatsächlich Vertragsverhandlungen geführt.
3. In dem Schreiben wird der „Vertragsschluss" bestätigt, d.h. aus dem Inhalt des Schreibens muss hervorgehen, dass der Absender von einem bereits erfolgten Vertragsschluss ausgeht. Das Schreiben muss den wesentlichen Inhalt des Vertrages wiedergeben. Ergänzungen sind nur zulässig, soweit mit Billigung gerechnet werden kann.
4. Zugang alsbald nach Vertragsverhandlungen.
5. Kein Widerspruch des Empfängers.
6. Rechtsfolge: Vertrag kommt mit dem Inhalt des Schreibens zustande/bereits geschlossener Vertrag wird inhaltlich modifiziert.
   Ⓟ *Sich kreuzende Bestätigungsschreiben*

VIII. Abgrenzung zu § 151

§ 151 regelt **keinen** Fall einer Willenserklärung durch Schweigen. Erforderlich ist vielmehr eine „Annahme" (also eine Willenserklärung), die nur nicht „erklärt" zu werden braucht, deren **Zugang** also entbehrlich ist. Erforderlich ist aber in jedem Fall eine nach außen erkennbare Betätigung des Annahmewillens.

IX. Vertragsschluss bei Internet-„Auktionen"

- Kein Vertragsschluss im Sinne von § 156, sondern nach allgemeinen Regeln (§§ 145, 147)
- Str. ist, ob die Freischaltung der Angebotsseite durch den Verkäufer als Verkaufsangebot und das spätere Höchstgebot des Käufers als dessen Annahme zu qualifizieren sind oder ob die Freischaltung der Angebotsseite eine – rechtlich zulässige – vorweg erklärte Annahme des vom Käufer abgegebenen Höchstgebotes darstellt.

B. Vertiefungsschemata

I. Allgemeiner Teil
3. Vertretung

Stellvertretung gem. §§ 164 ff.

Eine Willenserklärung wirkt für und gegen den Vertretenen, wenn folgende _Voraussetzungen_ erfüllt sind:	Folgen des _Fehlens_ der Voraussetzung:
1. Zulässigkeit der Stellvertretung (+) bei allen Rechtsgeschäften/geschäftsähnlichen Handlungen, wie Verträgen, Mahnungen, Kündigungen etc. (−) bei Realakten (Verbindung, Vermischung, Verarbeitung, §§ 946 ff.) (−) bei Besitzerwerb, -übertragung (vgl. aber § 855) Ausnahme: § 854 Abs. 2 (−) bei rechtswidrigen Handlungen ⇨ *S. 346* (hier ggf. Zurechnung) (−) bei höchstpersönlichen Geschäften aufgrund Gesetzes (Testament, Eheschließung, Vaterschaftsanfechtung) oder Vereinbarung (gewillkürte Höchstpersönlichkeit)	Rechtsgeschäft ist **nichtig**
2. Eigene Willenserklärung (+) wenn „Vertreter" eigenen Entscheidungsspielraum hat; aber auch beim „Vertreter mit gebundener Marschroute", wenn die Hilfsperson die maßgebliche Willenserklärung formuliert (z.B. bei Formbedürftigkeit) (−) wenn fremde Willenserklärung überbracht wird ■ Bedeutsam für: Form (§ 165), Kenntnis (§ 166), Zugangszeitpunkt ■ Abgrenzung: Äußeres Auftreten des Handelnden	Vermeintlicher Vertreter ist ggf. Bote, sodass Rechtsgeschäft wirksam ist; anderenfalls liegt kein Rechtsgeschäft vor. Tritt Vertreter oder Bote weisungswidrig auf, so gilt: ■ Unschädlich, wenn Rechtsgeschäft von Vertretungs- bzw. Botenmacht gedeckt ■ Bote tritt als Vertreter auf: §§ 177–179 ■ Vertreter tritt bewusst als Bote auf: §§ 177–179 analog ■ Vertreter tritt unbewusst als Bote auf: § 120
3. In fremdem Namen (Offenkundigkeit) Die Person des Vertretenen muss bestimmt oder bestimmbar sein. Keine Namensnennung erforderlich bei: ■ Handeln für „Auftraggeber" ■ Handeln für noch zu benennenden Dritten ■ Unternehmensbezogenen Geschäften Keine Offenkundigkeit erforderlich bei: ■ Geschäft für den, den es angeht (Bargeschäfte des täglichen Lebens) ■ Handeln unter fremdem Namen (Identitätstäuschung), § 177 analog ⚠	**Eigengeschäft** des Handelnden **Keine Irrtumsanfechtung möglich**, wenn Vertreter in eigenem Namen handelt, aber in fremdem Namen handeln wollte, § 164 Abs. 2 ⓟ Anfechtung möglich, wenn Vertreter in fremdem Namen handelt, aber in eigenem Namen handeln wollte? (Rspr.: Umkehrschluss aus § 164 Abs. 2 zeigt, das innerer Wille stets unbeachtlich ist; Lit.: § 164 Abs. 2 ist nicht analogiefähige Ausnahmevorschrift.)

B. Vertiefungsschemata

I. Allgemeiner Teil
3. Vertretung (Fortsetzung)

Stellvertretung gem. §§ 164 ff. (Fortsetzung)

Eine Willenserklärung wirkt für und gegen den Vertretenen, wenn folgende *Voraussetzungen* erfüllt sind:	Folgen des *Fehlens* der Voraussetzung:

4. Mit Vertretungsmacht
a) **Rechtsgeschäftlich (Vollmacht, § 166 Abs. 2 S. 1)**
  aa) **Wirksame Erteilung**
    • empfangsbedürftige Willenserklärung
    • Erklärungsempfänger = Vertreter oder Dritter, § 167 Abs. 1
    • Grundsätzlich formfrei, § 167 Abs. 2
      Ausnahmen:
      – Unwiderrufliche Vollmacht zu formbedürftigem Geschäft (§ 311 b analog)
      – Bürgschaft (§ 766 analog)
      – Besondere Formvorschriften
        • § 492 Abs. 4 S. 1
        • § 1484 Abs. 2
        • § 1945 Abs. 3
        • §§ 2 Abs. 2, 47 Abs. 3 GmbHG
  bb) **Kein Erlöschen** (Widerruf/**Anfechtung**), § 168
    Ⓟ *Anfechtung einer ausgeübten Vollmacht?*
    (Nach h.M. ist die Anfechtung möglich und zwar sowohl gegenüber dem Vertretenen als auch gegenüber dem Dritten; allerdings besteht ein Anspruch auf Ersatz des Vertrauensschadens analog § 122 unmittelbar gegenüber dem Vollmachtgeber.)
    ⚠ *Ggf. Fortbestand trotz Erlöschens gem. §§ 170 ff., Duldungs-, Anscheinsvollmacht (vgl. c)).*
  cc) **Ggf. Fortbestehen trotz Erlöschens**
    • § 170: Bevollmächtigung gegenüber Dritten
    • § 171: Kundgabe
    • § 172: Vollmachtsurkunde
  dd) **Wirksame Ausübung**
    • **Kein Ausschluss/Beschränkung**
      – § 181: Selbstkontrahierungsverbot oder Mehrfachvertretung (ggf. analog bei Umgehung z.B. durch Untervertreter)
        Ⓟ *Teleologische Reduktion bei für den Vertretenen lediglich vorteilhaftem Geschäft*
      – §§ 138 Abs. 1, 242: Kollusion
      – § 242 Evidenzfälle
    • **Einhaltung des Umfangs der Vertretungsmacht**
      – rechtsgeschäftlich beschränkt
      – § 49 HGB: Prokura
      – § 54 HGB: Handlungsvollmacht
      – § 56 HGB: Ladenangestellter
	Vertreter ohne Vertretungsmacht
	a) Rechtsfolgen für **Vertretenen**
	  • Rechtsgeschäft schwebend unwirksam, § 177 Abs. 1
	  • bei Genehmigung ex tunc wirksam, § 184
	  • bei Versagung der Genehmigung oder Widerruf des Dritten (§ 178) endgültig unwirksam
	  • Dritter kann Vertretenen zur Genehmigung binnen 2 Wochen auffordern; Schweigen gilt als Verweigerung, § 177 Abs. 2
	b) Rechtsfolgen für **Vertreter**
	  • bei Genehmigung hat Vertreter mit Vertretungsmacht gehandelt (§ 184)
	  • bei Versagung der Genehmigung Haftung gem. § 179:
	    – Grundsätzlich nach Wahl des Dritten auf **Erfüllung** oder **Schadensersatz**
	    – bei Unkenntnis von Mangel der Vertretungsmacht nur **Haftung auf Vertrauensschaden** (begrenzt auf das Erfüllungsinteresse)

B. Vertiefungs-schemata

I. Allgemeiner Teil
3. Vertretung (Fortsetzung)

Stellvertretung gem. §§ 164 ff. (Fortsetzung)

Eine Willenserklärung wirkt für und gegen den Vertretenen, wenn folgende <u>Voraussetzungen</u> erfüllt sind:	Folgen des <u>Fehlens</u> der Voraussetzung:

b) **Gesetzlich**
 aa) **Organe juristischer Personen**
   § 35 Abs. 1 GmbHG
   § 78 Abs. 1 AktG
   § 26 Abs. 2 (Verein)
 bb) **Gesellschafter einer Personengesellschaft**
   §§ 709, 714
   § 125 HGB
   § 7 Abs. 3 PartGG
 cc) **Gesetzlicher Vertreter eines beschränkt Geschäftsfähigen oder Geschäftsunfähigen (§§ 106–108)**
   § 1629 (Vertretung des Kindes) ⟶
   aber: §§ 1629 Abs. 2, 1795: Ausschluss der Vertretung (§ 1909 Ergänzungspfleger erforderlich)
   und: §§ 1643, 1821 f.: Genehmigung des Familiengerichts
 dd) **§ 1793 (Vormund)**
   aber: § 1795: Ausschluss der Vertretung (§ 1909 Ergänzungspfleger erforderlich); § 1804 (Schenkungen)
   und: §§ 1821 f.: Genehmigung des Familiengerichts
 ee) **§ 1902 (Betreuer)**
   Betreuer bleibt aber grds. geschäftsfähig; es sei denn, Einwilligungsvorbehalt (§ 1903)
   ⚠ *Genehmigungsvorbehalte §§ 1904 ff.;*
     insbesondere § 1908 i i.V.m. §§ 1821 f., § 1804
 c) **Rechtsschein**
 aa) **Duldungsvollmacht**
   • **Rechtsschein einer Vollmacht**, (weil jemand wiederholt und für gewisse Dauer) rechtsgeschäftlich im Namen eines Dritten auftritt
   • Der **Rechtsschein** ist dem „Vertretenen" **zurechenbar**, weil er von dem Auftreten Kenntnis hat und es duldet.
   • Der Geschäftsgegener ist **gutgläubig**.
   Ⓟ *Rechtsscheinsvollmacht oder konkludent erteilte Vollmacht?*
 bb) **Anscheinsvollmacht**
   • **Rechtsschein einer Vollmacht**, (weil jemand wiederholt und für gewisse Dauer) rechtsgeschäftlich im Namen eines Dritten auftritt
   • Der **Rechtsschein** ist dem „Vertretenen" **zurechenbar**, weil er das Auftreten **hätte erkennen und verhindern können**.
   • **Gutgläubigkeit** des Geschäftsgegeners
   Ⓟ *Erfüllungshaftung bei Rechtsschein?*
	
	Beschränkung der Minderjährigenhaftung, § 1629 a
	 Begrenzung der Verbindlichkeiten auf Vermögen bei Volljährigkeit

B. Vertiefungsschemata

I. Allgemeiner Teil
4. AGB

Allgemeine Geschäftsbedingungen (AGB), §§ 305 ff.

I. Anwendbarkeit der §§ 305 ff.

1. § 310 Abs. 4 S. 1 *nicht* bei Verträgen im
   - Erbrecht
   - Familienrecht
   - Gesellschaftsrecht
   - Tarifverträge/Betriebs- und Dienstvereinbarungen
2. § 310 Abs. 4 S. 2: *Anwendbar* (eingeschränkt) auf Arbeitsverträge
3. § 476 Abs. 1: *nicht* bei zwingenden Bestimmungen des Verbrauchsgüterkaufs

   ⚠ *Die Inhaltskontrolle der §§ 307 ff. und insbesondere die der §§ 308, 309 hat daher einen sehr geringen Anwendungsbereich: Ist ein Verbraucher Käufer, sind die meisten Bestimmungen zwingendes Recht; ist ein Unternehmer Käufer, gelten die §§ 308, 309 unmittelbar wegen § 310 Abs. 1 nicht, haben aber Indizwirkung. Die §§ 307 ff. sind daher im Kaufrecht nur bei Kaufverträgen Verbraucher ⇨ Verbraucher oder Verbraucher ⇨ Unternehmer (beide selten) und Grundstückskaufverträgen vollständig anwendbar.*

II. Vorliegen von AGB

Voraussetzungen (§ 305 Abs. 1 S. 1)	Ausnahmen/Besonderheiten
1. **Vorformulierte** Vertragsbedingungen ⟶	nicht wenn ausgehandelt (§ 305 Abs. 1 S. 3)
2. für eine **Vielzahl von** Verträgen ⟶	gegenüber **Verbrauchern** auch bei einmaliger Verwendung (§ 310 Abs. 3 Nr. 2)
3. vom Verwender (einseitig) **gestellt** ⟶	gegenüber **Verbrauchern** gelten AGB als vom Unternehmer gestellt (§ 310 Abs. 3 Nr. 1)
	Auch wenn begrifflich keine AGB vorliegen, sind die §§ 305 ff. gem. **§ 306 a** *anwendbar* bei **Umgehung**.

III. Einbeziehung in den Vertrag

Voraussetzungen (§ 305 Abs. 1 S. 1)	Ausnahmen/Besonderheiten
• **Gegenüber Verbrauchern: § 305 Abs. 2** ⟶	**§ 305 a** Auch ohne Einhaltung der Voraussetzungen (1) und (2) werden Vertragsbestandteil:
(1) ausdrücklicher Hinweis/Aushang	• genehmigte Beförderungsbedingungen
(2) Möglichkeit der Kenntnisnahme	• veröffentlichte Telekommunikationsbedingungen
(3) Einverständnis mit Geltung	• Postbedingungen
(4) Nicht überraschend (§ 305 c Abs. 1)	**§ 305 b**
ⓟ *Anlassrechtsprechung bei Bürgschaften* ⇨ **S. 177 ff.**	Individualabrede verdrängt AGB
• **Gegenüber Unternehmern: § 310 Abs. 1 S. 1, Abs. 3 Nr. 2** ⟶	ⓟ *Widersprechende AGB*
(1) Keine Geltung des § 305 Abs. 2 und 3	• *Soweit AGB übereinstimmen bzw. sich nicht widersprechen, gelten sie.*
(2) Einbeziehung nach allg. Grundsätzen (konkludente oder ausdrückliche Einigung, kfm. Bestätigungsschreiben – dabei keine Geltung von § 305 c Abs. 1, da überraschende Klausel ohnehin durch kfm. Bestätigungsschreiben nicht Vertragsbestandteil wird) ⇨ **S. 147**	• *Soweit sich die AGB widersprechen, werden sie nicht einbezogen; es gilt § 306 Abs. 2.*
	• *Abwehrklausel schließt zusätzlich Einbeziehung ergänzender AGB aus.*

B. Vertiefungsschemata

I. Allgemeiner Teil
4. AGB (Fortsetzung)

Allgemeine Geschäftsbedingungen (AGB), §§ 305 ff. (Fortsetzung)

IV. Inhaltskontrolle

- **Allgemeines**
  1. Kundenfreundliche Auslegung, § 305 c Abs. 2
  2. Transparenzgebot, § 307 Abs. 1 S. 2
  3. Keine Kontrolle der Hauptleistungspflichten!

- **Gegenüber Verbrauchern: §§ 307–309**
  1. § 309 (Klauselverbote ohne Wertungsmöglichkeit) ➤ Jeder Verstoß führt zu Unwirksamkeit der Klausel.
  2. § 308 (Klauselverbote mit Wertungsmöglichkeit) ➤ Unangemessene Regelung führt zu Unwirksamkeit.
  3. § 307 (Allgemeine Unwirksamkeitsgründe) ➤ Verstoß bei Abweichen von Grundgedanken der gesetzlichen Regelung (§ 307 Abs. 2 Nr. 1) oder Zweckgefährdung (§ 307 Abs. 2 Nr. 2); Begleitumstände beachtlich (§ 310 Abs. 3 Nr. 3)

  Ausnahmen:
  §§ 308, 309 gelten für Versorgungsverträge gem. § 310 Abs. 2 nicht.

- **Gegenüber Unternehmern: nur § 307 (vgl. § 310 Abs. 1)**
  Unwirksamkeit nur nach § 307, wobei die §§ 308, 309 eine **Indizwirkung** haben können (vgl. § 310 Abs. 1 S. 2). – Auf die Besonderheiten des Handelsverkehrs ist Rücksicht zu nehmen.
  ➤ Keine Indizwirkung: § 309 Nr. 1, 2, 6, 8 b) ee), 9, 13.

V. Rechtsfolgen der Nichteinbeziehung (III) bzw. Unwirksamkeit (IV)

- **§ 306 Abs. 1:** Wirksamkeit des Vertrages (und der anderen Klauseln)

  ⚠ **Spezialregelung zu § 139**, wonach der Vertrag eigentlich unwirksam wäre

- **§ 306 Abs. 2:** Lückenschließung durch gesetzliche Regelung/Vertragsauslegung ⇨ **S. 161**

  ⓟ Teilunwirksamkeit einer Klausel (Grundsätzlich **Verbot der geltungserhaltenden Reduktion**, d.h. Klausel insgesamt unwirksam; Ausnahme: **„blue-pencil-test"** [kann die unwirksame Passage gestrichen werden ohne Sinnverlust des Restes, kann dieser bestehen bleiben].)

B. Vertiefungsschemata

I. Allgemeiner Teil
5. Beschränkte Geschäftsfähigkeit, Geschäftsunfähigkeit

vgl. auch ⇨ S. 337

Geschäftsunfähigkeit, §§ 104, 105

1. Voraussetzungen

- Minderjährige unter 7 Jahren, § 104 Nr. 1
- Geisteskranke, § 104 Nr. 2
- Gleichgestellt: Vorübergehend Geistesgestörte, Bewusstlose, § 105 Abs. 2

2. Rechtsfolgen

Willenserklärungen nichtig gem. § 105 Abs. 1
- Damit evtl. Vertrag ebenfalls nichtig.
- Guter Glaube an Geschäftsfähigkeit nicht geschützt, daher auch keine SE-Ansprüche.
- Auch wenn Geschäftsunfähiger als Vertreter handelt, ist WE unwirksam (ggf. SE-Anspruch gegen Vertretenen wegen Auswahlverschuldens).
- Zum Schutz des Geschäftsunfähigen kann er trotz Unwirksamkeit eines Arbeitsvertrages ein Entgelt für tatsächlich geleistete Dienste verlangen (Berufung auf Geschäftsunfähigkeit ist treuwidrig i.S.v. § 242).

3. Geschäfte des täglichen Lebens, § 105 a

a) **Voraussetzungen**
   - Alltägliches Geschäft
   - Leistung und Gegenleistung tatsächlich bewirkt
   - Geringwertige Mittel
   - Keine Gefahr für Person oder Vermögen des Geschäftsunfähigen durch das Geschäft (☞ Kauf von Alkohol durch Alkoholkranken oder Kauf von fünf Mänteln, wenn nur einer benötigt wird)

b) **Rechtsfolgen:** Geschäft ist nur in Ansehung von Leistung und Gegenleistung wirksam (keine Rückforderung aus §§ 812 ff.).

   ⓟ *Umfang der Wirksamkeit (Nach e.A. bleibt Vertrag über die Primärleistungen hinaus unwirksam, sodass keine SE-Ansprüche oder weitergehende Pflichten bestehen; nach a.A. stehen dem Geschäftsunfähigen alle Rechte aus dem Vertrag, also z.B. auch Gewährleistungsrechte oder die Rechte aus § 312 d zu.)*

Beschränkte Geschäftsfähigkeit, §§ 106 ff.

Vorrangige Sonderregeln

- § 1303 Ehemündigkeit
- § 1903 Einwilligungsvorbehalt bei Betreuung
- § 1600 a Abs. 2 Vaterschaftsanfechtung (Vater und Mutter)
- § 1600 a Abs. 3 Vaterschaftsanfechtung (Kind)
- § 2229 Testierfähigkeit

1. Voraussetzungen

- Minderjährige ab Vollendung des 7. Lebensjahres (bis zur Vollendung des 18. Lebensjahres, § 2)

B. Vertiefungsschemata
I. Allgemeiner Teil
5. Beschränkte Geschäftsfähigkeit, Geschäftsunfähigkeit (Fortsetzung)

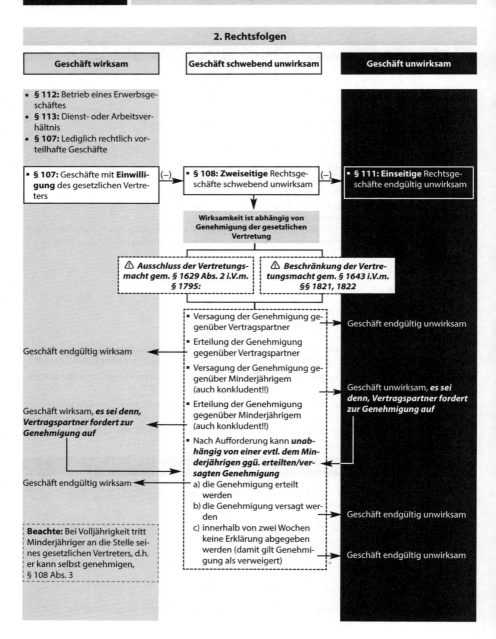

B. Vertiefungsschemata
I. Allgemeiner Teil
6. Form

I. Bestehen eines Formbedürfnisses – die examenswichtigsten Fälle

1. **Schriftform, § 126**
   - § 623 Kündigung und Aufhebung eines Arbeitsverhältnisses
   - § 766 S. 1 Bürgschaft (beachte § 350 HGB)
   - § 780 Schuldversprechen
   - § 781 Schuldanerkenntnis
   - § 492 Abs. 1 Verbraucherdarlehen
   - § 550 (i.V.m. § 549 oder § 578 Abs. 1 oder § 578 Abs. 2) Miete bei Zeitmietvertrag > 1 Jahr
     (⚠ *Verstoß führt nicht zu Unwirksamkeit. Es kommt ein unbefristeter Vertrag zustande.*)
   - § 1154 Übertragung der Hypothek durch Abtretung

2. **Elektronische Form, § 126 a**
   - Grundsätzlich immer dann, wenn Schriftform angeordnet; **Ausnahmen:**
     – § 484 Abs. 1 S. 2 Teilzeitwohnrechte
     – § 492 Abs. 1 S. 2 Verbraucherdarlehen
     – § 623 Kündigung und Aufhebung von Arbeitsverhältnissen
     – § 630 Zeugniserteilung
     – § 766 S. 2 Bürgschaftserklärung
     – § 780 S. 2 Schuldversprechen
     – § 781 S. 2 Schuldanerkenntnis

3. **Textform, § 126 b**
   - § 479 Abs. 2 Garantieerklärung bei Verbraucherverträgen
   - § 554 Abs. 3 Modernisierungsmaßnahmen
   - § 556 a Betriebskosten
   - §§ 558 a, 559 b Mieterhöhung

4. **Notarielle Beurkundung**
   - § 311 b Abs. 1 S. 1 Verpflichtung zum Erwerb- oder zur Übertragung von Eigentum an Grundstücken
     – Gesamter Vertragsinhalt (auch Nebenabreden) sind beurkundungspflichtig
       Ⓟ *Falschbeurkundung des Kaufpreises*
       (Der beurkundete Vertrag ist als Scheingeschäft nichtig, § 117; der gewollte Vertrag ist formnichtig – Heilung des gewollten Vertrages ggf. gem. § 311 b Abs. 1 S. 2.)
     – Auch bedingte Verpflichtungen/Vorverträge sind formbedürftig
     – Kein Formerfordernis mehr für Vertragsänderungen nach Auflassung
       (es sei denn, eigenständige Erwerbspflicht wird begründet)
   - § 518 Abs. 1, Schenkungsversprechen (⚠ *nicht der gesamte Schenkungsvertrag, sondern nur die WE d. Schenkers*)
   - § 1410 Ehevertrag
   - § 2276 Erbvertrag
   - § 2 Abs. 1 GmbHG Gesellschaftsvertrag für GmbH
   - § 15 Abs. 3 u. 4 GmbHG Abtretung von Gesellschaftsanteilen an einer GmbH und Verpflichtung dazu
   - § 53 Abs. 2 GmbHG Satzungsänderungen
   - § 23 Abs. 1 AktG Satzung der AG

5. **Öffentliche Beglaubigung**
   - § 403 Beglaubigung einer Abtretung auf Wunsch des neuen Gläubigers
   - § 1154 Abs. 1 S. 2 Beglaubigung einer Hypothekenabtretung auf Wunsch des neuen Gläubigers

6. **Gleichzeitige Anwesenheit**
   - § 925 Abs. 1 Auflassung vor dem Notar
   - § 1310 Eheschließung vor dem Standesbeamten

7. **Eigenhändigkeit**
   - § 2247 Testament

B. Vertiefungsschemata

I. Allgemeiner Teil
6. Form (Fortsetzung)

II. Reichweite des Formbedürfnisses

Gesetzliche Form	Vereinbarte Form
- Formbedürfnis für **Zustandekommen und Änderung** des Vertrages - **Vertragsaufhebung** grundsätzlich formfrei (Ausn. z.B. §§ 2290 Abs. 4, 2351)	- Formbedürfnis für **Zustandekommen** - **Änderung** des Vertrages nach h.M. formfrei, es sei denn qualifiziertes Schriftformerfordernis - **Vertragsaufhebung** formfrei

III. Einhaltung der Form

Bei **empfangsbedürftigen Willenserklärungen** muss Willenserklärung in der erforderlichen Form **zugehen** (**Ausnahme:** Bei notarieller Beurkundung reicht Beurkundung der Annahmeerklärung, § 152)

Gesetzliche Form	Vereinbarte Form
Schriftform, § 126 - Urkunde eigenhändig unterschrieben - Bei Vertrag Unterzeichnung auf derselben Urkunde, es sei denn, es gibt gleichlautende Ausfertigungen, dann Unterschrift auf jeweils einer Urkunde - Grds. Ersetzung durch elektronische Form möglich, soweit nichts abweichendes bestimmt ist - Notarielle Beurkundung ersetzt Schriftform	**Schriftform, §§ 127, 126** - Geltung des § 126 nur „im Zweifel" (abweichende Bestimmungen möglich) - Telekommunikative Übermittlung reicht (i.d.R. genügt daher Textform, § 126 b) - Bei Vertrag genügt Briefwechsel
Elektronische Form, § 126 a - elektronischer Erklärung muss Name und qualifizierte elektronische Signatur gem. Signaturgesetz hinzugefügt werden - bei Vertrag genügt Signierung von Angebot und Annahme - keine Anwendung in gesetzlich bestimmten Fällen, § 126 Abs. 3 (☞ § 492 Abs. 1; § 766 S. 2)	**Elektronische Form, §§ 127, 126 a** - Geltung des § 126 a nur „im Zweifel" (abweichende Bestimmungen möglich) - elektronischer Erklärung muss Name und elektronische Signatur hinzugefügt werden (auch andere als qualifizierte) - bei Vertrag Signierung eines jeweils gleichlautenden Dokuments
Textform, § 126 b Nennung der Person des Erklärenden und Abgabe einer lesbaren Erklärung auf einem dauerhaften Datenträger (☞ Papier, E-Mail, Computerfax, CD-ROM etc., vgl. Legaldefinition in § 126 b S. 2)	**Textform, §§ 127, 126 b** - Geltung des § 126 b nur „im Zweifel" (abweichende Bestimmungen möglich) - ansonsten keine Besonderheiten
Notarielle Beurkundung, § 128 - Beurkundung durch Notar - Beurkundungsverfahren gem. BeurkundungsG - Bei gerichtlichem Vergleich wird Beurkundung durch Protokoll ersetzt, § 127 a - Zugangsentbehrlichkeit der Annahme gem. § 152	**Notarielle Beurkundung, §§ 127 analog, 128** Geltung des § 127 analog; d.h. auf rechtsgeschäftlich vereinbarte notarielle Beurkundung ist § 128 im Zweifel entsprechend anzuwenden.

B. Vertiefungsschemata

I. Allgemeiner Teil
6. Form (Fortsetzung)

III. Einhaltung der Form (Fortsetzung)

Gesetzliche Form	Vereinbarte Form
Öffentliche Beglaubigung, § 129 • Schriftliche Abfassung der Erklärung (§ 126) und Beglaubigung der Unterschrift durch Notar • Ersetzbar durch notarielle Beurkundung	**Öffentliche Beglaubigung, §§ 127 analog, 129** Geltung des § 127 analog
Gleichzeitige Anwesenheit • § 925: Vertretung möglich (aber keine Botenschaft) • § 1310: Keine Vertretung möglich	(–)
Eigenhändigkeit • handschriftliche Abfassung des gesamten Textes • Unterschrift mit Vor- und Zuname	(–)

IV. Heilung

⚠ *Es gibt keine allgemeine Heilung bei Erfüllung des Vertrages! Heilung nur in den gesetzlich bestimmten Fällen:*
1. Erfüllung: §§ 311 b Abs. 1 S. 2, 766 S. 3, § 15 Abs. 4 S. 2 GmbHG
2. Bewirkung: § 518 Abs. 2
3. Empfang des Darlehens: § 494 Abs. 2

V. Rechtsfolgen der Nichteinhaltung

1. **Gesetzliche Form**
   § 125 S. 1: Nichtigkeit – Teilnichtigkeit führt im Zweifel zur Gesamtnichtigkeit, § 139
2. **Vertragliche Form**
   § 125 S. 2: Auslegung, ob Wirksamkeitsvoraussetzung (dann Nichtigkeit) oder Beweismittel (dann keine Nichtigkeit)
   Auslegungsregel: Im Zweifel Nichtigkeit.
3. Ausnahmsweise: **Unzulässigkeit der Berufung auf den Formmangel**
   • Existenzgefährdung einer Partei
   • Treupflichtverletzung (schuldhafte Verhinderung eines formgerechten Vertragsabschlusses)
4. Sondervorschriften:
   z.B. Mietvertrag wirksam, aber unbefristet, § 550

VI. Auslegung formbedürftiger Erklärungen

1. Auslegung des Willens nach allg. Grundsätzen ⇨ *S. 161*
2. **Andeutung in der Urkunde?** (Andeutungstheorie)
   ⓟ *Falsa demonstratio bei formbedürftigen Erklärungen?*
   (Anwendbarkeit der falsa demonstratio Grundsätze, wenn dadurch Sinn und Zweck der Formvorschrift nicht beeinträchtigt wird.)

B. Vertiefungsschemata
I. Allgemeiner Teil
7. Anfechtung

I. Zulässigkeit der Anfechtung

1. **Nicht** anfechtbar:
   - Rechtsfolgen des Schweigens (z.B. kaufmännisches Bestätigungsschreiben; i.Ü. str.)
     ⇨ *S. 147*
   - **Rechtsscheinstatbestände** (z.B. Blankoerklärung; Duldungs-, Anscheinsvollmacht)
   - Gründungs- und Beitrittserklärung zur GmbH oder Aktiengesellschaft nach Eintragung
   - prozessrechtliche Erklärungen (str. bzgl. Prozessvergleich, da auch Vergleich i.S.d. § 779)
2. Sonderregeln im Familien- und Erbrecht, §§ 1599 ff., 1954 ff., 2308
3. Unmittelbare Anwendung auf alle **Willenserklärungen**
4. **Analoge Anwendbarkeit auf** geschäftsähnliche Handlungen

II. Anfechtungsgrund

1. **§ 119 Abs. 1**
   - 1. Alt.: **Inhaltsirrtum** = Irrtum über Bedeutungsgehalt
     (☞ Erklärender weiß, was er erklärt, aber nicht, was er damit erklärt)
   - 2. Alt.: **Erklärungsirrtum** (Versprechen, Verschreiben etc.)
     (☞ Erklärender weiß nicht, was er erklärt)
   a) Ermittlung des objektiven Erklärungswerts = äußerer Erklärungstatbestand
      ⇨ *S. 144,* ⇨ *S. 161*
   b) Ermittlung des subjektiven Erklärungswerts = innerer Erklärungstatbestand ⇨ *S. 144*
   c) Unbewusstes Auseinanderfallen hinsichtlich des **Geschäftswillens** (§ 119 Abs. 1 direkt) oder des **Erklärungsbewusstseins** (§ 119 Abs. 1 analog) zwischen innerem und äußerem Erklärungstatbestand
      ⚠ *Im Handelsverkehr:* §§ 346, 347 HGB maßgeblich
      (−) bei Kalkulationsirrtum, Motivirrtum, Rechtsfolgenirrtum
   d) Erheblichkeit (wenn Erklärung sonst so nicht abgegeben worden wäre)
2. **§ 119 Abs. 2, Eigenschaftsirrtum (1. Alt.: Person, 2. Alt.: Sache)**
   a) Eigenschaften = alle wertbildenden Merkmale (nicht jedoch der Preis/Wert an sich)
   b) Verkehrswesentlich (vereinbart/erkennbar zugrunde gelegt)
   c) Ausgeschlossen
      - durch Gewährleistungsvorschriften soweit Irrtum ≙ Mangel
      - bei Doppelirrtum durch Störung der Geschäftsgrundlage gem. § 313 (str.) ⇨ *S. 341*
3. **§ 120**, wenn **Erklärungsbote** unbewusst einen anderen Inhalt überbringt
4. **§ 123**
   a) **Widerrechtliche Drohung:**
      Drohung ist die Ankündigung eines Übels, dessen Eintritt der Handelnde aus der Sicht des Adressaten beeinflussen kann.
   b) **Arglistige Täuschung** durch den Vertragspartner oder einen anderen, der nicht „Dritter" ist (Wertung des § 278);
      falls Dritter: Anfechtungsmöglichkeit ggf. nach § 123 Abs. 2 ausgeschlossen, falls Vertragspartner Täuschung kannte oder kennen musste

B. Vertiefungsschemata
I. Allgemeiner Teil
7. Anfechtung (Fortsetzung)

III. Kein Ausschluss

- Bestätigung gem. § 144; erforderlich, aber Bewusstsein der Anfechtbarkeit
- Fristen der §§ 121 Abs. 2, 124 Abs. 3 (10 Jahre seit Abgabe der Erklärung)

IV. Anfechtungserklärung: Rechtsgeschäft soll wegen Willensmangels nicht gelten

1. Empfangsbedürftige WE, § 130 Abs. 1 S. 1; Angabe des Grundes erforderlich, wenn nicht erkennbar.
2. Anfechtung bedingungsfeindlich; zulässig, aber Eventualanfechtung im Prozess
3. Anfechtungsgegner, § 143
4. Bei Vertretung gilt § 174 (Vorlage einer Vollmachtsurkunde)

V. Anfechtungsfrist

Bei §§ 119, 120: gem. § 121 Abs. 1 „unverzüglich" bzw. bei § 123: gem. § 124 binnen eines Jahres

⚠ *Wird die Anfechtung einer Erklärung durch einen Vertreter erklärt (z.B. Rechtsanwalt) und dieser legt entgegen § 174 S. 1 keine Vollmachtsurkunde bei, kann die Anfechtung zurückgewiesen werden. Eine erneute Anfechtung unter Beifügung einer Vollmachtsurkunde ist dann i.d.R. nicht mehr „unverzüglich" i.S.d. § 121 Abs. 1.*

VI. Rechtsfolge

1. Willenserklärung nach § 142 Abs. 1 **ex tunc nichtig**, damit auch der Vertrag
2. Ggf. Rückabwicklung gem. §§ 812 ff.
3. Ggf. Schadensersatzpflicht gem. § 122 (nicht nach Anfechtung gem. § 123!) ⇨ **S. 46**
4. **Einschränkung** für in Vollzug gesetzte
   - **Arbeitsverträge**
   - **Gesellschaftsverträge**
5. Bei Teilanfechtung: Teilnichtigkeit, wenn Leistung teilbar
6. ⚠ § 142 Abs. 2: Wer die Anfechtbarkeit eines Rechtsgeschäfts kannte oder kennen musste, wird behandelt, als ob er die Nichtigkeit kannte oder kennen musste. (☞ *Kennt jemand die Anfechtbarkeit einer Übereignung, wird er behandelt, als hätte er ihre Unwirksamkeit gekannt. Damit wusste er, dass der Erwerber kein Eigentum erlangt hat und kann selbst nicht gutgläubig Eigentum erwerben.*)

B. Vertiefungsschemata
I. Allgemeiner Teil
8. Bedingung, Befristung

I. Bedingung

1. **Arten**
   a) **aufschiebend** = Rechtsfolgen einer Erklärung sollen erst mit Eintritt eines zukünftigen *ungewissen* Ereignisses eintreten, § 158 Abs. 1.
   b) **auflösend** = Rechtsfolgen einer Erklärung sollen sofort eintreten, aber mit dem Eintritt eines zukünftigen ungewissen Ereignisses wieder enden.
2. **Sonderformen**
   a) **Kasuelle Bedingung** (Eintritt des zukünftigen Ereignisses ist vom Willen der Parteien unabhängig)
   b) **Potestativbedingung** (Eintritt des zukünftigen Ereignisses ist vom Verhalten einer Partei abhängig)
      - Erbeinsetzung unter auflösender Bedingung der Wiederverheiratung
      - Eigentumsvorbehalt (aufschiebende Bedingung der Kaufpreiszahlung, § 449 Abs. 1)
      - Änderungskündigung
   c) **Wollensbedingungen** (Eintritt des zukünftigen Ereignisses ist vom „Wollen" einer Partei abhängig – letztlich Potestativbedingungen, bei denen die Herbeiführung des Ereignisses im Belieben einer Partei steht)
      - Kauf auf Probe (aufschiebende Bedingung der Billigung, § 454 Abs. 1 S. 2)
3. **Zulässigkeit**
   a) Grundsätzlich sind Bedingungen bei allen Rechtsgeschäften (auch Verfügungsgeschäften) zulässig.
   b) **Bedingungsfeindliche** Geschäfte kraft gesetzlicher Anordnung:
      - Auflassung, § 925; vgl. § 925 Abs. 2
      - Eheschließung, § 1311 S. 2
      - Begründung Lebenspartnerschaft, § 1 Abs. 1 LPartG
      - Vaterschaftsanerkennung, § 1594 Abs. 3
   c) **Bedingungsfeindliche Gestaltungsrechte:**
      - Aufrechnung, vgl. § 388 S. 2 ⎫
      - Anfechtungserklärung   ⎪
      - Rücktritt   ⎬ Zulässig, aber Potestativ- und Rechtsbedingungen (Eventualaufrechnung im Prozess)
      - Widerruf   ⎪
      - Kündigung   ⎪
      - Genehmigung   ⎪
      - Ausübung Vorkaufsrecht   ⎭
4. **Rechtsfolgen**
   a) **Wirksamkeit** des Rechtsgeschäfts (Keine Rückwirkung bei aufschiebender Bedingung, § 158, die Parteien können eine solche aber schuldrechtlich vereinbaren, § 159)
   b) **Schutz des bedingt Berechtigten**
      - Schadensersatz, § 160
      - Schutz vor Zwischenverfügungen, § 161
      - Keine unzulässigen Einwirkungen auf Bedingungseintritt, § 162

II. Befristung

1. **Begriff**: Rechtsfolgen einer Erklärung sollen erst mit Eintritt eines zukünftigen *gewissen* Ereignisses eintreten (Anfangstermin) oder enden (Endtermin), § 163.
2. Ereignis kann **kalendermäßiges Datum** sein (muss es aber nicht; jeder gewisse Umstand, z.B. Tod einer Person, führt zu einer Befristung und nicht zu einer Bedingung).
3. **Entsprechende Anwendbarkeit** der Bestimmungen über die **Bedingung (§ 163)**.

B. Vertiefungsschemata

I. Allgemeiner Teil
9. Auslegung, Dissens, Einigungsmängel

Die Auslegung von Willenserklärungen und Verträgen

	Willenserklärung	Vertrag	
Zweck:	• Ermittlung des **äußeren Erklärungstatbestands** einer Willenserklärung • Schutz des Erklärungsempfängers	**Ermittlung der Rechtsfolgen** aus einem zustande gekommenen Vertrag = Was haben die Parteien im Vertrag hinsichtlich Art und Umfangs der Vertragspflichten geregelt?	**Schließung einer planwidrigen Lücke** im Vertrag = Die Parteien haben einen bestimmten Punkt unbewusst tatsächlich nicht geregelt, man hätte aber bei Zugrundelegung der Vertragskonzeption eine Regelung erwartet.
Auslegungsblickwinkel: Aus welcher Sicht wird ausgelegt? Was ist der richtige Auslegungsmaßstab?	**Grundsatz:** objektiver Empfängerhorizont (§ 157) **Ausnahme:** Wille des Erklärenden maßgeblich (§ 133): • Kein zu schützender Erklärungsempfänger vorhanden (z.B. Testament) • Empfänger nicht schutzbedürftig/nicht schutzwürdig • Falsa demonstratio non nocet		Aufgrund des Vertragsschlusses sind die **Interessen sämtlicher Vertragspartner** zu berücksichtigen, §§ 157, 242
Auslegungsmethode: Wie gehe ich vor?	• **Grundsatz: Normative Auslegung, § 157** = Wie musste ein objektiver Dritter in der Person des Erklärungsempfängers das Geäußerte verstehen? • **Ausnahme: Natürliche Auslegung, § 133** = Was hat der Erklärende mit seiner Erklärung gemeint?	**Erläuternde Auslegung** Ermittlung des Gewollten anhand: • Interessenlage der Parteien; • Vertragszweck; • Treu und Glauben, § 242; • Verkehrssitte im Zeitpunkt des Vertragsschlusses	**Lückenschluss durch dispositive Vorschriften** Bestehen dispositive gesetzliche Regelungen, die die Lücke im konkreten Fall schließen können und der Interessenlage der Parteien, dem Vertragszweck, Treu und Glauben und der Verkehrssitte gerecht werden?	**Ergänzende Auslegung** Wenn nein: Was hätten die Vertragspartner unter den damaligen Umständen vernünftigerweise vereinbart (= ex ante Sicht, verobjektiviert durch die genannten Kriterien)?
Form:	Nur relevant bei **formbedürftigen Willenserklärungen**, §§ 311 b, 518, 766		**Andeutungstheorie:** Es reicht nach h.M. aus, dass das Auslegungsergebnis wenigstens „zwischen den Zeilen" Anklang gefunden hat.

B. Vertiefungsschemata

II. Schuldrecht
1. Erfüllung und Erfüllungssurrogate

I. Erfüllung, § 362 Abs. 1

Der reale Tilgungsakt:
Herbeiführen des Leistungs**erfolges**

Subjektives Element:
Nach h.M. grds. nicht erforderlich
(Theorie der realen Leistungsbewirkung)

Beispiele:
Kaufvertrag: Übergabe und Übereignung
Dienstvertrag: Verrichtung der Tätigkeit
Werkvertrag: Herbeiführen des Erfolges
Geldschuld: Barzahlung stets; Banküberweisung, wenn Gläubiger einverstanden

Beachte: Erfüllung tritt erst mit Bewirkung des Leistungserfolges ein; für die Rechtzeitigkeit der Erfüllung (§ 286) kommt es jedoch auf die Leistungshandlung an.

Ausnahmen:
Eine Tilgungsbestimmung (§ 366 Abs. 1) ist erforderlich,
- wenn mehrere Forderungen bestehen,
- anderenfalls Tilgung in der Reihenfolge des § 366 Abs. 2:
  – Kosten
  – Zinsen
  – unsichere Forderungen
  – Lästigkeit
  – Alter
  – Verhältnis
- wenn ein Dritter leistet, § 267, und
- im Falle der Vorausleistung.

Empfangszuständigkeit („Berechtigung")

- Empfangszuständig ist **grundsätzlich** der **Gläubiger** (Ausnahme: Beschränkt Geschäftsfähigem oder Geschäftsunfähigem fehlt die Empfangszuständigkeit).
- An einen **Dritten** kann geleistet werden, **wenn** dieser gem. §§ 362 Abs. 2, 185 **ermächtigt** ist.
- **Nach Abtretung** kann an den bisherigen Gläubiger unter der Voraussetzung des § 407 Abs. 1 schuldbefreiend geleistet werden.

B. Vertiefungsschemata

II. Schuldrecht
1. Erfüllung und Erfüllungssurrogate (Fortsetzung)

II. Leistung an Erfüllungs statt, § 364 Abs. 1

1. Gläubiger nimmt andere als ursprüngliche Leistung an; ursprüngliche Leistung erlischt
2. Anwendungsbereich: Inzahlunggabe von **Gebrauchtwagen**

Agenturvertrag	Inzahlungnahme zum Festpreis	

• Kaufvertrag über neues Kfz
• Agenturvertrag über gebrauchtes Kfz:
  – Vermittlung des Weiterverkaufs durch den Händler
  – Garantie eines bestimmten Mindestpreises
  – Höheren Verkaufspreis darf Händler als Provision behalten
  – Stundung des Kaufpreises für den Neuwagen
  – Aufrechnungsabrede
	Gemischter Kauf-/Tauschvertrag	**Kaufvertrag mit Ersetzungsbefugnis**

	Erfüllung	
	Kaufpreisanspruch entsteht von vornherein nur i.H.d. Neuwagenpreises abzgl. des Anrechnungsbetrages, da insoweit Tauschvertrag.	Kaufpreisanspruch entsteht in voller Höhe; Neuwagenkäufer hat einseitig das Recht, den Gebrauchtwagen an Erfüllungs statt zu leisten.
	Zerstörung des Gebrauchtwagens vor Ablieferung	
	Durchführung des Tauschvertrages ist unmöglich, § 275. Neuwagenkäufer wird insgesamt frei.	Nur Ersetzungsbefugnis erlischt, d.h. Neuwagenkäufer muss vollen Kaufpreis zahlen (ggf. § 313).
Problem: **Verbrauchsgüterkauf, §§ 474 ff.** Stellt ein Agenturvertrag eine unzulässige Umgehung der Vorschriften über den Verbrauchsgüterkauf dar? H.M.: Wenn Händler wirtschaftliches Risiko trägt, dann unzulässige Umgehung. Folgeproblem: Gegen wen bestehen Gewährleistungsansprüche? e.A.: Verbraucher-Verkäufer haftet wie ein Unternehmer h.M.: Unternehmer haftet analog §§ 437 ff. wie ein Verkäufer	**Mangelhaftigkeit des Gebrauchtwagens**	
	Verkäufer kann vom gesamten Vertrag zurücktreten; anderenfalls Minderung, sodass Neuwagenkäufer Minderwert ausgleichen muss.	Gewährleistungsverpflichtung des Neuwagenkäufers gem. § 365. Neuwagenverkäufer kann isoliert von Inzahlungnahme zurücktreten, sodass Käufer vollen Kaufpreis für Neuwagen zahlen muss.
	Bei Inzahlunggabe an einen professionellen Verkäufer besteht ein konkludenter Gewährleistungsausschluss für typische Verschleißmängel.	
	Rückabwicklung nach Rücktritt	
	Findet eine Rückabwicklung statt, so sind die gegenseitig gewährten Leistungen zurückzugewähren, also Neuwagen Zug-um-Zug gegen Altwagen und Kaufpreisanteil.	Auch bei einer Ersetzungsbefugnis kann der Neuwagenkäufer im Fall der Rückabwicklung nicht etwa den Anrechnungsbetrag verlangen, sondern nur den Altwagen. Ist dieser – z.B. wegen Weiterverkaufs – beim Händler nicht vorhanden, hat dieser den Wert zu ersetzen, und zwar ausgehend von dem Anrechnungsbetrag (§ 346 Abs. 2 S. 2).

B. Vertiefungsschemata

II. Schuldrecht
1. Erfüllung und Erfüllungssurrogate (Fortsetzung)

III. Leistung erfüllungshalber, § 364 Abs. 2

1. Neue Verbindlichkeit tritt neben bereits bestehende (keine Erfüllungswirkung!), z.B. Scheck oder Wechsel.
2. Bestehende Forderung ist allerdings gestundet, solange Gläubiger Befriedigung aus neuer Verbindlichkeit erlangen kann.

IV. Hinterlegung, §§ 372 ff., 378

1. **Voraussetzungen**
   a) Hinterlegungsgrund
      - Annahmeverzug des Gläubigers
      - (unverschuldete) Unsicherheit über Gläubiger

   b) Hinterlegungsfähigkeit des Gegenstandes, § 372

2. **Wirkungen**
   - Gefahrübergang
   - Ist Rücknahme ausgeschlossen, tritt Erfüllung ein, § 378.

V. Selbsthilfeverkauf, §§ 383 ff., § 373 Abs. 2–5 HGB

1. **Voraussetzungen**
   a) Versteigerungsgrund
      - Annahmeverzug des Gläubigers (Erlös muss hinterlegt werden)
      - (unverschuldete) Unsicherheit über Gläubiger und Verderb der Ware zu befürchten oder unverhältnismäßige Aufbewahrungskosten

   b) Hinterlegungsunfähigkeit des Gegenstandes

   c) Durchführung
      - Öffentliche Versteigerung, §§ 383, 384
      - freihändiger Verkauf, § 385

   d) Sondervorschriften für Handelskauf beachten: § 373 Abs. 2–5 HGB

2. **Wirkungen** – wie bei Hinterlegung, da der Versteigerungserlös hinterlegt wird.

B. Vertiefungsschemata

II. Schuldrecht
1. Erfüllung und Erfüllungssurrogate (Fortsetzung)

VI. Aufrechnung, §§ 387 ff.

1. **Voraussetzungen**

   a) Aufrechnungslage

   - **Gegenseitigkeit** der Forderungen (Ausnahme: § 406, ⇨ *S. 207*)
   - **Gleichartigkeit** der Forderungen (Geld- und Gattungsschulden)
   - **Erfüllbarkeit** der Hauptforderung
     (+), wenn Schuldner der Hauptforderung leisten darf; selbst wenn eine Leistungszeit bestimmt ist, darf bereits vorher erfüllt werden, § 271 Abs. 2.
   - **Durchsetzbarkeit** der Gegenforderung
     (+), wenn fällig – grds. sofort, vgl. § 271 Abs. 1 – und keine Einreden bestehen.
     (⚠ Hinsichtlich der Verjährung ist gem. § 215 der Zeitpunkt der erstmaligen Aufrechenbarkeit entscheidend und nicht der Zeitpunkt der tatsächlichen Aufrechnung.)

   b) **Kein Ausschluss**
   - § 391 Abs. 2 (Bei Leistung an bestimmtem Ort zu bestimmter Zeit ist Aufrechnung im Zweifel ausgeschlossen.)
   - Schuldner einer Forderung aus **vorsätzlicher** unerlaubter Handlung kann gegen diese Forderung nicht aufrechnen, § 393 (Schädiger soll nicht in „Genuss" der Aufrechnung kommen).
   - ⓟ *Aufrechnung zweier Forderungen aus unerlaubter Handlung?*
     (Nach h.M. soll jede Aufrechnung gegen Forderungen aus vorsätzlich begangener unerlaubter Handlung verhindert werden, nach a.A. gilt dies nicht, wenn die Ansprüche auf einem einheitlichen Lebensvorgang beruhen, z.B. Prügelei.)
   - Verstoß gegen Treu und Glauben, § 242
   - vertraglich vereinbartes Aufrechnungsverbot (beachte § 309 Nr. 3 für rechtskräftige oder unbestrittene Forderungen)

   c) Aufrechnungserklärung – bedingungs- und befristungsfeindlich, § 388 S. 2

2. **Wirkungen**

   a) Erlöschen der Forderungen mit Rückwirkung, § 389
   b) Rechtskrafterstreckung in verrechneter Höhe auch für Forderung, mit der aufgerechnet wird, § 322 Abs. 2 ZPO

B. Vertiefungsschemata

II. Schuldrecht
2. Leistungsmodalitäten

I. Leistungszeit

Fälligkeit
Zeitpunkt, ab dem der Gläubiger die Leistung verlangen kann und der Schuldner leisten muss

Bedeutung:
- Verzug erst ab Fälligkeit möglich, § 286 Abs. 1 S. 1 ⇨ **S. 173**
- Rechte wegen Nichtleistung (§§ 323, 281) setzen Fälligkeit voraus
- Zurückbehaltungsrechte (§§ 273, 320) setzen Fälligkeit voraus
- Bei Aufrechnung ist Fälligkeit der Gegenforderung erforderlich ⇨ **S. 165**
- Verjährungsbeginn erst ab Fälligkeit ⇨ **S. 217**

Bestimmung der Fälligkeit:
1. **Bestimmte** Leistungszeit (§ 271 Abs. 1)
2. Spezielle **gesetzliche** Regelung
   - Miete, § 556 b Abs. 1   • Leihe, § 604
   - Vergütung beim Dienst- oder Werkvertrag, §§ 614, 641
3. Aus den **Umständen** zu entnehmen
4. Allg. gesetzliche Regelung: **Sofort**, § 271 Abs. 1
5. Wird Fälligkeit einer Entgeldforderung vertraglich vereinbart, sind Begrenzungen gem. § 271 a zu beachten.

Erfüllbarkeit
Zeitpunkt, ab dem der Schuldner die Leistung erbringen darf und der Gläubiger sie annehmen muss

Bedeutung:
- Bei Aufrechnung ist Erfüllbarkeit der Hauptforderung erforderlich ⇨ **S. 165**
- Gläubigerverzug erst ab Erfüllbarkeit ⇨ **S. 175**

Bestimmung der Erfüllbarkeit:
1. **Sofort**, selbst wenn eine Leistungszeit (vertraglich oder gesetzlich) bestimmt ist (§ 271 Abs. 2)
2. **Ausnahme:** Gläubiger hat ein Interesse daran, vorzeitige Leistung zu verhindern (z.B. Darlehensrückzahlung, vgl. § 488 Abs. 3)

II. Leistungsort

Leistungsort (= Erfüllungsort)
Ort, an dem die Leistungs*handlung* vorzunehmen ist

Bedeutung:
- Der Leistungsort hat Bedeutung für die „gehörige" Erfüllung im Rahmen von Schuldner- und Gläubigerverzug ⇨ **S. 173** ⇨ **S. 175**
- Konkretisierung, § 243 Abs. 2
- Gerichtsstand, § 29 Abs. 1 ZPO

Bestimmung des Leistungsortes:
1. **Bestimmter** Leistungsort/§ 269 Abs. 1
   Auswirkung auf Gerichtsstand nur bei Kaufleuten, § 29 Abs. 2 ZPO ⇨ **S. 305**
2. Spezielle **gesetzliche** Regelung
   - Hinterlegung, § 697   • Verwahrung, § 700
   - Vorlegungsort, § 811   • Zahlungsort, § 270
   - Zahlungsort bei Grundschulden, § 1194
3. Aus den **Umständen** zu entnehmen
   Allein aus Übernahme der Versandkosten folgt noch keine Bring-, sondern nur eine Schickschuld, § 269 Abs. 3
4. Allg. gesetzl. Regelung, § 269 Abs. 1 u. 2: **Wohnsitz** bzw. **Geschäftssitz** des **Schuldners** (analoge Anwendung bei „Platzgeschäften" im selben Ort)

Erfolgsort
Ort, an dem der Leistungs*erfolg* eintritt

Leistungsort = Erfolgsort

Beim Schuldner:	Beim Gläubiger:
Holschuld	*Bringschuld*

Leistungsort ≠ Erfolgsort

Leistungsort beim Schuldner und
Erfolgsort beim Gläubiger:
Schickschuld

B. Vertiefungsschemata

II. Schuldrecht
3. Vertretenmüssen, Verschulden

Vertrag	Delikt
I. Anwendungsbereich (Beispiele)	
• Vertraglicher Schadensersatz (auch i.V.m. § 437 Nr. 3 Alt. 1 oder § 634 Nr. 4 Alt. 1) – § 311 a – **§ 280** – §§ 280 Abs. 1 u. 2, 286 – §§ 280 Abs. 1 u. 3, 281 – §§ 280 Abs. 1 u. 3, 282, 241 Abs. 2 – §§ 280 Abs. 1 u. 3, 283 – § 536 a Abs. 1 – **§ 651 h** • Mitverschulden, **§ 254** • Verzug, § 286 Abs. 4 • Leistungsverweigerungsrecht, § 275 Abs. 2 • § 309 Nr. 8 a	• Ausschluss des Rücktrittsrechts, §§ 323 Abs. 5, 326 Abs. 2 (entsprechende Anwendung) • Ausschluss der Wertersatzpflicht, § 346 Abs. 3 S. 1 Nr. 2 • **§ 823 Abs. 1** • § 823 Abs. 2 • § 824 • § 826 • § 830 • § 831 • § 832 • § 833 • §§ 836-838 • § 839 a

II. Eigenes Verschulden

1. Verschuldensfähigkeit, § 276 Abs. 1 S. 1
- §§ 827, 828 entsprechend
    a) **Verschuldensunfähig** vor Vollendung des 7. Lebensjahres, § 828 Abs. 1, und im Zustand der Bewusstlosigkeit bzw. im die freie Willensbestimmung ausschließenden Zustand krankhafter Störung der Geistestätigkeit, § 827 S. 1
    b) **Beschränkt verschuldensfähig:**
        - Ab Vollendung des 7. Lebensjahres und vor Vollendung des 18. Lebensjahres kommt es auf die Einsichtsfähigkeit an, § 828 Abs. 3 S. 1
        - Bei Unfällen mit Kfz oder Bahnen besteht zwischen dem 7. und 10. Lebensjahr keine Haftung für Fahrlässigkeit, § 828 Abs. 2 (allerdings nur bei Unfällen „im Verkehr" – erforderlich ist eine typische Überforderungssituation durch die spezifischen Gefahren des motorisierten fließenden Straßenverkehrs).
    c) **Verschuldensfähig:** Alle übrigen Personen

1. Verschuldensfähigkeit, §§ 827, 828

2. Billigkeitshaftung, § 829; Voraussetzungen:
- Tatbestandsmäßige, rechtswidrige unerlaubte Handlung des Anspruchsgegners (über den Wortlaut hinaus nicht nur gem. §§ 823-826, sondern auch gem. §§ 830–838)
- Ausschluss der Haftung wegen fehlender Deliktsfähigkeit
- Kein Ersatz von aufsichtspflichtigem Dritten (Subsidiarität des § 829)
- Billigkeit erfordert Schadensausgleich (der deswegen aber hinter den §§ 249 ff. zurückbleiben kann).

3. Verschuldensformen
   a) **Vorsatz** (Wissen und Wollen des Erfolges und Bewusstsein der Rechtswidrigkeit) (Anm.: Im Zivilrecht gilt die Vorsatztheorie, d.h. ein Irrtum über die Rechtswidrigkeit und auch ein Verbotsirrtum schließen den Vorsatz aus.)

B. Vertiefungsschemata

II. Schuldrecht
3. Vertretenmüssen, Verschulden (Fortsetzung)

Vertrag	Delikt

II. Eigenes Verschulden (Fortsetzung)

b) **Fahrlässigkeit**, § 276 Abs. 2: „Wer die im Verkehr erforderliche Sorgfalt außer Acht lässt." (Außerachtlassung derjenigen Sorgfalt, die von einem Angehörigen dieser Menschengruppe in der jeweiligen konkreten Situation erwartet werden kann.)

c) **Grobe Fahrlässigkeit** (Nichtbeachtung dessen, was unter den gegebenen Umständen jedem hätte einleuchten müssen.)

d) **Eigenübliche Sorgfalt**, § 277: Haftung für Vorsatz und grobe Fahrlässigkeit sowie nach **subjektivem** Maßstab für diejenige Sorgfalt, die dem gewohnheitsmäßigen Verhalten des Handelnden entspricht.

4. **Haftungsmaßstab**
   a) Grundsätzlich haftet Schädiger für **jede Fahrlässigkeit** (objektiver Haftungsmaßstab)
   b) **Gesetzliche Beschränkungen** auf **Vorsatz und grobe Fahrlässigkeit**
      - Schenker, § 521
      - Verleiher, § 599
      - Finder, § 968
      - Annahmeverzug, § 300
      - GoA zur Gefahrenabwehr, § 680
   c) **Gesetzliche Beschränkungen** auf **eigenübliche Sorgfalt**, § 277
      - § 346 Abs. 3 S. 1 Nr. 3
      - § 347 Abs. 1 S. 2
      - § 690 Verwahrung
      - § 708 Gesellschafter
      - § 1359 Ehegattenhaftung ⎫ Keine Geltung bei Unfällen im
      - § 1664 Elternhaftung   ⎬ Straßenverkehr ⇨ **S. 66**
      - § 2131 Vor- und Nacherbschaft ⎭
   d) **Vertragliche Beschränkungen** sind grundsätzlich zulässig unter den folgenden Einschränkungen:
      - § 276 Abs. 3: Kein Ausschluss der Vorsatzhaftung
      - § 309 Nr. 7 a: Kein Ausschluss der Haftung für Verletzung von Leben, Körper und Gesundheit
      - § 309 Nr. 7 b: Kein Ausschluss der Haftung für grobes Verschulden in AGB
      - Grundsätze der betrieblich veranlassten Tätigkeit (innerbetrieblicher Schadensausgleich)
         aa) Leichte Fahrlässigkeit: Keine Haftung des Arbeitnehmers
         bb) Mittlere Fahrlässigkeit: ⎫ Richterrecht; zu behandeln wie
             Anteilige Haftung Arbeitnehmer/Arbeitgeber, § 254   ⎬ nicht dispositives Gesetzesrecht,
         cc) Grobe Fahrlässigkeit und Vorsatz: Haftung des Arbeitnehmers ⎭ d.h. vertraglich nicht abdingbar
   e) **Gesetzliche Haftungsverschärfungen**
      - Fälle der Gefährdungshaftung (z.B. § 7 StVG, § 833 S. 1)
      - Fälle der Garantiehaftung (z.B. § 536 a)
      - Fälle verschuldensunabhängiger Haftung (§§ 122, 179 Abs. 2)
      - Fälle der Zufallshaftung (§§ 848, 287 S. 2)
      - Ergänzende Vertragsauslegung bei Teilnahme am Straßenverkehr
        – kein Haftpflichtversicherungsschutz des Schädigers
        – Bestehen eines nicht hinzunehmenden Haftungsrisikos
        – Besondere Umstände, die Haftungsverzicht besonders naheliegend erscheinen lassen
   f) **Vertragliche Haftungsverschärfungen** sind bis zur Grenze der Sittenwidrigkeit zulässig.
      - § 307 Abs. 1, Abs. 2 Nr. 2: Keine Vereinbarung einer verschuldensunabhängigen Haftung des Vertragspartners des Verwenders in AGB
      - Garantieerklärung, § 276 Abs. 1 S. 1 ⇨ **S. 204, 205**
      - Beschaffungsrisiko (Gattungsschuld)

B. Vertiefungsschemata

II. Schuldrecht
3. Vertretenmüssen, Verschulden (Fortsetzung)

| Vertrag | Delikt |

III. Fremdes Verschulden

1. Zurechnung des Verschuldens eines **Erfüllungsgehilfen**, § 278
   a) Schuldverhältnis
   b) Erfüllungsgehilfe (wer mit Wissen und Wollen des Schuldners bei einer diesem obliegenden Verpflichtung tätig wird)
   ⚠ Es muss sich dabei nicht um Hauptleistungspflichten handeln. Ein Erfüllungsgehilfe kann auch ausschließlich Nebenpflichten (z.B. Schutzpflichten) erfüllen.
   c) Pflichtverletzung des Erfüllungsgehilfen
   Ⓟ Schuldfähigkeit des Erfüllungsgehilfen (Nach e.A. kommt es auf die Schuldfähigkeit des Erfüllungsgehilfen an, nach a.A. auf die des Schuldners.)
   d) Kein Haftungsausschluss
   Entgegen § 276 Abs. 3 kann auch die Vorsatzhaftung für einen Erfüllungsgehilfen ausgeschlossen werden (nicht in AGB gem. § 309 Nr. 7; dennoch im Reiserecht, § 651 h Abs. 1 Nr. 2).

2. Zurechnung des Verschuldens eines **gesetzlichen Vertreters**, § 278
   a) Schuldverhältnis
   b) Gesetzlicher Vertreter (Eltern, Vormund, Pfleger, Ehegatte im Falle des § 1357, aber auch Insolvenzverwalter, Testamentsvollstrecker)
   c) Pflichtverletzung des gesetzlichen Vertreters
   d) Kein Haftungsausschluss
   Entgegen § 276 Abs. 3 kann auch die Vorsatzhaftung für einen gesetzlichen Vertreter ausgeschlossen werden, § 278 S. 2 (nicht in AGB gem. § 309 Nr. 7).

KEINE HAFTUNG
(auch nicht nach § 831!)
Beachte Unterschied zwischen § 278 und § 831:

§ 278
- kann nur im Rahmen von **Schuldverhältnissen** Anwendung finden
- ist anwendbar ohne Rücksicht darauf, ob der Erfüllungsgehilfe vom Geschäftsherrn weisungsabhängig ist oder nicht
- ist eine *reine Zurechnungsnorm* mit der Funktion, in einer ansonsten gegebenen Anspruchsgrundlage das Merkmal des „Vertretenmüssens" auszufüllen
- begründet eine **Haftung für fremdes Verschulden** (nämlich für Verschulden des Erfüllungsgehilfen)
- gibt dem Geschäftsherrn **keine Exkulpationsmöglichkeit**

§ 831
- ist unabhängig davon anwendbar, ob ein Schuldverhältnis besteht oder nicht
- setzt voraus, dass der Verrichtungsgehilfe vom Geschäftsherrn **weisungsabhängig** ist
- ist eine *selbstständige, deliktsrechtliche Anspruchsgrundlage*
- begründet eine **Haftung für eigenes Verschulden** des Geschäftsherrn (Auswahl- oder Überwachungsverschulden)
- gibt dem Geschäftsherrn **eine Exkulpationsmöglichkeit**

3. **Organzurechnung**
   Einer juristischen Person wird das Handeln ihrer Organe gem. § 31 zugerechnet
   Anwendungsbereich
   - § 31 Vorstand eines Vereins
   - § 86 Vorstand einer Stiftung
   - § 89 Vorstand/gesetzl. Vertreter von Körperschaften, Stiftungen und Anstalten des öffentlichen Rechts
   - § 31 analog
     – Gesellschafter/Geschäftsführer GmbH/AG
     – Gesellschafter Personenhandelsgesellschaft (OHG/KG)
     – Gesellschafter einer GbR (str.)

B. Vertiefungsschemata

II. Schuldrecht
4. Unmöglichkeit

I. Ausschluss der Leistungspflicht

1. § 275 Abs. 1: Unmöglichkeit i.e.S.

a) Differenzierung nach **Art** der Unmöglichkeit:
- *Objektive* Unmöglichkeit: Geschuldeter Leistungserfolg kann von niemandem erbracht werden.
- *Subjektive* Unmöglichkeit: Geschuldeter Leistungserfolg kann jedenfalls vom Schuldner nicht erbracht werden.

b) Differenzierung nach **Zeitpunkt** der Unmöglichkeit:
- *Anfängliche* Unmöglichkeit: Geschuldeter Leistungserfolg kann bereits zum Zeitpunkt des Vertragsschlusses nicht erbracht werden.
- *Nachträgliche* Unmöglichkeit: Geschuldeter Leistungserfolg kann erst nach Abschluss des Vertrages nicht mehr erbracht werden.

c) Differenzierung nach **Ursache** der Unmöglichkeit:
  aa) Leistungsgegenstand ist untergegangen
   - bei **Gattungsschulden**, wenn gesamte Gattung untergegangen ist
   - bei **beschränkten Gattungsschulden**, wenn Teil der Gattung untergegangen ist
   - bei **konkretisierten Gattungsschulden** (§ 243 Abs. 2) bzw. bei Übergang der Leistungsgefahr durch Annahmeverzug (§ 300 Abs. 2), wenn der Gegenstand untergegangen ist, auf den sich die Schuld konkretisiert hat
   - bei **Stückschulden** grds. wenn die geschuldete Sache untergegangen ist
     Ⓟ Nachlieferung bei Stückschulden
     (Teilweise wird angenommen, eine Nachlieferung scheide bei Stückschulden schon begrifflich aus; nach Rspr. kommt eine Nachlieferung dann in Betracht, wenn dadurch das Leistungsinteresse des Gläubigers befriedigt werden kann. Ob dies der Fall ist, ergibt sich in erster Linie aus einer – ergänzenden – Vertragsauslegung.)
  bb) Leistungsgegenstand gehört einem Dritten
   - Ist Dritter nicht zur Herausgabe bereit, liegt Unmöglichkeit vor.
   - Ist Dritter zur Herausgabe bereit, liegt keine Unmöglichkeit vor.
   - Ist Herausgabebereitschaft unbekannt, ist zu differenzieren:
     – Ist Unmöglichkeit als **Anspruchsvoraussetzung** oder zur Verteidigung gegen die Inanspruchnahme (§ 326 Abs. 1 S. 1) durch den Gläubiger zu beweisen, indiziert Drittveräußerung die Unmöglichkeit.
     – Ist Unmöglichkeit durch den Schuldner zu beweisen (z.B. Geltendmachung des § 278), ist Unmöglichkeit erst anzunehmen, wenn Herausgabebereitschaft feststeht.
  cc) Persönlich geschuldete Tätigkeit kann nicht erbracht werden (⚠ *Abgrenzung zu § 275 Abs. 3*)
  dd) Zeitablauf
   - **Absolutes Fixgeschäft:** Unmöglichkeit
   - **Relatives Fixgeschäft:** Rücktrittsrecht gem. § 323 Abs. 1, Abs. 2 Nr. 2 ohne Fristsetzung, aber keine Unmöglichkeit
  ee) Gegenstand, an dem die Leistung zu erbringen ist (Leistungssubstrat), ist untergegangen
  ff) Leistungserfolg ist anderweitig eingetreten (⚠ *Selbstvornahme*)

2. § 275 Abs. 2: Faktische Unmöglichkeit

Ⓟ Abgrenzung § 275 Abs. 2 zu § 313 bei wirtschaftlicher Unmöglichkeit
(Nach e.A. soll die wirtschaftliche Unmöglichkeit nur unter § 313 fallen, nach a.A. sind beide Normen nebeneinander anwendbar.)

- Grobes Missverhältnis zwischen Aufwand des Schuldners und Leistungsinteresse des Gläubigers
  – **Aufwand:** Aufwendungen in Geld/Tätigkeiten/persönliche Anstrengungen
  – **Leistungsinteresse:** Wert der Leistung (Indiz: Gegenleistung), aber auch immaterielle Leistungsinteressen
  – **Grobes Missverhältnis:** Nicht nur Wertverhältnisse, sondern auch Inhalt des Schuldverhältnisses und etwaiges Verschulden (§ 275 Abs. 2 S. 2) sind zu berücksichtigen.

3. § 275 Abs. 3: Persönliche Umstände

☞ Das Kind der Sängerin wird krank; sie sagt den Auftritt ab.

B. Vertiefungsschemata

II. Schuldrecht
4. Unmöglichkeit (Fortsetzung)

II. Schadensersatzanspruch des Gläubigers/andere Gläubigerrechte

- **§ 311 a:** Schadensersatz statt der Leistung bei anfängl. Unmöglichkeit ⇨ *S. 18*
- **§§ 311 a, 284:** Aufwendungsersatz bei anfänglicher Unmöglichkeit ⇨ *S. 112, 113*
- **§§ 280 Abs. 1 u. 3, 283:** Schadensersatz bei nachträglicher Unmöglichkeit ⇨ *S. 32, 33*
- **§§ 280 Abs. 1 u. 3, 283, 284:** Aufwendungsersatz bei nachträglicher Unmöglichkeit ⇨ *S. 112, 113*
- **§ 285:** Anspruch auf das stellvertretende commodum ⇨ *S. 124*

III. Befreiung des Gläubigers von der Gegenleistung (nur bei gegenseitigen Verträgen)

1. **Grundsatz, § 326 Abs. 1 S. 1 Hs. 1:**
   Ist Schuldner gem. § 275 **vollständig** von der **Leistung** befreit, wird Gläubiger ebenfalls **vollständig** von Gegenleistung befreit.

2. **Schlechtleistung, § 326 Abs. 1 S. 2:**
   Ist der Schuldner gem. § 275 vollständig von der Pflicht zur Nacherfüllung bei einer **Schlechtleistung** befreit, bleibt die Gegenleistungspflicht des Gläubigers gem. § 326 Abs. 1 S. 2 bestehen (Sinn: Es soll bei Schlechtleistungen nicht „automatisch" eine Minderung eintreten).
   - **Aber: §§ 326 Abs. 5, 323:**
     Gläubiger kann im Falle der irreparablen **Schlechtleistung** gem. § 323 ohne Fristsetzung vom Vertrag zurücktreten, wenn die Pflichtverletzung **nicht unerheblich ist**, § 323 Abs. 5 **S. 2**.

3. **Teilleistung, § 326 Abs. 1 S. 1 Hs. 2:**
   Ist Schuldner gem. § 275 nur teilweise von der Leistung befreit, wird Gläubiger entsprechend § 441 Abs. 3 auch nur teilweise von Gegenleistung befreit.
   - **Aber: §§ 326 Abs. 5, 323:**
     Gläubiger kann im Falle der **Teilleistung** gem. § 323 ohne Fristsetzung vom Vertrag zurücktreten, wenn er an der Teilleistung **kein Interesse hat,** § 323 Abs. 5 **S. 1**.

IV. Ausnahmsweise bleibt die Gegenleistung bestehen:

1. **§ 326 Abs. 2 S. 1 Var. 1:** Überwiegende **Verantwortlichkeit** des Gläubigers (Kein Vertretenmüssen im technischen Sinne erforderlich!!) – Fallgruppen:
   - Verletzung einer dem Schuldner gegenüber bestehenden Verhaltenspflicht (§§ 276, 278 entsprechend)
   - Obliegenheitsverletzung (z.B. Herbeiführung des Leistungserfolges durch den Gläubiger)
   - Vertragliche Risikoübernahme
     - ⓟ *Beiderseitig zu vertretende Unmöglichkeit*
       (Nach h.M. bleibt Gegenleistungsanspruch nur dann bestehen, wenn dem Schuldner kein Verursachungsbeitrag gem. § 254 zuzurechnen ist, was aus der Formulierung „weit überwiegend" folgt.)
   - **§§ 326 Abs. 5, 323 Abs. 6 Var. 1:** Auch der Rücktritt ist dann ausgeschlossen

2. **§ 326 Abs. 2 S. 1 Var. 2: Annahmeverzug** des Gläubigers und kein Vertretenmüssen des Schuldners (Maßstab: § 300 Abs. 1!)
   - **§§ 326 Abs. 5, 323 Abs. 6 Var. 2:** Auch der Rücktritt ist dann ausgeschlossen

3. **§ 326 Abs. 3:** Gläubiger verlangt gem. § 285 das stellvertretende commodum

4. **Eingreifen von Gefahrtragungsregeln**:
   - **§ 446** Übergabe
   - **§ 447** Versendung **(aber § 475 Abs. 2 beim Verbrauchsgüterkauf** ⇨ *S. 198*)
   - **§ 357 Abs. 2 S. 2** Rücksendung bei Verbraucherverträgen
   - **§ 644** Abnahme, Abnahmeverzug, Versendung
   - **§ 645** Teilvergütung
   - **§ 645 analog**

B. Vertiefungsschemata

II. Schuldrecht
5. Störung der Geschäftsgrundlage, § 313

I. Anwendbarkeit

Einschlägig, wenn **nicht vorrangige anderweitige Regelungen** vorhanden, also nicht bei:
- vertraglichen Regelungen (z.B. ergänzende Auslegung, Rücktritts-, Kündigungsmöglichkeiten)
- Spezialgesetzen, z.B. §§ 321, 490, 530, 779
- Anfechtung (Ausnahme: Doppelirrtum, str.)
- Leistungsstörung (Unmöglichkeit, Verzug, Schlechtleistung)
  - Ⓟ Abgrenzung § 313 zu § 275 Abs. 2
    (Nach e.A. soll die wirtschaftliche Unmöglichkeit nur unter § 313 fallen, nach a.A. sind beide Normen nebeneinander anwendbar.)

II. Voraussetzungen

1. **Störung der objektiven Geschäftsgrundlage, § 313 Abs. 1**
   a) Bestimmter **Umstand** ist **Geschäftsgrundlage** des Vertrages geworden
      aa) **Tatsächliches Element:**
          Umstand, den eine Partei voraussetzt oder sich – für die Gegenseite erkennbar – vorgestellt hat oder von dessen Vorliegen/Eintritt beide Parteien ausgegangen sind.
      bb) **Hypothetisches Element:**
          Wäre eine spätere Änderung des Umstands bei Vertragsschluss vorhersehbar gewesen, hätte eine Partei den Vertrag nicht oder nur mit einem anderen Inhalt geschlossen.
      cc) **Normatives Element:**
          Die andere Partei hätte sich redlicherweise auf die vertragliche Berücksichtigung der vorausgesetzten oder vorgestellten Umstände einlassen müssen.
          (+), wenn Änderung nicht allein in Risikosphäre derjenigen Partei fällt, die sich auf § 313 beruft.
   b) Umstand, der Geschäftsgrundlage geworden ist, hat sich **nach Vertragsschluss geändert**.
   c) Änderung ist **schwerwiegend**
      (+), wenn in derart fundamental, dass Festhalten am Vertrag unter Berücksichtigung der gesetzlichen oder vertraglichen Risikoverteilung unzumutbar ist.
2. **Störung der anfänglichen (subjektiven) Geschäftsgrundlage, § 313 Abs. 2**
   a) Bestimmte **Vorstellung** ist **Geschäftsgrundlage** des Vertrages geworden
      (Voraussetzungen wie 1. a)).
   b) **Vorstellung**, die Geschäftsgrundlage geworden ist, **stellt sich als falsch heraus**.
   c) Fehlvorstellung ist **schwerwiegend**.

III. Rechtsfolge

Vertragsanpassung, § 313 Abs. 1	wenn nicht möglich/zumutbar →	Rücktritt, § 313 Abs. 3 S. 1

- auf Verlangen (a.A. kraft Gesetzes)
- Inhalt: Mit welchem Inhalt hätten die Parteien den Vertrag geschlossen, wenn sie den veränderten Umstand (Geschäftsgrundlage) richtig bedacht hätten?
- Geltendmachung als Einrede gegen Anspruch aus Vertrag möglich

Kündigung, § 313 Abs. 3 S. 2

Bei Dauerschuldverhältnissen

IV. Typische Anwendungsfälle

- Zweckstörung (☞ Fenstermiete bei Karnevalsumzug)
- Äquivalenzstörung
- Gemeinsamer Irrtum
- Rückabwicklung von Leasingverträgen ⇨ *S. 203*

B. Vertiefungsschemata

II. Schuldrecht
6. Schuldnerverzug

I. Fälliger durchsetzbarer Anspruch

1. **Anspruch**
   - alle vertraglichen Ansprüche (nicht: Nebenpflichten i.S.v. § 241 Abs. 2)
   - dingliche Ansprüche (§§ 952, 861, 1004), vgl. § 990 Abs. 2
   - nicht: §§ 894, 888 (da unselbstständige Hilfsansprüche)
   - familienrechtliche Ansprüche (§§ 1378, 1605)
   - erbrechtliche Ansprüche (vgl. § 2024 S. 3)
2. **Fälligkeit** gem. Parteivereinbarung, im Zweifel sofort (§ 271) *vgl.* ⇨ **S. 166**
3. **Durchsetzbarkeit**
   a) Einreden, die geltend gemacht werden müssen
      - Einrede des Zurückbehaltungsrechts, § 273
   b) Einreden, deren objektives Bestehen den Verzug hindert (und die von Amts wegen zu berücksichtigen sind)
      - Leistungsverweigerungsrechte gem. § 275 Abs. 2 u. 3
      - Einrede des nicht erfüllten Vertrages, § 320
      - Verjährungseinrede, § 214 Abs. 1
      - Mängeleinrede, § 438 Abs. 4 S. 1
      - Einrede der Vorausklage, § 771
      - Einrede der ungerechtfertigten Bereicherung, § 821
      - Einrede der Arglist, § 853
      - Erbrechtliche Einreden, §§ 2014 f.
   c) Rechtsvernichtende Einwendungen müssen grds. geltend gemacht werden (z.B. Rücktritt, Anfechtung, Aufrechnung – bei Erhebung entfällt Verzug allerdings rückwirkend)

II. Nichtleistung

- Maßgeblich ist Vornahme der **Leistungshandlung** (bei Schickschulden also Absendung)

III. Mahnung

- Eindeutige und bestimmte Leistungsaufforderung
- Regeln über Willenserklärungen analog anwendbar ⇨ **S. 143,** ⇨ **S. 145**
- Keine Mahnung vor Fälligkeit
- Aufforderung zur Erbringung der **geschuldeten** Leistung (geringe Zuvielforderung allerdings unschädlich)
- Klageerhebung und Mahnbescheid stehen Mahnung gleich

IV. Entbehrlichkeit der Mahnung, § 286 Abs. 2

- Nr. 1: kalendermäßige Bestimmung (exaktes Datum) (⚠ § 192)
- Nr. 2: Berechenbarkeit ab Ereignis (z.B. Zeitspanne nach Abruf)
- Nr. 3: Ernsthafte und endgültige Leistungsverweigerung
- Nr. 4: Besondere Gründe („Selbstmahnung", Vereitelung der Mahnung durch Schuldner, besondere Erfüllungsdringlichkeit)

B. Vertiefungsschemata

II. Schuldrecht
6. Schuldnerverzug (Fortsetzung)

V. Verzug nach § 286 Abs. 3 (30-Tage-Regelung)

1. **Entgeltforderung**
   Geldforderung im Rahmen eines gegenseitigen, auf die Erbringung von Dienstleistungen oder die Lieferung von Gütern gerichteten Vertrages (nicht einseitige Forderung wie z.B. SE-Anspruch)
2. **Rechnung/Zahlungsaufstellung**
   - Gegliederte Aufstellung über Entgeltforderung
   - Bei Verbrauchern: Hinweispflicht auf Folgen (⚠)
3. **Zugang** ⇨ *S. 145*
   - Rechnung kann vor Fälligkeit zugehen (anders als Mahnung s.o.)
   - Ist Schuldner kein Verbraucher: Bei Unsicherheit über Zugang der Rechnung, Verzug 30 Tage nach Fälligkeit und Empfang der Gegenleistung (!)
4. **30-Tage-Frist**
   - Berechnung nach §§ 187 Abs. 1, 188 Abs. 1 (⚠ *keine Monatsfrist: Auszählen!*)
   - Beginn erst bei Fälligkeit **und** Zugang der Rechnung (unabhängig von Reihenfolge)

VI. Vertretenmüssen, § 286 Abs. 4 (auch hier: keine Exkulpation des Schuldners!)

⇨ *S. 167*

VII. Keine Beendigung des Verzugs

- Entfallen einer Vollzugsvoraussetzung
- Angebot in einer den Annahmeverzug begründenden Weise ⇨ *S. 175*

VIII. Rechtsfolgen

1. **Verspätungsschaden**, §§ 280 Abs. 1 u. 2, 286 (Neben der Leistung) ⇨ *S. 37–39*
   ⚠ *Ab Entfallen der Leistungspflicht gem. § 281 Abs. 4 oder §§ 323, 346 gibt es keinen Verzug mehr. Verspätungsschäden können dann nur nach §§ 280 Abs. 1 u. 3, 281 geltend gemacht werden.*
2. **Erweiterte Haftung** für jede Fahrlässigkeit und Zufall gem. § 287
3. **Verzugszinsen**, §§ 288-290 (bei Kaufleuten ab Fälligkeit: § 353 HGB)
   - Grundsätzlich 5%-Punkte über dem Basiszinssatz, § 247
   - Wenn kein Verbraucher beteiligt ist und es sich um eine Entgeltleistung handelt (also nicht bei einseitigen Forderungen wie SE-Ansprüchen): 9%-Punkte über dem Basiszinssatz, § 288 Abs. 2
   - Geltendmachung höherer Zinsen (bei Inanspruchnahme eines Bankkredits) als Verzugsschaden möglich, § 288 Abs. 4
   - Prozesszinsen: Verzinsung einer Geldschuld ab Rechtshängigkeit auch ohne Verzug, § 291
4. **Rücktritt** nur unter den Voraussetzungen des **§ 323** ⇨ *S. 76–78*

B. Vertiefungsschemata

II. Schuldrecht
7. Gläubigerverzug

I. Angebot oder Entbehrlichkeit

1. **Tatsächliches Angebot, § 294**
   - der Leistung, „so wie sie zu bewirken ist" am rechten Ort, zur rechten Zeit und in der rechten Weise (Art, Güte, Menge); Faustregel: „Der Gläubiger muss nur noch zugreifen".
     ⇨ *S. 166*
   - Bringschuld: Tatsächliches Angebot am Wohn- oder Geschäftssitz des Gläubigers
   - Schickschuld: Die Versandperson muss nach h.M. die Sache anbieten (Übergabe an Versandperson reicht nicht).
2. Tatsächliches Angebot ist entbehrlich, wenn ein **wörtliches Angebot** ausreicht, § 295
   - wenn Gläubiger erklärt, dass er die Annahme verweigern wird
   - wenn Mitwirkungshandlung des Gläubigers erforderlich ist (Holschuld)
3. Sowohl tatsächliches als auch wörtliches Angebot sind entbehrlich in den Fällen des **§ 296**
   - wenn für Mitwirkungshandlung des Gläubigers Zeitpunkt nach dem Kalender bestimmt ist (⚠ *§ 192*)
   - wenn Mitwirkungshandlung ein Ereignis vorauszugehen hat und die Zeit für die Handlung von dem Ereignis an berechenbar ist

II. Eigene Leistungsbereitschaft des Schuldners, § 297

III. Nichtannahme der Leistung oder Unterlassen einer Mitwirkungshandlung

- Grds. ist Grund für Nichtannahme unerheblich, da kein Vertretenmüssen erforderlich
- **Ausnahmen, § 299:**
  - Vorübergehende Annahmeverhinderung, wenn Leistungszeit nicht bestimmt und Schuldner unangekündigt leistet
  - Bei Leistung vor Fälligkeit, § 271 Abs. 2
- Trotz Annahmebereitschaft Verzug, wenn Gläubiger Zug-um-Zug zu erbringende Leistung nicht anbietet, § 298.

IV. Vertretenmüssen NICHT erforderlich

B. Vertiefungs- **II. Schuldrecht**
schemata **7. Gläubigerverzug** (Fortsetzung)

V. Rechtsfolgen

1. Beschränkung der Schuldnerhaftung auf Vorsatz und grobe Fahrlässigkeit, § 300 Abs. 1
2. Gefahrübergang, § 300 Abs. 2
   Bedeutung:
   - bei **Stückschulden** wird ohnehin nur die konkrete Sache geschuldet; geht diese unter, wird Schuldner gem. § 326 Abs. 1 S. 1 frei, behält aber die Gegenleistung, § 326 Abs. 2 S. 1 Alt. 2
   - bei **Gattungsschulden** tritt gem. § 243 Abs. 2 Konkretisierung ein, wenn:
     – bei der **Holschuld** die Sache ausgesondert und angeboten wurde
     – bei der **Schickschuld** die Sache an eine sorgfältig ausgesuchte Versandperson übergeben wurde
     – bei der **Bringschuld**, wenn der Schuldner die Sache tatsächlich angeboten hat
   - **d.h. § 300 Abs. 2 hat nur eine Bedeutung, wenn:**
     – der Schuldner bei Bring- oder Schickschulden den Gläubiger „nur" nach § 295 oder § 296 in Annahmeverzug gebracht hat (s.o. I.)
     – es sich nur um eine Geldschuld handelt, da bei dieser der Schuldner die Gefahr grds. bis zur Empfangnahme (§ 270) trägt, sodass § 300 Abs. 2 eingreift, wenn der tatsächlich angebotene Geldbetrag auf dem Rückweg verloren geht
     – die Parteien eine von § 243 Abs. 2 abweichende Vereinbarung getroffen haben
3. ⚠ *Aufwendungsersatzanspruch des Schuldners, § 304* ⇨ *S. 114*
4. Verzinsungswegfall, § 301
5. Einschränkung der Nutzungsersatzpflicht, § 302 ⇨ *S. 104*
6. Besitzaufgaberecht des Schuldners, § 303
7. Gem. § 615 S. 1 kann Dienstverpflichteter (Arbeitnehmer) bei Annahmeverzug des Dienstberechtigten (Arbeitgebers) Vergütung verlangen, ohne Nachleisten zu müssen.
8. Handelsverkäufer hat Hinterlegungsrecht bei allen Waren (§ 373 Abs. 1 HGB) und das Recht zum Selbsthilfeverkauf (§ 373 Abs. 2–5 HGB). ⇨ *S. 164*

B. Vertiefungsschemata

II. Schuldrecht
8. Bürgschaft

I. Zustandekommen

1. **Einigung zwischen Bürge und Gläubiger**

   Grundsätzlich gelten die Voraussetzungen für jede Einigung; vgl. ⇨ *S. 7*

   a) **Inhalt (Abgrenzung)**
      - Bürgschaft: Begleichung einer fremden Schuld, so wie sie im Zeitpunkt der Geltendmachung der Bürgschaft besteht
      - Schuldbeitritt: Begründung einer eigenen (gesamtschuldnerischen) Verbindlichkeit; gegen den Beitretenden wirken nur die gesamtwirkenden Tatsachen i.S.v. §§ 422–424
      - Garantievertrag: Verpflichtung, für künftigen Erfolg einzutreten (unabhängig vom Bestand einer Forderung)

   b) **Bürgschaftsarten**
      - Selbstschuldnerische Bürgschaft (Verzicht auf Einrede der Vorausklage, § 773 Abs. 1 Nr. 1) kraft Gesetzes, wenn Bürgschaft Handelsgeschäft eines Kaufmanns gem. § 349 HGB
      - Bürgschaft „auf erstes Anfordern" (Verzicht auf sämtliche Einreden/Einwendungen; außer § 242)
      - Nachbürgschaft (Absicherung einer Bürgschaftsverpflichtung durch einen weiteren Bürgen, der „für den Bürgen" bürgt)
      - Rückbürgschaft (Sicherung d. Bürgen, falls dieser durch einen anderen Bürgen in Anspruch genommen wird)

   c) **Einigung über zu sichernde Forderung; Mindestbestandteile:**
      - Gläubiger und Schuldner
      - Schuldgrund
      - Höhe der Bürgschaftsforderung

   d) **Form** ⇨ *S. 155*
      - Grundsätzlich Schriftform, § 766 S. 1
      - Keine Elektronische Form, § 766 S. 2
      - Heilung bei Erfüllung der Hauptverbindlichkeit, § 766 S. 3
      - Kein Formerfordernis bei Kaufleuten, § 350 HGB
      - Ⓟ *Form bei Bevollmächtigung trotz § 167 Abs. 2*
        (Nach BGH-Rspr. ist bei Vollmachten zum Abschluss einer Bürgschaft entgegen des Wortlauts von § 167 Abs. 2 die Schriftform der Vollmacht erforderlich.)
      - Ⓟ *Blanketturkunden*
        (Bei Blankettbegebung ist ebenfalls eine formbedürftige Vollmacht oder Ermächtigung zur Ergänzung erforderlich. Trotzdem haftet der vermeintliche Bürge nach Rechtsscheinsgesichtspunkten.)

   e) **AGB-Kontrolle**
      (Bürgschaft zur Sicherung „aller gegenwärtigen und künftigen Forderungen")

      (1) **Überraschung, § 305 c Abs. 1:** Haftung für alle gegenwärtigen und zukünftigen Forderungen des Kreditgebers ist **überraschend**, wenn Anlass der Begründung der Bürgschaft eine konkrete Hauptverbindlichkeit ist und Bürge den konkreten Anlass kannte (subjektiver Maßstab des § 305 c Abs. 1).

      (2) **Unangemessene Benachteiligung, § 307 Abs. 1 u. 2**
          Unbegrenzte Bürgschaft, die aus Anlass einer konkreten Hauptverbindlichkeit übernommen wurde, verstößt gegen Verbot der Fremddisposition, § 767 Abs. 1 S. 3; auf Kenntnis des Bürgen kommt es **nicht** an (objektiver Maßstab des § 307).

B. Vertiefungsschemata

II. Schuldrecht
8. Bürgschaft (Fortsetzung)

I. Zustandekommen (Fortsetzung)

(3) **Rechtsfolgen eines Verstoßes gegen § 305 c Abs. 1 bzw. § 307 Abs. 1 u. 2**
Bürgschaftsvereinbarung nur „soweit" unwirksam, wie sie überraschend bzw. unangemessen ist (h.M.; a.A. Verstoß gegen Verbot der geltungserhaltenden Reduktion).

- Bei Darlehen die Darlehenssumme
- Bei Kontokorrentkredit die Kreditlinie
- Bei unbegrenztem Kontokorrentkredit der Soll-Saldo bei Abschluss des Bürgschaftsvertrages

Ⓟ *Anwendbarkeit der §§ 491 ff. auf Bürgschaften?*
(Keine analoge Anwendbarkeit nach h.M., da Bürgschaftsübernahme kein Darlehensvertrag.)

f) **Keine Sittenwidrigkeit, § 138**
  (1) **Objektiv**
  - **Krasse finanzielle Überforderung des Bürgen** (+), wenn Bürge von pfändbarem Vermögen nicht einmal die laufenden Zinsen der Hauptforderung zahlen kann

  und

  - **weitere, die Sittenwidrigkeit begründende Umstände**, z.B.
    – Beeinträchtigung der Entscheidungsfreiheit des Bürgen durch Gläubiger oder Schuldner (z.B. durch Verharmlosen der Bürgschaftsfolgen)
    – Besondere emotionale Verbundenheit zwischen Schuldner und Bürgen
    – Geschäftsunerfahrenheit des Bürgen (i.d.R. bei Personen unter 25 Jahren)
    – Kein erkennbares Eigeninteresse des Bürgen an der gesicherten Forderung
  - Trotzdem **ausnahmsweise zulässig**, wenn begrenzter Bürgschaftszweck in Bürgschaftsurkunde festgelegt:
    – Sicherung vor Vermögensverlagerungen ⇨ § 313, wenn Gefahr nicht mehr besteht
    – Zukünftiger Vermögenserwerb ⇨ Bürgschaft bis dahin nicht durchsetzbar
  (2) **Subjektiv**
  - Kenntnis der die Sittenwidrigkeit begründenden Umstände oder „bewusstes Sich-Verschließen"
2. **Bestehen der Hauptschuld** (Akzessorietät ⚠) ⇨ *S. 339, 340*

II. Erlöschen

1. **Vertragliche Aufhebung der Bürgschaft**
2. **Erlöschen der Hauptschuld** (⚠ *Akzessorietät der Bürgschaft*), § 767
3. **Zeitliche Begrenzung der Bürgschaft, § 777**
4. **Aufgabe einer anderen Sicherheit, § 776**
5. **Kündigung**

B. Vertiefungsschemata
II. Schuldrecht
8. Bürgschaft (Fortsetzung)

III. Einreden des Bürgen

vgl. auch ⇨ *S. 339, 340*

1. **Eigene Einreden des Bürgen**
   a) **Vertraglich vereinbarte Voraussetzungen der Geltendmachung der Bürgschaft**
   b) **Gesetzliche Einreden**
      - Einrede der Vorausklage, § 771 S. 1
        – Nicht, wenn Bürgschaft Handelsgeschäft eines Kaufmanns: § 349 HGB
        – Nicht bei selbstschuldnerischer Bürgschaft, § 773 Abs. 1 Nr. 1
      - Vollstreckung und Verwertungspflicht des Gläubigers, § 772
2. **Geltendmachung von Einreden/Gestaltungsrechten des Schuldners/Gläubigers**
   a) **Einreden des Hauptschuldners, § 768**
      Verzicht des Hauptschuldners führt gem. § 768 Abs. 2 nicht zum Verzicht der Einrede
   b) **Einrede der Anfechtbarkeit** (durch den Schuldner)**, § 770 Abs. 1**
   c) **Einrede der Aufrechenbarkeit** (durch den Gläubiger)**, § 770 Abs. 2**
   d) **Einrede wegen anderer Gestaltungsrechte** (Rücktritt, Minderung) **analog § 770 Abs. 1**

IV. Rechtsfolgen der Zahlung durch Bürgen

1. **Der Bürge als alleiniger Sicherungsgeber zahlt**
   a) Anspruch gegen Hauptschuldner aus §§ 662, 670 (bei wirksamem Auftragsverhältnis zwischen Bürgen und Schuldner)
   b) Anspruch gegen Hauptschuldner aus GoA, §§ 677, 683 S. 1, 670 (bei unwirksamem Auftragsverhältnis zwischen Bürgen und Schuldner)
   c) Anspruch gegen Hauptschuldner aus übergegangener Forderung des Gläubigers, § 774 Abs. 1 S. 1 i.V.m. Anspruchsgrundlage der gesicherten Forderung
2. **Ein Mitbürge zahlt**
   a) Ansprüche gegen Hauptschuldner wie 1.
   b) Anspruch gegen Mitbürgen gem. §§ 774 Abs. 2, 426 Abs. 2 in Höhe des Anteils des Mitbürgen
3. **Der Bürge zahlt und es bestehen andere Sicherungsrechte**
   a) Ansprüche gegen Hauptschuldner wie 1.
   b) Andere **akzessorische** Sicherungsrechte gehen gem. §§ 774 Abs. 1 S. 1, 412, 401 Abs. 1 auf den Bürgen über.
      Ⓟ *Wettlauf der Sicherungsgeber*
      (Um einen Wettlauf zu vermeiden, wendet die h.M. § 426 analog an, während nach a.A. wegen der Bevorzugung des Bürgen gem. § 776 keine Gleichstufigkeit zwischen Bürgschaft und anderen Sicherungsrechten gegeben sei.)
   c) Hinsichtlich anderer **nichtakzessorischer** Sicherungsrechte hat der Bürge einen schuldrechtlichen Anspruch gegen den Gläubiger auf Übertragung.

B. Vertiefungsschemata

II. Schuldrecht
9. Widerruf von Verbraucherverträgen

I. Widerrufserklärung, § 355 Abs. 1 S. 2

- Keine Begründung erforderlich, § 355 Abs. 1 S. 4
- formlos, aber eindeutig, § 355 Abs. 1 S. 3; Ausnahme gem. § 356 a: Textform
- Absendung reicht zur Fristwahrung, § 355 Abs. 1 S. 5
- Widerrufsberechtigter: Verbraucher (§ 13)
- Widerrufsgegner: Unternehmer (§ 14)

II. Widerrufsrecht, § 355 Abs. 1 S. 1

Außergeschäftsraumverträge, § 312 g Abs. 1 i.V.m. § 312 b

1. Allgemeine Voraussetzungen, § 312
- Verbrauchervertrag gem. § 310 Abs. 1
- entgeltliche Leistung des Unternehmers
- Ausnahmen gem. § 312 Abs. 2–7 beachten

2. Besondere Voraussetzungen, § 312 b
Außergeschäftsraumvertrag i.S.d. § 312 b Abs. 1 S. 1 Nr. 1-4
- Nr. 1: Vertragsschluss bei gleichzeitiger Anwesenheit von Verbraucher und Unternehmer an Ort, der kein Geschäftsraum des Unternehmers ist (vgl. dazu Legaldefinition in § 312 b Abs. 2)
- Nr. 2: Angebot des Verbrauchers unter den Umständen der Nr. 1
- Nr. 3: zwar Vertragsschluss im Geschäftsraum, aber Verbraucher wurde unmittelbar zuvor außerhalb angesprochen
- Nr. 4: Vertragsschluss auf Ausflug („Kaffeefahrt") mit der Zweckbestimmung Warenkauf/Dienstleistung

3. Kein Ausschluss des Widerrufrechts gem. § 312 g Abs. 2 und 3

Fernabsatzvertrag, § 312 g Abs. 1 i.V.m. § 312 c

1. Allgemeine Voraussetzungen, § 312
- Verbrauchervertrag gem. § 310 Abs. 1
- entgeltliche Leistung des Unternehmers
- Ausnahmen gem. § 312 Abs. 2–7 beachten

2. Besondere Voraussetzungen, § 312 c
Fernabsatzvertrag i.S.d. § 312 c Abs. 1
- Zustandekommen durch ausschließliche Nutzung von Fernkommunikationsmitteln (Briefe, Kataloge, Telefon, Telefax, E-Mail, SMS, Rundfunk, Internet, vgl. § 312 c Abs. 2)
- Vertragsschluss in einem für den Fernabsatz organisierten Vertriebssystem (vermutet)
- bei Folgeverträgen (z.B. Onlinebanking) ist nur der Erstvertrag ein Fernabsatzvertrag, 312 Abs. 5

3. Kein Ausschluss des Widerrufrechts gem. § 312 g Abs. 2 und 3

B. Vertiefungsschemata

II. Schuldrecht
9. Widerruf von Verbraucherverträgen (Fortsetzung)

II. Widerrufsrecht, § 355 Abs. 1 S. 1 (Fortsetzung)

Verbraucherdarlehen, § 495

- Verbraucherdarlehensvertrag (Allgemein-Verbraucherdarlehensverträge und Immobiliar-Verbraucherdarlehensverträge), § 491
- *auch* bei Existenzgründungen, § 513

Sonstige Verträge

- Verbraucherbauvertrag, § 650 l
- Zahlungsaufschübe/sonstige Finanzierungshilfen, §§ 506, 495 (z.B. Finanzierungsleasing)
- Teilzahlungsgeschäfte, §§ 507, 495
- Ratenlieferungsverträge, § 510
- Fernunterrichtsvertrag, § 4 S. 1 FernUSG
- Teilzeit-Wohnrechtevertrag, Vertrag über langfristiges Urlaubsprodukt, Vermittlungsvertrag, Tauschsystemvertrag, § 485 Abs. 1

III. Widerrufsfrist

Fristbeginn

- Grundsätzlich. gem. § 355 Abs. 2 S. 2: mit Vertragsschluss
- Modifikationen gem. §§ 356–356 c, z.B. gem. § 356 Abs. 2 Nr. 1 a bei Verbrauchsgüterkauf: mit Erhalt der Ware; kein Fristbeginn bevor Unternehmer Informationspflichten erfüllt, § 356 Abs. 3 S. 1

Fristdauer

- Gem. § 355 Abs. 2 S. 1: 14 Tage
- Fristberechnung: §§ 187 Abs. 1, 188 Abs. 2

Erlöschen des Widerrufsrechts

- § 356 Abs. 3 S. 2: nach 12 Monaten und 14 Tagen
  (Ausn. bei Verträgen über Finanzdienstleistungen, § 356 Abs. 3 S. 3; Gegenausn. bei Immobiliar-Verbraucherverträgen, § 356 b Abs. 2 S. 4)
- § 356 Abs. 4 S. 1: mit Erbringung der Dienstleistung
- § 356 Abs. 5: mit Beginn der Vertragsausführung

B. Vertiefungsschemata

II. Schuldrecht
9. Widerruf von Verbraucherverträgen (Fortsetzung)

IV. Abdingbarkeit

- Vorschriften über **Außergeschäftsraumverträge** und **Fernabsatzverträge** sind gem. § 312 k Abs. 1 S. 1 nicht abdingbar.
- Vorschriften über **Teilzeit-Wohnrechtsverträge** usw. sind gem. § 487 nicht abdingbar.
- Vorschriften über **Verbraucherdarlehen, Finanzierungsleasingverträge, Teilzahlungsgeschäfte, sonstige Finanzierungshilfen** und **Ratenlieferungsverträge** sind gem. § 512 nicht abdingbar.

V. Rechtsfolgen

- Verbraucher und Unternehmer sind an ihre Willenserklärungen nicht mehr gebunden, § 355 Abs. 1 S. 1.
- Rückgabe der empfangenen Leistungen gem. § 355 Abs. 3 bzw. §§ 357–357 c

Rückabwicklungsfrist

- Grundsätzlich gem. § 355 Abs. 3 S. 1 „unverzüglich"
- Modifikationen in §§ 357 ff., z.B. gem. § 357 Abs. 1 „spätestens nach 14 Tagen"
- Fristbeginn für Verbraucher mit Abgabe der Widerrufserklärung, § 355 Abs. 3 S. 2
- Fristbeginn für Unternehmer mit Zugang der Widerrufserklärung, § 355 Abs. 3 S. 2

Unternehmer schuldet:

- Rückzahlung an Verbraucher, § 355 Abs. 3 S. 1
- dafür muss er gem. § 357 Abs. 3 S. 1 „dasselbe Zahlungsmittel" verwenden
- Rückzahlungsverpflichtung umfasst gem. § 357 Abs. 2 S. 1 **auch Hinsendekosten**
- gem. § 357 Abs. 6 S. 1 **keine Erstattung der Rücksendekosten**
- Verweigerungsrecht des Unternehmers, § 357 Abs. 4 S. 1

Verbraucher schuldet:

- **Rückgewähr** an Unternehmer, § 355 Abs. 3 S. 1
- **Wertsatz** für Wertverlust gem. **§ 357 Abs. 7**, wenn Wertverlust durch Umgang, der für Prüfung der Ware nicht notwendig war und Verbraucher über Widerrufsrecht informiert wurde
- für Wertersatzhöhe im Rahmen des § 357 Abs. 7 ist **objektiver Wert der Ware** maßgeblich (Umkehrschluss aus § 357 Abs. 8 S. 4)
- **keine weitergehenden Ansprüche** (z.B. § 812) des Unternehmers infolge des Widerrufs, **§ 361 Abs. 1**

B. Vertiefungsschemata

II. Schuldrecht
9. Widerruf von Verbraucherverträgen (Fortsetzung)

VI. Besonderheiten bei verbundenen Verträgen, §§ 358, 359

- **Begriff:**
Vertrag über Lieferung Ware/Dienstleistung ist mit Verbraucherdarlehen verbunden, wenn Darlehen **Finanzierung des anderen Vertrags** dient und **wirtschaftliche Einheit** besteht (Darlehensgeber und Lieferant identisch/Darlehen kommt unter Mitwirkung des Lieferanten zustande, § 358 Abs. 3 S. 2)
- **Widerrufsdurchgriff:**
  - Widerruf des Lieferungsvertrages führt zu Unwirksamkeit des Verbraucherdarlehensvertrages, § 358 Abs. 1
  - Widerruf des Verbraucherdarlehensvertrages führt zu Unwirksamkeit des Lieferungsvertrages, § 358 Abs. 2
  - Rückabwicklung, § 358 Abs. 4
- **Einwendungsdurchgriff:**
Einwendungen und Einreden gegen finanziertes Geschäft können auch gegen Darlehensvertrag geltend gemacht werden, § 359 Abs. 1 S. 1 (⚠ **§ 359 Abs. 1 S. 3 bei Nacherfüllung!**); nicht, wenn finanziertes Entgelt < 200 €, § 359 Abs. 2
- **Rückforderungsdurchgriff:**
  - Bei **anfänglicher Unwirksamkeit** des finanzierten Vertrages: Rückforderung der Darlehensraten gem. § 813 BGB
  - Bei **Rücktritt vom Liefervertrag** wegen Mängeln der Kaufsache ist die Rückforderung str.: die h.M. lehnt einen Rückforderungsdurchgriff ab und verweist den Käufer wegen bereits geleisteter Raten allein an den Verkäufer

B. Vertiefungsschemata
II. Schuldrecht
10. Systematik Pflichtverletzungen Schadensersatz

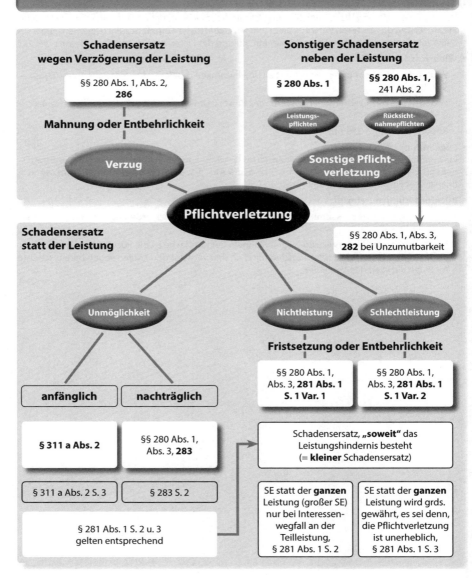

B. Vertiefungsschemata
II. Schuldrecht
11. Systematik Pflichtverletzungen Rücktritt

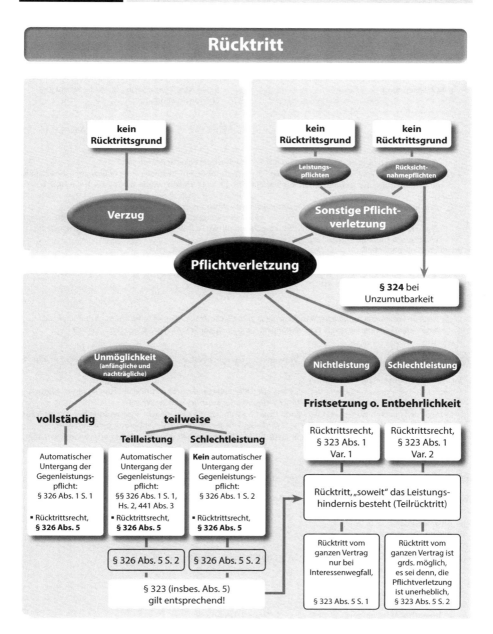

B. Vertiefungsschemata
II. Schuldrecht
12. Mangelbegriff im Kauf- und Werkvertragsrecht

KAUF	Relevanter Zeitpunkt	WERK
• Gefahrübergang – § 446 S. 1 Übergabe – § 446 S. 3 Annahmeverzug des Käufers – § 447 Versendung		• Gefahrübergang – § 644 Abs. 1 S. 1 Abnahme – § 644 Abs. 1 S. 2 Abnahmeverzug des Bestellers – § 644 Abs. 2 Versendung (§ 447 findet entsprechende Anwendung)

KAUF: § 434 Abs. 1 S. 1	Vereinbarte Beschaffenheit	WERK: § 633 Abs. 2 S. 1

- Vereinbarung einer Beschaffenheit
  – Ausdrücklich durch übereinstimmende (und ggf. formbedürftige) Willenserklärungen
  – Konkludent nur bei konkreten Anhaltspunkten i.S. einer „besonderen" Beschaffenheit (würde man eine konkludente Vereinbarung der gewöhnlichen Beschaffenheit i.d.R. unterstellen, würde § 434 Abs. 1 S. 2 Nr. 2 bedeutungslos)
  Ⓟ *Beschaffenheitsvereinbarungen zur Umgehung des Gewährleistungsrechts*
  Eine negative Beschaffenheitsvereinbarung kann u.U. eine Umgehung i.S.v. § 476 Abs. 1 S. 2 darstellen, wenn ihr Zweck erkennbar einem Haftungsausschluss gleichkommt, was i.d.R. der Fall ist, wenn sie nur in AGB erfolgt oder im Widerspruch zum eigentlichen Vertragszweck steht.
- Begriff der Beschaffenheit:
  – physische Merkmale, die sich auf Wert und Tauglichkeit der Sache/des Werkes auswirken (nicht der Wert an sich)
  – andere Eigenschaften (gegenwärtige rechtliche, soziale, wirtschaftliche Beziehungen einer Sache/des Werkes zu ihrer Umwelt von gewisser Dauer)
  – nicht: künftige Eigenschaften
  – str. Ertragsangaben
  ⚠ *Nach im Vordringen befindlicher Ansicht gehören zum Beschaffenheitsbegriff sämtliche auch außerhalb der Kaufsache/des Wertes liegende Vereinbarungen, wenn sie sich auf die Kaufsache/den Wert beziehen.*

KAUF: § 434 Abs. 1 S. 2 Nr. 1	Verwendungstauglichkeit	WERK: § 633 Abs. 2 S. 2 Nr. 1

- Im Vertrag vorausgesetzte Verwendung
  – Käufer/Besteller muss bestimmte Verwendungsart (stillschweigend oder ausdrücklich) zum Ausdruck bringen und der Verkäufer/Unternehmer dem (stillschweigend oder ausdrücklich) zustimmen.
  – Es muss sich um eine „besondere" Verwendungsart handeln, da die gewöhnliche Verwendung bereits von § 434 Abs. 1 S. 2 Nr. 2/§ 633 Abs. 2 S. 2 Nr. 2 erfasst wird oder eine ausdrückliche Vereinbarung getroffen wird.
- Fehlende Eignung: Wenn Sache infolge ihrer tatsächlichen Beschaffenheit (Begriff s.o.) bei bestimmungsgemäßer Verwendung nicht geeignet ist

KAUF: § 434 Abs. 1 S. 2 Nr. 2	Gewöhnl. Verwendung u. übl. Beschaffenheit	WERK: § 633 Abs. 2 S. 2 Nr. 2

Kumulative Voraussetzungen (ein Mangel liegt also schon vor, wenn nur **eine** der Voraussetzungen fehlt):
- Eignung zur **gewöhnlichen Verwendung**
  – Alter der Sache
  – Allgemeinzustand
  – Bisheriger Gebrauch
- **Beschaffenheit**, die bei Sachen der gleichen Art **üblich** und zu erwarten ist
  – Beschaffenheitsbegriff s.o.
  – Üblichkeit
    · Verkehrsanschauung
    · Gesetzliche Beschaffenheit
    · Öffentliche Äußerungen i.S.v. § 434 Abs. 1 S. 3 **(nur Kaufvertrag)**

B. Vertiefungsschemata
II. Schuldrecht
12. Mangelbegriff im Kauf- und Werkvertragsrecht
(Fortsetzung)

KAUF: § 434 Abs. 2 S. 1	Unsachgemäße Montage	WERK: (–)

- **Montage**
  - Zusammenbau der Kaufsache
  - Anbringen, Anschließen der Kaufsache mit anderen Gegenständen
- **Unsachgemäß**; Maßstab:
  - Montagevereinbarung, § 434 Abs. 1 S. 1
  - Vereinbarte Verwendung, § 434 Abs. 1 S. 2 Nr. 1
  - Gewöhnliche Verwendung und übliche Montage, § 434 Abs. 1 S. 2 Nr. 2

KAUF: § 434 Abs. 2 S. 2	Mangelhafte Montageanleitung	WERK: (–)

- **Montageanleitung**
  - Jede erforderliche Anleitung für den Zusammenbau, Anschluss, Aufstellen und Einbau der Kaufsache
  - Nicht: Gebrauchsanweisung (str.)
- **Mangelhaftigkeit der Montageanleitung:** Anhand § 434 zu ermitteln
- **Auswirkung der Mangelhaftigkeit:** (–) bei fehlerfreier Montage

KAUF: § 434 Abs. 3 Alt. 1	Aliudlieferung/-herstellung	WERK: § 633 Abs. 2 S. 3 Alt. 1

- **Aliud**
  - Gattungskauf: Andere Gattung
  - Spezieskauf: Andere Sache
- **Nur bei Lieferung einer erfüllungstauglichen Sache/Herstellung eines erfüllungstauglichen Werkes** (sonst Nichtleistung)
  - Aus Sicht des obj. Empfängerhorizonts des Käufers/Bestellers ist zu beurteilen, ob Verkäufer/Werkunternehmer in Erfüllung des Vertrages liefert
  - Nicht bei extremer Abweichung (☞ Gänse statt Karpfen)
  - Nicht bei erkennbarer Verwechslung

KAUF: § 434 Abs. 3 Alt. 2	Minderlieferung/-herstellung	WERK: § 633 Abs. 2 S. 3 Alt. 2

- **Mindermenge:** Nach Zahl, Maß und Gewicht zu bestimmen
- **Nur wenn aus Sicht des Käufers/Bestellers der Verkäufer/Werkunternehmer mit Lieferung der Menge/Herstellung des Werkes die gesamte Leistungsverpflichtung erfüllen wollte.**

KAUF: § 435	Rechtsmangel	WERK: § 633 Abs. 3

- **Private Rechte Dritter**
  - Nicht Eigentum eines Dritten (str.), da Verletzung der Eigentumsverschaffungspflicht aus § 433 Abs. 1 S. 1 und damit Nichtleistung
  - Dingliche Belastungen
  - Obligatorische Rechte, soweit sie einem Dritten berechtigten Besitz verschaffen
  - Immaterialgüterrechte (str.)
- **Öffentlich-rechtliche Beschränkungen**
  Rechtsbeziehungen, die auf der Beschaffenheit der Kaufsache/des Werkes beruhen und in dieser ihre Ursache haben
  - Nutzungsbeschränkungen
  - Beschränkungen durch bauordnungs- oder bauplanungsrechtliche Bestimmungen stellen jedoch einen Sachmangel dar ⚠
  - Beschränkungen, die zum Entzug des Eigentums berechtigen
  - Öffentliche Lasten gem. § 436
  - Im Grundbuch eingetragenes Recht, das nicht besteht, § 435 S. 2

B. Vertiefungsschemata

II. Schuldrecht
13. Mangelbegriff im Miet- und Reiserecht

MIETE:	Relevanter Zeitpunkt	REISE:

- Vertragsschluss (für § 536 a Abs. 1 Var. 1 = Garantiehaftung)
- Gebrauchsüberlassung
- Spätere Entstehung des Mangels während Mietzeit

⚠ Voraussetzung ist aber in jedem Fall eine **Gebrauchsüberlassung** (§ 536) z.Z. der Geltendmachung, da sonst Gewährleistungsrecht nicht anwendbar.

Ⓟ Wertungswiderspruch bei Anwendbarkeit von § 311 a Abs. 2 zur Garantiehaftung gem. § 536 a?
(Nach h.M. deshalb jedenfalls Geltung des § 536 a bei unbehebbaren Mängeln bereits vor Überlassung.)

- Ab Vertragsschluss
  - **keine Geltung des allg. Leistungsstörungsrechts (auch nicht Unmöglichkeit etc.)**
  - Ausnahme: Nebenpflichtverletzungen

Miete: § 536 Abs. 1: *Mangel*, der sich auf die Tauglichkeit zum vertragsgemäßen *Gebrauch* auswirkt	Reise: § 651 i Abs. 2: *Fehler*, der sich auf die Tauglichkeit zum gewöhnlichen oder vom Vertrag vorausgesetzten *Nutzen* auswirkt

- **Mangel** = negatives Abweichen der Ist- von der Soll-Beschaffenheit und dadurch Tauglichkeitsminderung
  - Ermittlung der Soll-Beschaffenheit zunächst durch konkreten vertraglichen Mietzweck und – sofern ein solcher nicht vorhanden ist – durch gewöhnlichen Gebrauch
  - Soll-Tauglichkeit umfasst bei gewöhnlichem Gebrauch auch gewöhnliche Beschaffenheit
    - Mängel in der Substanz der Mietsache
    - Einwirkungen von außen und rechtliche Verhältnisse, die die Tauglichkeit der Mietsache unmittelbar beeinträchtigen und von gewisser Dauer sind (**Nicht:** Umsatz- und Gewinnerwartung, **aber** (klausurrelevant!): Öffentliche Gebrauchsbeschränkungen, die ihre Ursache in der Lage oder Beschaffenheit der Mietsache haben)
    - Gefahren, die bei Benutzung der Mietsache drohen

- **Mangel** = negatives Abweichen der Ist- von der Soll-Beschaffenheit und dadurch Tauglichkeitsminderung
  - Ermittlung der Soll-Beschaffenheit („weiter" Fehlerbegriff) durch Vereinbarungen (Reisebestätigung, Prospekt) oder gewöhnliche Beschaffenheit einer Reise der entsprechenden Art (Billigreise, Luxusreise, Expedition, Abenteuerreise, Studienfahrt, Erholungsurlaub …)
  - Abweichungen können liegen in:
    - Einzelne Reiseleistung wird überhaupt nicht oder schlecht erbracht
    - Hindernis stammt aus dem Verantwortungsbereich des Veranstalters (erfasst sind alle nicht in der Person des Reisenden liegende Umstände, also auch Einflüsse aufgrund höherer Gewalt, die sich auf die Reise auswirken)
    - Witterungsbedingungen nur, wenn zu erwarten (Angabe von Schneesicherheit im Prospekt)
    - Koordinierungsmängeln einzelner Reiseleistungen

B. Vertiefungsschemata

II. Schuldrecht
13. Mangelbegriff im Miet- und Reiserecht (Fortsetzung)

MIETE: § 536 Abs. 2	Fehlen zugesicherter Eigenschaften	REISE: § 651 i Abs. 2

- **Eigenschaften** = jede Beschaffenheit der Sache selbst und alle tatsächlichen und rechtlichen Verhältnisse von gewisser Dauer, die auf die Wertschätzung oder Tauglichkeit der Mietsache von Einfluss sein können.
- **Zusicherung** = Erklärung, für alle Folgen des Fehlens der Eigenschaft einstehen zu wollen
  - ausdrücklich, aber auch konkludent möglich
  - strenge Anforderungen, da gem. § 536 a verschuldensunabhängige Haftung auf Schadensersatz für anfängliches Fehlen einer zugesicherten Eigenschaft
  - Keine Zusicherung daher bei bloßen Beschreibungen (z.B. ca.-Angabe der Wohnungsgröße)

- **Eigenschaften** = jede Beschaffenheit der Reise
- **Zusicherung** = Erklärung, für alle Folgen des Fehlens der Eigenschaft einstehen zu wollen
  - ausdrücklich, aber auch konkludent möglich
  - geringe Bedeutung wegen „weiten" Fehlerbegriffs (s.o.)
  - trotzdem strenge Anforderungen, da das Fehlen einer zugesicherten Eigenschaft Mängelrechte auslöst, ohne dass es auf eine Tauglichkeitsminderung ankommt
  - Keine Zusicherung daher bei bloßen Beschreibungen (z.B. Prospektangaben)

MIETE: § 536 Abs. 3	Rechtsmangel	REISE: (–)

- **Private Rechte Dritter**
  - Obligatorische Rechte, soweit sie einem Dritten berechtigten Besitz verschaffen (Doppelvermietung)
  - Konkurrenzverbot
  - Voraussetzung ist aber immer: **Geltendmachung des Rechts** (☞ Sicherungseigentum eines Dritten begründet nur dann Rechtsmangel, wenn dieses geltend gemacht wird)
- **Öffentlich-rechtliche Beschränkungen**
  - i.d.R. Sachmangel, wenn Beschränkung an Beschaffenheit oder Lage der Mietsache anknüpft
    - Nutzungsbeschränkungen
    - Beschränkungen durch bauordnungs- oder bauplanungsrechtliche Bestimmungen
    - Beschränkungen, die zum Entzug des Eigentums berechtigen
    - Öffentliche Lasten gem. § 436
  - ausnahmsweise Rechtsmangel, wenn Beschränkung an Person des Vermieters anknüpft

B. Vertiefungsschemata

II. Schuldrecht
14. Systematik Gewährleistungsrecht Kaufrecht

Die drei Stufen der kaufrechtlichen Gewährleistung

A. Grundvoraussetzungen: I. Wirksamer **Kaufvertrag** ⇨ *S. 7*
II. **Sach-** oder **Rechtsmangel**, §§ 434, 435 ⇨ *S. 186*
III. im Zeitpunkt des **Gefahrübergangs** bzw. des **Erwerbs**, §§ 446, 447 (§ 474 Abs. 2) ⇨ *S. 186*

---

1. Stufe: § 437 Nr. 1, Nacherfüllung

| **Mangelbeseitigung,** §§ 437 Nr. 1, 439 Abs. 1 Alt. 1 | **Neulieferung,** §§ 437 Nr. 1, 439 Abs. 1 Alt. 2 |

- **Wahlrecht des Käufers**, sofern nicht
  - eine Nacherfüllungsart unmöglich, § 275
  - Leistungsverweigerungsrecht des Verkäufers, §§ 275 Abs. 2, 439 Abs. 4
- **Aufwendungsersatzanspruch des Käufers,** § 439 Abs. 2 u. 3 ⇨ *S. 12, 14*

B. Zusätzliche Voraussetzungen für die zweite und dritte Stufe:
I. Erfolgloser Ablauf einer angemessenen Nacherfüllungsfrist oder
II. Entbehrlichkeit der Fristsetzung
   1. Nach Kaufrecht, § 440
      - S. 1 Var. 1, Verkäufer verweigert beide Arten der Nacherfüllung gem. § 439 Abs. 4 (unverhältnismäßig hohe Kosten)
      - S. 1 Var. 2, Fehlschlagen der Nacherfüllung
      - S. 1 Var. 3, Unzumutbarkeit der Nacherfüllung für Käufer
   2. Unternehmerregress, § 478 Abs. 1
   3. Nach Schuldrecht AT
      - Entbehrlichkeit nach § 323 Abs. 2 i.V.m. § 440 S. 1 (bei Rücktritt) oder § 281 Abs. 2 i.V.m. § 440 S. 1 (bei Schadensersatz statt der Leistung)
      - Bei Unmöglichkeit Entbehrlichkeit nach § 326 Abs. 5 (bei Rücktritt) oder § 283 bei Unmöglichkeit

---

Bei Verzug mit der Nacherfüllung, § 286

↓

Verzögerungsschaden, §§ 437 Nr. 3 Alt. 1, 280 Abs. 1 u. 2, 286

---

2. Stufe: § 437 Nr. 2, Rücktritt/Minderung

| **Rücktritt,** §§ 437 Nr. 2 Alt. 1, 440, 323, 326 Abs. 5 | **Minderung,** §§ 437 Nr. 2 Alt. 2, 441 |

(–), wenn Mangel nur unerheblich, § 323 Abs. 5 S. 2, oder bei Teilleistung kein Interessenwegfall, § 323 Abs. 5 S. 1

(+), auch wenn Mangel nur unerheblich, § 441 Abs. 1 S. 2

C. Weitere Voraussetzungen:
I. Verschulden (vermutet gem. § 280 Abs. 1 S. 1)
oder
II. **Bei § 311 a:** Keine Kenntnis oder grob fahrlässige Unkenntnis vom Leistungshindernis

---

3. Stufe: § 437 Nr. 3 i.V.m. ... , Schadensersatz/Aufwendungsersatz

| **SE statt der Leistung,** §§ 280 Abs. 1 u. 3, 281 **oder** §§ 280 Abs. 1 u. 3, 283 **oder** § 311 a | **Aufwendungsersatz,** § 284 |

(–), kein SE statt der ganzen Leistung, wenn Mangel unerheblich, § 281 Abs. 1 S. 3, oder bei Teilleistung kein Interessenwegfall, § 281 Abs. 1 S. 2

D. Kein Gewährleistungsausschluss durch Rechtsgeschäft oder Gesetz

---

E. Keine Verjährung, § 438

B. Vertiefungsschemata

II. Schuldrecht
15. Systematik Gewährleistungsrecht Werkvertragsrecht

Die vier Stufen der werkrechtlichen Gewährleistung

A. Grundvoraussetzungen:
I. Wirksamer **Werkvertrag** ⇨ *S. 7*
II. Sach- oder **Rechtsmangel**, § 633 ⇨ *S. 186*
III. Im Zeitpunkt des **Gefahrübergangs** (Abnahme/Abnahmefiktion) ⇨ *S. 13*

---

1. Stufe: § 634 Nr. 1, Nacherfüllung

Mangelbeseitigung, § 634 Nr. 1, § 635 Abs. 1 Alt. 1	Neuherstellung, § 634 Nr. 1, § 635 Abs. 1 Alt. 2

Wahlrecht des Unternehmers sofern nicht
- eine Nacherfüllungsart unmöglich, § 275
- Leistungsverweigerungsrecht des Unternehmers, §§ 275 Abs. 2, 635 Abs. 3

Bei Verzug mit der Nacherfüllung, § 286

Verzögerungsschaden, §§ 634 Nr. 4, 280 Abs. 1 u. 2, 286

B. Zusätzliche Voraussetzungen für die zweite/dritte/vierte Stufe:
I. Erfolgloser Ablauf einer angemessenen Nacherfüllungsfrist **oder**
II. Entbehrlichkeit der Fristsetzung
  1. Nach Werkvertragsrecht
     - Fehlschlagen der Nacherfüllung gem. § 635 Abs. 1 S. 2 bzw. § 637 Abs. 2 S. 2 Alt. 1
     - Unzumutbarkeit d. Nacherfüllung für den Besteller gem. § 635 Abs. 3 bzw. § 637 Abs. 2
     - Verweigerung der Nacherfüllung gem. § 635 Abs. 3 (§ 636 Var. 1)
       [Beachte: Dann keine Selbstvornahme möglich, § 637 Abs. 1]
  2. Nach Schuldrecht AT
     - Entbehrlichkeit nach §§ 637 Abs. 2 S. 1, 323 Abs. 2 (Selbstvornahme)
     - Entbehrlichkeit nach §§ 636, 323 Abs. 2 (Rücktritt)
     - Entbehrlichkeit nach §§ 636, 281 Abs. 2 (Schadensersatz)
     - Entbehrlichkeit bei Unmöglichkeit (§ 326 Abs. 5/§ 283)

---

2. Stufe: § 634 Nr. 2, Selbstvornahme

Aufwendungsersatz, § 634 Nr. 2, § 637 Abs. 1	Kostenvorschuss, § 634 Nr. 2, § 637 Abs. 3

3. Stufe: § 634 Nr. 3, Rücktritt/Minderung

Rücktritt, §§ 634 Nr. 3 Alt. 1, 636, 323, 326 Abs. 5	Minderung, § 634 Nr. 3 Alt. 2, § 638
(–), wenn Mangel nur unerheblich, § 323 Abs. 5 S. 2, oder bei Teilleistung kein Interessenwegfall, § 323 Abs. 5 S. 1	(+), auch wenn Mangel nur unerheblich, Abs. 1 S. 2

C. Weitere Voraussetzungen:
I. Verschulden (vermutet gem. § 280 Abs. 1 S. 1)
   oder
II. Bei **§ 311 a**: Kenntnis oder grob fahrlässige Unkenntnis vom Leistungshindernis

4. Stufe: § 634 Nr. 4 i.V.m. ... , Schadensersatz/Aufwendungsersatz

SE statt der Leistung, §§ 280 Abs. 1 u. 3, 281 **oder** §§ 280 Abs. 1 u. 3, 283 **oder** § 311 a	Aufwendungsersatz, § 284

(–), kein SE statt der ganzen Leistung, wenn Mangel unerheblich, § 281 Abs. 1 S. 3, o. bei Teilleistung kein Interessenwegfall, § 281 Abs. 1 S. 2

D. Kein Gewährleistungsausschluss durch Rechtsgeschäft oder Gesetz

E. Keine Verjährung, § 634 a

B. Vertiefungsschemata

II. Schuldrecht
16. Systematik Gewährleistungsrecht Mietrecht

A. Grundvoraussetzungen: I. Wirksamer **Mietvertrag** ➪ *S. 7*
II. Überlassung der **Mietsache**
III. **Sach-** oder **Rechtsmangel**, § 535 ➪ *S. 188*
IV. Zeitpunkt: Bei Vertragsschluss oder auch bei erst späterer Entstehung

1. Stufe: § 535/§ 536, Mangelbeseitigung/Minderung

Mangelbeseitigung, § 535 Abs. 1 S. 2	Minderung, § 536
	▪ zuviel gezahlte Miete kann gem. § 812 zurückgefordert werden

B. Weitere Voraussetzungen für die zweite Stufe
- Umgehende Mangelbeseitigung zur Erhaltung der Mietsache erforderlich **oder**
- Anfänglicher Mangel **oder**
- Nachträglicher Mangel, den der Vermieter zu vertreten hat **oder**
- Verzug des Vermieters mit der Mangelbeseitigung (Vertretenmüssen des Verzuges erforderlich ⚠)

C. Weitere Voraussetzungen für die dritte Stufe:
- Erfolgloser Ablauf einer Abhilfefrist, § 543 Abs. 3 S. 1 oder
- Entbehrlichkeit der Fristsetzung, § 543 Abs. 3 S. 2
  – Fristsetzung offensichtlich erfolglos
  – Besondere Gründe

2. Stufe: § 536 a Selbstvornahme/Schadensersatz

Selbstvornahme der Mangelbeseitigung, § 536 a Abs. 2	Schadensersatz, § 536 a Abs. 1

3. Stufe: § 543 Kündigung

Kündigung

außerordentlich/fristlos

D. Kein Gewährleistungsausschluss durch Rechtsgeschäft oder Gesetz (insbes. §§ 536 b und 536 d)

E. Mängelanzeige, § 536 c

F. Keine Verjährung

B. Vertiefungsschemata

II. Schuldrecht
17. Systematik Verbraucherschutz im BGB

Verbraucherschutz im Bürgerlichen Gesetzbuch

Allgemeine Regelungen

Verbraucher, § 13
- **Voraussetzungen**
  - Natürliche Person
  - **Zweck** des Geschäfts nicht für gewerbliche oder selbstständige berufliche Tätigkeit

Unternehmer, § 14
- **Voraussetzungen**
  - Natürliche oder juristische Person
  - **Zweck** des Geschäfts für gewerbliche oder selbstständige berufliche Tätigkeit

Grundsätze bei Verbraucherverträgen, § 312 a
- Informationspflichten bei telefonischer Kontaktaufnahme
- Informationspflichten für den stationären Handel
- Grenzen der Vereinbarung von Entgelten

Besondere Regelungsbereiche

Besondere Vertriebsformen

Außergeschäftsraumvertrag, § 312 b

Fernabsatzvertrag, § 312 c

Rechtsfolgen:
- Widerrufsrecht, § 312 g
- Informationspflichten, § 312 d
- Dokumentationspflichten, § 312 f
- Besonderer Gerichtsstand, § 29 c ZPO
- Unabdingbarkeit, § 312 k Abs. 1 S. 1
- Umgehungsverbot, § 312 k Abs. 1 S. 2

Verbundene Verträge, §§ 358–359; Zusammenhängende Verträge, § 360

Rechtsfolgen:
- Widerrufsdurchgriff, § 358
- Einwendungsdurchgriff, § 359
- Rückforderungsdurchgriff, (str.)

Vermittlung von Verbraucherdarlehensverträgen, §§ 655 a–655 e

Verbrauchsgüterkauf, §§ 474 ff.

Rechtsfolgen:
- Keine Wertersatzpflicht, § 475 Abs. 3 S. 1
- Gefahrübergang bei Versendungskauf, § 475 Abs. 2
- Umgehungsverbot, § 476 Abs. 1 S. 2
- Verkürzbarkeit der Verjährung eingeschränkt, § 476 Abs. 2
- Beweislastumkehr, § 477

Verbraucherdarlehensvertrag und Finanzierungshilfen, §§ 491 ff.

Rechtsfolgen:
- Widerrufsrecht, § 495
- Schriftform, § 492

Teilzeitwohnrechteverträge, Verträge über langfristige Vermittlungsverträge und Tauschsystemverträge, §§ 481–487

Verbraucherbauvertrag, §§ 650 i ff.

Rechtsfolgen:
- Widerrufsrecht, § 650 l
- Textform, § 650 i Abs. 2
- Informationspflichten, § 650 j
- Vertragsinhalt, § 650 k Abs. 1
- Unabdingbarkeit, § 650 o S. 1
- Umgehungsverbot, § 650 o S. 2

B. Vertiefungsschemata

II. Schuldrecht
18. Minderung im Kauf- und Werkvertragsrecht

I. Voraussetzungen

1. Wirksames Zustandekommen eines **Kauf-** bzw. **Werkvertrages** ⇨ *S. 10*, ⇨ *S. 13*
2. Vorliegen eines **Mangels** (§ 434 bzw. § 633) im relevanten Zeitpunkt ⇨ *S. 186*
3. Vorliegen der **Rücktrittsvoraussetzungen**, da Minderung nur **„statt"** **Rücktritt** möglich (§ 441 Abs. 1 S. 1 bzw. § 638 Abs. 1 S. 1)
    a) **Fälliger und durchsetzbarer Nacherfüllungsanspruch**
       Mit Leistung i.S.d. § 323 gemeint ist nicht die ursprüngliche Leistungspflicht zur mangelfreien Leistung (§ 433 Abs. 1 S. 2); diese hat sich ab Anwendbarkeit des Gewährleistungsrechts in einen Nacherfüllungsanspruch aus § 439 bzw. § 635 umgewandelt ⇨ *S. 10, 13*
       - Relevanter Zeitpunkt
         – Zeitpunkt des Fristablaufs
         – Bei Entbehrlichkeit der Fristsetzung: Zeitpunkt des Eintritts der Umstände, die die Fristsetzung entbehrlich gemacht haben
       - Fälligkeit ⇨ *S. 166*
         – Ist offensichtlich, dass die Voraussetzungen des Schadensersatzanspruchs eintreten werden, ist gem. § 323 Abs. 4 die Fälligkeit entbehrlich (Hauptanwendungsfall: § 323 Abs. 2 Nr. 1)
       - Durchsetzbarkeit
         – Allein das Bestehen der Einreden der §§ 320, 275 Abs. 2 u. 3 hindert die Durchsetzbarkeit
         ☞ Hat der Käufer also noch nicht bezahlt, braucht der Verkäufer die Nacherfüllung nur Zug um Zug zu erbringen ohne einen Rücktritt des Käufers fürchten zu müssen; der Nacherfüllungsanspruch ist nicht durchsetzbar.
         – Das Zurückbehaltungsrecht nach § 273 muss geltend gemacht werden.
       ⚠ *Beruft sich der Schuldner auf Unverhältnismäßigkeit nach § 439 Abs. 3 bzw. § 635 Abs. 3 schließt dies den Rücktritt nicht aus, da in diesen Fällen ein Rücktrittsrecht sogar ohne Fristsetzung besteht (§ 440 S. 1 Alt. 1 bzw. § 636 Alt. 1).*
    b) **Erfolgloser Fristablauf oder Entbehrlichkeit der Fristsetzung**
       aa) Grundsätzlich: Erforderlich ist eine angemessene Fristsetzung, § 323 Abs. 1
            Ausreichend ist eine ernsthafte Leistungsaufforderung; auch durch das Setzen einer zur kurzen (oder gar keiner) Frist wird der Lauf einer angemessenen Frist in Gang gesetzt.
       bb) Entbehrlichkeit nach allgemeinen Regeln:
            - Entbehrlichkeit aufgrund Parteivereinbarung (nicht möglich in AGB gem. § 309 Nr. 4 bzw. gegenüber Unternehmern gem. § 307 Abs. 1, wenn Fristsetzung dadurch für Verwender entbehrlich)
            - Ernsthafte und endgültige Erfüllungsverweigerung, § 323 Abs. 2 Nr. 1
            - Relatives Fixgeschäft, § 323 Abs. 2 Nr. 2
              (auf Minderung nach Sinn und Zweck nicht anwendbar – str.)
            - Besondere Umstände i.S.v. § 323 Abs. 2 Nr. 3
            - Befreiung des Schuldners von der Leistung gem. § 275 Abs. 1–3, vgl. § 326 Abs. 5
       cc) Entbehrlichkeit im Kauf- und Werkvertragsrecht:
            - Befreiung des Schuldners von der Nacherfüllung gem. § 275 Abs. 1–3, vgl. § 437 Nr. 2 bzw. § 634 Nr. 3 i.V.m. § 326 Abs. 5
            - Rechtmäßige Verweigerung der Nacherfüllung gem. § 439 Abs. 4 bzw. § 635 Abs. 3 (§ 440 S. 1 Alt. 1 bzw. § 636 Alt. 1)
            - Fehlschlagen der Nacherfüllung (§ 440 S. 1 Var. 2 bzw. § 636 Var. 2)
              – Im Kaufrecht i.d.R. nach erfolglosem zweiten Versuch, § 440 S. 2
              – Im Werkvertragsrecht bietet § 440 S. 2 zumindest einen Anhaltspunkt
            - Unzumutbarkeit der Nacherfüllung (§ 440 S. 1 Var. 3 bzw. § 636 Var. 3)
       dd) Erfolgloser Fristablauf
            - Keine Einhaltung der Frist bei Teilleistung, § 266
            - Frist zur Leistung wird nach h.M. auch bei Schlechtleistung eingehalten (ggf. neue Fristsetzung zur Nacherfüllung erforderlich).

B. Vertiefungsschemata

II. Schuldrecht
18. Minderung im Kauf- und Werkvertragsrecht (Fortsetzung)

II. Ausschlussgründe

- Kein vertraglicher oder gesetzlicher Gewährleistungsausschluss (bei Nicht- oder Schlechtleistung der Nacherfüllung im Kauf- bzw. Werkvertragsrecht) ⇨ *S. 10 (Kaufrecht)*, ⇨ *S. 13 (Werkvertragsrecht)*
- ⚠ *§ 323 Abs. 5 S. 2: Gem. § 441 Abs. 1 S. 2 ist § 638 Abs. 1 S. 2 nicht anwendbar: Minderung auch bei unerheblichem Mangel möglich*
- § 323 Abs. 6 Var. 1: Überwiegende **Verantwortlichkeit** des Gläubigers
  (Kein Vertretenmüssen im technischen Sinne erforderlich!)
  - Verletzung einer dem Schuldner gegenüber bestehenden Verhaltenspflicht (§§ 276, 278)
  - Obliegenheitsverletzung (z.B. Herbeiführung des Leistungserfolges durch den Gläubiger)
  - Vertragliche Risikoübernahme

  Bei beiderseitiger Verantwortung: Kürzung des Minderungsbetrages analog § 254
- **§ 326 Abs. 6 Var. 2: Annahmeverzug** des Gläubigers und kein Vertretenmüssen des Schuldners (Maßstab: § 300 Abs. 1!)

III. Erklärung der Minderung

- gegenüber dem Verkäufer, § 441 Abs. 1 S. 1

IV. Keine Unwirksamkeit wegen Quasi-Verjährung (§§ 438 Abs. 5, 218 Abs. 1)

- Verjährung gilt nur für Ansprüche (§ 194); Minderung = Gestaltungsrecht.
- Gem. § 218 Abs. 1 S. 1 i.V.m. § 438 Abs. 5 bzw. § 634 a Abs. 5 ist Minderung unwirksam, wenn Erfüllungs- oder Nacherfüllungsanspruch verjährt ist. ⇨ *S. 218*
- Besteht kein Erfüllungs- oder Nacherfüllungsanspruch wegen §§ 275 Abs. 1–3, 439 Abs. 3 bzw. § 635 Abs. 3, kommt es auf eine hypothetische Verjährung des Anspruchs an, § 218 Abs. 1 S. 2.

V. Berechnung der Minderung

Höhe der Minderung = Vereinbarter Preis – Geminderter Preis (vgl. Wortlaut §§ 441 Abs. 3 S. 1, 638 Abs. 3 S. 1)
Berechnung des geminderten Preises:

$$\frac{\text{Geminderter Preis}}{\text{Vereinbarter Preis}} = \frac{\text{Wirklicher Wert}}{\text{Wert ohne Mangel}}$$

$$\text{Geminderter Preis} = \frac{\text{Wirklicher Wert} \times \text{Vereinbarter Preis}}{\text{Wert ohne Mangel}}$$

VI. Rechtsfolgen

- Mit Wirksamwerden der Minderungserklärung Umgestaltung des Vertrages (nur noch geminderter Betrag wird geschuldet)
- Überzahlungen können gem. §§ 346 Abs. 1, 347 Abs. 1 zurückgefordert werden (vgl. § 441 Abs. 4 bzw. § 638 Abs. 4). ⇨ *S. 71*

B. Vertiefungsschemata

II. Schuldrecht
19. Minderung im Miet- und Reiserecht, § 576 Abs. 1 bzw. § 651 m

I. Voraussetzungen

1. Wirksames Zustandekommen eines Miet- bzw. Pauschalreisevertrages ⇨ *S. 41*, ⇨ *S. 43*
2. Vorliegen eines Mangels (§ 536 bzw. § 651 i) im relevanten Zeitpunkt ⇨ *S. 188*

II. Ausschlussgründe

Miete	Reise
1. **Kein vertraglicher Gewährleistungsausschluss (individuell bzw. AGB)** • Grenze § 536 Abs. 4: Kein Ausschluss der Mietminderung bei Mietverhältnissen über Wohnraum • Grenze § 536 d: Kein Ausschluss der Gewährleistungsrechte bei Arglist des Vermieters • Nicht bei Eigenschaftszusicherung	1. **Vertraglicher Gewährleistungsausschluss gem. § 651 y nicht möglich**
2. **§ 326 Abs. 2 analog:** Überwiegende **Verantwortlichkeit** des Gläubigers (Kein Vertretenmüssen im technischen Sinne erforderlich!) *Bei beiderseitiger Verantwortung: Kürzung des Minderungsbetrages analog § 254*	2. **§ 326 Abs. 2 analog:** Überwiegende **Verantwortlichkeit** des Gläubigers (Kein Vertretenmüssen im technischen Sinne erforderlich!) *Bei beiderseitiger Verantwortung: Kürzung des Minderungsbetrages analog § 254*
3. **§ 536 Abs. 1 S. 3:** Anders als bei § 441 Abs. 1 S. 2 keine Minderung bei unerheblichem Mangel	3. Erheblichkeit ist nicht erforderlich
4. **Kein spezieller mietrechtlicher Ausschluss** • Bei anfänglichem Mangel – keine Kenntnis des Mieters, § 536 b S. 1 – keine grob fahrlässige Unkenntnis, es sei denn, Vermieter handelt arglistig, § 536 b S. 2	4. **Kein spezieller reiserechtlicher Ausschluss** **Anzeige, § 651 o Abs. 2 Nr. 1** • Keine Minderung bei schuldhaft unterlassener Mängelanzeige während der Reise (in Abhilfeverlangen nach § 651 k als Minus enthalten)

B. Vertiefungsschemata

II. Schuldrecht
19. Minderung im Miet- und Reiserecht (Fortsetzung)

II. Ausschlussgründe (Fortsetzung)

Miete	Reise

- **Bei Mangel, der bei Überlassung der Mietsache vorliegt**
  – keine Annahme der Mietsache bei Kenntnis des Mangels,
  – es sei denn, Mängelrechte vorbehalten, § 536 b S. 3
- **Bei Mangel, der später entsteht oder sich zeigt**
  – unverzügliche Anzeige des Mangels, § 536 c Abs. 1 (§ 536 c Abs. 2 Nr. 1),
  – es sei denn, Vermieter hätte auch bei rechtzeitiger Anzeige des Mangels keine Abhilfe schaffen können
	- Ggf. Entbehrlichkeit, wenn keine zumutbare Anzeigemöglichkeit besteht, Mangel offensichtlich oder dem Reiseveranstalter bekannt ist

III. Erklärung der Minderung nicht erforderlich (tritt gesetzlich ein!) ⚠

IV. Berechnung der Minderung

- Miete/Reisepreis wird proportional zur Tauglichkeitsminderung herabgesetzt ⇨ **S. 195**

V. Rechtsfolgen

- Mit Auftreten des Mangels wird nur noch geminderter Betrag geschuldet, ohne dass es einer besonderen Erklärung bedürfte.
- Rückforderung einer Zuvielzahlung im **Mietrecht** gem. §§ 812 ff.
- Rückforderung einer Zuvielzahlung im **Reiserecht** gem. §§ 651 m Abs. 2, 346 Abs. 1, 347 Abs. 1 ⇨ **S. 71**

B. Vertiefungsschemata

II. Schuldrecht
20. Besonderheiten Verbrauchsgüterkauf

I. Anwendbarkeit

Verbrauchsgüterkauf

1. **Persönlich, § 474 Abs. 1 S. 1**
   - Kaufvertrag zwischen **Verbraucher** (§ 13) als Käufer und **Unternehmer** (§ 14) als Verkäufer
     - also nicht: Verträge, bei denen der Verkäufer Verbraucher ist
     - auch nicht: Kaufverträge zwischen Unternehmern bzw. zwischen Verbrauchern untereinander
   - **Verbraucher** ist
     - jede natürliche Person (auch GbR)
     - die zu privaten Zwecken handelt
       (Existenzgründer ist bereits Unternehmer)
     - soll Vertragsgegenstand sowohl privaten als auch beruflichen Zwecken dienen, ist entscheidend, zu welchem Zweck er **„überwiegend"** (vgl. § 13) genutzt werden soll; im Zweifel und bei hälftiger Verteilung ist Verbraucherhandeln anzunehmen
   - **Unternehmer** ist jede natürliche oder juristische Person oder rechtsfähige Personengesellschaft, die in Ausübung ihrer gewerblichen oder selbstständigen Tätigkeit handelt.
   - Ⓟ *Vorspiegelung der Unternehmereigenschaft* – kein Schutz des Täuschenden gem. §§ 474 ff.

2. **Sachlich, § 474 Abs. 1 S. 1**
   - Kaufvertrag über **bewegliche** Sache
     - also nicht: Kaufverträge über Immobilien und Forderungen
     - **Kombination mit Dienstleistung** schadet nicht, § 474 Abs. 1 S. 2
   - Gem. § 474 Abs. 2 S. 2 keine Geltung für den Verkauf **gebrauchter** Sachen in **öffentlichen Versteigerungen**, an denen der Käufer persönlich **teilnehmen kann**.
     - ☞ Internet-Online-Auktionen sind keine öffentlichen Versteigerungen (§ 385), sondern „normale" Kaufverträge.

B. Vertiefungsschemata

II. Schuldrecht
20. Besonderheiten Verbrauchsgüterkauf (Fortsetzung)

II. Bedeutung

Verbrauchsgüterkauf

1. **Disponibilität, § 476**
   - Gewährleistungsrecht vor Mitteilung eines Mangels nicht disponibel, § 476 Abs. 1 S. 1
   - Umgehungsverbot des § 476 Abs. 1 S. 2
     - ⚠ Auch Agenturverträge im Gebrauchtwagenhandel sind Umgehungsgeschäfte, wenn das wirtschaftliche Risiko der Unternehmer trägt.
     - ⚠ Leasingverträge sind keine Umgehungsgeschäfte
   - Erweiterung auf Pfandverkauf neuer Sachen in öffentlicher Versteigerung (§ 445 nicht anwendbar), vgl. § 474 Abs. 2 S. 2
   - **Ausnahme:** Schadensersatz, § 476 Abs. 3
2. **Gefahrtragung:** Modifikation des § 447 Abs. 1 gem. § 475 Abs. 2
3. **Nutzungsersatz, § 475 Abs. 3 S. 1**
   Bei Ersatzlieferung und Rückgabe der mangelhaften Kaufsache schuldet der Käufer keinen Nutzungsersatz
4. **Verjährung:** Verkürzbarkeit der Verjährung eingeschränkt, § 476 Abs. 2 ⇨ *S. 217*
5. **Beweislastumkehr, § 477**
   - In den ersten 6 Monaten nach Gefahrübergang wird bei Auftreten eines Mangels vermutet, dass dieser schon bei Gefahrübergang vorlag.
   - Ⓟ *Reichweite der Beweislastumkehr (Nach neuerer Rspr. wird nach § 477 auch Vorliegen eines Grundmangels vermutet.)*
     - Es sei denn, Vermutung ist mit **Art der Sache** oder **Art des Mangels** unvereinbar.
       - Ⓟ *Tierkrankheiten, Verschleißmängel, offensichtliche Mängel, verderbliche Sachen*
6. **Garantie, §§ 479, 443**
   - Garantieerklärung muss einfach u. verständlich sein
   - Mindestinhalt: Hinweis auf gesetzliche Gewährleistung, wesentliche Angaben über Garantie und ihre Geltendmachung
   - Textform der Garantieerklärung ⇨ *S. 155*
   - Aber: Gültigkeit der Garantie trotz Nichteinhaltung der Voraussetzungen
7. Es gilt gem. **§ 475 Abs. 4 S. 1** (nur) für den Verbrauchsgüterkauf, dass Verkäufer sich **nicht auf die sog. absolute Unverhältnismäßigkeit** (gem. § 439 Abs. 4) der einzig möglichen Nacherfüllungsvariante berufen kann. Indes kann Verkäufer den Aufwendungsersatz **auf einen „angemessenen" Betrag beschränken**, wenn verbleibende Art der Nacherfüllung wegen Höhe der Aufwendungen nach § 439 Abs. 2 oder 3 S. 1"unverhältnismäßig" ist (**§ 475 Abs. 4 S. 2**). Diese Möglichkeit besteht aber – in Übereinstimmung mit den Vorgaben des EuGH – nur bzgl. des „Aufwendungsersatzes", nicht bzgl. der Nachlieferung einer mangelfreien Sache selbst. Bei **Bemessung** des „angemessenen" Betrages sind insb. der Wert der Sache in mangelfreiem Zustand und Bedeutung des Mangels zu berücksichtigen, **§ 475 Abs. 4 S. 3.**
8. **Vorschusspflicht des Verkäufers, § 475 Abs. 6**

B. Vertiefungsschemata

II. Schuldrecht
21. Überblick Miete

Abgrenzung des Mietvertrages von anderen Vertagstypen

Miete, §§ 535 ff.	**Pacht**, §§ 581 ff.	**Verwahrung**, §§ 688 ff.
Gebrauchsüberlassung an einer **Sache** auf Zeit gegen Entgelt; bei Wohnräumen § 549 beachten	<ul><li>Gegenstand = **Sachen** u. **Rechte**</li><li>Umfang: – Gebrauchsrecht u. **zusätzlich** – **Nutzungsrecht**, also Recht zur Ziehung der Früchte (vgl. §§ 99, 100) aus der Sache</li></ul>	**zusätzlich** zu ggf. vereinbarter Pflicht zur Raumüberlassung: Übernahme besonderer **Obhutspflichten**

Zustandekommen des Mietvertrages

• Einigung, § 185 Abs. 1 analog ⇨ **S. 143** • Form: §§ 549, 550 ⇨ **S. 155**	Vertragseintritt, §§ 566, 563 ff.

Personen im Zusammenhang mit einem Mietvertrag

Mietvertragsparteien	**keine Mietvertragsparteien**

• Schuldner bzw. Gläubiger der Leistungspflichten aus dem Mietvertrag
• Nur diese Personen haben Anspruch auf die jeweilige Hauptleistungspflicht
• Entstehen eines neuen, mit dem alten inhaltsgleichen Schuldverhältnisses, § 566
• Vertragseintritt, § 563
	• Mieter im Verhältnis untereinander, da Pflichten aus dem MV nur zwischen Vermieter und Mieter wirken und der Mietvertrag kein §§ 328 ff. darstellt
	• Dritte im Schutzbereich eines fremden Mietvertrages; Vertrag mit Schutzwirkung zugunsten Dritter
	• Gebrauchsrecht an der Mietsache von Personen, die nicht Mietvertragspartei sind:
	  – Vertragsauslegung, z.B. Familie
	  – § 540, beachte Abs. 2, § 553

B. Vertiefungsschemata

II. Schuldrecht
21. Überblick Miete (Fortsetzung)

Ansprüche/Rechte des Mieters, *vgl. auch* ⇨ S. 197

bei Untergang	bei Verzug	bei Mangelhaftigkeit	Sonstiges
• Schadensersatz, §§ 280 Abs. 1 u. 3, 283, 275 (§ 311 a Abs. 2 str.) • Rücktritt, §§ 326, 275 • Kündigung, § 543 Abs. 1, Abs. 2 Nr. 1 **bei Untergang infolge Mangels** • Schadensersatz, § 536 a • Kündigung, § 543 Abs. 1 u. 2 Nr. 1	• Schadensersatz, §§ 280 Abs. 1 u. 2, 286 Abs. 1 • Kündigung, § 543 Abs. 1 u. 2 Nr. 1 **bei Verzug mit Mängelbeseitigung** • Schadensersatz, § 536 a • Selbstvornahme (Aufwendungsersatz), § 536 a Abs. 2 Nr. 1	• (Nach-)Erfüllungsanspruch, § 535 Abs. 1 S. 2 • Schadensersatz, § 536 a Abs. 1 • Minderung, § 536 • Kündigung, § 543 Abs. 1 u. 2 Nr. 1 ⚠ § 536 b–d Gewährleistungsausschluss	• § 535 Abs. 1 S. 3 Lasten (abdingbar) • § 539 Abs. 1 i.V.m. GoA Aufwendungsersatz • § 539 Abs. 2 Wegnahme von Einrichtungen ⚠ § 552 Abwendung durch Vermieter

Ansprüche/Rechte des Vermieters

Mietvertrag	Sonstiges
• Betriebskosten, §§ 556 ff. • Vermieterpfandrecht, §§ 562 ff. • Kündigung bei Verzug, § 543 Abs. 1, Abs. 2 Nr. 3 • Kautionszahlung, § 551	• Schadensersatz wegen unterbliebener Mängelanzeige, § 536 c Abs. 2 S. 1 • Außerordentliche Kündigung, § 543 • Unterlassung, § 541

Rechte nach Beendigung

Mieter	Vermieter
• Kautionsrückzahlung • § 539 Aufwendungsersatz/Wegnahme	• § 546 Abs. 1 Rückgabe der Mietsache • § 546 Abs. 2 Rückgabe der Mietsache vom Untermieter • § 546 a Schadensersatz wegen verspäteter Rückgabe • §§ 280 Abs. 1 u. 3, 281 Abs. 1 Alt. 1 Schadensersatz für unterlassene Schönheitsreparaturen

B. Vertiefungsschemata

II. Schuldrecht
22. Leasing

I. Die Arten des Leasings

Arten

Operatingleasing
- Vertrag über die Gebrauchsüberlassung einer Sache mit kurzer Laufzeit oder auf unbestimmte Zeit
- LG übernimmt zusätzliche Leistungen (z.B. Wartung)
- Investitionsrisiko trägt LG, da Vertrag nicht auf Vollamortisation angelegt ist
- **Anwendung im Mietrecht**

Finanzierungsleasing
- Vertrag über die Gebrauchsüberlassung einer Sache auf lange Zeit/kein Kündigungsrecht des LN (ggf. Erwerbsposition des LN)
- Vertrag ist auf Vollamortisation angelegt, sodass LN das Investitionsrisiko trägt
- Grds. Mietvertragsregeln, ggf. ergänzende Vertragsauslegung, wo diese Regeln nicht passen
- § 506 bei Verbraucherleasing und
  - Nr. 1: Erwerbspflicht des LN *oder*
  - Nr. 2: Andienungsrecht des LG *oder*
  - Nr. 3: Restwertgarantie des LN

II. Die Rechtsverhältnisse beim Finanzierungsleasing

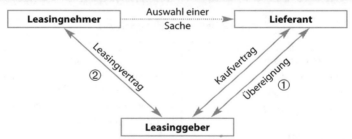

① **Kaufvertrag** zwischen Leasinggeber und Lieferant; Übereignung der Kaufsache an den Leasinggeber
② **Leasingvertrag** zwischen Leasinggeber und Leasingnehmer
  - Überlassung der Sache auf Zeit zum Gebrauch (mietvertragsähnlich)
  - Ausschluss der mietrechtlichen Gewährleistung
  - Abtretung der kaufrechtlichen Gewährleistungsansprüche des Leasinggebers ggü. dem Lieferanten an den Leasingnehmer (Abtretungs- bzw. Ermächtigungskonstruktion)
  - Der Leasingnehmer zahlt Leasingraten an den Leasinggeber (entweder Vollamortisation oder Teilamortisation)
  - ggf. weitere Vereinbarungen zwischen Leasingnehmer und Leasinggeber (km-Begrenzung, Kaufoption, Verlängerungsoption, kilometergenaue Abrechnung)

B. Vertiefungsschemata

II. Schuldrecht
22. Leasing (Fortsetzung)

III. Zustandekommen des Leasingvertrags

- Bei Verbraucherleasingverträgen (§ 506 Abs. 2) ist **Schriftform** des § 492 Abs. 1 S. 1 zu beachten.
  - Entgegen § 126 Abs. 2 sind getrennte schriftliche Erklärungen möglich.
  - Schutzzweck des § 494 Abs. 1 auch bei Entbehrlichkeit des Zugangs der Annahmeerklärung (§ 151 S. 1) gewahrt, wenn Verbraucher Antrag unterzeichnet
- **Pflichtangaben** gem. Art. 247 § 6 ff. EGBGB
- Widerruf gem. §§ 495, 355 möglich (Widerrufsbelehrung gem. Art. 247 § 6 Abs. 2 EGBGB)

IV. Rechte des Leasingnehmers

- Kündigungsrecht aus Vertrag; Folge: Anspruch des LG auf Vollamortisation seines Aufwands
- Gewährleistung bei Mangel des Leasinggegenstands
  - Mietrecht analog (§ 536: Minderung; § 536 a: Schadensersatz; § 543: Kündigung)
  - Ausschluss der mietrechtlichen Gewährleistung möglich
    - Völliger Haftungsausschluss gem. § 309 Nr. 7, 8 unzulässig.
    - Möglich: **Leasingtypische Abtretungskonstruktion**, d.h. LG tritt LN seine kaufrechtlichen Gewährleistungsansprüche aus §§ 434 ff. **vorbehaltlos, endgültig** und **umfassend** ab.
- ⓟ Ausschluss der Gewährleistung und Verweis auf Dritten könnte gegen § 309 Nr. 8 b aa) verstoßen.
  - Beim Leasing handelt es sich nicht um eine „Lieferung" i.S.d. Vorschrift. Außerdem ist der Lieferant kein unbeteiligter „Dritter", da sich der Leasingnehmer die Sache beim Lieferanten selbst ausgesucht hat.
- ⓟ Wie wirkt sich ein Rücktritt vom Kaufvertrag oder dessen Unwirksamkeit auf den Leasingvertrag aus?
  - ⚠ Auch das Rücktrittsrecht ist als Gestaltungsrecht übertragbar, § 413.
    - Wirksame Rücktrittserklärung des Leasingnehmers ggü. Lieferanten führt zum **Wegfall der Geschäftsgrundlage des Leasingvertrages**, § 313. Abwicklung gem. § 313 Abs. 3 S. 2 (Kündigung).
    - ⚠ Nach h.M. finden die §§ 358, 359 über § 500 keine Anwendung, da der Verbraucher nicht zwei Verträge, sondern nur den Leasingvertrag abschließt.
    - Umstritten ist, ob eine Rückabwicklung nach Kündigung gem. §§ 812 ff. oder §§ 346 ff. (so die h.M.) zu erfolgen hat.
- ⓟ Umgehungsgestaltung i.S.v. § 476 Abs. 1 S. 2?
  Das Finanzierungsleasing stellt keine Umgehungsgestaltung i.S.v. § 476 Abs. 1 S. 2 dar. Der Ausschluss der mietrechtlichen Gewährleistung ist allerdings unwirksam, wenn die Abtretung der kaufrechtlichen Gewährleistungsansprüche gegen den Händler wegen eines Gewährleistungsausschlusses im Verhältnis Händler–Leasinggeber ins Leere geht. Dem Leasingnehmer stehen in diesem Fall die – über die kaufrechtlichen hinausgehenden – mietrechtlichen Gewährleistungsansprüche zu.

V. Rechte des Leasinggebers

- Kündigung des Leasingvertrags bei Zahlungsverzug des Leasingnehmers gem. § 543 Abs. 2 Nr. 2 u. 3 bzw. bei Verbraucherleasingverträgen § 498 i.V.m. § 506.
- Rechtsfolgen der Kündigung:
  - Herausgabeanspruch des LG hinsichtlich des Leasinggegenstands aus § 546/§ 985
  - Entschädigung bei verspäteter Rückgabe, § 546 a
  - Anspruch auf Vollamortisation als SE statt der Leistung, §§ 280 Abs. 1 u. 3, 281
- Anspruch auf Verzugsschaden, §§ 280 Abs. 1 u. 2, 286 bzw. Zinsen, § 288

B. Vertiefungsschemata

II. Schuldrecht
23. Garantie beim Kaufvertrag

Unselbstständige Garantie: Gewährleistungsrechte werden modifiziert
- Beschaffenheitsgarantie
- Haltbarkeitsgarantie

I. Voraussetzungen

1. Bestehen eines **wirksamen Kaufvertrages**
2. Bestehen eines **Sachmangels** oder **Fehlen einer über einen Sachmangel hinausgehenden garantierten Beschaffenheit**

| **Zeitpunkt:** Gefahrübergang | **Zeitpunkt:** Innerhalb d. **Garantiefrist** (zeitl. Bestimmung, aber auch andere Umstände, z.B. Kilometerleistung) |

3. Ggf.: Einhalten **weiterer Garantiebedingungen** (Nichteinhaltung schadet nicht, soweit nicht kausal für Sachmangel)

| z.B. kein unautorisiertes Öffnen des Gerätes, schriftliche Mängelanzeige | z.B. regelmäßige Wartung in einer Vertragswerkstatt |

II. Rechtsfolgen

„Rechte aus der Garantie"
- entweder **ausdrücklich** in Garantie bestimmt oder
- zu den in der **einschlägigen Werbung** angegebenen Bedingungen oder
- (falls Garantie keine Rechtsfolgen ausspricht) im Zweifel die **gesetzlichen Gewährleistungsrechte analog § 437**

	Bei während Garantiefrist auftretendem Sachmangel wird Garantiefall vermutet, **§ 443 Abs. 2**.
Verschuldensunabhängiger Schadensersatzanspruch, § 276 Abs. 1 S. 1	(–), da Haltbarkeitsgarantie keine Garantie i.S.v. § 276 Abs. 1 S. 1 (str.)
Erheblichkeit i.S.v. §§ 281 Abs. 1 S. 3, 323 Abs. 5 S. 2 **wird vermutet**	
Haftungsausschluss gem. § 444 Alt. 2 unwirksam soweit in Widerspruch zur Garantie	(–), da § 444 Alt. 2 nur für Beschaffenheitsgarantie gilt
Verkäufer kann sich nicht auf **grob fahrlässige Mangelunkenntnis** berufen, § 442 Abs. 1 S. 2 Alt. 2	(–), da Sachmangel ohnehin nicht zum Zeitpunkt des Vertragsschlusses vorlag, sondern erst später entstanden ist

III. Verjährung

Frist grds. § 438 analog
Beginn: Ablieferung

Str.:
1. **Frist:** § 438
   Beginn: Ablieferung, es sei denn Garantiefrist > Verjährungsfrist, dann erst mit Mangelentdeckung
2. **Frist:** § 438
   Beginn: Mangelentdeckung
3. **Regelverjährung**, §§ 195, 199

B. Vertiefungsschemata

II. Schuldrecht
23. Garantie beim Kaufvertrag (Fortsetzung)

Selbstständige Garantie: Eigener Garantievertrag, §§ 311, 443

- Beschaffenheitsgarantie
- Haltbarkeitsgarantie

I. Voraussetzungen

1. Bestehen eines **wirksamen Garantievertrages** zwischen Käufer und Garantiegeber (z.B. Hersteller, Importeur oder auch Verkäufer). Zustandekommen:
   - Angebot des Garantiegebers und Annahme gem. § 151
   - Verkäufer als Vertreter des Garantiegebers
   - Als Vertrag zugunsten Dritter zwischen Käufer und Verkäufer
2. **Kaufvertrag** zwischen Käufer und Verkäufer, **der Bestand hat** (auflösende Bedingung für Garantievertrag)
3. **Eintritt des Garantiefalls**, d.h. in der Regel Abweichen von der garantierten Beschaffenheit (Beschaffenheitsgarantie) oder Auftreten eines Sachmangels innerhalb der Garantiefrist (Haltbarkeitsgarantie), aber auch Ausbleiben eines über die Mangelfreiheit hinausreichenden Umstandes.
4. Ggf.: Einhalten **weiterer Garantiebedingungen** (Nichteinhaltung schadet nicht, soweit nicht kausal für Sachmangel)

II. Rechtsfolgen

„Rechte aus der Garantie"
- entweder **ausdrücklich** in Garantie bestimmt oder
- zu den in der **einschlägigen Werbung** angegebenen Bedingungen oder
- (falls Garantie keine Rechtsfolgen ausspricht) im Zweifel die **gesetzlichen Gewährleistungsrechte analog § 437, wobei**
  - anstelle des Rücktrittsrechts ein Anspruch auf Ersatz des Kaufpreises und
  - anstelle des Minderungsrechts ein Anspruch auf Zahlung des Minderungsbetrages tritt.

Sekundäransprüche aus §§ 280 ff., wenn Garantiegeber seinen Verpflichtungen aus der Garantie nicht nachkommt,
- z.B. Schadensersatz statt der Leistung, §§ 280 Abs. 1 u. 3, 281
- Verzögerungsschaden, §§ 280 Abs. 1 u. 2, 286

Erheblichkeit *i.S.v. §§ 281 Abs. 1 S. 3, 323 Abs. 5 S. 2* wird vermutet

§ 276 Abs. 1 S. 1 (–), es sei denn, Dritter übernimmt ausdrücklich verschuldensunabhängige Schadensersatzhaftung, da selbst bei Beschaffenheitsgarantie eines Dritten dieser in der Regel nicht konkludent verspricht, verschuldensunabhängig für sämtliche Schäden einzustehen
§ 444 Alt. 2 (–), da ohnehin kein Haftungsausschluss zwischen Käufer und Dritten möglich
§ 443 Abs. 1 S. 1 Alt. 2 (–), da Dritter sich ohnehin nicht auf § 442 berufen kann

III. Verjährung

Str.:
1. **Regelverjährung**, §§ 195, 199
2. § 438 analog
   Beginn: Ablieferung an Käufer

Str.:
1. **Regelverjährung**, §§ 195, 199
2. § 438 analog
   Beginn: str. (Mangelentdeckung/Ablieferung)

B. Vertiefungsschemata

II. Schuldrecht
24. Dritte im Schuldverhältnis

	Vertrag zugunsten Dritter	Vertrag mit Schutzwirkung zugunsten Dritter	Drittschadensliquidation
Anspruchsgrundlage	Vertragsnorm bzw. § 311 Abs. 1 i.V.m. **§ 328**	Ergänzende Vertragsauslegung/ richterliche Rechtsfortbildung (nicht: § 328 und auch nicht: § 311 Abs. 3)	„normale" Anspruchsgrundlage erst nach Verneinung eigenen Schadens zu prüfen
Voraussetzungen	Schuldrechtlicher Vertrag (nicht Verfügungsvertrag; Grund: Wortlaut und systematische Stellung von § 328) • § 328 Abs. 2: Umstände des Einzelfalls, soweit nicht ausdrücklich bestimmt • Auslegung, ob Dritter ein eigenes Leistungsrecht haben soll • Auslegungsregeln, §§ 329, 330	1. **Leistungsnähe** (Dritter kommt mit Leistung des Schuldners bestimmungsgemäß in Berührung) 2. **Schutzinteresse** des Gläubigers (Lit.: Fürsorgeverhältnis; BGH: Vertragliches Interesse ausreichend) 3. **Erkennbarkeit** für den Schuldner (bzgl. Leistungsnähe und Schutzinteresse) 4. **Schutzbedürftigkeit** des Dritten (nur wenn dieser keine vertraglichen Ansprüche – gleich gegen wen – hat, die einen gleichwertigen Inhalt haben)	• Bei Gläubiger bestehen Anspruchsvoraussetzungen, aber er hat keinen Schaden. • Bei Drittem ist Schaden eingetreten, er hat aber gegen den Schuldner keinen eigenen vertraglichen Anspruch. • Aus Sicht des Schuldners zufällige Schadensverlagerung: – obligatorische Gefahrentlastung (§ 447) – mittelbare Stellvertretung – Obhut fremder Sachen • Vereinbarung zwischen Gläubiger und Dritten vor Schadenseintritt
Rechtsfolge für Dritten	Dritter erhält eigenen Anspruch auf Primärleistung. Dritter wird nicht Vertragspartner. Rechte des Dritten: • Wahl zwischen Nacherfüllungsvarianten • Stellvertretendes Commodum • Schadensersatz neben der Leistung Rechtsgrund für Behaltendürfen, z.B. Schenkung des Gläubigers	Dritter hat keinen Anspruch auf Primärleistung. Gegenüber Drittem bestehen jedoch vertragliche Schutz- und Obhutspflichten, bei deren Verletzung der Dritte einen eigenen Schadensersatzanspruch gegen den Schuldner geltend machen kann.	Anspruchsinhaber kann ausnahmsweise Schaden des Dritten geltend machen. Dritter hat oft Anspruch aus § 285 auf Abtretung dieses Anspruchs. Vor Abtretung (§ 398) kann er den Anspruch gegen den Schuldner aber nicht selbst geltend machen.
Rechtsfolge für Gläubiger	Gläubiger kann nur noch Leistung an den Dritten verlangen, § 335. Gläubiger kann als „Herr des Synallagmas" **Wahl- und Gestaltungsrechte** ausüben. Ausnahme: Recht des Dritten ist unwiderruflich (§ 328 Abs. 2); dann ist Zustimmung des Dritten erforderlich (gilt nach h.M. nicht für Anfechtung).		Gläubiger kann ausnahmsweise Schaden des Dritten in eigenem Namen geltend machen.
Rechtsfolge für Schuldner	Schuldner kann schuldbefreiend nur noch an Dritten leisten. Mit Gläubiger vereinbarte Haftungsbeschränkungen gelten auch ggü. Drittem, § 334.	Der Schuldner ist dem Dritten (ebenso wie dem Gläubiger) aus Vertrag oder einem vorvertraglichen Schuldverhältnis schadensersatzpflichtig. Mit Gläubiger vereinbarte Haftungsbeschränkungen gelten auch ggü. Drittem, § 334 analog. Ersatzfähig sind Personen- und Vermögensschäden.	
Zusammenfassung	Dritter erhält eigenen Anspruch auf Primärleistung	Haftungsausweitung: Anspruchsgrundlage wird zum Schaden gezogen	Haftungsverlagerung: Der Schaden wird zur Anspruchsgrundlage gezogen.

B. Vertiefungsschemata

II. Schuldrecht
24. Dritte im Schuldverhältnis (Fortsetzung)

	Abtretung	Schuldübernahme
Anspruchsgrundlage	Anspruchsgrundlage i.V.m. § 398	Anspruchsgrundlage i.V.m. § 414
Voraussetzungen	• Wirksame **Einigung** über Abtretung – **Formfrei** (Ausn. § 1154) – Bestimmtheit – Sittenwidrigkeit, § 138 – Knebelung/Verleitung zum Vertragsbruch – Gläubigergefährdung – anfängliche Übersicherung • **Berechtigung oder Überwindung** – Forderungsinhaber ohne Verfügungsverbot/-beschränkung (z.B. § 399, aber **§ 354 a HGB; § 80 InsO, Pfändung/Arrest**) – oder Ermächtigung (z.B. §§ 81 InsO, 185 Abs. 1 – oder Überwindung der fehlenden Berechtigung (§§ 185 Abs. 2 S. 1 Var. 1–3, 405 Var. 1/Var. 2/analog; nicht aber §§ 932 ff. analog) **cessio legis** (z.B. §§ 268 Abs. 3, 426 Abs. 2, 774, 999, 1143, 1225, 1615 b, 1607 Abs. 2 S. 2, 1608 S. 3, 116 SGB X)	• **Einigung** über vollständige Entlassung des ursprünglichen Schuldners zwischen – Gläubiger und Drittem, § 414 – Schuldner und Drittem bei Genehmigung des Gläubigers, § 415 **(Sonderfall Hypothek: § 416)**
Rechtsfolge für Dritten	Bezeichnung: **Zessionar** Dritter wird (alleiniger) Gläubiger der abgetretenen Forderung. Akzessorische Sicherungsrechte gehen mit über (§ 401); ggf. analog für nicht genannte (Vormerkung).	Dritter wird (alleiniger) Schuldner, wenn Schuldübernahmevertrag wirksam. Bei **Anfechtung** wg. arglistiger Täuschung beachten: Schuldübernahme nach § 414 ist Schuldner Dritter i.S.d. § 123 Abs. 2, bei Schuldübernahme nach § 415 nach h.M. nicht. **Einreden** des bisherigen Gläubigers bleiben bestehen, § 417 Abs. 1. Einwendungen aus dem der Schuldübernahme zugrundliegenden Rechtsverhältnis (zwischen Drittem und Schuldner) können dem Gläubiger nicht entgegengehalten werden, § 417 Abs. 2.
Rechtsfolge für Gläubiger	Bezeichnung: **Zedent** Gläubiger verliert Forderung; bleibt bei Verträgen aber Vertragspartner und damit z.B. Erklärungsgegner für Rücktrittserklärungen.	Gläubiger kann von Drittem Erfüllung verlangen. Sicherungsrechte erlöschen, § 418
Rechtsfolge für Schuldner	Grundsatz: Schuldner darf wegen Abtretung nicht schlechter stehen als ohne Abtretung. Deshalb: Schuldnerschutz §§ 404–409 • **Einwendungen und Einreden** gegen Zedenten bleiben auch gegenüber Zessionar erhalten, § 404 • **Aufrechnung** mit Forderung gegen Zedenten gegenüber Zessionar ist trotz fehlender Gegenseitigkeit möglich, § 406 • **Erfüllung** an Zedenten wirkt gegenüber Zessionar, wenn Schuldner Abtretung nicht kennt, § 407 • **Mehrfache Abtretung**, § 408 • **Abtretungsanzeige**, § 409	Schuldner wird von Leistungspflicht frei. Im Übrigen besteht Schuldverhältnis (im weiteren Sinne) zwischen Gläubiger und Schuldner fort, d.h.: Nur Schuldner kann Gestaltungsrechte ausüben (ist dem Dritten dazu aber meist verpflichtet).
	Gläubigerwechsel	**Schuldnerwechsel**

B. Vertiefungsschemata

II. Schuldrecht
25. Gesamtschuld

I. Voraussetzungen

1. **Gesetzliche Anordnung**
   - § 613 a Abs. 2 Betriebsübergang
   - § 769 Mitbürgen
   - § 840 Abs. 1 Deliktsschuldner
   - § 2058 Miterben
   - § 128 HGB Gesellschafterhaftung
   - § 1664 Haftung der Eltern
   - § 1833 Abs. 2 Haftung des Vormunds neben Dritten
   - § 2219 Abs. 2 Haftung mehrerer Testamentsvollstrecker
   - § 5 ProdHaftG
2. **Vereinbarung**
   - Schuldbeitritt
   - § 427 Auslegungsregel bei gemeinschaftlicher Verpflichtung zu teilbarer Leistung
   - Bei gemeinschaftlicher Verpflichtung zu unteilbarer Leistung
3. **Allgemeine Regel des § 421**
   a) Schuldnermehrheit
   b) Gleiches Leistungsinteresse (Ansprüche müssen nicht auf gleicher Anspruchsgrundlage beruhen.)
   c) Haftung auf das Ganze (Abgrenzung zur gemeinschaftlichen Schuld/Teilschuld)
   d) Gläubiger ist nur einmal forderungsberechtigt (Abgrenzung zur kumulativen Schuld).
   e) ⚠ *Gleichstufigkeit*
   Keine Gleichstufigkeit in den
   - *Fällen des § 255, bei denen ein Schädiger „weiter entfernt" ist*
   - *Fällen, in denen eine cessio legis vorgesehen ist (z.B. Verhältnis Darlehensschuldner – Bürge)*

II. Rechtsfolgen

1. Gläubiger kann Forderung von jedem Gesamtschuldner ganz oder zum Teil fordern
2. **Einzelwirkung** (Tatsachen wirken nur für den Schuldner, bei dem sie vorliegen)
   - § 425 Abs. 1, andere als in den §§ 422–424 bezeichnete Tatsachen (s.u. Nr. 3)
   - § 425 Abs. 2, insbesondere:
     – Kündigung
     – Unmöglichkeit
     – Verjährung (Neubeginn, Hemmung, Ablaufhemmung)
     – Vereinigung der Forderung mit der Schuld
     – Rechtskraft eines Urteils
   - Rechtshängigkeit
   - Verschulden

   } keine Ausgleichungspflicht gem. § 426

3. **Gesamtwirkung** (Tatsachen wirken für alle Schuldner)
   - § 422 Erfüllung, Surrogat
   - § 423 Erlassvertrag (wenn dadurch gesamtes Schuldverhältnis aufgehoben werden soll)
   - § 424 Gläubigerverzug
   - ⓟ *Abtretung einer gegen einen Gesamtschuldner gerichteten Forderung (Nach h.M. ist die Abtretung der Forderung gegen nur einen Gesamtschuldner zwar möglich, regelmäßig aber nicht gewollt, sodass die Auslegungsregel des § 425 Abs. 1 zumeist durch eine tatsächliche Vermutung der Abtretung der Forderung gegen alle Gesamtschuldner entkräftet sein wird.)*
   - ⓟ *Prozessvergleich (Handelt es sich um einen Erlass, richtet sich der Umfang nach dem Parteiwillen, § 423; handelt es sich um eine Verrechnung mit einer Gegenforderung (Aufrechnung), liegt Gesamtwirkung vor, § 422.)*

   } Ausgleichungspflicht gem. § 426

B. Vertiefungsschemata

II. Schuldrecht
25. Gesamtschuld (Fortsetzung)

III. Gesamtschuldausgleich

1. Ausgleich gem. § 426 Abs. 1
   - Eigenständige Anspruchsgrundlage
   - Haftung im Zweifel nach Kopfteilen
   - Einreden, die gegenüber dem Gläubiger bestanden, können dem ausgleichsberechtigten Schuldner nicht entgegengehalten werden.
2. Ausgleich gem. § 426 Abs. 2
   - Anspruchsgrundlage i.V.m. Anspruchsgrundlage des eigentlichen Schuldverhältnisses (cessio legis)
   - Für den Hauptanspruch bestehende Sicherungsrechte gehen gem. §§ 412, 401 in Höhe des Ausgleichsanspruchs mit auf den ausgleichsberechtigten Schuldner über.

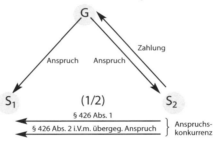

Grundmodell Gesamtschuldausgleich

IV. Besonderheit: „Gestörte Gesamtschuld"

- **Haftungsprivilegierung eines Schuldners gegenüber dem Gläubiger**
  - Vertraglich
  - § 104 SGB VII, Unternehmer gegenüber Beschäftigten
  - Grundsätze des innerbetrieblichen Schadensausgleichs (*vgl.* ⇨ **S. 168**)
  - Haftung eines Schädigers nur für eigenübliche Sorgfalt (§§ 788, 1359, 1664)

- **Lösungswege:**
  1. **„Fingiertes Gesamtschuldverhältnis"**
     - G hat ungekürzten Anspruch gegen S2
     - S2 kann von S1 trotzdem Ausgleich verlangen

     Anwendungsbereich:
     Rspr. bei vertraglichen Haftungsprivilegien
     (Grund: Haftungsprivilegien im Verhältnis
     G – S1 darf S2 nicht belasten)

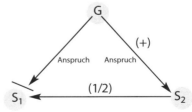

209

B. Vertiefungsschemata

II. Schuldrecht
25. Gesamtschuld (Fortsetzung)

IV. Besonderheit: „Gestörte Gesamtschuld" (Fortsetzung)

2. Regresskreisel
- G hat ungekürzten Anspruch gegen S2
- S2 kann von S1 Ausgleich verlangen
- S1 kann Rückgriff bei G nehmen

Anwendungsbereich:
Rspr. bei vertraglichen Haftungsprivilegien, bei denen der privilegierte Schädiger letztlich nach der Vereinbarung nicht haften soll

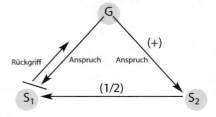

3. Anspruchskürzung
Anspruch des G wird direkt um den Verantwortungsanteil des privilegierten S1 gekürzt.

Anwendungsbereich:
- Rspr. bei gesetzlichen Haftungsprivilegien
- h.Lit. bei vertraglichen und gesetzlichen Haftungsprivilegien

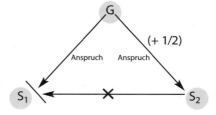

4. Keine Gesamtschuld
- G hat vollen Anspruch gegen S2
- S2 kann von S1 keinen Ausgleich verlangen

Anwendungsbereich:
Rspr. bei Privilegierung wegen eigenüblicher Sorgfalt (Grund: Es besteht schon keine „Gesamtschuld", da der privilegierte Schädiger wegen fehlender Zurechenbarkeit nicht haftet.)

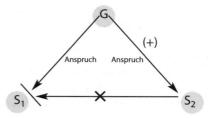

B. Vertiefungsschemata

II. Schuldrecht
26. Verkehrssicherungspflichten

Anwendungsbereich

- Zurechenbarkeit bei mittelbarer Verursachung einer Rechts(gut)verletzung
- Bestimmung einer Rechtspflicht zum Handeln bei Unterlassungstat

⇨ S. 57

I. Bestehen einer Verkehrssicherungspflicht

„Jedermann, der in seinem Verantwortungsbereich Gefahren schafft oder andauern lässt, muss die notwendigen Vorkehrungen treffen, die im Rahmen des wirtschaftlichen Zusammenlebens geeignet sind, Gefahren von Dritten abzuwenden."

1. **Rechtsgutbezogene Verkehrssicherungspflichten**
   kraft amtlicher/beruflicher Sicherheitsverantwortung
2. **Gefahrenquellenbezogene Verkehrssicherungspflichten**
   - Eröffnung einer Gefahrenquelle
   - Gefährliche Tätigkeiten in der Öffentlichkeit
   - Zustand von Sachen
3. **Herstellerspezifische Verkehrssicherungspflichten**
   a) **Hersteller**
      - industrieller Hersteller
      - Produktionsleiter
      - Inhaber von Klein- und Familienbetrieben
      - Zulieferer
      - Importeure
      - Händler (händlerspezifische VSP)
   b) **Pflichten**
      - **Konstruktion** (technischer Sicherheitsgrad, der nach Verkehrsauffassung im entsprechenden Bereich erforderlich ist)
      - **Fabrikation** (Beachtung der möglichen und zumutbaren Sicherheitsvorkehrungen)
      - **Instruktion** (Hinweis auf Gefahren des bestimmungsgemäßen Gebrauchs und nahe liegenden Fehlgebrauchs)
      - **Produktbeobachtung** (ständige Beobachtung auf schädliche Eigenschaften und gefährliche Verwendungsfolgen, ggf. Rückholpflicht)
      - **Händlerspezifisch** (Untersuchung, Instruktion, Beratung)
      - Ⓟ *Beweislast bei Konstruktions- und Fabrikationsfehlern*
        *(Nach h.M. ist der Geschädigte bei Konstruktions- und Fabrikationsfehlern vom Beweis des Verschuldens **und** vom Beweis der objektiven Pflichtwidrigkeit des Herstellers entlastet, wenn er nachgewiesen hat, dass sein Schaden durch einen Mangel des Produkts ausgelöst worden ist.)*

B. Vertiefungs- schemata

II. Schuldrecht
26. Verkehrssicherungspflichten (Fortsetzung)

II. Übertragung von Verkehrssicherungspflichten

- Privatrechtliche Übertragung von Verkehrssicherungspflichten grundsätzlich möglich und zulässig
- Ursprünglich Sicherungspflichtiger behält aber Pflicht zur Anleitung, Aufsicht und Überwachung

III. Geschützter Personenkreis

- Geschützt ist nur, wer befugtermaßen mit der Gefahrenquelle in Berührung kommt.
- Ausnahmsweise bestehen VSP auch gegenüber unbefugt mit der Gefahrenquelle in Berührung kommenden Personen, wenn diese nicht in der Lage sind, die Gefahrenlage zu erkennen (insbes. Kinder).

IV. Reichweite der Verkehrssicherungspflicht

Erforderlichkeit der konkreten Schutzmaßnahmen richtet sich nach
- Grad der Gefahren
- Erkennbarkeit der Gefahr für Dritte
- Zumutbarkeit der Abwehrmaßnahmen (Relation Aufwand zu Grad/Erkennbarkeit der Gefahr)

☞ Absperrung einer Gefahrenstelle erforderlich oder Hinweisschild ausreichend?

B. Vertiefungsschemata

II. Schuldrecht
27. Umfang des Schadensersatzes

Anwendbarkeit der §§ 249 ff.

- Alle vertraglichen und gesetzlichen Schadensersatzansprüche
- Beispiele: §§ 122, 179, 280, 281, 282, 283, 311 a, 437 Nr. 3, 536 a, 536 c, 634 Nr. 4, 678, 823, 818 Abs. 4, 819 Abs. 1, 989, 990, 991 Abs. 2, 992; §§ 7, 18 StVG; § 1 Abs. 1 ProdHaftG etc.

I. Vorliegen eines Schadens und Bestimmung des Ersatzinteresses – UMFANG des Schadens

- h.M.: Nach der **Differenztheorie** ist die tatsächliche Vermögenslage des Geschädigten mit der hypothetischen Vermögenslage ohne das schädigende Ereignis zu vergleichen. Die Differenz der Vermögenslagen stellt den Schaden dar:

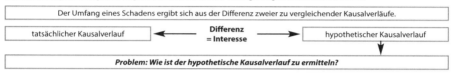

Problem: Wie ist der hypothetische Kausalverlauf zu ermitteln?

- Schutzzweck der anspruchsbegründenden Norm gibt vor, welches Ereignis hinweg- oder hinzugedacht werden muss, um den hypothetischen Kausalverlauf zu ermitteln:

  a) **Das positive Interesse (= Erfüllungsinteresse = Äquivalenzinteresse)**
   - **Definition:** Erweiterung des bisherigen Rechtskreises um eine geschuldete Leistung
   - **Anwendungsbereich:** Vertragliche Verbindlichkeit wird nicht ordnungsgemäß erfüllt (Schadensersatz statt der Leistung bzw. Schadensersatz wegen Nichterfüllung), z.B. § 280 Abs. 1 u. 3, 281
   - Der Geschädigte ist so zu stellen, wie er bei ordnungsgemäßer Erfüllung gestanden hätte, d.h. die **Ordnungsgemäßheit der Leistung ist zur Ermittlung des hypothetischen Kausalverlaufs hinzuzudenken**.
     ⚠ *Dieser Grundsatz ist im Rahmen des Schadensersatzes statt der Leistung nach § 281 (ggf. i.V.m. § 437 Nr. 3/§ 634 Nr. 4) umstritten* ⇨ **S. 27, 30**.

  b) **Das negative Interesse (= Vertrauensinteresse)**
   - **Definition:** Beibehaltung des status quo und Abwehr von Beeinträchtigungen bereits vorhandener Rechte und Rechtsgüter (vor allem Schutz vor entsprechenden Vermögensdispositionen)
   - **Anwendungsbereich:** Vertrauen des Vertragspartners auf das Zustandekommen einer Verbindlichkeit wird hervorgerufen und enttäuscht, z.B. §§ 122, 179 oder das wirksame Zustandekommen der Verbindlichkeit wird gerade durch eine Pflichtverletzung hervorgerufen (Täuschung, Aufklärungspflichtverletzung)
   - Der Geschädigte ist so zu stellen, als wäre in ihm das enttäuschte Vertrauen erst gar nicht geweckt worden **(zur Ermittlung des hypothetischen Kausalverlaufs ist also das Vertrauen des Geschädigten hinwegzudenken)**
   - **Möglicher Umfang, z.B.:**
     - Frustrierte Aufwendungen
     - Rückgängigmachung des Vertrages
     - Rückforderung einer überhöhten Gegenleistung
     - Nachteile aufgrund Nichtabschlusses eines anderen Geschäfts (oft allerdings auf das positive Interesse begrenzt, §§ 122, 179)
     - Haftungsschaden aus Ansprüchen Dritter

  c) **Das Erhaltungsinteresse (= Integritäts- oder Schutzinteresse**, oft leider terminologisch unglücklich ebenfalls als negatives Interesse bezeichnet)
   - **Definition:** Beibehaltung des status quo und Abwehr von Beeinträchtigungen bereits vorhandener Rechte und Rechtsgüter
   - **Anwendbarkeit:** Schadensersatz wegen unerlaubter Handlung und Verletzung von Sorgfalts-, Obhuts- oder Schutzpflichten in vertraglichen Sonderbeziehungen (z.B. §§ 823 ff.; §§ 280 Abs. 1, 241 Abs. 2)
   - Der Geschädigte ist so zu stellen, als wäre das schädigende Ereignis ausgeblieben **(zur Ermittlung des hypothetischen Kausalverlaufs ist die Handlung des Schädigers weg- bzw. bei Unterlassungen die gebotene Handlung hinzuzudenken)**.
   - **Möglicher Umfang, z.B.:**
     - Wiederherstellung des früheren Zustands
     - Entgangener Gewinn

B. Vertiefungsschemata

II. Schuldrecht
27. Umfang des Schadensersatzes (Fortsetzung)

II. Bestimmung der ART des Schadensersatzes

- Während unter I. entsprechend der **anspruchsbegründenden Norm** der **UMFANG** des Schadensersatzes bestimmt wurde, geht es unter II. um die **ART UND WEISE** des Schadensersatzes. Diese richtet sich unabhängig von der anspruchsbegründenden Norm und dem zu ersetzenden Interesse nach den **§§ 249 ff.**
- *Vorrangig:* **Naturalrestitution gem. § 249** (d.h. Herstellung des tatsächlichen Zustandes, der ohne das schädigende Ereignis bestehen würde)
  - § 249 Abs. 1: Schadensersatz durch Herstellung (Reparatur, Vertragsaufhebung, Widerruf von Äußerungen)
  - § 249 Abs. 2: Geld für Herstellung bei Personen- oder Sachschaden
    - ⚠ *Auf eine tatsächliche Reparatur kommt es nicht an; dem Geschädigten steht es frei, ob er die Sache reparieren lässt oder den Geldbetrag anderweitig verwendet.*
    - „**Reparaturkostenbasis**": Reparaturkosten zzgl. evtl. verbleibender Minderwert der Sache
    - „**Wiederbeschaffungsbasis**": Wiederbeschaffungskosten einer gleichwertigen Sache abzgl. Restwerts der beschädigten Sache
    } zu den Besonderheiten beim Ersatz von Kfz-Schäden ⇨ **S. 216**
    - **Wirtschaftlichkeitspostulat**: D.h. der Geschädigte kann gem. § 249 Abs. 2 nur den „erforderlichen" Geldbetrag verlangen; ausführlich: ⇨ **S. 216**
  - § 250: Geld für Herstellung nach Fristsetzung
- *Nachrangig:* **Schadenskompensation, § 251** (d.h. Ausgleich der Vermögenseinbuße, ohne dass der tatsächliche Zustand wiederhergestellt wird.)
  a) **Voraussetzungen**
     - § 251 Abs. 1, 1. Alt: Unmöglichkeit der Herstellung
       - Veräußerung der beschädigten Sache
       - Ausnahme: Veräußerung von Kfz ⇨ **S. 216**
       - Ausnahme: Veräußerung der Sache unter gleichzeitiger Abtretung des Schadensersatzanspruchs
     - § 251 Abs. 1, 2. Alt: Herstellung zur Entschädigung nicht genügend
     - § 251 Abs. 2: Naturalrestitution für Schädiger mit unverhältnismäßigem Aufwand verbunden, i.d.R. wenn Aufwand Zeitwert um 30 Prozent übersteigt
     - § 252: Entgangener Gewinn
     - Ⓟ *Ersatzfähigkeit von Mietwagenkosten nach speziellem Unfallersatztarif?*
       ([+], wenn erhöhter Tarif betriebswirtschaftlich gerechtfertigt und Kunde nicht zur Nachfrage nach günstigerem Tarif gehalten.)
  b) **Ersatzfähigkeit**
     - Grundsätzlich sind im Rahmen der Schadenskompensation nur Vermögensschäden ersatzfähig (vgl. § 253 Abs. 2)
     - Problematische Fallgruppen:
       - Entgangene Nutzungen einer privat genutzten Sache (+) Kfz, Wohnraum; (-) Privatflugzeug, Sportboot
       - Verlust der Arbeitskraft (bzw. Ausfall tatsächlicher Arbeitsleistung)
       - Vertaner Urlaub nur dann, wenn dieser Gegenstand einer vertraglichen Leistung ist (vgl. ausdrückliche Anordnung in § 651 n Abs. 2)
       - Unterhalt für ein Kind
       - Ⓟ *Kind als Schaden*
         (Nach e.A. kann nicht zwischen einem Kind und dem Unterhaltsaufwand differenziert werden, sodass die Menschenwürde verbietet, den Unterhaltsaufwand für ein Kind als Schaden zu begreifen. Nach h.M. sei anerkannt, dass Unterhaltspflichten generell als Schaden i.S.v. § 249 verstanden werden können, sodass nach allgemeinen Regeln ein Schaden zu bejahen ist.)
       - Vorbeugungskosten bei Warenhausdiebstählen
     - Ersatzfähigkeit immaterieller Schäden, § 253 Abs. 1
       - **§ 651 n Abs. 2**
       - **§ 8 S. 2 ProdHaftG**
       - **§ 11 S. 2 StVG**
       - § 15 Abs. 2 S. 1 AGG
       - § 87 S. 2 AMG
       - § 6 S. 2 HPflG
       - § 36 S. 2 LuftVG
       - § 29 Abs. 2 AtG
       - § 13 S. 2 UmweltHG
       - § 32 Abs. 5 S. 2 Gesetz zur Regelung der Gentechnik (GenTG)

B. Vertiefungsschemata

II. Schuldrecht
27. Umfang des Schadensersatzes (Fortsetzung)

II. Bestimmung der ART des Schadensersatzes (Fortsetzung)

- Ersatzfähigkeit immaterieller Schäden, § 253 Abs. 2
  - Verletzung des Allgemeinen Persönlichkeitsrechts
  - Schmerzensgeld bei Verletzung der benannten Rechtsgüter
  - Ⓟ *Besondere Probleme des Schmerzensgeldes*
    (z.B. unbezifferter Klageantrag, Bemessung nach Funktionen [Ausgleichs- und Genugtuungsfunktion], Bemessung bei alsbaldigem Tod etc.)
- Entgangener Gewinn, § 252

III. Besonderheiten des deliktischen Ersatzanspruchs

- § 842: Umfang der Ersatzpflicht bei Verletzung einer Person (nur klarstellende Funktion)
- § 843: Geldrente oder Kapitalabfindung bei Erwerbsfähigkeit des Verletzten
  - Grundsatz Rente, § 843 Abs. 1
  - Ausnahmsweise Kapitalabfindung, § 843 Abs. 3
  - Kein Anspruchsausschluss, soweit Unterhaltspflicht eines Dritten besteht, § 843 Abs. 4 *(dogmatisch: gesetzlich geregelter Fall eines normativen Schadens)*
- § 844: Ersatzansprüche Dritter bei Tötung (Ersatzansprüche des nicht unmittelbar Geschädigten werden im BGB nur ausnahmsweise gewährt!)
  - § 844 Abs. 1: Beerdigungskosten
  - § 844 Abs. 2: Unterhaltspflichten
- § 845: Ersatzansprüche wegen entgangener Dienste
  kaum praktische Bedeutung, da sich die Vorschrift nur noch auf Dienstleistungspflicht der Kinder gem. § 1619 beschränkt
- § 848: Zufallshaftung des Deliktsschuldners
  Bedeutung z.B. bei Verpflichtung zur Rückgabe einer deliktisch entzogenen Sache
  ⚠ *§ 848 gilt aber regelmäßig in den Fällen des § 992 bei der Haftung des Deliktsbesitzers.*

IV. Anspruchskürzungen

- Mit(wirkendes) Verschulden, § 254 Abs. 1
- Verstoß gegen die Schadensminderungspflicht, § 254 Abs. 2 S. 1
- Mit(wirkendes) Verschulden eines Erfüllungsgehilfen, § 254 Abs. 2 S. 2 (zu lesen wie Abs. 3) i.V.m. § 278
  - Ⓟ *§ 254 Abs. 2 S. 2 als Rechtsgrund- oder Rechtsfolgenverweis?*
    (H.M.: Rechtsgrundverweis, sodass Voraussetzung für eine Zurechnung eine vertragliche Beziehung oder sonstige rechtliche Sonderbeziehung bestehen muss. Grund: Gleichbehandlung von Gläubiger und Schuldner.)
  - ☞ Deshalb ist z.B. Kindern ein Verschulden ihrer Eltern als gesetzliche Vertreter (§ 278 Abs. 1 Alt. 1) i.d.R. mangels Schuldverhältnisses zum Schädiger nicht anspruchskürzend anzulasten („Kinder haften nicht für ihre Eltern").
- Mit(wirkendes) Verschulden bei Verkehrsunfällen (Fahrer/Halter), § 17 Abs. 2 StVG
- Mit(wirkendes) Verschulden bei Verkehrsunfällen (andere Personen), § 9 StVG i.V.m. § 254 ⇨ **S. 66**
- Mit(wirkendes) Verschulden bei Produktfehlern, § 6 ProdHaftG i.V.m. § 254 ⇨ **S. 67**
- Grundsätze der **Vorteilsausgleichung**; Anrechnung eines späteren Vorteils des Geschädigten, wenn
  - adäquater Zusammenhang zwischen Vorteil und schädigendem Ereignis
  - Anrechnung zumutbar (entspricht Zweck des Schadensersatzes und entlastet Schädiger nicht unbillig)
    ☞ Abzug „Neu für Alt"; ersparte Aufwendungen

B. Vertiefungsschemata

II. Schuldrecht
28. Schadensregulierung bei Kfz-Schäden

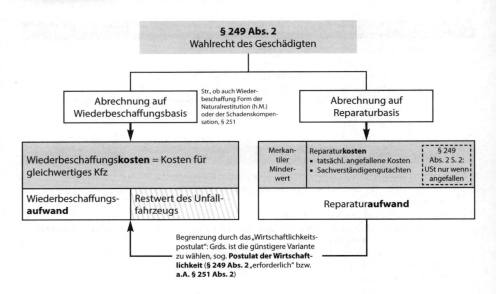

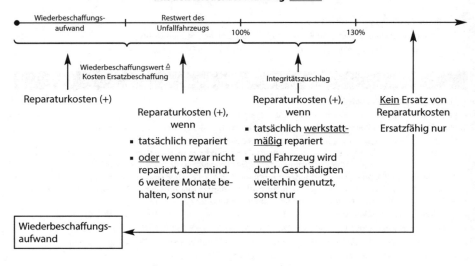

B. Vertiefungsschemata

II. Schuldrecht
29. Verjährung

I. Verjährungsfrist | I. Verjährungsbeginn

1. Regelverjährung

I. Verjährungsfrist

a) **Subjektive Frist, § 195:**
- 3 Jahre

b) **Objektive Höchstfrist, § 199 Abs. 2–4**
- Schadensersatzansprüche für Verletzung Leben/Körper/Gesundheit/Freiheit: **30 Jahre**
- Andere Schadensersatzansprüche (Verletzung Eigentum/Vermögen): **10 Jahre** ab Entstehung

c) **Absolute Höchstfrist**
- Schadensersatzansprüche (Verletzung Eigentum/Vermögen): **30 Jahre**

I. Verjährungsbeginn

a) **Subjektive Frist, § 199 Abs. 1**
- Schluss des Jahres, in dem der Anspruch objektiv **entstanden** ist *und*
- Gläubiger Kenntnis hat bzw. grob fahrlässige Unkenntnis über:
  - Umstände, die den Anspruch begründen *und*
  - Person des Schuldners

b) **Objektive Höchstfrist, § 199 Abs. 2–4**
- **Entstehung** (setzt Fälligkeit voraus)
  ⇨ S. 166

c) **Absolute Höchstfrist**
- Fristbeginn mit **Pflichtverletzung/Handlung** (unabhängig vom Entstehen des Anspruchs)

2. Besondere Verjährung

I. Verjährungsfrist

- **Kaufrecht, § 438** (Einzelheiten ⇨ S. 20)
  - Regelfall: 2 Jahre
  - Mängel wegen dinglicher Rechte Dritter: 30 Jahre
    - Ⓟ *Eigentum eines Dritten*
      (Das Eigentum eines Dritten begründet keinen Rechtsmangel, sondern ist Nichterfüllung, sodass § 438 nicht unmittelbar anwendbar ist. Trotzdem ist die entsprechende Anwendung von § 438 geboten, damit das Recht des Käufers wegen Nichterwerbs des Eigentums nicht eher verjährt, als z.B. Rechte wegen der Belastung des Kaufgegenstands mit einem Pfandrecht.)
  - Mängel an Bauwerken: 5 Jahre
  - Arglist des Verkäufers: *Regelverjährung*

(⚠ *Wegen der Besonderheiten der „Quasi-Verjährung" von Minderung und Rücktritt siehe* ⇨ S. 195)

(⚠ *Wegen des Verhältnisses der Verjährungsfrist zur Garantiefrist siehe* ⇨ S. 204, 205)

I. Verjährungsbeginn

- **Kaufrecht, § 438 Abs. 2** (Einzelheiten ⇨ S. 20)
  - Bei Grundstücken mit Übergabe
  - Ansonsten mit Ablieferung
    (Erlangung tatsächlicher Sachherrschaft)
    - Ⓟ *Kettengewährleistung*
      (Beginnt die Verjährung bei Nacherfüllung in Form der Neulieferung neu zu laufen? Teilweise wird angenommen, bei der Ersatzlieferung liege eine erneute „Ablieferung" i.S.d. § 438 Abs. 2 vor. Nach a.A. ist allein die erste „Ablieferung" maßgeblich, da sich sonst die Verjährung im Vergleich zur Nachbesserung erheblich verlängern würde.)

  - Bei Regelverjährung nach § 199 Abs. 1 (s.o. 1.) Verjährungsbeginn mit Anspuchentstehung und Kenntnis/grob fahrlässiger Unkenntnis

B. Vertiefungs-schemata

II. Schuldrecht
29. Verjährung (Fortsetzung)

I. Verjährungsfrist

2. Besondere Verjährung (Fortsetzung)

- **Werkvertragsrecht**, § 634 a
  - Herstellung, Planung, Überwachung eines Werkes: **2 Jahre**
  - Bauwerke: **5 Jahre**
  - Ansonsten: **Regelverjährung**
  - Arglist des Werkunternehmers: **Regelverjährung**

  (⚠ *Wegen der Besonderheiten d. „Quasi-Verjährung" von Minderung und Rücktritt* ⇨ *S. 195*)

- **Reiserecht**, § 651 i S. 1: **2 Jahre**

- **Miete (Vermieter)**, § 548 Abs. 1: **6 Monate**

- **Miete (Aufwendungsersatz/Gestattung Wegnahme)**, § 548 Abs. 2: **6 Monate**

I. Verjährungsbeginn

- **Werkvertragsrecht**, § 634 a Abs. 2:
  - Abnahme/Vollendung, § 646
  - Bei Regelverjährung nach § 199 Abs. 1 (s.o. 1.) Verjährungsbeginn mit Anspruchsentstehung und Kenntnis/grob fahrlässiger Unkenntnis

- **Reiserecht**, § 651 i S. 2: Vertraglich vorgesehenes Ende der Reise

- **Miete (Vermieter)**, § 548 Abs. 1: Rückgabe der Mietsache

- **Miete (Aufwendungsersatz/Gestattung Wegnahme)**, Beendigung des Mietverhältnisses

3. Sonstige Verjährung

- Rechte an einem Grundstück, § 196 (Übertragungsanspruch, Ansprüche auf andere Verfügungen, Gegenleistungsansprüche): **10 Jahre**
- Herausgabeansprüche aus Eigentum, rechtskräftig festgestellte Ansprüche, familien- und erbrechtliche Ansprüche (§ 197): **30 Jahre**

(⚠ *§ 902 Abs. 1 S. 1: Eingetragene Rechte sind unverjährbar.*)

- Beginn mit Entstehung des Anspruchs, § 200

II. Vereinbarungen über die Verjährung

1. **Verkürzung der Verjährungsfrist/Vorverlegung des Verjährungsbeginns**

   Gem. § 202 Abs. 1 individualvertraglich **grds. zulässig** (nicht jedoch bei Haftung wegen Vorsatzes)
   - **Besonderheit** gem. § 476 Abs. 2 für den **Verbrauchsgüterkauf:**
     - Verjährungserleichterung für neu hergestellte Sachen unter **2 Jahren** unzulässig
     - Verjährungserleichterung für gebrauchte Sachen unter **1 Jahr** unzulässig
     - Ausnahme: Schadensersatzansprüche (Ausschluss bzw. Beschränkung in den Grenzen der §§ 307–309 möglich)
   - Auch durch **AGB** kann Verjährung verkürzt werden (soweit überhaupt zulässig)
     - Bei Gewährleistungsrechten im Kauf- und Werkvertragsrecht gem. § 309 Nr. 8 b) ff) bei neu hergestellten Sachen nicht unter 1 Jahr

2. **Verlängerung der Verjährung/Hinausschieben des Verjährungsbeginns**

   Gem. § 202 Abs. 2 grds. zulässig (nicht jedoch über 30 Jahre ab gesetzlichem Verjährungsbeginn hinaus)

B. Vertiefungsschemata

II. Schuldrecht
29. Verjährung (Fortsetzung)

III. Fristende

1. **Hemmung**
   - **Wirkung, § 209:** Zeitraum, währenddessen Verjährung gehemmt war, wird in Verjährungsfrist nicht eingerechnet.
   - **Beispiele:**
     - Schwebende Verhandlungen über Anspruch, § 203 S. 1
       - (P) Mangelbeseitigungsversuche = Anerkenntnis oder Verhandlung?
         (Teilweise wird ein Mangelbeseitigungsversuch grds. als Verhandlung gewertet mit der Folge, dass die Verjährung gehemmt würde, teilweise grds. als Anerkenntnis mit der Folge, dass die Verjährung neu beginnen würde. Nach h.M. sind die Umstände des Einzelfalls maßgeblich, sodass ein Anerkenntnis vorliegen kann aber nicht muss.)
     - Klageerhebung
     - Zustellung eines Mahnbescheides
     - Zustellung einer Streitverkündung
     - Zustellung eines Antrags auf Durchführung des Beweisverfahrens
     - Zustellung eines Arrestantrags oder eines Antrags auf einstweilige Verfügung
     - Anmeldung eines Anspruchs im Insolvenzverfahren
     - Geltendmachung der Aufrechnung im Prozess
     - Leistungsverweigerungsrecht, § 205
     - Verhinderung der Geltendmachung eines Anspruchs durch höhere Gewalt, § 206
     - Familiäre Gründe, § 207
       - Bestehen einer Ehe, Lebenspartnerschaft
       - Minderjährigkeit der Kinder
       - Vormundschaftsverhältnis
       - Betreuungsverhältnis
     - Ansprüche wegen Verletzung der sexuellen Selbstbestimmung (bis 21. Lebensjahr)

2. **Ablaufhemmung**
   - **Wirkung:** Verjährung läuft nicht vor Wegfall bestimmter Gründe ab, die Geltendmachung des Anspruchs entgegenstehen.
   - **Beispiele:**
     - Ende von hemmenden Verhandlungen, § 203 S. 2
     - Nicht voll Geschäftsfähige ohne gesetzlichen Vertreter, § 210
     - Nachlassfälle, § 211

3. **Neubeginn**
   - **Wirkung, § 212:** Neue Verjährungsfrist wird in Gang gesetzt.
   - **Beispiele:**
     - Anerkenntnis
       - (P) Aufrechnung mit bestrittener Forderung = Anerkenntnis?
         (Maßgeblich sind die Umstände des Einzelfalls.)
       - (P) Mangelbeseitigungsversuche = Anerkenntnis oder Verhandlung?
         (Teilweise wird ein Mangelbeseitigungsversuch grds. als Verhandlung gewertet, teilweise grds. als Anerkenntnis. Nach h.M. und bei Umständen des Einzelfalls maßgeblich, sodass ein Anerkenntnis vorliegen kann aber nicht muss.)
     - Vornahme bzw. Beantragung einer gerichtlichen oder behördlichen Vollstreckungshandlung

B. Vertiefungs-schemata

II. Schuldrecht
30. Überblick GoA

Das Anspruchssystem der Geschäftsführung ohne Auftrag (GoA)

Besorgung eines fremden Geschäfts

Geschäftsführer (GF) besorgt ein Geschäft, das (auch) im Pflichten- oder Interessenkreis eines anderen, nämlich des Geschäftsherrn (GH), liegt, **§ 677**

Echte GoA

mit Fremdgeschäftsführungswillen

Echte berechtigte GoA, §§ 677, 683
im Interesse und Willen des GH

- **§§ 667, 681 S. 2, 677** — Herausgabe des Erlangten
- **§§ 670, 683 S. 1, 677** — Ersatz von Aufwendungen
  - auch risikotypische Begleitschäden
  - Vergütung analog § 1835 Abs. 3
- **§§ 280 Abs. 1, 677** — Schadensersatz wegen Ausführungsverschuldens

Echte unberechtigte GoA, §§ 677, 684
gegen Interesse/ohne Willen des GH

- **§§ 684, 812** — Herausgabe des Erlangten i.S.v. Aufwendungsersatz
- **§§ 678, 677** — Schadensersatz wegen Übernahmeverschuldens
- **§§ 280 Abs. 1, 677** — Schadensersatz wegen Ausführungsverschuldens

Unechte GoA

ohne Fremdgeschäftsführungswillen

Irrtümliche GoA, § 687 Abs. 1
ohne Kenntnis der Fremdheit

- **§§ 677–686**
  - unanwendbar
  - andere Vorschriften für Ausgleich maßgebend, insbes.
- **§§ 987 ff., 823 ff. und 812 ff.**

Angemaßte GoA, § 687 Abs. 2
mit Kenntnis der Fremdheit

- **§§ 667, 681 S. 2, 687 Abs. 2 S. 1** — Herausgabe des Erlangten
- **§§ 684, 812, 687 Abs. 2 S. 2** — Herausgabe des Erlangten i.S.v. Aufwendungsersatz
- **§§ 678, 687 Abs. 2 S. 1** — Schadensersatz wegen Übernahmeverschuldens

B. Vertiefungsschemata

II. Schuldrecht
31. Überblick Bereicherungsrecht

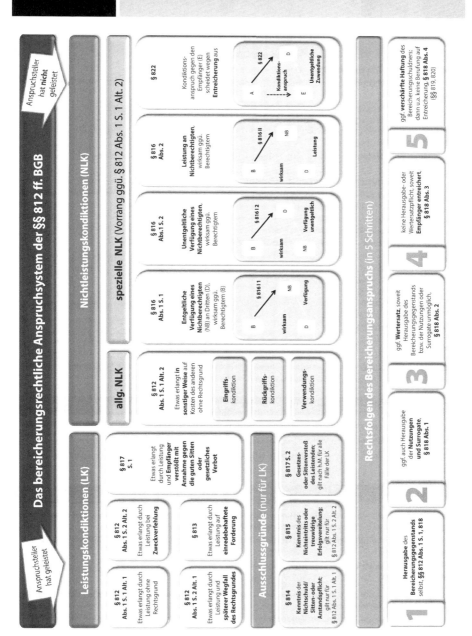

B. Vertiefungsschemata

II. Schuldrecht
32. Umfang der Herausgabe bei Bereicherung, § 818

I. Herausgabe der Bereicherung

1. **Herausgabe des Erlangten, § 812**
   - Herausgabe „in Natur" muss möglich sein (d.h. Gegenstand muss im Vermögen des Bereicherten noch vorhanden sein).
   - Hat der Bereicherungsschuldner seinerseits einen Bereicherungsanspruch gegen einen Dritten, besteht keine Pflicht, diesen geltend zu machen (kein Verschaffungsanspruch des Bereicherungsgläubigers) und keine Pflicht diesen abzutreten (keine Kondiktion der Kondiktion); der Bereicherungsschuldner hat ggf. Wertersatz zu leisten (s.u.).
2. **Herausgabe der Nutzungen, § 818 Abs. 1** (Gem. **§ 100 Früchte** und **Gebrauchsvorteile** einer Sache oder eines Rechts)
   a) **Früchte** – (Herausgabe in Natur grds. möglich)
      - Erzeugnisse, bestimmungsgemäße Ausbeute (§ 99 Abs. 1) sowie Erträge (§ 99 Abs. 3, ☞ Miete einer vermieteten Wohnung)
      - Zinsen
      - Nach h.M. auch ersparte Darlehenszinsen
   b) **Gebrauchsvorteile** – (Herausgabe in Natur regelmäßig nicht möglich)
      - Vorteile, die – ohne Früchte zu sein – gezogen werden können (§ 100, ☞ Wohnvorteil bei selbst genutzter Wohnung)
      - Kein **Ver**brauch (da kein **Ge**brauch mehr)
      - Ⓟ Gewinn eines Unternehmens als Nutzung?
        (Grundsätzlich kann auch der Gewinn eines Unternehmens als Nutzung anzusehen sein, wobei die „Eigenleistung" des Unternehmers abzuziehen ist.)
3. **Surrogate, § 818 Abs. 1**
   - Alles, was dem Bereicherungsschuldner im Rahmen **bestimmungsgemäßer Ausübung** des Rechts zugeflossen ist
   - Nicht z.B. Veräußerungserlös, wenn Bereicherungsschuldner zur Veräußerung des Gegenstandes nicht berechtigt war (dann aber ggf. Kondiktion gem. § 816 Abs. 1 ⇨ *S. 95*)

II. Wertersatz, § 818 Abs. 2

- Zu ersetzen ist der objektive Wert des Erlangten/der Nutzung
- Etwaige Mehrerlöse (günstiger Verkauf) verbleiben dem Bereicherungsschuldner
- Ersatz nur, soweit keine Entreicherung eingetreten ist **(s.u. III.)** oder der Bereicherungsschuldner verschärft haftet **(s.u. IV.)**

III. Entreicherung, § 818 Abs. 3

- Bei **Herausgabe einer Sache** Entreicherung durch Beschädigung/Zerstörung/Verbrauch (es sei denn, ersparte Eigenaufwendungen) – *Sachinhaber trägt __kein__ Entreicherungsrisiko*
- Bei **„Herausgabe" einer Tätigkeit bzw. Gebrauchsmöglichkeit** Entreicherung, sofern keine eigenen Aufwendungen erspart
- Bei **Abwicklung unwirksamer Verträge: „Saldotheorie":**
  - Rückgewähr der Leistung nur „Zug-um-Zug" gegen Rückgewähr der Gegenleistung
  - Wertverlust der Sache wird als Wegfall der Bereicherung bei der Gegenleistung abgezogen *(Entreicherungsrisiko trägt der Sachinhaber).*
  - Bei Gleichartigkeit der Leistungen: Verrechnung von Leistung und Gegenleistung, ohne Erforderlichkeit einer Aufrechnung

B. Vertiefungsschemata

II. Schuldrecht
32. Umfang der Herausgabe bei Bereicherung, § 818
(Fortsetzung)

III. Entreicherung, § 818 Abs. 3 (Fortsetzung)

- **Ausnahmen von der Saldotheorie:**
  - **Nicht voll Geschäftsfähiger** kann erbrachte Leistung voll zurückfordern und schuldet keinen Wertersatz. ⇨ S. 338
  - Der **verschärft Haftende (s.u. IV.)** trägt das Entreicherungsrisiko, sodass er stets die volle Leistung zurückzugewähren hat.
  - Geht die Sache infolge **Mangels** unter oder wird sie deshalb verschlechtert, kann die volle Gegenleistung zurückgefordert werden.
    - Ⓟ Abwicklung von Verträgen, wenn eine Leistung noch nicht erbracht wurde
    (Nicht nach der Saldotheorie, da es an einem „**faktischen Synallagma**" fehlt.)
- Nach h.M. können dem Bereicherungsanspruch auch Vertragskosten und Verwendungen entgegengehalten werden, die im Vertrauen auf den Erhalt und Bestand der Leistung gemacht worden sind.

IV. Verschärfte Haftung (nach allg. schuldrechtlichen Regeln)

1. **Fälle verschärfter Haftung**
   a) **Rechtshängigkeit, § 818 Abs. 4**
      Zeitpunkt = Rechtshängigkeit der Herausgabeklage, § 261 ZPO, was nach § 253 Abs. 1 ZPO die Zustellung der Klageschrift erfordert
   b) **Bei ungewissem Erfolgseintritt, § 820**
   c) **Bösgläubigkeit, § 819**
      - Erforderlich ist positive Tatsachenkenntnis und positive Rechtsfolgenkenntnis (jedenfalls eine „Parallelwertung in der Laiensphäre")
      - Kenntniszurechnung bei Minderjährigen
        - bei Leistungskondiktion: Positive Kenntnis des gesetzlichen Vertreters, § 166 Abs. 1
        - bei Nichtleistungskondiktion kommt es auf eigene Kenntnis des Minderjährigen an, wenn er entsprechend §§ 827, 828 die erforderliche Einsichtsfähigkeit hat

2. **Rechtsfolgen verschärfter Haftung**
   - § 292: **Haftung nach §§ 987 ff.:**
     - Schadensersatz: ⇨ **S. 49**
     - Nutzungsersatz: ⇨ **S. 103**
   - Bei **Verzug** mit Herausgabepflicht, Haftung auch für Zufall, §§ 292, 990 Abs. 2, 287 S. 2
     (⚠ Wegen der Fiktion der Rechtshängigkeit in § 819 Abs. 1 und der Gleichstellung der Rechtshängigkeit mit einer Mahnung in § 286 Abs. 1 S. 2 wird teilweise angenommen, dass immer gem. §§ 990 Abs. 2, 287 S. 2 für Zufall gehaftet wird; Sinn und Zweck der Verweisung ist aber gerade eine Differenzierung nach Verschulden.)
   - Herausgabe auch der rechtsgeschäftlichen Surrogate gem. § 285 (str.)
   - **Keine Berufung auf Entreicherung** möglich ⚠

B. Vertiefungsschemata

III. Sachenrecht
1. Eigentumserwerb an beweglichen Sachen, §§ 929 ff.

I. Dingliche Einigung, § 929 S. 1

1. **Einigung über den Eigentumswechsel**
   a) Dingliche Einigung **unmittelbar** zwischen Verfügendem und Erwerber ⇨ *S. 143*
   b) Einigung unter Einschaltung von **Vertretern** ⇨ *S. 148*
      - mittelbare Stellvertretung
        – Geschäft für den, den es angeht (Direkterwerb)
        – Insichgeschäft (Durchgangserwerb)
   c) **Konkludente dingliche Einigung**
      - durch Übergabe der Sache
      - bereits bei Abschluss des Verpflichtungsvertrages (antizipierte Einigung)
      - durch Abnahme einer tatsächlich angebotenen Sache (z.B. in Automaten)
      - ⓟ *Einigungszeitpunkt an SB-Tankstellen?*
        (Teilweise: Eigentumserwerb schon durch Vermischung, § 948; teilweise: bei Einfüllen in Tank; teilweise: erst nach Bezahlung, da konkludent ein Eigentumsvorbehalt vereinbart sei.)
        ⇨ *S. 146*

2. **Inhalt der dinglichen Einigung**
   a) Wahrung des sachenrechtlichen Bestimmtheitsgrundsatzes
   b) Bedingung, § 158 (Hauptfall Eigentumsvorbehalt), oder Befristung, § 163, der Einigung
      ⇨ *S. 160*, ⇨ *S. 242*

3. **Keine Unwirksamkeits- bzw. Nichtigkeitsgründe**
   a) Mangelnde Geschäftsfähigkeit, §§ 104 ff.
      ⇨ *S. 337*, ⇨ *S. 153*
   b) Form, § 125 ⇨ *S. 155*
   c) Verstoß gegen ein Verbotsgesetz, § 134 (☞ Übereignung von Betäubungsmitteln)
   d) Anfechtung, § 142 ⇨ *S. 158*

4. **Kein Widerruf der Einigung bis zur Vollendung des Rechtserwerbs**
   Eine antizipierte Einigung kann bis zur Übergabe widerrufen werden (arg. ex §§ 873 Abs. 2, 956 Abs. 1 – h.M).
   (⚠ Durchbrechung des Grundsatzes, dass Willenserklärungen gem. § 130 Abs. 1 S. 2 nur vor oder gleichzeitig mit Zugang widerruflich sind.)

5. **Wirksamkeit** von Einigungserklärungen bei Tod oder Geschäftsunfähigkeit nach Abgabe nicht berührt, §§ 130 Abs. 2, 153
   (⚠ Allerdings können die Erben bzw. gesetzlichen Vertreter widerrufen, solange der Rechtserwerb noch nicht vollendet ist.)

II. Übergabe oder Übergabesurrogat

1. **Übergabe gem. § 929 S. 1**
   a) **Besitzerwerb auf Erwerberseite**
      - Erwerber wird selbst **unmittelbarer Besitzer** durch Erlangung der Sachherrschaft, § 854 Abs. 1 (räumliche Beziehung zu der Sache von gewisser Dauer mit natürlichem Beherrschungswillen)
      - Erwerber wird selbst **unmittelbarer Besitzer** durch Vereinbarung, § 854 Abs. 2

B. Vertiefungsschemata

III. Sachenrecht
1. Eigentumserwerb an beweglichen Sachen, §§ 929 ff. (Fortsetzung)

II. Übergabe oder Übergabesurrogat (Fortsetzung)

- **Besitzdiener** des Erwerbers (§ 855) erlangt tatsächliche Sachherrschaft – dann wird der Erwerber unmittelbarer Besitzer
- Erwerber wird **mittelbarer Besitzer** durch Vereinbarung eines Besitzkonstitutes, § 868

  (⚠ *Das Besitzkonstitut muss zwischen Erwerber und einem Dritten bestehen. Bei Vereinbarung eines Besitzkonstitutes zwischen Erwerber und Verfügendem kommt nur eine Übereignung nach §§ 929, 930 in Betracht.*)
  - Rechtsverhältnis/Besitzmittlungsverhältnis i.S.v. § 868
  - Herausgabeanspruch des mittelbaren gegen den unmittelbaren Besitzer (mind. aus § 985 oder § 812)
  - Fremdbesitzerwille des unmittelbaren Besitzers
- Besitz wird auf **Geheiß** des Erwerbers auf einen Dritten (Geheißperson des Erwerbers) übertragen

b) **auf Veranlassung des Verfügenden zum Zwecke der Eigentumsübertragung**
- Veranlassung liegt vor, wenn auf Weisung des Verfügenden sein Besitzdiener, Besitzmittler oder seine Geheißperson den Besitz überträgt

  Ⓟ *Veranlassung bei Scheingeheißperson?*
  Nach h.M. kommt es nicht auf den inneren Willen des Veranlassenden, sondern auf die Sicht des objektiven Empfängers an, sodass auch bei einer Scheingeheißperson die Übergabe bejaht wird.
- Wegnahmeermächtigung (soweit bei Besitzergreifung Einverständnis noch vorliegt)
- Str., ob Übergabe durch Stellvertreter analog § 164 zurechenbar

c) **Vollständiger Besitzverlust aufseiten des Verfügenden**
- Verfügender gibt eigene Sachherrschaft auf
- Besitzdiener des Verfügenden gibt Sachherrschaft mit dessen Einverständnis auf
- Besitzmittler des Verfügenden überträgt den Besitz
- Besitzmittler schließt mit Erwerber neues Besitzmittlungsverhältnis

d) **Wechsel des unmittelbaren Besitzers nach h.M. nicht erforderlich** (☞ Lagerhalter besitzt erst für den ursprünglichen Eigentümer und jetzt für den Erwerber)

2. Übereignung „kurzer Hand" gem. § 929 S. 2

a) **Erwerber ist bereits Besitzer**
- Erwerber ist selbst unmittelbarer Besitzer, weil er die Sachherrschaft ausüben kann, § 854 Abs. 1 (von wem der Besitz erlangt wurde, ist unerheblich, d.h. keine „Veranlassung" erforderlich)
- Besitzdiener des Erwerbers (§ 855) hat tatsächliche Sachherrschaft
- Erwerber ist mittelbarer Besitzer, § 868

b) **Vollständiger Besitzverlust aufseiten des Verfügenden**
- Ist der Verfügende mittelbarer Besitzer und der Erwerber unmittelbarer Fremdbesitzer, muss er den Besitz in Eigenbesitz umwandeln.
- Bleibt der Verfügende Besitzer (auch nur Mitbesitzer, § 866), greift § 929 S. 2 nicht ein.

3. Vereinbarung eines Besitzkonstitutes, § 930

a) **Der Verfügende muss Besitzer sein**
- Unmittelbarer Besitzer, § 854
- Mitbesitzer, 866
- Mittelbarer Besitzer, § 868

B. Vertiefungs-schemata	III. Sachenrecht
	1. Eigentumserwerb an beweglichen Sachen, §§ 929 ff. (Fortsetzung)

II. Übergabe oder Übergabesurrogat (Fortsetzung)

3. **Vereinbarung eines Besitzkonstitutes, § 930** (Fortsetzung)
   b) **Bestehen eines Besitzmittlungsverhältnisses zwischen Verfügendem und Erwerber**
   - Rechtsgeschäftliches Besitzmittlungsverhältnis
     - Rechtsverhältnis i.S.v. § 868 (kann auch antizipiert vereinbart werden)
     - Herausgabeanspruch des mittelbaren Besitzers (mind. aus § 985 oder § 812)
     - Fremdbesitzerwille des unmittelbaren Besitzers
   - Besitzmittlungsverhältnis aufgrund ehelicher Lebensgemeinschaft, § 1353
   - Besitzmittlungsverhältnis durch elterliche Vermögenssorge, § 1626
4. **Abtretung des Herausgabeanspruchs, § 931**
   a) Der Verfügende ist mittelbarer Besitzer
   b) Ein Dritter ist unmittelbarer Besitzer, § 854 oder mittelbarer (sofern Veräußerer nicht Besitzmittler)
   c) Abtretung des Herausgabeanspruchs gem. § 870
      ⓟ *Abtretbarkeit des Herausgabeanspruchs aus § 985?*
      Nach h.M. ist der Eigentumsherausgabeanspruch untrennbar mit dem Eigentum verbunden, sodass er nicht isoliert abtretbar ist. Besteht hier kein anderweitiger Herausgabeanspruch, reicht in diesen Fällen lediglich eine Einigung über den Eigentumsübergang.

III. Berechtigung des Verfügenden

1. **Verfügungsbefugter Eigentümer**
   Der Eigentümer ist **nicht befugt, bei:**
   - behördlichem oder gesetzlichem Verfügungsverbot (§§ 135, 136)
   - Bedingungseintritt bei Verfügungen in der Schwebezeit, § 161 Abs. 1 ⎫ Bis zum Eintritt des Nacherbenfalls
   - Eintritt des Nacherbfalls, § 2113 Abs. 1 ⎬ oder der Bedingung verfügt der Eigentümer als Berechtigter.
   - Insolvenzverwaltung, § 81 Abs. 1 InsO
   - Ehegatten bei Verfügungen über das Vermögen im Ganzen oder Haushaltsgegenständen, §§ 1365, 1369, 1366 ⇨ **S. 268**
   - Nachlassverwaltung, § 1984 Abs. 1
   - Testamentsvollstreckung, § 2211
2. **Kraft Gesetzes verfügungsbefugter Nichteigentümer**
   - Insolvenzverwalter, § 80 Abs. 1 InsO
   - Pfandverwertung, § 1204 Abs. 1 i.V.m. § 1228 Abs. 2
   - Nachlassverwalter, § 1985 Abs. 1
   - Testamentsvollstrecker, § 2205
3. **Kraft Einwilligung verfügungsbefugter Nichteigentümer**
   - Gem. § 185 Abs. 1 zur Verfügung Ermächtigter bei vorheriger Einwilligung des Berechtigten; nicht bei nachträglicher Genehmigung, § 185 Abs. 2.
   (⚠ *Die Unterscheidung ist für die Anwendbarkeit des § 816 Abs. 1 – Verfügung eines Nichtberechtigten – sehr wichtig.*)

wenn 1.–3. (–): (Gutgläubigen) Eigentumserwerb vom Nichtberechtigten prüfen ⇨ **S. 227**

B. Vertiefungsschemata

III. Sachenrecht
2. Eigentumserwerb an beweglichen Sachen vom Nichtberechtigten

Hinsichtlich der Voraussetzungen I.–III. gelten die üblichen Erwerbsvoraussetzungen ⇨ S. 224 ff. Hier werden nur Besonderheiten des gutgläubigen Erwerbs dargestellt.

I. Dingliche Einigung, § 929 S. 1

Verfügt ein Minderjähriger über eine für ihn fremde Sache, ist str., ob angesichts dieses für ihn „neutralen" Geschäftes eine wirksame dingliche Einigung gem. § 107 möglich sein soll (h.M. [+]; Kritik: Erwerber steht dann besser, als wenn Sache dem Minderjährigen tatsächlich gehört hätte, da dann nachteilig i.S.v. § 107).

II. Übergabe oder Übergabesurrogat

Falls bei einer Übereignung nach §§ 929, 931 kein Herausgabeanspruch besteht, reicht die Abtretung eines nur behaupteten Herausgabeanspruchs, da sonst der Fall des gutgläubigen Erwerbs gem. § 934 Alt. 2 nie eintreten könnte.

III. Keine Berechtigung des Verfügenden

vgl. ⇨ S. 226

IV. Wirksamer Erwerb vom Nichtberechtigten

1. **Wirksamwerden der Verfügung gem. § 185 Abs. 2**
    a) Genehmigung des Berechtigten, § 184
    b) Nachträglicher Erwerb des Gegenstandes durch Verfügenden
       z.B.: Verfügender wird Alleinerbe des Berechtigten, § 1922
    c) Berechtigter hat den Verfügenden beerbt und unbeschränkte Haftung für Nachlassverbindlichkeiten
       z.B.: Berechtigter wird Alleinerbe des Verfügenden, § 1922
2. **Gutgläubiger Erwerb gem. §§ 932 ff.** (⚠ *geschützt ist grds. nur der gute Glaube an das **Eigentum**)*
    a) **Rechtsgeschäft im Sinne eines Verkehrsgeschäftes**
       - Kein gesetzlicher Erwerb
         Erbschaft, § 1922; Ersitzung, §§ 937 ff., 946 ff., 953 ff.
         „Streng genommen fehlt es dann schon an einer Einigung."
       - Kein Verkehrsgeschäft liegt vor bei
         – vorweggenommener Erbfolge, da der echten Erbfolge gleichzustellen
         – Erbauseinandersetzung
         – wirtschaftlicher Personenidentität
    b) **Legitimation durch den Rechtsschein des Besitzes gem. §§ 932 ff.**
       - Bei **Übereignung nach § 929 S. 1** (Übergabe): **§ 932 Abs. 1 S. 1**
         Tatsächliche **Übergabe** i.S.v. § 929 S. 1 (in allen Varianten) ist als Rechtsschein ausreichend
         Ⓟ Rechtsschein bei Scheingeheißperson?
         (Nach h.M. kommt es nicht auf den inneren Willen des Veranlassenden, sondern auf die Sicht des objektiven Empfängers an, sodass auch bei einer Scheingeheißperson die Übergabe und der erforderliche Rechtsschein bejaht werden; nach a.A. reicht nur guter Glaube aufgrund Rechtsscheins und nicht an Rechtsschein.)
       - Bei **Übereignung nach § 929 S. 2** (Übereignung kurzer Hand): **§ 932 Abs. 1 S. 2**
         Erwerber muss Besitz „vom Veräußerer" erlangt haben, d.h. durch eine **„Übergabe"** i.S.v. § 929 S. 1, die aber bereits vor der Einigung stattgefunden haben muss.

B. Vertiefungs-schemata

III. Sachenrecht
2. Eigentumserwerb an beweglichen Sachen vom Nichtberechtigten (Fortsetzung)

IV. Wirksamer Erwerb vom Nichtberechtigten (Fortsetzung)

- **Bei Übereignung nach § 930** (Besitzkonstitut): **§ 933**
  Erwerber muss Sache „übergeben" werden, d.h. auch hier ist eine *„Übergabe"* i.S.v. § 929 S. 1 erforderlich.
- **Bei Übereignung nach § 931** (Abtretung des Herausgabeanspruchs): **§ 934**
  - Wenn Verfügender mittelbarer Besitzer war, **§ 934 Alt. 1:**
    Einigung und wirksame Abtretung reichen aus (d.h. hier reicht die Verschaffung mittelbaren Besitzes)
  - Wenn Verfügender nicht mittelbarer Besitzer war, **§ 934 Alt. 2:**
    Erwerber muss den Besitz (auch mittelbaren) vom Dritten erlangen

    ⓟ *Nebenbesitz bei mehreren Besitzmittlungsverhältnissen?*
    (Wenn mehrere Besitzmittlungsverhältnisse bestehen, wird nach h.M. kein gleichstufiger Nebenbesitz begründet, sondern der Besitzmittler besitzt nur für den „neuen" mittelbaren Besitzer.)
    Beachte den Schutz des Besitzers durch § 936 Abs. 3 und durch § 986 Abs. 2.

c) **Gutgläubigkeit des Erwerbers**
- **Bezugspunkt:** Eigentum des Verfügenden
- **Zeitpunkt:** Vollendung des Rechtserwerbs
- **Gutgläubigkeit gem. § 932 Abs. 2 (–)**, bei **positiver Kenntnis** und **grob fahrlässiger Unkenntnis**
  - keine allgemeine Nachforschungspflicht
  - beim gebrauchten Kfz ist Vorlage der Zulassungsbescheinigung erforderlich
  - Auffälliges Missverhältnis Kaufpreis – Verkehrswert begründet Nachforschungspflicht
  - Umstände des Geschäftsabschlusses ebenfalls (z.B. Straßenverkauf)
- Bei Einigung durch **Vertreter** kommt es auf die Gutgläubigkeit des Vertreters an, **§ 166 Abs. 1**
  - Es sei denn, Vertreter handelt nach Weisungen, § 166 Abs. 2
  - Keine Anwendbarkeit des § 166 Abs. 2 auf gesetzlichen Vertreter (str.)
  - Bei Gesellschaften reicht Bösgläubigkeit eines Organs (nicht notwendig des Handelnden)

⚠ **§ 142 Abs. 2:** Wer die Anfechtbarkeit eines Rechtsgeschäfts kannte oder kennen musste, wird so behandelt als ob er die Nichtigkeit kannte bzw. kennen musste.

☞ Kennt jemand die Anfechtbarkeit einer Übereignung, wird er so behandelt als hätte er ihre Unwirksamkeit gekannt. Damit wusste er aber auch, dass der Erwerber kein Eigentum erlangt hat u. ist nicht gutgläubig.

d) **Kein Abhandenkommen i.s.v. § 935**
- Abhandenkommen liegt immer dann vor, wenn **unmittelbarer** Besitzer die Sache nicht willentlich aus der Hand gegeben hat **(gegen oder ohne den Willen des Besitzers), § 935 Abs. 1**
  - Ist Eigentümer nur mittelbarer Besitzer, so ist auf den unmittelbaren Besitzer abzustellen, § 935 Abs. 1 S. 2!
  - Kein Abhandenkommen, wenn Organ einer Gesellschaft die Sache weggibt
  - Abhandenkommen bei willentlicher Besitzaufgabe des Besitzdieners (str.)
  - Abhandenkommen bei Erben, § 857 (es sei denn, Scheinerbe weist sich durch Erbschein aus, § 2366)
  - Weggabe durch Geschäftsunfähigen ist unwillentlich
  - Irrtum/Täuschung schließt Willentlichkeit nicht aus, also kein Abhandenkommen
  - Keine willentliche Weggabe bei Gewalt
  - Willentliche Weggabe bei Drohung (str.)

    ⓟ *Willentliche Besitzaufgabe, wenn Sache einem unmittelbaren Besitzer abhanden kommt, der nicht für den Eigentümer besitzt?*
    (Anwendbarkeit des § 935 analog, da ein Besitzverlust „aufseiten des Eigentümers" ausreicht.)

B. Vertiefungsschemata

III. Sachenrecht
2. Eigentumserwerb an beweglichen Sachen vom Nichtberechtigten (Fortsetzung)

IV. Wirksamer Erwerb vom Nichtberechtigten (Fortsetzung)

- Keine Anwendbarkeit des § 935 auf Geld, Inhaberpapiere und Veräußerung im Rahmen einer öffentlichen Versteigerung, § 935 Abs. 2
- ⚠ *Bei öffentlich-rechtlicher Zwangsversteigerung nach ZPO gelten §§ 929 ff. nicht, also auch nicht § 935 Abs. 2* ⇨ *S. 331*
- Ⓟ Rückerwerb durch Nichtberechtigten?
  (Nach Sinn und Zweck der §§ 932 ff. fällt das gutgläubig erworbene Eigentum bei Rückübertragung an den nichtberechtigt Verfügenden statt an diesen an den Eigentümer zurück.)

3. **Erweiterungen des Gutglaubenserwerbs**
   a) Ausnahmsweise wird der Gutglaubensschutz ausgeweitet auch auf den **guten Glauben an das Nichtbestehen einer Verfügungsbeschränkung** (**Eigentümer** ohne Verfügungsbefugnis verfügt):
      - Keine unmittelbare Anwendung der §§ 932 ff. (vgl. Wortlaut „Nichteigentümer")
      - **Überwindung** der fehlenden Verfügungsbefugnis in den gesetzlich angeordneten Fällen
        – Relatives Verfügungsverbot, §§ 135 Abs. 2, 136
        – Bedingungseintritt bei Verfügungen in der Schwebezeit, § 161 Abs. 3
        – Verfügung des Vorerben, § 2113 Abs. 3
        – Verfügung des Erben trotz Testamentsvollstreckung, § 2211 Abs. 2
      - **Keine Überwindung** bei absoluten Verfügungsbeschränkungen
        – Ehegatten, §§ 1365, 1369, 1366 ⇨ **S. 268**
        – Kindesvermögen, § 1643
        – Insolvenzverwaltung, § 81 InsO
   b) In seltenen Fällen wird der Gutglaubensschutz auf den **guten Glauben an das Bestehen einer Verfügungsbefugnis** ausgeweitet (Nichteigentümer verfügt ohne Ermächtigung i.S.v. § 185 Abs. 1):
      - Kaufmann, der im Betriebe seines Handelsgewerbes Waren veräußert, § 366 Abs. 1 HGB
      - Str., ob § 366 HGB auch anwendbar ist, wenn Kaufmann in fremdem Namen handelt und Vertretungsmacht fehlt
   c) Zusätzlich zum guten Glauben an das Eigentum (bzw. den guten Glauben an das Nichtbestehen von Verfügungsbeschränkungen oder das Bestehen einer Verfügungsbefugnis) wird der **gute Glaube auf die Lastenfreiheit des Eigentums** geschützt, § 936:
      - Erwerber muss Eigentum erlangen (egal, ob vom Berechtigten oder Nichtberechtigten).
      - Auch wenn ein Erwerb vom Berechtigten stattfindet, muss dieselbe besitzrechtliche Position erlangt werden, wie beim Erwerb vom Nichtberechtigten (§ 936 Abs. 1 S. 2 und 3), damit ein lastenfreier Erwerb stattfindet.
      - Die Gutgläubigkeit muss sich auf die Lastenfreiheit beziehen.
      - Die Sache darf dem Berechtigten nicht abhanden gekommen sein.
      - **Ausnahme § 936 Abs. 3:** Bei Übereignung durch Abtretung des Herausgabeanspruchs i.S.v. § 931 reicht für gutgläubigen Erwerb gem. § 934 Alt. 1 grds. die Erlangung mittelbaren Besitzes; ist die Sache aber im unmittelbaren Besitz desjenigen, der ein Recht an der Sache hat, erlischt dieses nicht (ein mit Sachbesitz verbundenes Recht braucht dem guten Glauben des Erwerbers nicht zu weichen).
      - ⚠ Oft übersehen **§ 986 Abs. 2:** Außerdem kann der unmittelbare Besitzer bei einer Veräußerung nach §§ 929, 931 dem (neuen) Eigentümer diejenigen Einwendungen entgegenhalten, die gegen den abgetretenen Anspruch bestanden.

B. Vertiefungsschemata

III. Sachenrecht
3. Eigentumserwerb an unbeweglichen Sachen vom Berechtigten

I. Auflassung, §§ 873 Abs. 1, 925

1. **Dingliche Einigung** über den Eigentumswechsel, § 873, in der Form des § 925 (Auflassung)
   a) Dingliche Einigung unmittelbar zwischen Verfügendem und Erwerber ⇨ **S. 143**
   b) Dingliche Einigung unter Einschaltung von Vertretern ⇨ **S. 148**
2. **In der Form des § 925**
   a) Abgabe bei gleichzeitiger Anwesenheit vor zuständiger Stelle (Notar) ⇨ **S. 155**
   (⚠ *§ 311 b Abs. 1 gilt hingegen für die schuldrechtliche Einigung*)
   b) Bedingungs- und Befristungsfeindlichkeit, § 925 Abs. 2, also kein Eigentumsvorbehalt möglich!
3. **Inhalt der dinglichen Einigung**
   a) Wahrung des sachenrechtlichen Bestimmtheitsgrundsatzes
   ⓟ *Wirksamkeit der Auflassung bei Grundstücksteil, der noch nicht katastermäßig vermessen ist?*
   ⚠ *falsa demonstratio-Grundsätze gelten auch im Sachenrecht!*
   b) Erstreckung gem. **§ 926 Abs. 1 S. 2** im Zweifel auch auf Zubehör
   (⚠ *Rechtsgrund für das Behaltendürfen des Zubehörs ist meist der Kaufvertrag, da dieser sich gem. § 311 c ebenfalls im Zweifel auf das Zubehör erstreckt.*)
4. **Keine Unwirksamkeits- bzw. Nichtigkeitsgründe**
   a) Mangelnde Geschäftsfähigkeit, §§ 104 ff. ⇨ **S. 337**, ⇨ **S. 153**
   b) Anfechtung, § 142, falls Anfechtungsgrund für dingliche Willenserklärung ⇨ **S. 158**
5. **Kein Widerruf bis zur Vollendung des Rechtserwerbs**
   a) Die Auflassung kann grundsätzlich frei widerrufen werden, es sei denn, es besteht Bindungswirkung gem. § 873 Abs. 2:
   - bei notarieller Beurkundung der Auflassung
   - bei Abgabe der Auflassungserklärungen vor dem Grundbuchamt
   - bei Einreichung der Auflassungserklärungen beim Grundbuchamt
   - bei Aushändigung einer den Vorschriften der GBO entsprechenden Eintragungsbewilligung
   b) Wirksamkeit der Willenserklärungen bei Tod oder Geschäftsunfähigkeit nicht berührt, §§ 130 Abs. 2, 153
   (⚠ *Allerdings können die Erben bzw. gesetzlichen Vertreter widerrufen, solange noch keine Bindungswirkung eingetreten ist.*)

II. Eintragung

Eintragung in das Grundbuch (entscheidend ist nur die tatsächliche Eintragung – eine Beachtung der Verfahrensvorschriften der §§ 13 ff. GBO ist nicht erforderlich und nicht zu prüfen!)

B. Vertiefungs-schemata

III. Sachenrecht
3. Eigentumserwerb an unbeweglichen Sachen vom Berechtigten (Fortsetzung)

III. Berechtigung des Verfügenden

1. Verfügungsbefugter Eigentümer

Der Eigentümer ist nicht befugt, bei

- behördlichem oder gesetzlichem Verfügungsverbot, §§ 135, 136
- Bedingungseintritt bei Verfügungen in der Schwebezeit, § 161 Abs. 1
- Eintritt des Nacherbfalls, § 2113 Abs. 1

  Bis zum Eintritt des Nacherbenfalls oder der Bedingung verfügt der Eigentümer als Berechtigter.

- Insolvenzverwaltung, § 81 Abs. 1 InsO
- Ehegatten bei Verfügung über das Vermögen im Ganzen, §§ 1365, 1366
- Nachlassverwaltung, § 1984 Abs. 1
- Testamentsvollstreckung, § 2211

2. Kraft Gesetzes verfügungsbefugter Nichteigentümer

- Insolvenzverwalter, § 80 Abs. 1 InsO
- Pfandverwertung, § 1204 Abs. 1 i.V.m. § 1228 Abs. 2
- Nachlassverwalter, § 1985 Abs. 1
- Testamentsvollstrecker, § 2205

3. Kraft Einwilligung verfügungsbefugter Nichteigentümer

- Gem. § 185 Abs. 1 zur Verfügung Ermächtigter (bei vorheriger Einwilligung des Berechtigten, nicht bei nachträglicher Genehmigung, § 185 Abs. 2)

  (⚠ *Die Unterscheidung ist für die Anwendbarkeit des § 816 Abs. 1 – Verfügung eines Nichtberechtigten – sehr wichtig.*)

wenn keine Berechtigung: Erwerb vom Nichtberechtigten ⇨ *S. 232*

B. Vertiefungsschemata

III. Sachenrecht
4. Eigentumserwerb an unbeweglichen Sachen vom Nichtberechtigten

Die Voraussetzungen I.–III. entsprechen denen des Eigentumserwerbs vom Berechtigten ➪ *S. 230, 231*

I. Dingliche Einigung = Auflassung, §§ 873 Abs. 1, 925

II. Eintragung

III. Keine Berechtigung des Verfügenden
➪ *S. 231*

IV. Erwerb vom Nichtberechtigten

1. **Wirksamwerden der Verfügung gem. § 185 Abs. 2**
   a) Genehmigung des Berechtigten, § 184
   b) Nachträglicher Erwerb des Gegenstands durch Verfügenden
      z.B. Verfügender wird Alleinerbe des Berechtigten, § 1922
   c) Berechtigter hat Verfügenden beerbt und unbeschränkte Haftung für Nachlassverbindlichkeiten
      z.B. Berechtigter wird Alleinerbe des Verfügenden, § 1922
2. **Unbeachtlichkeit nachträglicher Verfügungsbeschränkungen, § 878**
   a) Verfügender muss im Zeitpunkt der dinglichen Einigung tatsächlich Berechtigter gewesen sein.
   b) Die dingliche Einigung muss gem. § 873 Abs. 2 bindend geworden sein (Bindungswirkung).
      - bei notarieller Beurkundung der Auflassung
      - bei Abgabe der Auflassungserklärungen vor dem Grundbuchamt
      - bei Einreichung der Auflassungserklärungen beim Grundbuchamt
      - bei Aushändigung einer den Vorschriften der GBO entsprechenden Eintragungsbewilligung
   c) Der Antrag auf Eintragung in das Grundbuch muss vor Eintritt der Verfügungsbeschränkung gestellt sein, vgl. § 13 Abs. 1 GBO.
   d) Über den Wortlaut von § 878 hinaus müssen alle sonstigen Erwerbsvoraussetzungen erfüllt sein (z.B. erforderliche Genehmigungen).
3. **Gutgläubiger (lastenfreier) Eigentumserwerb, § 892**
   a) **Rechtsgeschäft im Sinne eines Verkehrsgeschäftes**
      - Kein gesetzlicher Erwerb, z.B. bei
        – Erbschaft, § 1922
      - Kein Verkehrsgeschäft liegt vor bei
        – vorweggenommener Erbfolge, da der echten Erbfolge gleichzustellen
        – Erbauseinandersetzung
        – wirtschaftlicher Personenidentität

B. Vertiefungsschemata

III. Sachenrecht
4. Eigentumserwerb an unbeweglichen Sachen vom Nichtberechtigten (Fortsetzung)

IV. Erwerb vom Nichtberechtigten (Fortsetzung)

b) **Grundbuch unrichtig**
 = wenn formelle – im Grundbuch eingetragene – Rechtslage nicht mit der materiellen Rechtslage übereinstimmt:
 - Der Verfügende geht statt des Eigentümers aus dem Grundbuch hervor.
 - Dingliches Recht besteht überhaupt nicht, nicht mit dem Inhalt, nicht mit dem Rang oder für einen anderen Berechtigten.
 - Bestehende relative Verfügungsbeschränkung ist nicht eingetragen (absolute Verfügungsbeschränkungen, z.B. § 1365, können auch durch § 892 nicht überwunden werden).

c) **Legitimation des Verfügenden aufgrund der Grundbuchlage**
 - „Rechtsschein" des Grundbuchs muss den Verfügenden legitimieren
 - Erweiterung durch § 2366 für den Scheinerben
 - Erweiterung gem. § 899 a für (angebliche) GbR-Gesellschafter die (wegen § 47 Abs. 2 GBO) im Grundbuch eingetragen sind

d) **Guter Glaube des Erwerbers** (wird vermutet: „es sei denn")
 - Der gute Glaube wird nur bei **positiver Rechtskenntnis** von der Unrichtigkeit des Grundbuchs ausgeschlossen.
   – Kenntnis der die Nichtberechtigung begründenden Tatsachen reicht nicht aus
     (⚠ *Anders bei beweglichen Sachen: Hier schadet gem. § 932 Abs. 2 auch grob fahrlässige Unkenntnis.*)
   – Aber: Wer die Anfechtbarkeit eines Rechtsgeschäfts kannte, wird so behandelt, als hätte er dessen Nichtigkeit gekannt, § 142 Abs. 2.
 - **Zeitpunkt**
   – **Grundsätzlich:** Zeitpunkt des Vollrechtserwerbs (d.h. **Eintragung** in das Grundbuch)
   – Gem. **§ 892 Abs. 2 Alt. 1** kommt es (wegen der u.U. langen Dauer des Eintragungsverfahrens) auf den **Zeitpunkt der Stellung des Eintragungsantrags** an (jedenfalls soweit nicht die Einigung erst nach Antragstellung erfolgt, § 892 Abs. 2 Alt. 2).
   – Sind weitere Voraussetzungen für den Eigentumserwerb erforderlich (Genehmigung), kommt es auf den Zeitpunkt ihres Vorliegens an.
   – Besonderheiten ergeben sich bei einer Auflassungsvormerkung, §§ 883 ff. ⇨ **S. 246**

e) **Kein Widerspruch gegen die Richtigkeit eingetragen**
 Ein Gutglaubenserwerb scheidet aus, wenn vor Vollendung des Rechtserwerbs (Eintragung) ein **Widerspruch gem. § 899** gegen die Richtigkeit des Grundbuchs eingetragen wird.
 - Es kommt nicht auf eine diesbezügliche Gutgläubigkeit an, sondern nur auf die objektive Eintragung des Widerspruchs im Zeitpunkt der Eintragung des Eigentumserwerbs.
 - Es kommt ausdrücklich auf den Zeitpunkt der Eintragung (und nicht etwa wie in § 892 Abs. 2 für die Gutgläubigkeit auf den Zeitpunkt der Stellung des Eintragungsantrags) an!

B. Vertiefungsschemata

III. Sachenrecht
5. Eigentumserwerb kraft Gesetzes/Hoheitsakts

I. Verbindung, Vermischung, Verarbeitung, §§ 946 ff.

- Regelung der Eigentumslage, wenn aus mehreren Sachen eine einheitliche wird
- Durch §§ 946 ff. wird nur die Eigentumslage geregelt; ggf. bestehen gem. § 951 Wertersatzansprüche oder Wegnahmerechte.

1. **Verbindung mit einem Grundstück, § 946**
   - Eigentum an einem Grundstück erstreckt sich auf die mit ihm verbundenen **wesentlichen Bestandteile**
   - Wesentliche Bestandteile eines Grundstücks sind gem. **§ 94**
     - Die mit dem Grund und Boden fest verbundenen Sachen (Gebäude)
     - Zu den wesentlichen Bestandteilen eines Gebäudes (und damit zu den wesentlichen Bestandteilen eines Grundstücks) gehören die zur Herstellung in ein Gebäude eingefügten Sachen.
     - **AUSNAHME: Scheinbestandteile, § 95**, die nur zu einem vorübergehenden Zweck eingebaut wurden (Maßgeblich ist Wille des Einfügenden im Zeitpunkt der Einfügung)
     - Ggf. Wegnahmerecht des unrechtmäßigen Besitzers gem. §§ 951 Abs. 2 S. 2, 997
2. **Verbindung beweglicher Sachen, § 947** (Fahrnisverbindung)
   - Bewegliche Sachen werden so miteinander verbunden, dass sie wesentliche Bestandteile einer einheitlichen Sache werden.
   - Wesentliche Bestandteile einer einheitlichen Sache liegen gem. **§ 93** vor, wenn
     - eine der Sachen bei Trennung zerstört würde
     - eine der Sachen bei Trennung eine Wesensänderung erfährt, d.h.
       - eine der Sachen nach Trennung nicht mehr so wie vor Zusammenfügung benutzt werden kann (⚠ *Es kommt nicht auf Funktionsfähigkeit der einheitlichen Sache an.*)
       - die eingefügte Sache durch Einbau ihr „eigenes Wesen" verloren hat
   - Eigentümer der verbundenen Sachen werden Miteigentümer der einheitlichen Sache.
   - Ist eine Sache Hauptsache (Verkehrsauffassung), wird Eigentümer der Hauptsache Alleineigentümer.
   - Ggf. Wegnahmerecht des unrechtmäßigen Besitzers gem. §§ 951 Abs. 2, 997
3. **Vermischung, § 948**
   - Bewegliche Sachen untrennbar vermischt (Flüssigkeiten) oder vermengt (feste Sachen)
   - Untrennbarkeit liegt vor, wenn
     - sie unlösbar oder nicht mehr unterscheidbar sind oder
     - eine Trennung nur mit unverhältnismäßigen Kosten möglich ist, § 948 Abs. 2
   - Eigentümer der vermischten Sachen werden Miteigentümer
   - Ist eine Sache (mengenmäßig) Hauptsache, erwirbt Eigentümer der großen Menge Alleineigentum
     Ⓟ *Anwendbarkeit auf Geld?*
     (Nach h.M. [+], a.A.: Geldwerttheorie, nach der Herausgabe eines entsprechenden Geldbetrages trotz Vermengung verlangt werden kann.)
4. **Verarbeitung, § 950**
   - Hersteller wird Eigentümer der verarbeiteten = neuen Sache
     a) **Herstellung einer neuen Sache** (Ermittlung nach Verkehrsanschauung und unter Berücksichtigung wirtschaftlicher Kriterien)
        - Sache wird unter anderer Bezeichnung in Verkehr gebracht
        - Ausgangsstoff wird völlig umgestaltet
        - Zusätzliche Funktion der neuen Sache
        - Fälle des § 950 Abs. 1 S. 2: Schreiben, Zeichnen, Malen, Drucken, Gravieren oder andere Oberflächenbearbeitung

B. Vertiefungsschemata

III. Sachenrecht
5. Eigentumserwerb kraft Gesetzes/Hoheitsakts (Fortsetzung)

I. Verbindung, Vermischung, Verarbeitung, §§ 946 ff. (Fortsetzung)

b) **Verarbeitender muss Hersteller sein**
   - Hersteller ist, wem die Herstellung nach der Verkehrsanschauung zuzurechnen ist (d.h. in einem Betrieb ist der Unternehmer Hersteller).
   - Ⓟ *Herstellerklauseln beim Eigentumsvorbehalt*
     - M 1: Herstellerbegriff in § 950 ist dispositiv;
     - M 2: nicht dispositiv, aber in Herstellerklausel liegt konkludente Rückübertragung der neu hergestellten Sache durch antizipierte Einigung und antizipiertes Besitzkonstitut, §§ 929, 930; Streitentscheidung ist daher nur relevant, wenn eine Belastung des Eigentums beim Durchgangserwerb in Betracht kommt.

c) **Wert der Verarbeitung nicht erheblich geringer als Stoffwert**, § 950 Abs. 1 S. 1 Hs. 2
   - Verkehrswert der neuen Sache
   - Abzug des Wertes *aller* Ausgangsstoffe (auch derer, die dem Verarbeitenden gehören)
     = Verarbeitungswert

     ⚠ Schutz des Verarbeitenden: Auch wenn der Wert der Verarbeitung geringer ist, erwirbt der Verarbeitende Eigentum; es kommt darauf an, ob der Verarbeitungswert erheblich geringer als der Stoffwert ist.

II. Erwerb von Erzeugnissen und Bestandteilen, §§ 953 ff.

- Regelung der Eigentumslage, wenn aus einer Sache mehrere werden
- Durch §§ 953 ff. wird nur die Eigentumslage geregelt; Behaltendürfen richtet sich nach Vertrag oder Bereicherungsrecht.

- **Erzeugnisse** = organische, von der Muttersache getrennte körperliche Gegenstände (Jungtiere, Milch, Holz etc.)
- **Bestandteile** = anorganische, von der Hauptsache getrennte körperliche Gegenstände (Sand, Kies, Steine, Mineralien)
- **Schachtelprinzip:**
  1. Eigentümer der Mutter-Hauptsache erwirbt das Eigentum an getrennten Erzeugnissen und Bestandteilen (§ 953), es sei denn, aus §§ 954–957 ergibt sich etwas anderes.
  2. Eigentümer erwirbt nicht, wenn ein dinglich Nutzungsberechtigter vorhanden ist, § 954.
  3. Weder Eigentümer noch dinglich Nutzungsberechtigter erwerben, wenn gutgläubiger Eigenbesitzer gem. § 955 erwirbt.
  4. Weder Eigentümer noch dinglich Nutzungsberechtigter noch gutgläubiger Eigenbesitzer erwerben, wenn ein schuldrechtlich Aneignungsberechtigter vorhanden ist und dieser den Besitz ergreift, § 956 (auch wenn dieser sein Aneignungsrecht nur gutgläubig von einem Dritten ableitet, § 957).
     Ⓟ *Rechtsnatur der Aneignungsgestattung:*
     (Aneignungstheorie = einseitiges Rechtsgeschäft, das durch empfangsbedürftige WE zustande kommt/Übertragungstheorie = zweiseitiges Rechtsgeschäft)

B. Vertiefungsschemata

III. Sachenrecht
5. Eigentumserwerb kraft Gesetzes/Hoheitsakts (Fortsetzung)

III. Ersitzung, Aneignung, Fund

Bei Fehlschlagen eines rechtsgeschäftlichen Eigentumserwerbs, z.B. wegen Nichtigkeit der Einigung gem. §§ 104 ff. oder bei Abhandenkommen einer Sache wegen § 935 (Besitz und Eigentum sollen nicht dauerhaft auseinanderfallen)

1. **Ersitzung, §§ 937 ff.**
   - Zehnjähriger ununterbrochener Eigenbesitz des Ersitzenden
   - Gutgläubigkeit des Ersitzenden
   - Gem. § 943 Anrechnung der Ersitzungszeit des Vorbesitzers
   - Ersitzender wird Eigentümer (die str. Frage, ob die Ersitzung auch einen Rechtsgrund für das Behaltendürfen ist, ist heute bedeutungslos, da mit Ersitzung Bereicherungsansprüche gem. § 199 Abs. 4 regelmäßig verjährt sind)

1. **Buchersitzung, § 900**
   - Eintragung als Eigentümer im Grundbuch („Bucheigentümer")
   - Gutgläubigkeit **nicht** erforderlich
   - Eintragung und Eigenbesitz 30 Jahre
   - Gem. § 900 Abs. 1 S. 2 gelten für die Fristberechnung die Vorschriften über die Ersitzung beweglicher Sachen, §§ 937 ff.

2. **Aneignung, §§ 958 ff.**
   - Herrenlosigkeit der beweglichen Sache
   - Aneignender muss Eigenbesitz begründen (§ 872)
   - Keine Aneignung, wenn Aneignungsrecht eines Dritten besteht oder Aneignung gesetzlich verboten ist, § 958 Abs. 2 (z.B. aufgrund von Jagd- oder Fischereirecht)

3. **Fund, §§ 965 ff.**
   - Verlorene Sache (d.h. besitz-, aber nicht herrenlose Sache)
   - Finder muss Sache an sich nehmen (Ansichnehmen = Besitzbegründung; irrelevant ist, wer die Sache entdeckt hat)
   - Eigentumserwerb 6 Monate nach Anzeige bei der Behörde (es sei denn, Finder ist Empfangsberechtigter bekannt geworden oder ein solcher hat sein Recht bei der Behörde angemeldet)
   - Bei **Schatzfund (§ 984)** fällt Eigentum je zur Hälfte an den Entdecker und an den Eigentümer der Sache, in der der Schatz verborgen war ⇨ vielfach aufgrund Landesrecht (zulässig gem. Art. 3 EGBGB) aber Alleineigentumserwerb des Landes (sog. Schatzregal)!

IV. Eigentumserwerb kraft Hoheitsakts

1. **Ablieferung an Meistbietenden bei Zwangsversteigerung beweglicher Sachen, § 817 Abs. 2 ZPO**
   ⇨ *S. 316*
2. **Zuschlag bei Zwangsversteigerung eines Grundstücks, § 90 ZVG**
   - Eigentumserwerb gem. **§ 90 Abs. 1 ZVG** mit Zuschlag
   - Erstreckung gem. **§ 90 Abs. 2 ZVG** auf Grundstück und Gegenstände, auf welche sich Versteigerung erstreckt hat
     – Gem. **§ 55 Abs. 1 ZVG** erstreckt sich Versteigerung auf alle Gegenstände, deren Beschlagnahme noch wirksam ist.
     – Gem. **§ 20 Abs. 2 ZVG** umfasst die Beschlagnahme alle Gegenstände, auf die sich der Haftungsverband der Hypothek erstreckt (**§§ 1120 ff.**). ⇨ *S. 257*
        ⚠ *Diese Paragraphenkette (§§ 90 Abs. 2, 55 Abs. 1, 20 Abs. 2 ZVG, § 1120) ist immer wieder Gegenstand von Hausarbeiten und Klausuren.*
     – Auch auf im Besitz des Schuldners stehende Zubehörstücke, die im Eigentum eines Dritten stehen, erstreckt sich die Versteigerung gem. § 55 Abs. 2 ZVG, soweit hinsichtlich dieser nicht die Verfahrenseinstellung, z.B. durch Drittwiderspruchsklage gem. § 771 ZPO, betrieben wird, § 37 Nr. 5 ZVG.

B. Vertiefungsschemata

III. Sachenrecht
6. Sicherungsübereignung

I. Hintergrund

Die gesetzlichen Regelungen, die Möglichkeiten vorsehen, mit beweglichen Sachen Sicherheit für Forderungen zu leisten, sind unzureichend:

- Die Bestellung eines **Pfandrechts** an beweglichen Sachen (§§ 1204 ff.) setzt voraus, dass der Verpfänder den Besitz an den zur Sicherheit verpfändeten Sachen verliert. Da der Sicherungsgeber die Sache regelmäßig weiter nutzen will, kommt das Pfandrecht in der Praxis meist nicht in Betracht.
- Die **Sicherungsübereignung** trägt dieser Interessenlage Rechnung: Der Sicherungsgeber übereignet die Sache unter Vereinbarung eines Besitzkonstituts gem. §§ 929, 930 an den Gläubiger, d.h. der Gläubiger wird Eigentümer (und kann sich aus dem Sicherungseigentum ggf. befriedigen) und der Sicherungsgeber bleibt Besitzer.

II. Rechtsverhältnisse

1. **Schuldverhältnis**, aus dem sich **zu sichernde Forderung** ergibt (z.B. Darlehen, § 488)
2. Schuldrechtlicher **Sicherungsvertrag**, aus dem sich Verwertungsrechte/Sorgfaltspflichten der Parteien und – sofern die Übereignung nicht auflösend bedingt vereinbart wurde – ergibt, wann das Eigentum auf den Gläubiger zurückübertragen werden muss; der Sicherungsvertrag ist zugleich **Rechtsgrund für die Übereignung**.
3. Rechtsgeschäftliche **Übertragung des Eigentums (§§ 929, 930)**, evtl. auflösend bedingt, § 158 Abs. 2, durch Begleichung der Forderung (selten)

III. Übereignung gem. §§ 929, 930

1. **Dingliche Einigung**
   a) **Einigung über den Eigentumswechsel**
      aa) Einigung unmittelbar zwischen Sicherungsgeber und Sicherungsnehmer ⇨ *S. 143*
      bb) Einigung unter Einschaltung von Vertretern ⇨ *S. 148*
   b) **Inhalt der Einigung**
      aa) Wahrung des sachenrechtlichen Bestimmtheitsgrundsatzes
      - Raumsicherungsvereinbarung (+)
      - Markierungsübereignung (+)
      - Übereignung aller Sachen einer Gattung (+)
      - Keine Bestimmtheit bei bloßen Mengen- oder Wertangaben
      - Keine Bestimmtheit bei Verwendung des Begriffs „Inventar"
      bb) Bedingung oder Befristung der Einigung (evtl. auflösende Bedingung – aber ungebräuchlich) ⇨ *S. 160*
   c) **Keine Unwirksamkeits- bzw. Nichtigkeitsgründe**
      aa) Mangelnde Geschäftsfähigkeit, §§ 104 ff. ⇨ *S. 337*, ⇨ *S. 153*
      bb) Anfechtung, § 142 ⇨ *S. 158*
      cc) Keine Sittenwidrigkeit, § 138: Sittenwidrigkeit des schuldrechtlichen Sicherungsvertrages erfasst – trotz Abstraktionsprinzip auch die Übereignung:
      - Knebelung
      - Gläubigergefährdung/Verleitung zum Vertragsbruch ⇨ *S. 259*
      - anfängliche Übersicherung

B. Vertiefungsschemata

III. Sachenrecht
6. Sicherungsübereignung (Fortsetzung)

III. Übereignung gem. §§ 929, 930 (Fortsetzung)

2. **Besitzmittlungsverhältnis, § 930, § 868**
   - Ergibt sich regelmäßig aus dem Leihvertrag oder aus dem Sicherungsvertrag (§ 868 ist nicht abschließend!)
3. **Berechtigung des Sicherungsgebers**
   - Es gelten die Grundsätze der Berechtigung für die Übertragung von beweglichen Sachen. ⇨ **S. 224**
   - Hat der Sicherungsgeber an den „übereigneten" Sachen nur ein Anwartschaftsrecht, wird dieses übertragen, Auslegung/Umdeutung ⇨ **S. 239**
   - Ist der Sicherungsgeber Mieter oder Pächter, kann die Sicherungsübereignung mit dem **Pfandrecht des Vermieters** (§ 562 Abs. 1) bzw. **Verpächters** (§§ 581 Abs. 1, 562 Abs. 1) belastet sein (ein lastenfreier Erwerb gem. § 936 findet mangels Übergabe der Sachen nicht statt; auch wenn der Sicherungsgeber ein Anwartschaftsrecht an den Sicherungsnehmer übertragen hat und dieses erst dort zum Vollrecht erstarkt, geht das Vermieter- bzw. Verpächterpfandrecht vor, da schon das Anwartschaftsrecht damit belastet war).
4. Ggf. Erwerb vom Nichtberechtigten, § 185 Abs. 2; § 933 ⇨ **S. 227**

IV. Schuldrechtlicher Sicherungsvertrag

- Sicherungsvertrag ist Rechtsgrund i.S.v. § 812
- Begründet schuldrechtlichen Anspruch auf Rückübereignung, falls gesicherte Forderung nicht (mehr) besteht, da die dingliche Einigung i.d.R. nicht auflösend bedingt ist
- Ggf. Ermächtigung des Sicherungsnehmers zur Weiterveräußerung im normalen Geschäftsgang
  vgl. Parallele zum verlängerten Eigentumsvorbehalt: ⇨ **S. 243**
- Ggf. Verarbeitungsklausel ⇨ **S. 235**
- Freigabeklauseln (ein ermessensunabhängiger Anspruch auf Freigabe nicht mehr benötigter Sicherheiten ergibt sich aber schon aus Natur des Sicherungsvertrages) ⇨ **S. 259**

V. Sicherungseigentum in der Zwangsvollstreckung und Insolvenz

1. **Rechte des Sicherungsnehmers**
   - Sicherungsnehmer = Eigentümer
   - bei Insolvenz des Sicherungsgebers
     - Kein Aussonderungsrecht gem. § 47 InsO (da Sicherungseigentum nur vorübergehenden Charakter hat)
     - nur Recht auf abgesonderte Befriedigung, § 51 Nr. 1 InsO
   - bei Einzelzwangsvollstreckung nach ZPO gegen Sicherungsgeber
     - h.M.: Drittwiderspruchsklage, § 771 ZPO (abweichende Behandlung in der Insolvenz resultiert daher, dass Sicherungsnehmer wegen Forderung nicht Masseanspruch und zugleich Aussonderungsanspruch haben soll)
     - a.A.: nur abgesonderte Befriedigung aus Versteigerungserlös, § 805 ZPO, da Sicherungseigentum einem besitzlosen Pfandrecht ähnelt
2. **Rechte des Sicherungsgebers**
   - bei Insolvenz des Sicherungsnehmers
     - Aussonderungsrecht, § 47 InsO, Zug-um-Zug gegen Tilgung der gesicherten Forderung
   - bei Einzelzwangsvollstreckung nach ZPO gegen Sicherungsnehmer
     - bis zum Eintritt der Verwertungsreife Drittwiderspruchsklage, § 771 ZPO
       (Sicherungseigentum ≈ Treuhandvermögen)

B. Vertiefungsschemata

III. Sachenrecht
7. Anwartschaftsrecht

| **Bewegliche Sachen** | **Unbewegliche Sachen** |

I. Definition des Anwartschaftsrechts

Rechtlich gesicherte Erwerbsposition, die vom Veräußerer durch einseitiges Verhalten nicht mehr zerstört werden kann („wesensgleiches Minus zum Eigentum").

II. Entstehung (Ersterwerb) des Anwartschaftsrechts

1. **Bedingte Einigung über den Eigentumsübergang, §§ 929 S. 1, 158**
   - Aufschiebende Bedingung, § 158 Abs. 1, z.B.
   - Eigentumsvorbehalt
     Ⓟ *Eigentumsvorbehalt in AGB* ⇨ **S. 242**
   - oder auflösend bedingte Übereignung, § 158 Abs. 2
2. **Übergabe/Surrogat** (wobei nicht erforderlich ist, dass Veräußerer jede besitzrechtliche Position verliert)
3. **Berechtigung bzw. Erwerb vom Nichtberechtigten**
4. **Möglichkeit des Bedingungseintritts**
   = Kaufpreiszahlung nur möglich, falls (noch) wirksamer Kaufvertrag besteht

1. **Dingliche Einigung über den Eigentumsübergang**
   a) Auflassung (§ 873) in der Form des § 925
      - Bedingung ist unzulässig, § 925 Abs. 2, also EV nicht möglich!
   b) Bindungswirkung der Auflassung gem. § 873 Abs. 2
2. **Erwerber hat Eintragungsantrag gestellt** (nicht der Veräußerer, da er seinen Antrag zurücknehmen könnte)
3. **Berechtigung des Veräußerers**

oder:

1. **Dingliche Einigung**
   a) Auflassung (§ 873) in der Form des § 925
   b) Bindungswirkung der Auflassung gem. § 873 Abs. 2
2. **Eintragung einer Auflassungsvormerkung, §§ 883, 885**
3. **Berechtigung des Veräußerers**

B. Vertiefungsschemata

III. Sachenrecht
7. Anwartschaftsrecht (Fortsetzung)

Bewegliche Sachen	Unbewegliche Sachen
III. Übertragung des Anwartschaftsrechts (Zweiterwerb)	
▪ Voraussetzungen: 1. Dingliche Einigung über Übertragung des Anwartschaftsrechts, § 929 S. 1 analog (ggf. Auslegung: bei fehlgeschlagener Übereignung ist Übertragung des AWR gewollt) 2. Übergabe/Surrogat 3. Berechtigung bzw. Erwerb vom Nichtberechtigten (schützt aber nur guten Glauben an die Anwartschaftsberechtigung, d.h. AWR muss tatsächlich bestehen) 4. Möglichkeit des Bedingungseintritts = (noch) wirksamer Kaufvertrag ▪ Folgen: Zweiterwerber wird nach h.M. bei Bedingungseintritt unmittelbar Eigentümer **(Direkterwerb)**, ohne dass der ursprünglich Anwartschaftsberechtigte auch nur für eine juristische Sekunde Eigentümer wird (kein Durchgangserwerb).	▪ Voraussetzungen: 1. Dingliche Einigung über die Übertragung des *Anwartschaftsrechts, § 873*, in der Form des § 925 a.A. in erster Auflassung liegt Ermächtigung des Eigentümers für Folgeauflassungen gem. § 185 Abs. 1 – die Rechtsfigur des Anwartschaftsrechts ist entbehrlich 2. **KEINE Eintragung des AWR möglich** 3. **KEIN gutgläubiger Zweiterwerb** mangels Rechtsscheinstatbestands **möglich** ▪ Folgen: Zweiterwerber wird unmittelbar Eigentümer (soweit Ersterwerber nicht zwischenzeitlich seine Eintragung in das Grundbuch als Eigentümer erlangt hat).
IV. Belastung/Erlöschen des Anwartschaftsrechts	
▪ **Belastung des AWR** – Verpfändung gem. §§ 1204, 1205 durch Einigung und Besitzübertragung ⇨ *S. 260* – Vermieterpfandrecht gem. § 562 Abs. 1 – Werkunternehmerpfandrecht gem. § 647 – Erstreckung des Haftungsverbandes der Hypothek auf Anwartschaftsrechte gem. § 1120 ⇨ *S. 257* ▪ **Pfändung des AWR** – Doppelpfändung, d.h. Pfändung des Anwartschaftsrechts gem. § 857 ZPO und Sachpfändung gem. § 808 ZPO (h.M.) ⇨ *S. 329* ▪ **Erlöschen des AWR** – Eintritt der Bedingung (Kaufpreiszahlung) – Unmöglichkeit des Bedingungseintritts ⇨ *S. 170* – Erwerb lastenfreien Eigentums durch Dritten ⇨ *S. 227* – Einverständliche Aufhebung/Verzicht Ⓟ *Zustimmungserfordernisse von Dritten, die das Anwartschaftsrecht oder ein Recht an einem Anwartschaftsrecht erworben haben? (str.)*	▪ **Belastung des AWR** – Verpfändung gem. § 1274 wie Übertragung des Anwartschaftsrechts, also ohne Eintragung in das Grundbuch ▪ **Pfändung des AWR** – Rechtspfändung, § 857 ZPO (h.M.) ▪ **Erlöschen des AWR** – Vollrechtserwerb durch Anwartschaftsberechtigten – Erwerb lastenfreien Eigentums durch Dritten – Einverständliche Aufhebung/Verzicht

B. Vertiefungsschemata

III. Sachenrecht
7. Anwartschaftsrecht (Fortsetzung)

Bewegliche Sachen	Unbewegliche Sachen
V. Schutz des Anwartschaftsrechts	

Bewegliche Sachen

- **Herausgabeansprüche des Anwartschaftsberechtigten**
  - § 985 analog (h.M.), aber nicht gegenüber Eigentümer ⇨ **S. 86**
  - § 861 ⇨ **S. 89**
  - § 1007 ⇨ **S. 90**
- **Schadensersatz**
  - Anwartschaftsrecht ist nach h.M. sonstiges Recht i.S.v. § 823 Abs. 1
  - Verhältnis zu § 823 Abs. 1 des Eigentümers: gemeinschaftliche Gläubigerschaft analog § 432 oder § 1281
  - Schadensersatz bei Rechtsvereitelung gem. § 160
- **Nutzungsersatz**, § 987 analog; § 812
- **Erlösanspruch** (§ 816 Abs. 1 S. 1) und Wertersatzanspruch (§ 812 Abs. 1 S. 2) wie Schadensersatz
- **Schutz vor Zwischenverfügungen**
  - Unwirksamkeit gem. § 161 Abs. 1

    ⚠ Weil nach dem Wortlaut Unwirksamkeit nur eintritt, soweit die Zwischenverfügung die von der Bedingung abhängige Wirkung vereiteln oder beeinträchtigen würde, könnte man meinen, dem Normzweck genüge eine relative Unwirksamkeit, wie sie etwa bei vormerkungswidrigen Verfügungen eintritt (§§ 883 Abs. 2, 888). Die h.M. nimmt jedoch eine absolute Unwirksamkeit an.

  - Gutgläubiger „anwartschaftsrechtsfreier" Erwerb gem. § 161 Abs. 3 i.V.m. §§ 932 ff. möglich ⇨ **S. 227**

- Ⓟ *Anwartschaftsrecht als Recht zum Besitz? (Nach h.M. Besitzrecht nur aus zugrunde liegendem Vertrag und nicht aus Anwartschaftsrecht als solchem)*

Unbewegliche Sachen

- **Herausgabeansprüche des Anwartschaftsberechtigten**
  - § 985 analog (h.M.), aber nicht gegenüber Eigentümer ⇨ **S. 86**
  - § 861 ⇨ **S. 89**
  - § 1007 ⇨ **S. 90**
- **Schadensersatz**
  - Anwartschaftsrecht ist nach h.M. sonstiges Recht i.S.v. § 823 Abs. 1
  - Verhältnis zu § 823 Abs. 1 des Eigentümers: gemeinschaftliche Gläubigerschaft analog § 432 oder § 1281
- **Nutzungsersatz**, § 987 analog; § 812
- **Erlösanspruch** (§ 816 Abs. 1 S. 1) und Wertersatzanspruch (§ 812 Abs. 1 S. 2) wie Schadensersatz
- **Schutz vor Zwischenverfügungen**
  - Nach § 17 GBO: Bearbeitung der Anträge in der Reihenfolge ihres Eingangs (sodass jede Zwischenverfügung erst nach Eintragung des Eigentums eingetragen werden kann)

B. Vertiefungsschemata

III. Sachenrecht
8. Eigentumsvorbehalt

I. Definition

Übereignung einer Kaufsache, wobei die dingliche Einigung i.S.v. § 929 unter der aufschiebenden Bedingung vollständiger Kaufpreiszahlung erfolgt (vgl. § 449 Abs. 1, der aber im Schuldrecht steht)

II. Vereinbarung in der dinglichen Einigung

1. **Individualvertraglich gem. §§ 929, 158 Abs. 1**
2. **Durch AGB** (zur Einbeziehung von AGB ⇨ *S. 151*)
    a) AGB sind bereits bei Vertragsschluss einbezogen worden
       - Schuldrechtlich: Kaufvertrag unbedingt, gibt aber nur Anspruch auf bedingte Übereignung
       - (Antizipierte) dingliche Einigung über bedingten Eigentumsübergang **(wirksamer EV)**
    b) AGB werden erst bei Lieferung ausgehändigt **und** vom Käufer akzeptiert
       - Schuldrechtlich: Kaufvertrag wird konkludent geändert auf Anspruch auf bedingte Übereignung
       - Dingliche Einigung über bedingte Eigentumsübertragung **(wirksamer EV)**
    c) AGB werden erst bei Lieferung ausgehändigt und Käufer weist Lieferung **zurück**
       - Schuldrechtlich: Anspruch aus Kaufvertrag aus § 433 Abs. 1 auf unbedingte Übereignung bleibt bestehen
       - Keine Übertragung von Eigentum, da dingliche Einigung gescheitert, § 154

III. Arten des Eigentumsvorbehalts

1. **Einfacher Eigentumsvorbehalt**
    a) Verkäufer ist gem. §§ 433, 449 Abs. 1 nur zur bedingten Übereignung der Kaufsache verpflichtet.
    b) Übereignung erfolgt gem. §§ 929, 158 Abs. 1 unter der aufschiebenden Bedingung vollständiger Kaufpreiszahlung.
2. **Erweiterter Eigentumsvorbehalt**
    a) Verkäufer ist gem. §§ 433, 449 Abs. 1 nur zur bedingten Übereignung der Kaufsache verpflichtet.
    b) Übereignung erfolgt gem. §§ 929, 158 Abs. 1 unter der aufschiebenden Bedingung vollständiger Kaufpreiszahlung; die Bedingung wird erweitert um die Erfüllung weiterer Forderungen = alle Forderungen aus der Geschäftsverbindung.
    (Bei Kontokorrentverhältnis, § 355 HGB: Kontokorrentvorbehalt)
3. **Verlängerter Eigentumsvorbehalt**
    a) Verkäufer ist gem. §§ 433, 449 Abs. 1 nur zur bedingten Übereignung der Kaufsache verpflichtet.
    b) Übereignung erfolgt gem. §§ 929, 158 Abs. 1 unter der aufschiebenden Bedingung vollständiger Kaufpreiszahlung.
    c) Der Käufer wird zur Weiterveräußerung im gewöhnlichen Geschäftsverkehr ermächtigt, § 185 Abs. 1 – diese ist allerdings widerruflich, § 183.

B. Vertiefungsschemata

III. Sachenrecht
8. Eigentumsvorbehalt (Fortsetzung)

III. Arten des Eigentumsvorbehalts (Fortsetzung)

d) Die Ermächtigung steht ihrerseits unter der aufschiebenden Bedingung (§ 158 Abs. 1), dass der Käufer dem Verkäufer seine Forderungen aus der Weiterveräußerung gem. § 398 abtritt (Verlängerung).
  - Wenn der Käufer mit seinem Abnehmer ein Abtretungsverbot (§ 399 Alt. 2) vereinbart, kann der Verkäufer die Forderung aus der Weiterveräußerung nicht erwerben, da ein Abtretungsverbot dingliche Wirkung hat. Damit ist der Käufer nicht zur Weiterveräußerung ermächtigt. Etwas anderes gilt im Handelsverkehr, da hier das Abtretungsverbot gem. § 354 a Abs. 1 HGB unwirksam ist.
  - Die Forderung muss für die Vorausabtretung bestimmbar sein.
  - Die Vorausabtretung darf nicht unwirksam sein (wegen Knebelung/anfänglicher Übersicherung). ⇨ **S. 259**

e) Der Käufer ist dann wiederum ermächtigt, die Forderungen für den Verkäufer einzuziehen (§§ 362 Abs. 2, 185 Abs. 1) mit der Verpflichtung, den eingezogenen Betrag an den Verkäufer weiterzuleiten.

4. **Verlängerter Eigentumsvorbehalt mit Verarbeitungsklausel**
Schutz des EV-Verkäufers bei nachfolgender Verarbeitung i.S.v. § 950:

  a) Vereinbarung, dass Hersteller einer neuen Sache nicht der Vorbehaltskäufer, sondern der Vorbehaltsverkäufer ist (str., ob Begriff des Herstellers dispositiv ⇨ **S. 235**).
  b) oder antizipierte Sicherungsübereignung der neu hergestellten Sache, §§ 929, 930.

5. **Der nachgeschaltete/weitergeleitete Eigentumsvorbehalt**

  a) Beim **nachgeschalteten Eigentumsvorbehalt** verkauft der Vorbehaltskäufer an seinen Abkäufer ebenfalls unter Eigentumsvorbehalt. Zahlt der Vorbehaltskäufer, wird er Eigentümer, zahlt der Abkäufer, geht das Eigentum auf ihn über (jedenfalls gem. §§ 929, 932 ff., wenn der Vorbehaltskäufer zuvor noch nicht bezahlt hat).
  b) Teilt der Vorbehaltskäufer dem Abkäufer das Bestehen des Eigentumsvorbehalts mit, kann er einen **weitergeleiteten Eigentumsvorbehalt** vereinbaren, d.h. der Abkäufer wird erst dann Eigentümer, wenn die Verbindlichkeiten aus beiden Geschäften getilgt sind.

6. **Der nachträgliche Eigentumsvorbehalt**
Auch wenn zunächst unbedingtes Eigentum übertragen wurde, kann nachträglich ein Eigentumsvorbehalt vereinbart werden. Die Konstruktion ist streitig:
  - M. 1: Rückübertragung auf den Veräußerer und neue aufschiebend bedingte Übereignung.
  - M. 2: Rückübertragung an den Veräußerer, bei der der Käufer ein Anwartschaftsrecht behalte und der Verkäufer gem. §§ 929, 158, 930 das um das Anwartschaftsrecht gekürzte Eigentum zurückerhalte.

IV. Rechtsfolgen

Käufer erwirbt Anwartschaftsrecht ⇨ **S. 239**

B. Vertiefungsschemata
III. Sachenrecht
9. Factoring

I. Bedeutung

Sinn des Factorings ist es, Unternehmer von dem Kredit- und Liquiditätsrisiko zu entlasten, das durch Einräumung von Zahlungszielen und Vorleistungen entsteht.

Dem Factoring liegen folgende Rechtsbeziehungen zugrunde:

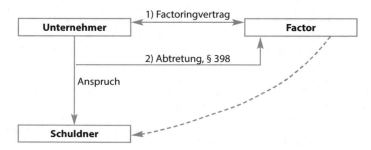

1. Der Unternehmer **verpflichtet** sich ggü. dem Factor, ihm Forderungen gegen seine Kunden (Schuldner) zu übertragen. Der Factor kann entscheiden, ob er die jeweiligen Forderungen ankauft (Rechtskauf, § 453) oder (z.B. weil der Schuldner eine schlechte Bonität aufweist) von einem Ankauf absieht.
2. In **Erfüllung** des Factoringvertrages tritt der Unternehmer alle Kundenforderungen an den Factor ab **(Abtretung, § 398)**. Die Abtretung steht bei Vorausabtretung unter der aufschiebenden Bedingung des Ankaufs der jeweiligen Forderung durch den Factor.
3. Der Factor zahlt nach Entstehen und Ankauf der Forderung einen Betrag in Höhe der Forderungssumme abzüglich einer **Factoringgebühr** und evtl. einem **Sicherheitseinbehalt** bis zur Zahlung durch den Drittschuldner.
4. Hinsichtlich der **Regressmöglichkeiten** bei Ausfall eines Schuldners ist zwischen **echtem und unechtem Factoring** zu unterscheiden:

echtes Factoring	unechtes Factoring
Beim echten Factoring wird die Forderung **endgültig** an den Factor abgetreten. Der Factor hat kein Regressrecht, wenn die Forderung zwar rechtlichen Bestand hat, aber wegen Zahlungsunfähigkeit des Schuldners nicht beglichen wird. Der Factor trägt das **Bonitätsrisiko**, sodass es sich um einen echten **Forderungskauf** (§ 453) handelt.	Beim unechten Factoring wird die Forderung nicht endgültig auf den Factor übertragen. Der Factor kann bei Ausfall des Schuldners bei dem Unternehmer Regress nehmen. Beim unechten Factoring handelt es sich daher wirtschaftlich um ein **Darlehen**, dessen Tilgung entweder durch den Schuldner oder durch Rückzahlung des Unternehmers erfolgt.

B. Vertiefungsschemata

III. Sachrecht
9. Factoring (Fortsetzung)

II. Konkurrenz Factoring/verlängerter Eigentumsvorbehalt

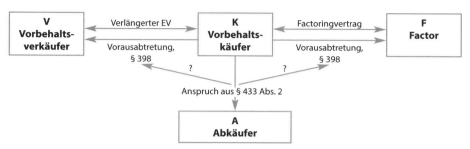

1. Bei Zession **erst** an den Factor und anschließend an den Vorbehaltsverkäufer gilt grds. der **Prioritätsgrundsatz**, es sei denn, die Abtretung ist wegen Verleitung zum Vertragsbruch (⇨ **S. 259**) sittenwidrig, § 138.
2. Bei Zession **erst** an den Vorbehaltsverkäufer und anschließend an den Factor stellt sich die Frage, ob die Einziehungsermächtigung gem. § 185 Abs. 1 den EV-Käufer zum Forderungsverkauf berechtigt.

echtes Factoring	unechtes Factoring
Eine Vorausabtretung an den Factor ist **nicht** sittenwidrig und von der Einziehungsermächtigung gedeckt. **Begründung:** Der Vorbehaltskäufer erhält unmittelbar den Kaufpreis vom Factor, sodass kein Nachteil im Vergleich zu einer Einziehung vom Abkäufer besteht. Auch im Fall der Insolvenz des Vorbehaltskäufers nimmt wegen des fehlenden Regressrechts des Factors kein weiterer Gläubiger an der Quote teil.	Nach Ansicht der **Lit.** besteht keine Sittenwidrigkeit, da der Vorbehaltskäufer den Forderungsbetrag gutgeschrieben erhält und dadurch die Insolvenzmasse erhöht wird. Der Regressanspruch des Factors käme nur bei Ausfall des Drittschuldners zum Tragen, was auch bei Nichtabtretung an den Factor dem Vorbehaltsverkäufer nicht zu einer besseren Absicherung verholfen hätte. Eine Vorausabtretung an den Factor ist nach Ansicht der **Rspr.** sittenwidrig, da der Factor im Fall der Insolvenz des Vorbehaltskäufers an dem Insolvenzverfahren teilnimmt und damit die Insolvenzquote kürzt.
Verlängerter Eigentumsvorbehalt und **echtes Factoring** kollidieren **nicht**.	Verlängerter Eigentumsvorbehalt und **unechtes Factoring** können **kollidieren**. Nach h.M. Lösung wie bei Globalzession, d.h. Anwendung des Prioritätsgrundsatzes korrigiert gem. § 138 nach der Vertragsbruchtheorie. (⇨ **S. 259**)

B. Vertiefungsschemata

III. Sachenrecht
10. Vormerkung, §§ 883 ff.

I. Ersterwerb einer Vormerkung, § 883 Abs. 1, § 885

1. **Bewilligung oder einstweilige Verfügung, § 885**
   a) Einseitige Bewilligung des Betroffenen, § 885 – keine Einigung i.S.v. § 873 notwendig
   b) oder einstweilige Verfügung gem. § 935 ZPO (ohne dass eine Gefährdung des Anspruchs glaubhaft gemacht werden muss), § 885 Abs. 1 S. 2 ⇨ **S. 336**
2. **Schuldrechtlicher Anspruch auf dingliche Rechtsänderung an einem Grundstück, § 883 Abs. 1**
   a) **Sicherbare Ansprüche** (aus Gesetz, Vertrag oder einseitigem Rechtsgeschäft), Beispiele:
      - Anspruch aus § 433 Abs. 1 S. 1 auf Grundstücksauflassung (Auflassungsvormerkung)
      - Anspruch auf Einräumung, Änderung, Beseitigung eines beschränkt dinglichen Rechts (z.B. einer Hypothek)
      - Künftige Ansprüche, § 883 Abs. 1 S. 2
        – Auch künftige Ansprüche sind nur vormerkungsfähig, wenn eine Bindung besteht, die durch den Schuldner nicht mehr einseitig beseitigt werden kann (z.B. bindendes Vertragsangebot liegt vor, das nur noch angenommen werden muss oder Vertrag bedarf noch der Genehmigung gem. § 177 Abs. 1)
        – Keine ausreichende Bindung besteht, wenn der Gläubiger nur eine ungesicherte Erwerbsaussicht hat (z.B. formnichtiger Vertrag, der geheilt werden kann oder zu erwartendes Erbe aufgrund Verfügung von Todes wegen)
      - Bedingte Ansprüche
        – Ankaufsrecht (aufschiebend bedingter Auflassungsanspruch)
        – Vorkaufsrecht (durch Ausübung des Vorkaufsrechts bedingter Auflassungsanspruch)
   b) **Identitätsgebot** (da Vormerkung akzessorisch zu dem zu sichernden Anspruch)
      - Grundstückseigentümer = Schuldner des gesicherten Anspruchs
      - Vormerkungsberechtigter = Gläubiger des gesicherten Anspruchs
3. **Eintragung der Vormerkung im Grundbuch, § 885**
4. **Vorliegen der Bewilligung im Zeitpunkt der Eintragung (entsprechend § 873 Abs. 2)**
5. **Berechtigung des Bewilligenden oder Erwerb vom Nichtberechtigten**
   a) **Berechtigung des Bewilligenden** (im Zeitpunkt des Rechtserwerbs, d.h. Eintragung)
      - **Bewilligender ist verfügungsbefugter Grundstückseigentümer**
        Der Eigentümer ist nicht befugt, bei
        – behördlichem oder gesetzlichem Verfügungsverbot, §§ 135, 136
        – Bedingungseintritt bei Verfügungen in der Schwebezeit, § 161 Abs. 1
        – Eintritt des Nacherbfalls, § 2113 Abs. 1
        – Insolvenzverwaltung, § 81 Abs. 1 InsO
        – Ehegatten bei Verfügung über Vermögen im Ganzen oder Haushaltsgegenständen, §§ 1365, 1366
        – Nachlassverwaltung, § 1984 Abs. 1
        – Testamentsvollstreckung, § 2211
      - **Bewilligender ist verfügungsbefugter Nichteigentümer**
        – Gem. § 185 Abs. 1 zur Verfügung Ermächtigter (bei vorheriger Einwilligung, nicht bei nachträglicher Genehmigung, § 185 Abs. 2)
        – Insolvenzverwalter, § 80 Abs. 1 InsO
        – Nachlassverwalter, § 1985 Abs. 1
        – Testamentsvollstrecker, § 2205
   b) **Erwerb vom Nichtberechtigten**
      - **Wirksamwerden der Verfügung gem. § 185 Abs. 2**
        – Genehmigung durch Grundstückseigentümer
        – Späterer Erwerb des Grundstücks durch den die Vormerkung Bewilligenden
          z.B. Bewilligender wird Alleinerbe des Grundstückseigentümers
        – Grundstückseigentümer beerbt den die Vormerkung Bewilligenden und unbeschränkte Haftung für Nachlassverbindlichkeiten
          z.B. Grundstückseigentümer wird Alleinerbe des die Vormerkung Bewilligenden

B. Vertiefungsschemata

III. Sachenrecht
10. Vormerkung, §§ 883 ff. (Fortsetzung)

I. Ersterwerb einer Vormerkung (Fortsetzung)

- **Nachträgliche Verfügungsbeschränkungen analog § 878** unbeachtlich
- **Gutgläubiger Erwerb der Vormerkung gem. § 892 (analog), § 893**
  - Vormerkung ist (wegen bloß relativer Wirkung s. unten III.) kein dingliches Recht an einem Grundstück, sondern Sicherungsrecht, daher § 892 analog oder § 893
  - Voraussetzungen des § 892:
    - Rechtsgeschäft im Sinne eines Verkehrsgeschäfts
    - Grundbuch unrichtig
    - Legitimation des die Vormerkung Bewilligenden als angeblicher Grundstückseigentümer
    - Guter Glaube des Erwerbers (keine positive Kenntnis der Unrichtigkeit des Grundbuchs)
    - Kein Widerspruch für den Berechtigten eingetragen; Einzelheiten ⇨ *S. 233*

II. Zweiterwerb einer Vormerkung

1. **(Formlose) Abtretung der gesicherten Forderung, § 398**
   Vormerkung geht dann als streng akzessorisches Recht analog § 401 mit über
2. **Bestehen der abgetretenen Forderung**
   Bei Nichtbestehen der Forderung ist **kein** gutgläubiger Erwerb der Vormerkung möglich
   ⚠ *Es gibt keine dem § 1138 bei einer Hypothek entsprechende Vorschrift, die das Bestehen der Forderung zum Zwecke des gutgläubigen Hypothekenerwerbs fingiert.*
3. **Berechtigung oder Erwerb vom Nichtberechtigten**
   a) **Berechtigt** ist der Vormerkungsinhaber (s.o.)
   b) Str., **ob gutgläubiger Erwerb** analog § 892 möglich
      - Nach e.A. (–), da Vormerkung kraft Gesetzes übergeht, analog § 401, daher kein Verkehrsgeschäft
      - Nach h.M. beruht gesetzlicher Übergang analog § 401 auf rechtsgeschäftlicher Abtretung der Forderung (§ 398), sodass Voraussetzung des Rechtsgeschäfts besteht.

III. Wirkungen der Vormerkung

1. **Relative Unwirksamkeit späterer beeinträchtigender Verfügungen, § 883 Abs. 2**
   - **Anspruch des Vormerkungsberechtigten bleibt realisierbar.** (☞ Hat der Eigentümer eine Auflassungsvormerkung bestellt und dann das Eigentum an einen Dritten übertragen, so ist ihm die Eigentumsübertragung an den Vormerkungsberechtigten **nicht unmöglich geworden**, da die **Zwischenverfügung gem. § 883 Abs. 2 relativ unwirksam** ist.)
   - **Gutgläubigkeit** bei Erwerb der Vormerkung erstreckt sich auf späteren Erwerb des dinglichen Rechts, welches durch die Vormerkung gesichert war (d.h. es ist nicht guter Glaube im Zeitpunkt des Rechtserwerbs gem. § 892 Abs. 2, sondern nur guter Glaube zum Zeitpunkt des Erwerbs der Vormerkung analog § 892 Abs. 2 erforderlich).
   - Die Eintragung eines **Widerspruchs** gem. § 899 ist zwar keine Verfügung, dennoch soll die Vormerkung auch davor schützen (d.h. ein nach Erwerb der Vormerkung eingetragener Widerspruch hindert nicht den Erwerb des durch die Vormerkung gesicherten Rechts).
   - **Rangwahrung, § 883 Abs. 3**
   - Ⓟ *Analoge Anwendung auf Miet- oder Pachtverträge über das Grundstück?*
     (Teilweise wird eine analoge Anwendung bejaht, da der obligatorisch Berechtigte sonst stärker geschützt wäre als der dinglich Berechtigte. Nach h.M. verbietet der besondere Schutz des § 566 eine analoge Anwendung.)
2. **Anspruch gegen Dritten aus § 888**
   Anspruch des Vormerkungsberechtigten gegen Dritten, ihm eine nach § 19 GBO erforderliche Eintragungs- oder Löschungsbewilligung zu erteilen aus § 888

B. Vertiefungsschemata

III. Sachenrecht
11. Ersterwerb einer Hypothek/Grundschuld vom Berechtigten

Hypothek	Grundschuld
I. Dingliche Einigung über die Bestellung, § 873 Abs. 1	
1. **Dingliche Einigung, §§ 873, 1113** a) Einigung unmittelbar zwischen Hypothekenbesteller und Hypothekenerwerber ⇨ *S. 143* b) Einigung unter Einschaltung von Vertretern, § 164 ⇨ *S. 148* 2. **Inhalt der Einigung, § 1113** a) **Mindestbestandteile** • Gläubiger • belastetes Grundstück • konkrete Bezeichnung der zu sichernden Forderung (wegen Akzessorietät) b) **Arten** • Brief-/Buchhypothek • Normalfall: Briefhypothek, § 1116 Abs. 2 • Gesamthypothek • Sicherungshypothek, § 1184 • Höchstbetragshypothek, § 1190 3. **Keine Unwirksamkeits- bzw. Nichtigkeitsgründe** a) Mangelnde Geschäftsfähigkeit, §§ 104 ff. ⇨ *S. 337*, ⇨ *S. 153* b) Anfechtung, § 142 ⇨ *S. 158* 4. **Kein Widerruf bis zur Vollendung des Rechtserwerbs** a) Die Einigung kann grundsätzlich frei widerrufen werden. Ausn.: § 873 Abs. 2 b) Wirksamkeit von Einigungserklärungen bei Tod o. Geschäftsunfähigkeit nicht berührt, § 130 Abs. 2. (⚠ *Allerdings können die Erben bzw. gesetzlichen Vertreter widerrufen.)*	1. **Dingliche Einigung, §§ 873, 1113, 1192** a) Einigung unmittelbar zwischen Grundschuldbesteller und Grundschulderwerber ⇨ *S. 143* b) Einigung unter Einschaltung von Vertretern, § 164 ⇨ *S. 148* 2. **Inhalt der Einigung, § 1191** a) **Mindestbestandteile** • Gläubiger • belastetes Grundstück • mangels Akzessorietät nur Betrag, Fälligkeit, Zinsen b) **Arten** • Brief-/Buchgrundschuld • Normalfall: Briefgrundschuld, §§ 1116, 1192 Abs. 1 • Gesamtgrundschuld • Sicherungsgrundschuld, § 1192 Abs. 1 a 3. **Keine Unwirksamkeits- bzw. Nichtigkeitsgründe** a) Mangelnde Geschäftsfähigkeit, §§ 104 ff. ⇨ *S. 337*, ⇨ *S. 153* b) Anfechtung, § 142 ⇨ *S. 158* c) Keine Sittenwidrigkeit, § 138 ⇨ *S. 259* 4. **Kein Widerruf bis zur Vollendung des Rechtserwerbs** a) Die Einigung kann grundsätzlich frei widerrufen werden. Ausn.: § 873 Abs. 2 b) Wirksamkeit von Einigungserklärungen bei Tod o. Geschäftsunfähigkeit nicht berührt, § 130 Abs. 2. (⚠ *Allerdings können die Erben bzw. gesetzlichen Vertreter widerrufen.)*

B. Vertiefungsschemata

III. Sachenrecht
11. Ersterwerb einer Hypothek/Grundschuld vom Berechtigten (Fortsetzung)

Hypothek	Grundschuld
II. Bestehen der zu sichernden Forderung	
Das Entstehen der Hypothek ist vom Bestehen der zu sichernden Forderung abhängig (**Akzessorietät**)– andernfalls entsteht gem. § 1163 Abs. 1 S. 1 i.V.m. § 1177 Abs. 1 S. 1 eine Eigentümergrundschuld. *Inzidente Prüfung, ob die gesicherte Forderung besteht* ℗ Konkludente Sicherung von Bereicherungsansprüchen bei Nichtbestehen der gesicherten Forderung? (Teilweise wird angenommen, dass dies dem Parteiwillen entspricht. Überwiegend wird dies jedoch unter Berufung auf den sachenrechtlichen Bestimmtheitsgrundsatz abgelehnt.)	Nicht erforderlich, die Grundschuld ist ABSTRAKT
III. Eintragung im Grundbuch	
1. **Eintragung gem. § 1115** ▪ Gläubiger ▪ Geldbetrag ▪ ggf. Zinssatz ▪ Nebenleistungen 2. **Bei Briefausschluss (s.o.)** ▪ Eintragung des Briefausschlusses, § 1116 Abs. 2	1. **Eintragung gem. §§ 1115, 1192 Abs. 1** ▪ Gläubiger ▪ Geldbetrag ▪ ggf. Zinssatz, Fälligkeit ▪ Nebenleistungen 2. **Bei Briefausschluss (s.o.)** ▪ Eintragung des Briefausschlusses, §§ 1192, 1116 Abs. 2
IV. Briefübergabe	
Briefübergabe gem. § 1117 (soweit nicht Brieferteilung wirksam ausgeschlossen wurde) ▪ Für die Übergabe und Übergabesurrogate gelten gem. § 1117 Abs. 1 S. 2 die §§ 929–931. ⇨ **S. 224** ▪ **Nach § 1117 Abs. 2** kann die Übergabe durch Vereinbarung zwischen Eigentümer und Hypothekengläubiger darüber **ersetzt werden**, dass der Hypothekengläubiger berechtigt ist, sich den Brief vom Grundbuchamt aushändigen zu lassen. ▪ **Bis zur Briefübergabe** ist die Hypothek eine Eigentümergrundschuld, §§ 1163 Abs. 2, 1177.	**Briefübergabe gem. §§ 1117, 1192** (soweit nicht Brieferteilung wirksam ausgeschlossen wurde) ▪ Für die Übergabe und Übergabesurrogate gelten gem. § 1117 Abs. 1 S. 2 die §§ 929–931. ⇨ **S. 224** ▪ **Nach § 1117 Abs. 2** kann die Übergabe durch Vereinbarung zwischen Eigentümer und Grundschuldgläubiger **ersetzt werden**, dass der Grundschuldgläubiger berechtigt ist, sich den Brief vom Grundbuchamt aushändigen zu lassen. ▪ **Bis zur Briefübergabe** ist die Grundschuld eine Eigentümergrundschuld, §§ 1192, 1163 Abs. 2, 1177.

B. Vertiefungsschemata
III. Sachenrecht
11. Ersterwerb einer Hypothek/Grundschuld vom Berechtigten (Fortsetzung)

| Hypothek | Grundschuld |

V. Berechtigung des Verfügenden (bis zum Zeitpunkt der Vollendung des Rechtserwerbs)

1. **Verfügungsbefugter Grundstückseigentümer**
   Der Grundstückseigentümer ist nicht befugt, bei:
   - behördlichem oder gesetzlichem Verfügungsverbot, §§ 135, 136
   - Eintritt des Nacherbfalls, § 2113 Abs. 1
   - Insolvenzverwaltung, § 81 Abs. 1 InsO
   - Ehegatten bei Verfügung über Vermögen im Ganzen oder Haushaltsgegenständen, §§ 1365, 1366
   - Nachlassverwaltung, § 1984 Abs. 1
   - Testamentsvollstreckung, § 2211

2. **Verfügungsbefugter Nichteigentümer**
   - Gem. § 185 Abs. 1 zur Verfügung Ermächtigter (bei vorheriger Einwilligung, nicht bei nachträglicher Genehmigung, § 185 Abs. 2)
     (⚠ *Die Unterscheidung ist für die Anwendbarkeit des § 816 Abs. 1 – Verfügung eines Nichtberechtigten – sehr wichtig!*)
   - Insolvenzverwalter, § 80 Abs. 1 InsO
   - Pfandverwertung, § 1204 Abs. 1 i.V.m. § 1228 Abs. 2
   - Nachlassverwalter, § 1985 Abs. 1
   - Testamentsvollstrecker, § 2205

wenn 1.–2. (–): Erwerb einer Hypothek/Grundschuld vom Nichtberechtigten ⇨ *S. 251*

B. Vertiefungsschemata

III. Sachenrecht
12. Gutgläubiger Ersterwerb einer Hypothek/Grundschuld vom Nichtberechtigten

Vgl. zu den Voraussetzungen I. bis IV. ⇨ *S. 248 f.*

I. Dingliche Einigung, § 873 Abs. 1

II. Bei Hypothek: Bestehen der zu sichernden Forderung (Akzessorietät)

⚠ Entsteht die zu sichernde Forderung nicht oder ist sie unwirksam, entsteht gem. §§ 1163 Abs. 1 S. 1, 1177 Abs. 1 S. 1 eine Eigentümergrundschuld. Auch wenn der vermeintliche Hypothekar an das Bestehen der Forderung glaubt, kommt ein Erwerb der Hypothek vom Nichtberechtigten nicht in Betracht (anders beim Zweiterwerb einer Hypothek).

III. Eintragung im Grundbuch

IV. Briefübergabe

vgl. ⇨ *S. 249*

V. Keine Berechtigung des Verfügenden

vgl. ⇨ *S. 250*

VI. Erwerb vom Nichtberechtigten

1. **Wirksamwerden der Verfügung gem. § 185 Abs. 2**
   a) Genehmigung, § 184
   b) Späterer Eigentumserwerb des Grundstücks durch Verfügenden
      z.B. Verfügender wird Alleinerbe des Grundstückseigentümers, § 1922
   c) Wahrer Eigentümer beerbt Verfügenden und unbeschränkte Haftung für Nachlassverbindlichkeiten
      z.B. Grundstückseigentümer wird Alleinerbe des Verfügenden, § 1922
2. **Unbeachtlichkeit nachträglicher Verfügungsbeschränkungen, § 878**
   a) Verfügender muss im Zeitpunkt der Einigungserklärungen tatsächlich Berechtigter gewesen sein.
   b) Die Einigung muss gem. § 873 Abs. 2 bindend geworden sein.
   c) Der Antrag auf Eintragung in das Grundbuch muss bereits gestellt sein.
   d) Über den Wortlaut von § 878 hinaus müssen alle sonstigen Erwerbsvoraussetzungen erfüllt sein.
      - Ist eine erforderliche Briefübergabe noch nicht erfolgt, scheidet ein Erwerb nach § 878 aus.
      - Wurde allerdings eine Vereinbarung gem. § 1117 Abs. 2 vor Eintritt der Verfügungsbeschränkung getroffen, ersetzt dies die Briefübergabe.
3. **Gutgläubiger Ersterwerb der Hypothek/Grundschuld, § 892**
   a) **Rechtsgeschäft im Sinne eines Verkehrsgeschäftes**
      - Kein Rechtsgeschäft liegt z.B. vor bei Erbschaft, § 1922.
      - Kein Verkehrsgeschäft liegt vor bei
        - vorweggenommener Erbfolge, da diese der echten Erbfolge gleichgestellt wird
        - Erbauseinandersetzung
        - wirtschaftlicher Personenidentität

B. Vertiefungsschemata

III. Sachenrecht
12. Gutgläubiger Ersterwerb einer Hypothek/Grundschuld vom Nichtberechtigten (Fortsetzung)

VI. Erwerb der Hypothek/Grundschuld vom Nichtberechtigten (Fortsetzung)

b) **Grundbuch unrichtig**
   = wenn tatsächliche – im Grundbuch eingetragene – Rechtslage nicht mit der materiellen Rechtslage übereinstimmt:
   - Bestehende relative Verfügungsbeschränkung ist nicht eingetragen (absolute Verfügungsbeschränkungen können auch durch § 892 nicht überwunden werden)

c) **Legitimation des Verfügenden aufgrund der Grundbuchlage**
   - „Rechtsschein" des Grundbuchs muss den Verfügenden als Grundstückseigentümer legitimieren
   - Erweiterung durch § 2366 für den Scheinerben

d) **Guter Glaube des Erwerbers**
   - **Bezug: Eigentum (bzw. Nichtbestehen einer Verfügungsbeschränkung) des Hypotheken-/Grundschuldbestellers am Grundstück**
   - Der gute Glaube wird nur bei **positiver Kenntnis** der Unrichtigkeit des Grundbuchs ausgeschlossen (⚠ *Anders bei beweglichen Sachen: Hier schadet gem. § 932 Abs. 2 auch grob fahrlässige Unkenntnis*).
     – Kenntnis der die Nichtberechtigung begründenden Tatsachen reicht nicht aus; Rechtskenntnis des Erwerbers erforderlich.
     – Aber: Wer die Anfechtbarkeit eines Rechtsgeschäfts kannte, wird so behandelt, als hätte er dessen Nichtigkeit gekannt, § 142 Abs. 2.
     – Zurechnung des Wissens des Stellvertreters gem. § 166 Abs. 1; Ausn. § 166 Abs. 2
   - **Zeitpunkt**
     – *Grundsätzlich* Zeitpunkt des Vollrechtserwerbs (d.h. **Eintragung** der Hypothek/Grundschuld in das Grundbuch)
     – Gem. **§ 892 Abs. 2 Var. 1** kommt es (wegen der u.U. langen Dauer des Eintragungsverfahrens) auf den **Zeitpunkt der Stellung des Eintragungsantrags** an (jedenfalls soweit nicht die Einigung erst nach Antragstellung erfolgt, § 892 Abs. 2 Var. 2).
     – Sind weitere Voraussetzungen für den Eigentumserwerb erforderlich (Genehmigung), kommt es auf den Zeitpunkt ihres Vorliegens an.
     – Wird das Grundbuch erst nach Stellung des Eintragungsantrags unrichtig, kommt es auf Gutgläubigkeit zu diesem Zeitpunkt an.

e) **Kein Widerspruch gegen die Richtigkeit im Grundbuch eingetragen**
   Ein Gutglaubenserwerb scheidet aus, wenn vor Vollendung des Rechtserwerbs ein Widerspruch gegen die Richtigkeit des Grundbuchs eingetragen wird (Eintragung gem. § 899).
   - Es kommt nicht auf eine diesbezügliche Gutgläubigkeit an, sondern nur auf die objektive Eintragung des Widerspruchs im Zeitpunkt der Eintragung des Eigentumserwerbs.
   - Es kommt ausdrücklich auf den Zeitpunkt der Eintragung (und nicht etwa wie in § 892 auf den Zeitpunkt der Stellung des Eintragungsantrags) an.

B. Vertiefungsschemata

III. Sachenrecht
13. Zweiterwerb einer Hypothek/Grundschuld vom Berechtigten

Hypothek	Grundschuld
I. Abtretung, § 398	
1. **Einigung** über die *Abtretung der gesicherten Forderung (vgl. § 1153), § 398 S. 1* a) Einigung unmittelbar zwischen Abtretendem (Zedent) und Erwerber (Zessionar) ⇨ *S. 143* b) Einigung unter Einschaltung von Vertretern ⇨ *S. 148*	1. **Einigung** über die *Abtretung der Grundschuld, §§ 398, 413* a) Einigung unmittelbar zwischen Abtretendem (Zedent) und Erwerber (Zessionar) ⇨ *S. 143* b) Einigung unter Einschaltung von Vertretern ⇨ *S. 148*
2. **Form des § 1154** a) Bei **Briefhypothek**: Abtretungserklärung in schriftlicher Form (oder Eintragung ins Grundbuch) und Übergabe des Hypothekenbriefes, § 1154 Abs. 1 u. 2 ⇨ *S. 155* b) Bei **Buchhypothek**: §§ 1154 Abs. 3, 873 Einigung und Eintragung ins Grundbuch	2. **Form der §§ 1154, 1192 Abs. 1** a) Bei **Briefgrundschuld**: Abtretungserklärung in schriftlicher Form (oder Eintragung ins Grundbuch) und Übergabe des Grundschuldbriefes, § 1154 Abs. 1 u. 2 ⇨ *S. 155* b) Bei **Buchgrundschuld**: §§ 1154 Abs. 3, 873 Einigung und Eintragung ins Grundbuch
3. **Keine Unwirksamkeits- bzw. Nichtigkeitsgründe** a) Mangelnde Geschäftsfähigkeit, §§ 104 ff. ⇨ *S. 337*, ⇨ *S. 153* b) Anfechtung, § 142 ⇨ *S. 158*	3. **Keine Unwirksamkeits- bzw. Nichtigkeitsgründe** a) Mangelnde Geschäftsfähigkeit, §§ 104 ff. ⇨ *S. 337*, ⇨ *S. 153* b) Anfechtung, § 142 ⇨ *S. 158*
II. Berechtigung hinsichtlich gesicherter Forderung	
Abtretender ist <u>Inhaber der Forderung</u> *Inzidente Prüfung, ob die gesicherte Forderung besteht und dem Zedenten zusteht.*	**Nicht erforderlich, die Grundschuld ist ABSTRAKT** **Aber:** Im schuldrechtlichen **Sicherungsvertrag** kann ein Verbot vereinbart werden, die Forderung bzw. die Grundschuld isoliert abzutreten, was gem. § 399 Var. 2 dingliche Wirkung hätte (Letzteres müsste als Inhaltsänderung der Grundschuld jedoch in das Grundbuch eingetragen werden, §§ 877, 873).
wenn (–): Zweiterwerb einer Hypothek vom Nichtberechtigten, § 1138 ⇨ *S. 254*	
III. Berechtigung hinsichtlich Hypothek/Grundschuld	
Abtretender ist <u>Inhaber der Hypothek</u> ⇨ *S. 250* **Folge: Hypothek gem. § 1153 übergegangen**	**Abtretender ist** <u>Inhaber der Grundschuld</u> ⇨ *S. 250* **Folge: Grundschuld gem. § 398 S. 2, § 413 übergegangen**

B. Vertiefungsschemata

III. Sachenrecht
14. Zweiterwerb einer Hypothek/Grundschuld vom Nichtberechtigten

Hypothek	Grundschuld

I. Abtretung, § 398

Abtretung der gesicherten Forderung (vgl. § 1153), § 398; Form: § 1154 ⇨ S. 253	Abtretung der Grundschuld, § 398, § 413; Form: §§ 1154, 1192 Abs. 1 ⇨ S. 253

II. Berechtigung des Abtretenden fehlt

1. Abtretender ist **nicht Inhaber der gesicherten Forderung** und (nur) deswegen auch nicht Inhaber der Hypothek (Mangel der Forderung)
2. Abtretender ist **nicht Inhaber der Hypothek** (Mangel im dinglichen Recht)
   ⇨ **S. 250,** ⇨ **S. 251**
3. Abtretender ist **nicht Inhaber der Hypothek und auch nicht Inhaber der gesicherten Forderung** (Doppelmangel)

---

1. **Irrelevant!** die Grundschuld ist ABSTRAKT
   Aber: Im schuldrechtlichen **Sicherungsvertrag** kann ein Verbot vereinbart werden, die Forderung bzw. die Grundschuld isoliert abzutreten, was gem. § 399 Var. 2 dingliche Wirkung hätte (Letzteres müsste als Inhaltsänderung der Grundschuld jedoch in das Grundbuch eingetragen werden, §§ 877, 873).

2. Abtretender ist **nicht Inhaber der Grundschuld** (Mangel im dinglichen Recht)
   ⇨ **S. 250,** ⇨ **S. 251**

III. Erwerb vom Nichtberechtigten

1. Abtretender ist **nicht Inhaber der gesicherten Forderung** u. (nur) deswegen auch nicht Inhaber der Hypothek (Mangel der Forderung)

   } Irrelevant, da Grundschuld ABSTRAKT

   a) **Fiktion eines gutgläubigen Forderungserwerbs zum Zwecke des Erwerbs der Buchhypothek, §§ 1138, 892**

   (⚠ *Die folgenden Voraussetzungen beziehen sich immer auf die gesicherte Forderung, nicht auf die Hypothek.*)

   - Rechtsgeschäft im Sinne eines Verkehrsgeschäftes
     (+), da Abtretung vereinbart
   - Grundbuch unrichtig
     (+), wenn für angebliche Forderung eine Hypothek im Grundbuch eingetragen
   - Legitimation des Verfügenden aufgrund der Grundbuchlage
     (+), wenn nach dem Grundbuch dem Abtretenden auch die gesicherte Forderung zusteht
   - Guter Glaube des Erwerbers
     Bezug: Inhaberschaft der Forderung
     (+), wenn keine positive Kenntnis von Unwirksamkeit/ Nichtbestehen der Forderung
   - Kein Widerspruch für den Berechtigten eingetragen, § 899

1. **Nicht erforderlich:** Die Grundschuld ist ABSTRAKT

   ⚠ Selbst wenn ein Verbot vereinbart wurde, Grundschuld und Forderung isoliert abzutreten (§ 399), hat dies hinsichtlich der Grundschuld keine dingliche Wirkung, sondern müsste als **Inhaltsänderung** der Grundschuld in das Grundbuch eingetragen werden (§§ 873, 877).

   ⚠ (FALLE): Deshalb ist selbst bei Vereinbarung eines Abtretungsverbots i.S.v. § 399 **nicht** auf einen **gutgläubigen Erwerb gem. § 892** abzustellen (Grundbuch unrichtig, da Abtretungsverbot nicht eingetragen), sondern der Erwerb ist ohne Weiteres möglich, da das **Abtretungsverbot mangels Eintragung in das Grundbuch gar nicht wirksam** ist, vgl. § 877

B. Vertiefungsschemata

III. Sachenrecht
14. Zweiterwerb einer Hypothek/Grundschuld vom Nichtberechtigten (Fortsetzung)

Hypothek	Grundschuld

III. Erwerb vom Nichtberechtigten (Fortsetzung)

b) **Fiktion eines gutgläubigen Forderungserwerbs zum Zwecke des Erwerbs der Briefhypothek, §§ 1155, 1138, 892**

(⚠ *Die folgenden Voraussetzungen beziehen sich immer auf die gesicherte Forderung, nicht auf die Hypothek.*)

- Rechtsgeschäft im Sinne eines Verkehrsgeschäftes
  (+), da Abtretung vereinbart
- Unrichtigkeit der Abtretungskette auf dem Hypothekenbrief, § 1155
- Legitimation des Verfügenden aus dem Hypothekenbrief, § 1155
  (+), da nach der öffentlich beglaubigten Abtretungskette dem Abtretenden auch die gesicherte Forderung zusteht
- Guter Glaube des Erwerbers
  Bezug: Inhaberschaft der Forderung
  (+), wenn er nicht positive Kenntnis von Unwirksamkeit/Nichtbestehen der Forderung hat
- Kein Widerspruch für den Berechtigten im Grundbuch eingetragen, §§ 899, 1155 S. 1

> **Nicht erforderlich:**
> **Die Grundschuld ist ABSTRAKT**
>
> ⚠ Selbst wenn ein Verbot vereinbart wurde, Grundschuld und Forderung isoliert abzutreten (§ 399), hat dies hinsichtlich der Grundschuld keine dingliche Wirkung, sondern müsste als **Inhaltsänderung** der Grundschuld in das Grundbuch eingetragen werden (§§ 873, 877).
>
> ⚠ (FALLE): Deshalb ist selbst bei Vereinbarung eines Abtretungsverbots i.s.v. § 399 **nicht** auf einen **gutgläubigen Erwerb gem. § 892** abzustellen (Grundbuch unrichtig, da Abtretungsverbot nicht eingetragen), sondern der Erwerb ist ohne Weiteres möglich, da das **Abtretungsverbot mangels Eintragung in das Grundbuch gar nicht wirksam** ist, vgl. § 877.

⚠ Zum gutgläubigen einredefreien Erwerb der Grundschuld ⇨ **S. 133**

2. Abtretender ist **nicht Inhaber der Hypothek** (Mangel im dinglichen Recht)

a) **Gutgläubiger Erwerb einer Buchhypothek, § 892**
- Rechtsgeschäft im Sinne eines Verkehrsgeschäftes
  ⓟ Übergang gem. § 1153 = Rechtsgeschäft?
  H.M. (+) da Übergang auf Abtretung beruht.
- Grundbuch unrichtig
- Legitimation des Verfügenden aufgrund der Grundbuchlage
- Guter Glaube des Erwerbers
  Bezug: Inhaberschaft der Hypothek
- Kein Widerspruch für den Berechtigten im Grundbuch eingetragen, § 899

2. Abtretender ist **nicht Inhaber der Grundschuld** (Mangel im dinglichen Recht)

a) **Gutgläubiger Erwerb einer Buchgrundschuld, § 892**
- Rechtsgeschäft im Sinne eines Verkehrsgeschäftes

- Grundbuch unrichtig
- Legitimation des Verfügenden aufgrund der Grundbuchlage
- Guter Glaube des Erwerbers
  Bezug: Inhaberschaft der Grundschuld
- Kein Widerspruch für den Berechtigten im Grundbuch eingetragen, § 899

B. Vertiefungsschemata

III. Sachenrecht
14. Zweiterwerb einer Hypothek/Grundschuld vom Nichtberechtigten (Fortsetzung)

Hypothek	Grundschuld
III. Erwerb vom Nichtberechtigten (Fortsetzung)	
b) **Gutgläubiger Erwerb einer Briefhypothek, §§ 1155, 892** • Rechtsgeschäft im Sinne eines Verkehrsgeschäftes Ⓟ *Übergang gem. § 1153 = Rechtsgeschäft?* *H.M. (+) da Übergang auf Abtretung beruht.* • Unrichtigkeit der Abtretungskette auf dem Hypothekenbrief, § 1155 • Legitimation des Verfügenden aus dem Hypothekenbrief aufgrund öffentlich beglaubigter Abtretungskette, § 1155 • Guter Glaube des Erwerbers **Bezug: Inhaberschaft der Hypothek** • Kein Widerspruch für den Berechtigten eingetragen, § 899	b) **Gutgläubiger Erwerb einer Briefgrundschuld, §§ 1155, 892, 1192 Abs. 1** • Rechtsgeschäft im Sinne eines Verkehrsgeschäftes • Unrichtigkeit der Abtretungskette auf dem Grundschuldbrief • Legitimation des Verfügenden aus dem Grundschuldbrief aufgrund öffentlich beglaubigter Abtretungskette, § 1155 • Guter Glaube des Erwerbers **Bezug: Inhaberschaft der Grundschuld** • Kein Widerspruch für den Berechtigten eingetragen, § 899

3.
Abtretender ist **nicht Inhaber der Hypothek und auch nicht Inhaber der gesicherten Forderung** (Doppelmangel)	stellt sich nicht, da Grundschuld ABSTRAKT

a) **Fiktion eines gutgläubigen Forderungserwerbs** zum Zwecke des Erwerbs der **Buch**hypothek, §§ 1138, 892 (s.o.)

und

b) **Gutgläubiger Erwerb einer Buch**hypothek, § 892 (s.o.)

oder

c) **Fiktion eines gutgläubigen Forderungserwerbs** zum Zwecke des Erwerbs der **Brief**hypothek, §§ 1155, 1138, 892 (s.o.)

und

d) **Gutgläubiger Erwerb einer Brief**hypothek, §§ 1155, 892 (s.o.)

Ⓟ *Auseinanderfallen von Forderung und Hypothek (H.M.: Hypothek zieht wegen § 1153 die Forderung nach; a.A.: Trennung bleibt bestehen, Schutz des Eigentümers durch Einreden.)*

B. Vertiefungsschemata

III. Sachenrecht
15. Haftungsverband der Hypothek/Grundschuld

I. Haftungsverband, §§ 1120 ff.

1. **Das Grundstück, § 1120**
2. **Wesentliche Grundstücksbestandteile, § 94**
   - Die mit dem Grund und Boden fest verbundenen Sachen (Gebäude)
   - Zu den wesentlichen Bestandteilen eines Gebäudes (und damit zu den wesentlichen Bestandteilen eines Grundstücks) gehören die zur Herstellung in ein Gebäude eingefügten Sachen.
   - **AUSNAHME: Scheinbestandteile**, § 95, die nur zu einem vorübergehenden Zweck eingebaut wurden
     (Maßgeblich ist Wille des Einfügenden im Zeitpunkt der Einfügung)
3. **Unwesentliche Grundstücksbestandteile, wenn keine fremden Rechte an ihnen bestehen**
   - Sachen, die mit dem Grundstück (Gebäude) eine wirtschaftliche Einheit bilden
   - **AUSNAHME: Scheinbestandteile**, § 95, die nur zu einem vorübergehenden Zweck eingebaut wurden
     (Maßgeblich ist Wille des Einfügenden im Zeitpunkt der Einfügung)
4. **Bewegliche Sachen, § 1120**
   a) **Getrennte Erzeugnisse** und **getrennte Bestandteile**, die mit Trennung in das Eigentum des Grundstückseigentümers gefallen sind ⇨ *S. 235*
   b) **Zubehör** des Grundstückseigentümers, § 97
      - Kein Bestandteil des Grundstücks
      - Dient nicht nur vorübergehend dem wirtschaftlichen Zweck des Grundstücks nach **Verkehrsanschauung**
        ⓟ Küchen in Nord- und Süddeutschland: unterschiedliche Verkehrsauffassung i.S.v. § 97 Abs. 1 *S. 2*
      - Scheinzubehör ist wegen § 97 Abs. 2 kein Zubehör des Grundstücks.
        (⚠ *Zwar umfasst der Haftungsverband nur Zubehörstücke, die im Eigentum des Grundstückseigentümers stehen, aber auf in seinem Besitz befindliche Zubehörstücke (im Zeitpunkt der Versteigerung) erstreckt sich die Versteigerung gem. § 55 Abs. 2 ZVG auch wenn sie im Eigentum eines Dritten stehen, es sei denn, dieser hat die Verfahrenseinstellung z.B. durch Drittwiderspruchsklage gem. § 771 ZPO betrieben.)* ⇨ *S. 334*
5. **Forderungen, §§ 1123–1128**
   a) Miet- oder Pachtforderungen
   b) Versicherungsforderungen

B. Vertiefungsschemata

III. Sachenrecht
15. Haftungsverband der Hypothek/Grundschuld (Fortsetzung)

II. Enthaftung beweglicher Sachen

1. **Vor Beschlagnahme des Grundstücks, § 1121 Abs. 1**
   a) Bestehen der Hypothek führt zu keiner Verfügungsbeschränkung des Eigentümers
   b) Enthaftung durch Veräußerung und Entfernung der Sache
   c) Entfernung (ohne Veräußerung) reicht bei Erzeugnissen und Bestandteilen aus, wenn dauerhaft und im Rahmen ordnungsgemäßer Wirtschaft sowie bei Zubehör, wenn die Zubehöreigenschaft aufgehoben wird, § 1122.

2. **Nach Beschlagnahme des Grundstücks aber vor Eintragung des Versteigerungsvermerks**
   Beschlagnahme zum Zweck der Zwangsversteigerung ist relatives Veräußerungsverbot, § 23 ZVG, §§ 136, 135

   a) 1: Veräußerung, 2: **Beschlagnahme**, 3: Entfernung
   Enthaftung (+), wenn Erwerber gutgläubig gem. § 1121 Abs. 2 S. 2 im Zeitpunkt der Entfernung (beachte: § 23 Abs. 2 ZVG)

   b) 1: Entfernung, 2: **Beschlagnahme**, 3: Veräußerung
   Enthaftung (+), wenn Erwerber gutgläubig gem. §§ 135 Abs. 2, 136, 936 i.V.m. § 23 Abs. 2 ZVG (Kenntnis des Versteigerungsantrags steht Kenntnis von Beschlagnahme im Zeitpunkt der Veräußerung gleich)

   c) 1: **Beschlagnahme**, 2: Veräußerung, 3: Entfernung
   Enthaftung (+), wenn Erwerber sowohl bei Veräußerung (§§ 135 Abs. 2, 136, 936 i.V.m. § 23 Abs. 2 ZVG) als auch bei Entfernung (§ 1121 Abs. 2 S. 2) gutgläubig war

3. **Nach Eintragung des Versteigerungsvermerks**
   a) Kein gutgläubiger Erwerb möglich
   b) Enthaftung nur gem. § 1122 durch Entfernung im Rahmen einer ordnungsgemäßen Wirtschaft, wenn diese vor Zustellung des Beschlagnahmebeschlusses erfolgte

---

Merke:
1. Ohne Entfernung keine Enthaftung.
2. Guter Glaube an das Nichtbestehen einer Hypothek schützt nicht, § 1121 Abs. 2 S. 1.
3. Nach Beschlagnahme ist Gutgläubigkeit erforderlich, wobei für Gutgläubigkeit im Rahmen der Veräußerung §§ 135 Abs. 2, 136, 936 i.V.m. § 23 ZVG und im Rahmen der Entfernung § 1121 Abs. 2 S. 2 maßgeblich sind.

B. Vertiefungsschemata

III. Sachenrecht
16. Unwirksamkeit von Sicherungsverträgen

Unwirksamkeit von schuldrechtlichen Sicherungsverträgen gem. § 138 Abs. 1

- Verlängerter Eigentumsvorbehalt
- Globalzession
- Sicherungsübereignung
- Sicherungsgrundschuld

	Knebelung	**Anfängliche Übersicherung**	**Verleitung zum Vertragsbruch**
Objektiver Tatbestand	Zwangslage des Sicherungsgebers, die vorliegt, wenn ihm **keine wirtschaftliche Bewegungsfreiheit** verbleibt.	Bereits im Zeitpunkt des Vertragsschlusses ist gewiss, dass (im noch ungewissen) Verwertungsfall ein **auffälliges Missverhältnis** zwischen realisierbarem Wert der Sicherheit und gesicherter Forderung besteht.	Sicherungsabtretung auch von **Forderungen**, die der Zedent **aufgrund späterer verlängerter EV-Verkäufe** an Verkäufer abtreten muss.
Subjektiver Tatbestand	Dem Sicherungsnehmer **muss** sich die **Einengung** des Sicherungsgebers **aufdrängen**.	**Verwerfliche Gesinnung** des Sicherungsnehmers, die vorliegt, wenn er aus eigensüchtigen Gründen eine Rücksichtslosigkeit gegenüber den berechtigten Belangen des Sicherungsgebers an den Tag legt, die nach sittlichen Maßstäben nur fraglich ist.	**Kenntnis des Sicherungsnehmers** (Zessionars) von Geschäftsüblichkeit des verlängerten EV
Rechtsfolge	• Nach **h.M. Unwirksamkeit** des schuldrechtlichen Sicherungsvertrags und der dinglichen Sicherheit. • Nach a.A. nur Nichtigkeit des Sicherungsvertrags; die Sicherheit muss nach § 812 Abs. 1 S. 1 Var. 1 zurückübertragen werden.		**H.M.: Unwirksamkeit** von Sicherungsvertrag und Sicherungsabtretung Ausn.: Dingliche Teilverzichtserklärung

B. Vertiefungsschemata

III. Sachenrecht
17. Pfandrecht, §§ 1204 ff.

I. Entstehung

1. Vertragliches Pfandrecht an beweglichen Sachen, §§ 1204–1208

- ⓟ Rechtsnatur des Flaschenpfandes?
  (Bei Einheitsflaschen handelt es sich nach h.M. um Kauf mit Rückkaufsvereinbarung; bei atypischen Flaschen [z.B. Coca Cola] liegt i.d.R. Leihe oder Sachdarlehen vor; der „verpfändete" Geldbetrag geht in jedem Fall in das Eigentum des „Pfandgläubigers" über.)
  a) **Dingliche Einigung zwischen Verpfänder und Pfandgläubiger, §§ 1204, 1205**
     - Konkrete Bezeichnung der zu verpfändenden beweglichen Sache.
     - Einigung auch durch AGB möglich, es sei denn, Klausel ist überraschend, § 305 c Abs. 1.
     - Kein Widerruf der Einigung bis zum Rechtserwerb
  b) **Bestehen der zu sichernden Forderung (Akzessorietät des Pfandrechts, § 1252)**
     - Die zu sichernde Forderung muss bestimmbar sein (auch künftige und bedingte Forderungen).
  c) **Übergabe oder Übergabesurrogate**
     - Gem. § 1205 Abs. 1 S. 1 ist eine **Übergabe** erforderlich, die der i.S.v. § 929 S. 1 entspricht. ⇨ *S. 224*
     - Die **Übergabesurrogate** sind im Vergleich zu den §§ 929–931 jedoch modifiziert.
       – Ein Pfandrecht kann **nicht durch** Begründung eines **Besitzkonstituts** gem. § 930 entstehen.
       – Bei **Abtretung des Herausgabeanspruchs gem. § 1205 Abs. 2** muss im Vergleich zu § 931 zusätzlich eine Anzeige erfolgen.
       – Anders als in den §§ 929 ff. ist nicht erforderlich, dass der Verpfänder jede besitzrechtliche Position verliert; die Einräumung von **qualifiziertem Mitbesitz** ist ausreichend, § 1206
  d) **Berechtigung des Verpfänders**
     - Berechtigt ist der verfügungsbefugte Eigentümer oder der gesetzlich oder gem. § 185 Abs. 1 Ermächtigte
  e) **Anderenfalls: Erwerb vom Nichtberechtigten**
     - Fälle des § 185 Abs. 2 vgl. ⇨ *S. 227*
       Das Pfandrecht geht im Falle des gutgläubigen Erwerbs Rechten Dritter vor, § 1208.
       Zu Einzelheiten des gutgläubigen Erwerbs vgl. ⇨ *S. 227*
     - **Gutgläubiger Erwerb des Pfandrechts gem. § 1207 i.V.m. §§ 932, 934, 935**

2. Gesetzliches Pfandrecht an Sachen, § 1257

  a) **Anordnung eines gesetzlichen Pfandrechts**
     (1) **Besitzpfandrechte**
        - Werkunternehmer an den übergebenen Sachen des Bestellers, § 647
        - Kommissionär am Kommissionsgut, § 397 HGB
        - Frachtführer am Frachtgut, § 440 HGB
        - Spediteur am Speditionsgut, § 464 HGB
        - Lagerhalter am Lagergut, § 475 b HGB
     (2) **Besitzlose Pfandrechte**
        - Vermieter- bzw. Verpächterpfandrecht an eingebrachten Sachen des Mieters/Pächters, § 562 Abs. 1/§§ 581, 592
        - Gastwirt an den eingebrachten Sachen des Gastes, § 704
        - Pfandrecht des Berechtigten an hinterlegten Gegenständen, § 233
  b) **Bestehen der zu sichernden Forderung (Akzessorietät des Pfandrechts, § 1252, § 1257)**
     - Die zu sichernde Forderung muss bestimmbar sein (es können auch künftige und bedingte Forderungen gesichert werden).
  c) **Besitzposition**
     - Bei Besitzpfandrechten muss der Gläubiger im **Besitz** der Pfandsache sein.
     - Bei besitzlosen Pfandrechten genügt die **Einbringung** der Sache (z.B. in die Miet- oder Galerie).

B. Vertiefungsschemata

III. Sachenrecht
17. Pfandrecht, §§ 1204 ff. (Fortsetzung)

I. Entstehung (Fortsetzung)

d) **Eigentum des Schuldners an der Pfandsache**
- Das gesetzliche Pfandrecht entsteht nur an den Sachen, die im Eigentum des Schuldners stehen.
- Ein Erwerb vom Nichtberechtigten kommt nicht in Betracht, da § 1207 keine (nach h.M. auch keine entsprechende) Anwendung über § 1257 findet, da § 1257 ein „entstandenes" Pfandrecht voraussetzt.
- ⚠ Eine **Ausnahme** besteht gem. **§ 366 Abs. 3 HGB** *für die gesetzlichen HGB-Pfandrechte; ein solches Pfandrecht kann gutgläubig erworben werden.*

3. Vertragliches Pfandrecht an Rechten und Forderungen

a) **Dingliche Einigung zwischen Verpfänder und Pfandgläubiger, § 1273**
- Belastungsgegenstände können Forderungen und Rechte sein (z.B. Verpfändung eines Sparguthabens).
- Für das zu belastende Recht/die zu belastende Forderung gilt der Bestimmtheitsgrundsatz (es können auch künftige und bedingte Forderungen gesichert werden).
- Eine Einigung ist auch durch AGB möglich, es sei denn, Klausel ist überraschend, § 305 c Abs. 1.

b) **Bestehen der zu sichernden Forderung (Akzessorietät des Pfandrechts, § 1252)**
- Die zu sichernde Forderung muss bestimmbar sein (es können auch künftige und bedingte Forderungen gesichert werden).
  (⚠ *Es kann daher ein Pfandrecht zur Sicherung einer künftigen Forderung an einer künftigen Forderung bestellt werden.*)

c) **Besonderheiten der Verpfändung**
- Grundsatz: Wie das Recht übertragen wird, so wird es auch verpfändet, § 1274 Abs. 1 S. 1.
  - Ist ein Recht nicht übertragbar, kann kein Pfandrecht an ihm bestellt werden, § 1274 Abs. 2.
  - Ist zur Übertragung des Rechts die Übergabe einer Sache erforderlich, geschieht dies entsprechend der §§ 1205, 1206 (§ 1274 Abs. 1), z.B. Briefgrundschuld.
    (⚠ *Die Verpfändung von Inhaberpapieren erfolgt gem. § 1293 nach den Vorschriften über das Pfand an beweglichen Sachen.*)
- Bei Forderungen ist neben der Abtretung immer eine Abtretungsanzeige des verpfändenden Gläubigers erforderlich, § 1280.

d) **Berechtigung des Verpfänders**
- Der Verpfänder muss verfügungsberechtigter Rechtsinhaber oder nach § 185 oder gesetzlich ermächtigt sein.
- Soweit das verpfändete Recht gutgläubig erworben werden kann, kann auch das Pfandrecht vom Nichtberechtigten gutgläubig erworben werden.

II. Übertragung des Pfandrechts an Sachen und Rechten (Zweiterwerb)

1. **Rechtsgeschäftliche Übertragung des Pfandrechts**
   - Gem. §§ 398, 1250, 401 durch **Abtretung der gesicherten Forderung** (das Pfandrecht geht wegen seiner strengen **Akzessorietät** gem. § 401 dann automatisch auf den neuen Gläubiger über)
   - Eine **Besitzübertragung** ist bei Übertragung des Besitzpfandrechts **nicht erforderlich** (!), der neue Gläubiger kann jedoch gem. § 1251 Herausgabe des Pfandes verlangen.
   - Bei Abtretung der Forderung unter Ausschluss des Übergangs des Pfandrechts erlischt dieses (§ 1250 Abs. 2).
   - Anders als z.B. bei der Hypothek (§ 1138) gibt es **keinen gutgläubigen Zweiterwerb** eines Pfandrechts.

B. Vertiefungsschemata

III. Sachenrecht
17. Pfandrecht, §§ 1204 ff. (Fortsetzung)

II. Übertragung des Pfandrechts an Sachen und Rechten (Zweiterwerb) (Fortsetzung)

2. **Gesetzlicher Übergang gem. § 412**
   - Bei gesetzlichem Forderungsübergang geht i.d.R. auch das Pfandrecht kraft Gesetzes mit über, §§ 412, 401.
     - Gem. § 1225 geht die Forderung bei Zahlung auf den Verpfänder über, wenn er nicht der persönliche Schuldner ist.
     - Gem. § 1249 geht die Forderung bei Zahlung durch einen Ablösungsberechtigten auf diesen über.
     - Bei Sicherung durch Pfandrecht und Bürgschaft erwirbt der zuerst Zahlende direkt oder entsprechend §§ 774 Abs. 2, 1225 S. 2 i.V.m. § 426 die Sicherheit des anderen nur anteilig (kein Wettlauf der Sicherungsgeber).
     - Gleiches gilt bei Sicherung durch mehrere Pfandrechte mehrerer Verpfänder (§§ 774 Abs. 2, 1225 S. 2 i.V.m. § 426).

III. Rechte und Pflichten bis zur Verwertung

1. **Rechte des Pfandgläubigers bei Beeinträchtigung des Pfandes ggü. Dritten, § 1227**
   ⇨ Gem. § 1227 geschützt wie Eigentümer, also:
   - Herausgabe entsprechend § 985 *vgl.* ⇨ *S. 86*
   - Schadensersatz, wenn der Schädiger unrechtmäßiger Besitzer war, entsprechend §§ 989 ff. *vgl.* ⇨ *S. 50, 54*
   - Schadensersatz bei Beschädigung des Pfandes, § 823 *vgl.* ⇨ *S. 57*
   - Bei Verbrauch der Sache durch Dritten, § 812 Abs. 1 S. 1 Var. 2 *vgl.* ⇨ *S. 99*
   - Beseitigung oder Unterlassung bei Beeinträchtigung des Pfandes entsprechend § 1004 *vgl.* ⇨ *S. 127*

2. **Rechte des Pfandgläubigers gegenüber dem Verpfänder, §§ 1213 ff.**
   - Nutzung, wenn dem Pfandgläubiger ein Nutzungspfand eingeräumt wurde, § 1213
   - Ansonsten gilt ähnliches wie beim Verwahrungsvertrag, §§ 1215–1221, 1223
   - Besitzrecht i.S.v. § 986 bei Pfandreife (vgl. für das Vermieterpfandrecht §§ 1257, 1231 S. 1, 1228 Abs. 2 S. 1, 562)

IV. Verwertung, §§ 1228 ff.

1. **Das Pfandrecht an Sachen**
   a) **Person des Verwertenden, §§ 1235, 383 Abs. 3**
      - Gerichtsvollzieher
      - Auktionator
      - Bei Parteivereinbarung auch Privatperson, § 1245

   b) **Voraussetzungen der Verwertung**
      (1) **Rechtmäßigkeitsvoraussetzungen**
         - Bestehen des Pfandrechts
         - Pfandreife, § 1228 Abs. 2
         - Verbot des Überverkaufs, § 1230 S. 2
         - Verwertung in öffentlicher Versteigerung, § 1235 (freihändiger Verkauf bei Börsen- oder Marktpreis, § 1235 Abs. 2 i.V.m. § 1221)
         - Versteigerung muss öffentlich bekannt gemacht werden, § 1237 S. 1

         Bei **Nichtbeachtung** der **Rechtmäßigkeitsvoraussetzungen** ist aber ein gutgläubiger Eigentumserwerb des Ersteigerers gem. § 1244 möglich.

B. Vertiefungsschemata

III. Sachenrecht
17. Pfandrecht, §§ 1204 ff. (Fortsetzung)

IV. Verwertung, §§ 1228 ff. (Fortsetzung)

(2) **Ordnungsvorschriften**
- Androhung des Pfandverkaufs, § 1234 Abs. 1
- Benachrichtigung des Verpfänders von der Versteigerung, § 1237 S. 2
- Einhaltung der Monatsfrist, § 1234 Abs. 2
- Mitteilung des Versteigerungsergebnisses an den Eigentümer, § 1241
- Verkauf nur gegen Barzahlung und kassatorische Klausel, § 1238 Abs. 1

    (⚠ *Besonderheiten im HGB z.B. § 441 Abs. 4 HGB*)

    Bei **Nichtbeachtung** der **Ordnungsvorschriften**: Rechtmäßigkeit der Versteigerung bleibt unberührt, doch Schadensersatzanspruch des Eigentümers gem. § 1243 Abs. 2

c) **Abweichungen**
- Vereinbarung gem. § 1245
- Billigkeit, § 1246
- Vollstreckbarer Titel, § 1233 Abs. 2 *vgl.* ⇨ *S. 331*

d) **Recht am Versteigerungserlös**
- Bei Berechtigung des Pfandgläubigers zur Verwertung gebührt ihm der Erlös i.H.d. gesicherten Forderung, § 1247 S. 1.
- Im Übrigen tritt dingliche Surrogation ein, § 1247 S. 2: Der Erlös tritt an die Stelle des Pfandgegenstandes.

2. **Das Pfandrecht an Forderungen/Rechten**
- Die Verwertung eines Pfandrechts an einem **Recht** erfolgt nur nach den Vorschriften über die **Zwangsvollstreckung**, § 1277 *vgl.* ⇨ *S. 331*
- Eine **Forderung** wird je nach Pfandreife verwertet:
    - **Vor Pfandreife** (vor Fälligkeit der gesicherten Forderung des Pfandgläubigers) können Gläubiger und Pfandgläubiger die Forderung nur gemeinsam geltend machen; der Schuldner darf nur an beide leisten, § 1281.
    - **Nach Pfandreife** (nach Fälligkeit der gesicherten Forderung des Pfandgläubigers) kann der Pfandgläubiger fällige Forderungen alleine einziehen und der Schuldner darf nur an ihn leisten, § 1282.
- Bei Forderungen, die auf Verschaffung eines Gegenstands gerichtet sind, setzt sich das Pfandrecht im Wege **dinglicher Surrogation** an dem geleisteten Gegenstand fort (d.h. der Gläubiger erlangt z.B. das Eigentum an dem geleisteten Gegenstand und der Pfandgläubiger ein Pfandrecht).

V. Erlöschen des Pfandrechts an Sachen und Rechten

- Erlöschen der gesicherten Forderung, § 1252 (Akzessorietät)
- Freiwillige Rückgabe des Pfandes, § 1253 (tatsächliche Rückgabe)

    (⚠ *Auf das besitzlose Pfandrecht ist § 1253 natürlich nicht anwendbar.*)

    (⚠ *Besonderheiten im HGB z.B. § 440 Abs. 3 HGB*)

- Verzicht des Pfandgläubigers, § 1255
- Vereinigung von Pfand und Eigentum, § 1256 Abs. 1 (Ausnahmen in § 1256 Abs. 1 S. 2 und Abs. 2)
- Rechtmäßiger Verkauf, § 1242 Abs. 1
- Gutgläubiger lastenfreier Erwerb der Pfandsache durch einen Dritten, §§ 936 Abs. 1, 945, 949, 973 *vgl.* ⇨ *S. 227*

B. Vertiefungsschemata
IV. Familienrecht
1. Systematik

I. Institute des Zusammenlebens

Ehe	Lebenspartnerschaft
Ehe für alle, § 1353 Abs. 1 ab 01.10.2017	Lebenspartnerschaft bis 01.10.2017 begründet

Ehe:

1. Vorstufe: **Verlöbnis, §§ 1297 ff.**
   a) **Begründung**
      durch formfreien Vertrag (h.M.), also §§ 104 ff.
   b) **Rechtsfolgen**
      - kein gerichtlich durchsetzbarer Primäranspruch, § 1297
   c) **Beendigung**
      - durch Rücktritt, vgl. § 1298
      - §§ 1298, 1299, Ersatzpflicht bei Rücktritt
      - §§ 1301, 812 Geschenkrückgabe
2. **Ehe, §§ 1303 ff.**
   a) **Begründung, §§ 1303 ff.**
      - durch persönl. gleichzeitige Erklärung vor Standesbeamtem, § 1311
      - ggf. Ehevertrag, §§ 1408 ff.
      - Ehefähigkeit, kein Verbot, §§ 1303 ff.
      - für Personen verschiedenen oder gleichen Geschlechts, § 1353 Abs. 1
   b) **Rechtsfolgen**
      - allgemeine, für alle Güterstände, §§ 1353 ff.
      - Güterrecht, §§ 1363 ff.
      - Zeugnisverweigerungsrecht, § 383 Abs. 1 ZPO, § 52 Abs. 1 Nr. 2 StPO
   c) **Beendigung**
      - Aufhebung, §§ 1313 ff.
      - Scheidung, §§ 1564 ff.
      - Tod, §§ 1931, 1371, 1482

Lebenspartnerschaft:

1. Vorstufe: **Verlöbnis, §§ 1297 ff.**

   dto., § 1 Abs. 3 LPartG

   dto., § 1 Abs. 3 LPartG

2. **Lebenspartnerschaft (LPartG)**
   a) **Begründung, § 1**
      - durch Erklärung vor zuständiger Behörde, § 1
      - ggf. Lebenspartnerschaftsvertrag, § 7
      - Fähigkeit, kein Verbot, § 1 Abs. 2
      - für Personen gleichen Geschlechts, § 1
   b) **Rechtsfolgen**
      - allgemeine, §§ 2 ff.
      - Vermögensgegenstände, §§ 6 ff.
      - Zeugnisverweigerungsrecht, § 383 Abs. 1 ZPO, § 52 Abs. 1 Nr. 2 a StPO
   c) **Beendigung**
      - Aufhebung, § 15
      - Tod, § 10

Nichteheliche Lebensgemeinschaft
- nicht geregelt; keine analoge Anwendung des FamR
- aber regelbar durch Partnerschaftsvertrag, § 311 Abs. 1

B. Vertiefungsschemata

IV. Familienrecht
1. Systematik (Fortsetzung)

II. Verwandtschaft und Adoption

Abstammung	Adoption
1. **Allgemeine Vorschriften,** §§ 1589 ff.	1. **Annahme Minderjähriger,** §§ 1741 ff.
2. **Abstammung,** §§ 1591 ff. • Mutter, § 1591 • Vater, §§ 1592 ff. Anfechtung der Vaterschaft, §§ 1600 ff.	2. **Annahme Volljähriger,** §§ 1767 ff.
3. **Rechtsfolgen** • Unterhaltspflicht, §§ 1601 ff. • Elterliche Sorge, §§ 1626 ff.	3. **Rechtsfolgen** a) bei Minderjährigen ⎫ ⎬ dto., § 1754 ⎭ b) bei Volljährigen, § 1770

III. Vormundschaft, Betreuung, Pflegschaft

	Vormundschaft, §§ 1773 ff.	**Betreuung,** §§ 1896 ff.	**Pflegschaft,** §§ 1909 ff.
1. **Begründung**	§§ 1773 ff.	§§ 1896 ff.	§§ 1909
2. **Rechtsfolgen**	§§ 1793 ff.	§§ 1901 ff.	§ 1915 i.V.m. §§ 1793 ff.
3. **Beendigung**	§§ 1882 ff.	§ 1908 d ff.	§§ 1918 ff.

B. Vertiefungsschemata

IV. Familienrecht
2. Rechtswirkungen der Ehe/Lebenspartnerschaft

Ehe für alle	Lebenspartnerschaft (LPartG)
1. **Generalklausel, § 1353** • Ehe auf Lebenszeit für Personen verschiedenen oder gleichen Geschlechts • Verpflichtung zur Lebensgemeinschaft und Verantwortung	1. **Generalklausel, § 2** • Personen gleichen Geschlechts • Fürsorge und Unterstützung • Verantwortung
2. **Namensrecht, § 1355** Ehename oder Einzelname	2. **Namensrecht, § 3** Lebenspartnerschaftsname oder Einzelname
3. **Freie Rollenverteilung, § 1356** im gegenseitigen Einvernehmen	3. Freie Rollenverteilung nicht geregelt, aber selbstverständlich

4. **Geschäfte zur angemessenen Deckung des Lebensbedarfs, § 1357**
• beide Ehegatten werden berechtigt (h.M.: Gesamtgläubiger, § 428) und verpflichtet (Gesamtschuldner, § 421)
• Ausnahmen:
  – § 1357 Abs. 1 S. 2 Hs. 2: aus Umständen
  – § 1357 Abs. 2 i.V.m. § 1412: Ausschluss
  – § 1357 Abs. 3 i.V.m. § 1567: Getrenntleben
	4. **Geschäfte zur Deckung des Lebensbedarfs**
	
	§ 8 Abs. 2 i.V.m. § 1357 BGB entspr.

5. **Interne Sorgfalt, § 1359** eigenüblich, § 277	5. **Interne Sorgfalt, § 4** dto.
6. **Unterhaltspflicht, §§ 1360 ff.** Familienunterhalt, §§ 1360–1360 b	6. **Unterhaltspflicht, § 5** dto.
7. **Getrenntleben, §§ 1361 ff.** • Definition, § 1567 • Unterhalt, § 1361 • Hausrat, § 1361 a • Ehewohnung, § 1361 b	7. **Getrenntleben** • Unterhalt, § 12 • Hausrat, § 13 • Wohnung, § 14
8. **Eigentumsvermutung, § 1362** • der Ehegatte, der Schuldner ist, gilt als Alleineigentümer • Ausnahme: persönliche Gegenstände, § 1362 Abs. 2 oder § 1362 Abs. 1 S. 2	8. **Eigentumsvermutung** § 8 i.V.m. § 1362 BGB entsprechend; dto.
9. **Gewahrsamsvermutung, § 739 Abs. 1 ZPO**	9. **Gewahrsamsvermutung, § 739 Abs. 2 ZPO**

B. Vertiefungsschemata

IV. Familienrecht
3. Güterstände

Ehe	gesetzlicher Güterstand	vertraglicher Güterstand	
	Zugewinngemeinschaft, §§ 1363 ff.	Gütertrennung, § 1414	Gütergemeinschaft, §§ 1415 ff.
1. Voraussetzungen	a) Vorliegen einer wirksamen Ehe gem. §§ 1303 ff. b) notarieller Ehevertrag, §§ 1408 ff. § 1414 § 1415 c) Außenwirkung ggü. Dritten gem. § 1412 • Eintragung ins Güterrechtsregister • oder Kenntnis des Dritten		
bei LPartnerschaft (LPartG)	§ 6	§ 7	§ 7
2. Vermögen	a) **Trennung, § 1363** b) **aber Veräußerung** ohne Zustimmung **verboten:** • Vermögen im Ganzen, § 1365 • Haushaltsgegenstände, § 1369	**Trennung des Vermögens, § 1414**	a) **Gesamtgut, § 1416** = automatisch Gesamthandsvermögen, § 1419 b) **Sondergut, § 1417** c) **Vorbehaltsgut, § 1418**
bei LPartnerschaft (LPartG)	§ 6	§ 7	§ 7
3. Haftung für Verbindlichkeiten des anderen	a) **grds. (−), da Vermögenstrennung** b) **Ausnahmen:** • Bedarfsdeckung, § 1357 Abs. 1 • Eigentumsvermutung nicht widerlegt, § 1362	a) **dto.** b) **dto.**	a) **dto.** b) **dto.** • Haftung des Gesamtgutes, § 740 ZPO
bei LPartnerschaft (LPartG)	§ 8 Abs. 2	§ 8 Abs. 2	§ 8 Abs. 2
4. Entgelt bei Mitarbeit im Geschäft des anderen	a) **grds. (−)**, da Unterhalt; auch wenn überobligatorisch, vgl. § 1360 b b) **Ausnahme:** Vertrag der Eheleute • ArbV, § 611 a • GesV, §§ 705 ff.	a) **dto.** b) **dto.**	a) **dto.** b) **dto.**
bei LPartnerschaft (LPartG)	dto.	dto.	dto.
5. Unterhalt	§§ 1360 ff. • Haushaltsführung ist vollw. Beitrag, § 1360 S. 2 • Zuvielleistung, § 1360 b	dto.	dto.
bei LPartnerschaft (LPartG)	§ 5	§ 5	§ 5

267

B. Vertiefungsschemata

IV. Familienrecht
4. Veräußerungsverbote

I. Zugewinngemeinschaft, §§ 1363 ff.

1. **Grundsatz:**
   Jeder kann über sein **Vermögen separat** verfügen, vgl. § 1363 Abs. 2.
2. **Ausnahmen**
   a) **Geschäfte über nahezu gesamtes Vermögen, § 1365**
      (1) Güterstand der **Zugewinngemeinschaft, § 1363**
      (2) **Vertrag über nahezu gesamtes Vermögen**
         - Grds.: > als 90% des Aktivvermögens
         - Ausnahme: > als 85% bei kleinerem Vermögen (str.)
            ⇨ gilt auch bei Einzelgegenständen; auch bei dinglichen Belastungen (z.B. Hypothek)
            ⇨ Gegenleistung bleibt bei Berechnung grds. unberücksichtigt!
      (3) **Subjektive Theorie:**
         Erwerber muss bei Einzelgegenständen wissen, dass er nahezu gesamtes Vermögen erwirbt
      (4) **Rechtsfolge:**
         - Geschäft ohne Zustimmung des anderen Ehegatten schwebend unwirksam bis zur Genehmigung, § 1366 Abs. 1, oder Ersetzung i.S.v. § 1365 Abs. 2
         - Nichtigkeit bei Genehmigungsverweigerung, § 1366 Abs. 4
         - Absolutes Veräußerungsverbot, daher auch bei Unkenntnis des Erwerbers vom Güterstand kein gutgläubiger Erwerb gem. § 135 Abs. 2 möglich (h.M.)!
   b) **Geschäfte über Haushaltsgegenstände, § 1369**
      (1) Güterstand der **Zugewinngemeinschaft**
      (2) **Geschäft über Haushaltsgegenstand (weit!)** des veräußernden Ehegatten
         ⇨ analog bei Veräußerung von Sachen des anderen Ehegatten (str.)
      (3) **Rechtsfolge:** gem. § 1369 Abs. 3 i.V.m. § 1366, s.o.
   c) **Klagerecht des zustimmungsberechtigten Ehegatten aus § 1368 (ggf. i.V.m. § 1369 Abs. 3) i.V.m. § 985**
      ⇨ sog. revokatorische Klage (≈ Prozessstandschaft)

II. Gütergemeinschaft

1. **Gesamtgut, § 1416**, ist gesamthänderisch gebunden, § 1419
2. **Sondergut, § 1417**
   - Gegenstände, die nicht rechtsgeschäftlich übertragbar sind, § 1417 Abs. 2
   - Verwaltung: jeder selbstständig, § 1417 Abs. 3
3. **Vorbehaltsgut, § 1418**
   - Gegenstände i.S.v. § 1418 Abs. 2
   - Verwaltung: jeder selbstständig, § 1418 Abs. 3
   - Wirkung ggü. Dritten: § 1418 Abs. 4 i.V.m. § 1412

B. Vertiefungsschemata

IV. Familienrecht
5. Ausgleich von Zuwendungen unter Ehegatten, Lebenspartnern, nichtehelichen Lebenspartnern

I. Spezielle Ausgleichsmöglichkeiten

1. **Spezielle Auflösungs-, Abwicklungsverträge**
   - Eheverträge, §§ 1408 ff.
   - Lebenspartnerschaftsverträge, § 7 LPartG bis 01.10.2017 geschlossen
   - Partnerschaftsvertrag, § 311 Abs. 1, für nichteheliche Lebenspartner
2. **Gesellschaft bürgerlichen Rechts (GbR), § 705**
   a) (konkludenter) Gesellschaftsvertrag (Rechtsbindungswille!):
      - gemeinsamer Gesellschaftszweck i.S.v. § 705
        ⇨ nur, falls über die Notwendigkeiten des Zusammenlebens hinausgehend
      - Gesellschaftsbeiträge
   b) Auflösungsansprüche aus §§ 730 ff.
3. **Bruchteilsgemeinschaft, §§ 741 ff.**
   a) bzgl. der Sachen im Miteigentum (§ 1008) oder bzgl. des gemeinsamen Kontos
   b) Auflösungsrecht aus § 749; Auflösungsansprüche gem. §§ 752 ff.
4. **Arbeitsverträge, § 611 a**
   a) (konkludenter) Arbeitsvertrag (Rechtsbindungswille!) i.S.v. § 611 a
   b) Vergütung i.S.v. § 611 a Abs. 2 zu erwarten?
5. **Darlehensvertrag, §§ 488 ff.**
   nur bei Kreditabrede (Rechtsbindungswille!)
6. **Schenkungsvertrag, §§ 516 ff.**
   a) (konkludenter) Schenkungsvertrag (ggf. geheilt nach § 518 Abs. 2) grds. (–), da i.d.R. bloß **unbenannte Zuwendung:** Ausn. bei größeren Zuwendungen denkbar (Auslegung!)
   b) Widerruf wegen groben Undanks i.S.v. §§ 530, 531?
      ⇨ bloße Trennung reicht nicht!

II. Allgemeine Institute

1. **Störung der Geschäftsgrundlage, § 313**
   a) Grds. unanwendbar, da FamilienR (ScheidungsR) spezieller
   b) Ausnahme: grob unbillige Härtefälle
2. **Bereicherungsrecht, §§ 812 ff.**
   a) § 812 Abs. 1 S. 1 Var. 1; i.d.R. keine Leistung auf vermeintliche Verbindlichkeiten bzw. Ausschluss gem. § 814 Var. 1
   b) § 812 Abs. 1 S. 2 Var. 2
      nur falls besondere Zweckvereinbarung; einseitiges Motiv des Leistenden reicht nicht
3. **GoA, §§ 677, 683, 670**
   da i.d.R. „auch" fremdes Geschäft ⇨ Fremdgeschäftsführungswille muss erkennbar werden

III. Berücksichtigung bei Zugewinnausgleich, §§ 1372 ff.

- falls Zuwendungen sich im Endvermögen auswirken, § 1375
- **nicht** analog auf nichtehelicher Lebensgemeinschaft (daher Lösung über allgemeine Institute)

B. Vertiefungsschemata

IV. Familienrecht
6. Eheverträge

I. Allgemeine Vorschriften, §§ 1408 ff.

1. **Grundsatz der Vertragsfreiheit, §§ 1408 ff.**
   - auch nach Eingehung der Ehe möglich
   - bei beschränkt Geschäftsfähigen/Geschäftsunfähigen, § 1411
2. **Form: notariell, § 1410**
3. **wirksam ggü. Dritten nach § 1412**
   - im Güterrechtsregister eingetragen
   - oder Dritten bekannt

II. Mögliche Inhalte

1. Gütertrennung, vgl. § 1414
2. Gütergemeinschaft, §§ 1415 ff.
3. auch Mischformen möglich (Vertragsfreiheit)
4. sowie nur Einzelregelungen, z.B. Modifizierung des Zugewinnausgleichs (Vertragsfreiheit!)

III. Unwirksamkeitsgründe

1. **Formnichtigkeit**, § 125 i.V.m. § 1410
2. **allgemeine Nichtigkeitsgründe, §§ 134, 138, 242**
   - bei Knebelung, Vertragsungleichgewicht im Kernbereich des Unterhaltsrechts
   - Unterhaltsverzicht zulasten der gemeinsamen Kinder
     - da Verträge zulasten Dritter: generell unwirksam
     - möglich aber interne Freistellung der Ehegatten untereinander bzgl. Kindesunterhalt
   - ggf. abweichend von § 139 nur Teilnichtigkeit gewollt

Bei nichtehelicher Lebensgemeinschaft

- Keine Regelung,
- daher vertragliche Regelungen formfrei möglich
- Grenzen:
  - falls Verpflichtung zur (Rück-)Übertragung von Grundstücken gilt § 311 b
  - §§ 134, 138 bei Gesetzes-, Sittenverstoß

B. Vertiefungsschemata

IV. Familienrecht
7. Beendigung der Ehe

I. Gründe

1. **Aufhebung der Ehe**
   a) **Aufhebungsgrund:** fehlerhafte Ehe i.S.v. § 1314
      ⇨ Verstoß gegen §§ 1303 ff.
   b) **Rechtskräftige Entscheidung,** § 1313
2. **Scheidung, §§ 1565 ff.**
   Scheidungsgrund, §§ 1565 ff.: **Zerrüttungsprinzip**
   - Scheitern der Ehe festzustellen + Fortsetzung unzumutbar
     → bei Trennung < 1 Jahr, § 1565
   - Scheitern der Ehe festzustellen
     → bei Trennung > 1 Jahr + einseitiger Antrag
   - Scheitern vermutet, § 1566 Abs. 1
     → bei Trennung > 1 Jahr + einvernehmliche Scheidung
   - Scheitern unwiderlegbar vermutet, § 1566 Abs. 2
     → bei Trennung > 3 Jahre

   } **kein Härtefall, § 1568**

II. Scheidungsfolgen

1. **Ex-Ehegatten**
   a) **Ehe mit Rechtskraft der gerichtlichen Entscheidung aufgelöst, § 1564**
   b) **Güterstand**
      - Zugewinnausgleich, §§ 1372 ff.
      - Gütergemeinschaft: Auseinandersetzung bzgl. Gesamtgut, § 1478
   c) **Unterhalt, §§ 1570 ff.**
      - Unterhaltsberechtigung aus Gründen i.S.d. §§ 1570 ff.
      - kein Ausschluss, §§ 1577 ff.
      - Leistungsfähigkeit des Verpflichteten, §§ 1581 ff.
   d) **Versorgungsausgleich bzgl. Rentenanwartschaften, VersAusglG**
   e) **Hausratsverteilung, § 1568 b**
   f) **Namensrecht, § 1355 Abs. 5**
2. **Eltern – Kind**
   a) **elterliche Sorge** bleibt grds. bei beiden, § 1671
   b) **Kindesunterhalt, § 1601 ff.**
      - Unterhaltsberechtigung, § 1602
      - kein Ausschluss, § 1611
      - Verpflichtete, §§ 1603 ff.

Gilt grds. auch bei Aufhebung der Lebenspartnerschaft, § 15 LPartG

B. Vertiefungsschemata
IV. Familienrecht
8. Abstammung

I. Allgemeine Vorschriften, §§ 1589 ff.
- § 1589: Verwandtschaft
- § 1590: Schwägerschaft

II. Eltern

Mutter ♀	Vater ♂
§ 1591: Gebärende • auch Mietmutter • auch Ersatzmutter	• § 1592 Nr. 1: **Ehemann** der Mutter • § 1592 Nr. 2: **Anerkennender**, §§ 1594 ff. Ausn.: Missbrauch, § 1597 a **Ausnahme:** rechtskräftige Entscheidung nach Anfechtung, **§ 1600** • § 1592 Nr. 3: **gerichtlich Festgestellter**

- **§ 1598 a:** Anspruch auf Einwilligung in **genetische Untersuchung** zur Klärung der Abstammung

III. Elterliche Sorge, §§ 1626 ff.
1. **Grds.: gemeinsames Sorgerecht der Eltern**, § 1626 Abs. 1, § 1626 a Abs. 1, 2
2. **Ausnahme: alleiniges Sorgerecht**
   - der Mutter, falls unverheirateter Vater kein Sorgerecht will, § 1626 a Abs. 3
   - § 1678: Verhinderung, Ruhen
   - § 1680: Tod, Entzug
   - auf Antrag ggf. Beistandschaft des Jugendamts, §§ 1712 ff.

IV. Umfang der elterlichen Sorge
1. **Personensorge, §§ 1631 ff.**
   - Pflege, Erziehung, Aufsichtsrecht
   - Rechtsgeschäfte für persönlichen Bereich

2. **Vermögenssorge**
   - Verwaltung des Kindesvermögens
   - Vertretung bei Verpflichtungs-, Verfügungsgeschäften

↓ **Gesetzliche Vertretungsmacht, § 1629 Abs. 1** ↓

- **Ausschluss: § 1629 Abs. 2 i.V.m. § 1795 bei Interessenkollision**
  – § 1795 Abs. 1: Nahbereichspersonen
  – § 1795 Abs. 2: Insichgeschäfte i.S.v. § 181
  ⇨ Ergänzungspfleger erforderlich, § 1909

- **Beschränkung: § 1643 i.V.m. §§ 1821, 1822 Nr. 1, 3, 5, 8–11 bei gefährlichen Verträgen**
  – § 1821: Grundstücke, Schiffe, Schiffsbauwerke
  – § 1822: Sonstige gefährliche Verträge
  ⇨ Gerichtliche Genehmigung erforderlich

V. Umgangsrecht
- § 1684: Elternteile
- § 1685: Großeltern, Geschwister
- **§ 1686 a: leiblicher, nicht rechtlicher Vater**

B. Vertiefungsschemata
IV. Familienrecht
9. Adoption, Vormundschaft, Pflegschaft

I. Adoption, §§ 1741 ff.

1. **Minderjähriger, §§ 1741 ff.**
   a) **Voraussetzungen:**
      - positive Prognose, § 1741
      - Mindestalter, § 1743
      - kein Verbot, § 1745
      - Einwilligungen, § 1750
        – des Kindes, § 1746
        – der Eltern, § 1747, oder Ersatz, § 1748
      - Beschluss des Gerichts, § 1752
   b) **Rechtsfolge:** § 1754
      ⇨ *S. 272 (volle Verwandtenstellung)*

2. **Volljähriger, §§ 1767 ff.**
   a) **Voraussetzungen:**
      - sittliche Rechtfertigung, § 1767
      - Antrag, § 1768
      - kein Verbot, § 1769
   b) **Rechtsfolge:** § 1770
      ⚠ wie Abstammung, aber nur im Verhältnis zum Annehmenden, Verwandtschaft des Adoptierten zu seinen Verwandten bleibt bestehen.

II. Vormundschaft, §§ 1773 ff.

1. **Voraussetzungen:**
   - Mündel steht nicht unter elterlicher Sorge, § 1773
   - Benennungsrecht, Auswahl, §§ 1776 ff. ⇔ Ausschlussgründe, §§ 1780 ff.
   - Anordnungsbeschluss, § 1774 i.V.m. § 1789 + Urkunde, § 1791
2. **Rechtsfolge:**
   - Übernahmepflicht, § 1785
   - **Vermögenssorge, §§ 1793 ff.** (wie bei Eltern ⇨ *S. 272*)
   - Personensorge, § 1800

III. Betreuung, Pflegschaft, §§ 1896 ff.

1. **Betreuung**
   a) **Voraussetzung, §§ 1896 ff.**
      Volljähriger mit geistigen/körperlichen Gebrechen
   b) **Rechtsfolgen:**
      - Übernahmepflicht, § 1898
      - Vertretung, § 1902 (nur falls erforderlich – **Subsidiarität!**)
      - Einwilligungsvorbehalt, § 1903

2. **Pflegschaft, §§ 1909 ff.**
   - Ergänzungspfleger, § 1909
   - Abwesenheitspfleger, § 1911
   - Pfleger für Leibesfrucht, § 1912

B. Vertiefungsschemata

V. Erbrecht
1. Systematik

I. Erbfähige Personen

- **natürliche Personen:** auch nasciturus, § 1923 Abs. 2
- **juristische Personen:** Kapitalgesellschaften, auch Staat (Fiskus), § 1936
- **rechtsfähige Gesellschaften:** Handelsgesellschaft, Partnerschaft, GbR

II. Erbenstellung

1. **Erwerb**
   a) **durch letztwillige Verfügung, § 1937**
      - Testament, §§ 2064 ff.
      - gemeinschaftliches Testament, §§ 2265 ff.
      - Erbvertrag, §§ 2274 ff.
   b) **kraft Gesetzes, §§ 1924 ff.**
2. **Verlust**
   - Enterbung, § 1938
   - Ausschlagung, §§ 1942 ff.
   - Anfechtung, §§ 2078 ff.
   - Erbunwürdigkeit, §§ 2339 ff.
   - Erbverzicht, §§ 2346 ff.
3. **am Nachlass Berechtigte i.w.S.**
   a) **dinglich Berechtigte**
      - Alleinerbe, Miterbe, §§ 2032 ff.
      - Vorerbe, Nacherbe, §§ 2100 ff.
      - Ersatzerbe, §§ 2096 ff.
   b) **nur schuldrechtlich Berechtigte**
      - Vermächtnisnehmer, §§ 1939 ff., 2147: Anspruch auf Vermächtnis, § 2174
      - Pflichtteilsberechtigter, §§ 2303 ff.: Anspruch auf Geld
      - Auflagenbegünstigter, § 1940: Kein Anspruch, nur Verpflichtung für Erben

III. Rechtsfolgen des Erbfalls

1. **Universalsukzession, § 1922**
   Vermögen des Erblassers geht **automatisch als Ganzes** auf Erben über
2. **Erben haften automatisch für alle Verbindlichkeiten, §§ 1967, 2058 ff.**
   - für Erblasserschulden
   - für Erbfallschulden: Vermächtnis, §§ 2147, 2174; Pflichtteil, §§ 2303 ff.
   - für Nachlassverwaltungsschulden
3. **Ansprüche des/der Erben gegen Erbschaftsbesitzer, §§ 2018 ff.**

B. Vertiefungsschemata

V. Erbrecht
1. Systematik (Fortsetzung)

IV. Erbschein

- auf Antrag amtliches **Zeugnis über Erbschaft,** § 2353
- **öffentlicher Glaube des Erbscheins,** § 2365, daher:
  - **§ 2366: gutgläubiger Eigentumserwerb Dritter** vom „Scheinerben" möglich
    - ⚠ § 2366 überwindet **nur die fehlende erbrechtliche Stellung** des Verfügenden, setzt aber im Übrigen voraus, dass die Sache zur Erbmasse gehört, d.h., dass der Erblasser Eigentümer war. ⇨ **S. 284**
    - ⚠ **Gehörte die Sache nicht zur Erbmasse,** so kann dies dann aber über die allgemeinen Gutglaubensvorschriften überwunden werden, also gutgläubiger Erwerb des Dritten gem. §§ 932 ff. ⇨ **S. 227** oder § 892 ⇨ **S. 232 ff.** möglich.
  - **§ 2367: Leistung gutgläubiger Dritter** an „Scheinerben" mit befreiender Wirkung möglich

V. Konkurrenzen zu Rechtsgeschäften unter Lebenden

- **vorweggenommene Erbfolge**
  - ist schuldrechtlich Schenkung, §§ 516 ff., und sachenrechtlich Übereignung, §§ 929 ff. bzw. §§ 873, 925, unter Lebenden, aber mit der Abrede, dass das Geschenk auf spätere Erbquote anzurechnen ist
    - ⚠ Ist der Schenker kein Eigentümer, so ist kein gutgläubiger Erwerb möglich, da kein Verkehrsgeschäft ⇨ **S. 227**
  - Abgrenzung zur reinen Schenkung: Keine vorweggenommene Erbfolge, wenn Anrechnung auf Erbquote nicht gewollt, sondern reine Freigiebigkeit zu Lebzeiten (Auslegung!)
- **Schenkung auf den Todesfall unter der Bedingung, dass Beschenkter den Schenker überlebt**
  - **gem. § 2301 Abs. 1 gilt Formvorschrift des § 2276 entsprechend;**
  - **Heilung gem. § 2301 Abs. 2 i.V.m. § 518 Abs. 2,** falls Schenker zu Lebzeiten Schenkung vollzieht
    h.M.: für die Heilung reicht ein gewisser dinglicher Vollzug noch zu Lebzeiten des Schenkers; ein vollständiger Vollzug zu Lebzeiten wäre widersinnig, da ja Schenkung auf den Todesfall
    - ⚠ h.M.: § 2301 unanwendbar auf Verträge zugunsten Dritter auf den Todesfall, da § 331 nicht hierauf verweist ☞ z.B. Zuwendung einer Lebensversicherung

B. Vertiefungsschemata

V. Erbrecht
2. Erbfähige Personen

I. Erbfähige Personen

- **natürliche Personen**
  - wer **z.Z. des Erbfalls lebt**, § 1923 Abs. 1
  - auch **nasciturus**, § 1923 Abs. 2, falls Lebendgeburt (arg. ex § 1923 Abs. 1)
- **juristische Personen**
  - **Kapitalgesellschaften** (AG, GmbH etc.)
  - **rechtsfähige Vereine**, §§ 21 ff.
  - **Stiftungen**, §§ 80 ff.
  - **Staat**, vgl. § 1936
- **rechtsfähige Personengesellschaften**
  - **Handelsgesellschaften** (OHG, KG wg. § 124 HGB)
  - **Partnerschaftsgesellschaft**, § 7 Abs. 2 PartGG
  - **Gesellschaft bürgerlichen Rechts** (h.M.: rechtsfähig)

II. Erbenstellung

Erwerb der Erbenstellung durch Verfügung von Todes wegen

Wirksamkeit = Aufbauschema:	Testament, §§ 1937, 2064 ff.	Gemeinschaftliches Testament, §§ 2265 ff.	Erbvertrag, §§ 2274 ff.
	• durch einzelnen Erblasser	• durch Ehegatten • durch Lebenspartner, § 10 LPartG	• durch Erblasser mit erb-, vermächtnisfähigen Personen
1. Testierfähigkeit des Erblassers	**§ 2229:** • ab 16. Lebensjahr • keine Testierunfähigkeit	dto.	**§ 2275:** • grds.: ab 18. Lebensjahr • Ausn.: Ehegatte + Verlobter

2. Inhalt der letztwilligen Verfügung
⚠ *Grundsatz der wohlwollenden Auslegung, § 2084*
	a) **Blickwinkel der Auslegung**
	Erblasserwille, § 133 Empfängerhorizont bei zweiseitiger WE
	b) **Auslegungsmethoden:**
	➤ • **erläuternde Auslegung:** Was hat Verfasser **bei** Abgabe der WE gewollt?
	➤ • **ergänzende Auslegung:**
	  – Lücke in letztwilliger Verfügung
	  – Ermittlung des hypothetischen Willens des Erblassers **z.Z.** der Abgabe der Willenserklärung
	⚠ *beachte die gesetzlichen Auslegungshilfen*		

	§§ 2066 ff.: • Personenkreis, §§ 2066 ff. • Wegfall von Abkömmlingen, §§ 2069 ff. • Bedingungen, §§ 2074 ff. • Eheauflösung, § 2077 • Abgrenzung Erbeinsetzung zu Vermächtnis, §§ 2087 ff.	**§§ 2066 ff.** • ergänzend: ⚠ *§ 2269* ⇨ **S. 278**	**§§ 2066 ff.** • ergänzend: ⚠ *§ 2270 Abs. 2*

B. Vertiefungsschemata

V. Erbrecht
2. Erbfähige Personen (Fortsetzung)

II. Erbenstellung (Fortsetzung)

Erwerb der Erbenstellung durch Verfügung von Todes wegen

Wirksamkeit = Aufbauschema:	Testament, §§ 1937, 2064 ff.	Gemeinschaftliches Testament, §§ 2265 ff.	Erbvertrag, §§ 2274 ff.
3. Wirksamkeit der letztwilligen Verfügung	▪ **Grundsatz der höchstpersönlichen Errichtung** §§ 2064, 2065: ▪ **unzulässig: Stellvertretung im Willen** ▪ **zulässig: Vorgaben ohne Auswahlermessen** z.B. „Die Tochter mit der besten Examensnote soll von meinem Freund B zur Erbin bestimmt werden." ▪ **allgemeine Nichtigkeitsgründe, §§ 134, 138** – **verbotene Verfügungen, § 134** – **sittenwidrige Verfügungen, § 138** ⚠ Mätressentestament: Erbeinsetzung der Geliebten unter Enterbung der Ehefrau grds. nicht sittenwidrig, da Testierfreiheit vorgeht, vgl. § 1938. ▪ **Teilnichtigkeit** führt abweichend von § 139 im Zweifel nicht zur Gesamtnichtigkeit, § 2085	dto. dto.	dto., § 2274 dto.

4. Form der letztwilligen Verfügung	▪ **notarielle Beurkundung, § 2232**
	Sonderfälle: § 2233
	▪ **Eigenhändigkeit, § 2247**
	– handschriftlich ge- und unterschrieben
	– bei Mitwirkung Dritter:
	  • bloße Unterstützung = Schreibhilfe ist unschädlich
	  • falls mehr: formnichtig
	– Unterschrift muss Text abschließen; Zusätze („P.S.") gesondert zu unterschreiben
	▪ **Nottestament, §§ 2249 ff.**
		▪ **notarielle Beurkundung, § 2232**
		Sonderfälle: § 2233
		▪ **Eigenhändigkeit, § 2247**
		– in § 2267 Formerleichterung: für den anderen Ehegatten reicht Mitunterschrift
		– falls zwei Einzeltestamente, ist Errichtungszusammenhang erforderlich
		– Unterschriften müssen Text abschließen; Zusätze („P.S.") gesondert zu unterschreiben
		▪ **Nottestament, § 2266**
			▪ **nur notariell** bei gleichzeitiger Anwesenheit des Vertragspartners, § 2276
			▪ Kombination mit Ehevertrag, § 2276 Abs. 2

	▪ **Andeutungs-/Anklangtheorie:** für die Einhaltung der Form reicht es, dass der (ausgelegte) Inhalt in der Urkunde (zwischen den Zeilen) Anklang gefunden hat		

B. Vertiefungsschemata

V. Erbrecht
3. Besonderheiten beim gemeinschaftlichen Testament

I. Berliner Testament

⇨ es bestehen **zwei Gestaltungsmöglichkeiten:**

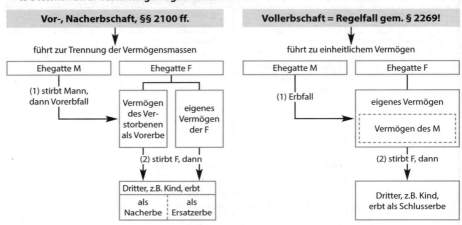

⇨ gilt auch für gleichgeschlechtliche Lebenspartner, § 10 Abs. 4 LPartG!

⚠ **Konsequenz:**

- überlebender Ehegatte hat **zwei – getrennte – Vermögensmassen**
- und ist bzgl. des als Vorerbe Geerbten in der **Verfügungsmacht beschränkt, §§ 2113 ff.** nur bedingt Befreiung möglich, § 2136 ⇨ **S. 281**

⚠ **Konsequenz:**

- **zunächst erbt nur F,** daher hat Kind Pflichtteilsanspruch, § 2303 Abs. 1 bzgl. Erbmasse des M
- F kann durch Rechtsgeschäft unter Lebenden **frei verfügen, § 2286 analog**
- **Dritter erbt nur das, was F übrig lässt.** Korrektiv über § 2287 analog i.V.m. §§ 812, 818 bei beeinträchtigenden Schenkungen

II. Bindungswirkung des gemeinschaftlichen Testaments

1. **Grds.:** keine anderweitige Verfügung von Todes wegen bzgl. wechselbezüglicher Verfügungen i.S.v. § 2270 möglich
2. **Ausnahmen:**
   - Eheauflösung, § 2268
   - Widerruf gem. § 2271
   - gemeinsame Aufhebung/Abänderung des Testaments

B. Vertiefungsschemata

V. Erbrecht
4. Erbenstellung

Erwerb der Erbenstellung kraft Gesetzes = gesetzliche Erbfolge

1. Es liegt **keine (wirksame) gewillkürte Erbfolge** vor
   ⇨ also kein wirksames Testament/Ehegattentestament/Erbvertrag
2. **Kreis der erbfähigen Personen:** nur, wer z.Z. des Erbfalls lebt sowie nasciturus bei Lebendgeburt, § 1923
3. **Kreis der erbberechtigten Personen als gesetzliche Erben:**

Grds.:		Ausnahmen:	
nur blutsmäßig Verwandte erben = Parentelsystem ⇩ nach dem **Ordnungsprinzip, § 1930**, schließen nähere Verwandte die entfernteren aus ⇩		• **Adoptivkinder** – vgl. §§ 1754, 1755, 1766 – vgl. § 1770	
Reihenfolge:	**Verteilung innerhalb der Ordnung:**	• **Ehegatte des Erblassers, § 1931** (bzw. § 10 LPartG)	**Zusätzliche Ansprüche des Ehegatten:**
1. Ordnung: § 1924 — **Abkömmlinge** des Erblassers und deren Abkömmlinge	• nach Stämmen • innerh. der Stämme: – **Repräsentationsprinzip**, § 1924 Abs. 2 – **Eintrittsprinzip**, § 1924 Abs. 3	(1) **bei Zugewinngemeinschaft** – § 1931 Abs. 1: • 1/4 neben Erben der 1. Ordnung • 1/2 neben Erben der 2. Ordnung	• **auf pauschalen Zugewinnausgleich:** Erhöhung um 1/4, § 1931 Abs. 3 i.V.m. § 1371 Abs. 1
2. Ordnung: § 1925 — **Eltern** des Erblassers und deren Abkömmlinge	• **nach Linien**, § 1925 Abs. 3 • **innerhalb der Linien:** nach Stämmen	– § 1931 Abs. 2: • 1/1 neben Erben fernerer Ordnung (2) **bei Gütertrennung** – § 1931 Abs. 4: • 1/2 neben 1 Kind	
3. Ordnung: § 1926 — **Großeltern** und deren Abkömmlinge	• **nach Linien**, § 1926 Abs. 3 • **innerhalb der Linien:** nach Stämmen	• 1/3 neben 2 Kindern – § 1931 Abs. 1: • 1/4 ab 3 Kindern	
4. Ordnung: § 1928 — **Urgroßeltern** und deren Abkömmlinge	• **Gradsystem**, § 1928 Abs. 3	(3) **bei Gütergemeinschaft** – gem. § 1482 S. 2 i.V.m. § 1931 Abs. 1 • 1/4 neben Erben der 1. Ordnung • 1/2 neben Erben der 2. Ordnung	• **auf Voraus aus § 1932 Abs. 2 i.V.m. §§ 2147, 2174** bzgl. Haushaltsgegenstände
5. Fernere Ordnung: § 1929 — **entferntere Voreltern** und deren Abkömmlinge	• **Gradsystem**, § 1929	– § 1931 Abs. 2: • 1/1 neben Erben fernerer Ordnung	• **auf Dreißigsten aus § 1969:** 30 Tage Unterhalt für Familienangehörige, die zum Hausstand gehören

Notfalls erbt der Staat, §§ 1936, 1964 ff.

B. Vertiefungsschemata

V. Erbrecht
5. Erbenstellung – Verlust

Verlust der Erbenstellung

1. **Enterbung**
   aufgrund der Testierfreiheit kann jeder gesetzliche Erbe durch Verfügung von Todes wegen enterbt werden:
   - **ausdrücklich; auch durch reines Negativtestament,** § 1938
   - **konkludent,** z.B. durch Einsetzung anderer Erben
   - Enterbter hat aber Anspruch auf Pflichtteil = Geld, falls Abkömmling, Eltern, Ehegatte, § 2303
2. **Ausschlagung, §§ 1942 ff.**
   - **Frist und Form:** binnen 6 Wochen ggü. Nachlassgericht, §§ 1944, 1945
   - **kein Ausschlussgrund:** keine Annahme, § 1943;
     keine Anfechtung der Ausschlagung, § 1957 Abs. 1
   - **Rechtsfolge der Ausschlagung: ex tunc,** § 1953
   - bei Ausschlagung durch Ehegatten: Zugewinnausgleich gem. § 1371 Abs. 3
3. **Anfechtung der letztwilligen Verfügung, §§ 2078 ff.**
   a) **Frist und Form:** binnen 1 Jahr ggü. Nachlassgericht, §§ 2081, 2082
   b) **Anfechtungsgrund: §§ 119 ff. gelten nicht, sondern:**
      - **§ 2078 Abs. 1:** Inhalts-, Erklärungsirrtum des Erblassers
      - **§ 2078 Abs. 2:** jeder Motivirrtum (daher auch Täuschung erfasst) sowie widerrechtliche Drohung
      - **§ 2079:** Übergehen eines Pflichtteilsberechtigten i.S.v. § 2303
   c) **Anfechtungsberechtigte Personen:**

Erblasser selbst	Dritte
• grds. (–), da er jederzeit widerrufen kann, §§ 2253 ff.	• grds. (+), wenn ihm Aufhebung der letztwilligen Verfügung unmittelbar zustatten kommt
• Ausnahme (+) bei Erbvertrag, §§ 2281, 2283	• Ausnahme: §§ 2080 Abs. 2 u. 3, 2285

   d) **Rechtsfolge:** letztwillige Verfügung fällt **ex tunc** weg
      - **§ 2078 Abs. 3:** kein Ersatz des Vertrauensschadens gem. § 122
4. **Erbunwürdigkeit**
   a) **Frist und Form:** binnen Jahresfrist durch Anfechtungsklage, §§ 2340, 2342
   b) **Grund:** abschließend in § 2339 genannt
   c) **Anfechtungsberechtigt:** jeder, dem Wegfall zustatten kommt, § 2341
   d) **Rechtsfolge: ex tunc, aber erst mit Rechtskraft des Urteils,** §§ 2342 Abs. 2, 2344
5. **Erbverzicht, §§ 2346 ff.**
   a) **Form:** notarielle Beurkundung, § 2348
   b) **Grund:** Verwandte und Ehegatte des Erblassers können gem. §§ 2346, 2350 ohne besonderen Grund verzichten; zugrundeliegendes Kausalgeschäft muss nach h.M. analog § 2348 beurkundet werden (Warnfunktion).
   c) **Rechtsfolgen:** soweit Verzicht reicht, ist Verzichtender von gesetzlicher Erbfolge ausgeschlossen, **als wenn er z.Z. des Erbfalls nicht mehr lebte**;
      er hat kein Pflichtteilsrecht, § 2346 Abs. 1 S. 2

B. Vertiefungsschemata

V. Erbrecht
6. Am Nachlass Beteiligte

I. Dinglich Berechtigte

d.h. gem. § 1922 entsteht automatisch Eigentum an der Erbmasse (Universalsukzession)
- Alleinerbe: wird alleiniger Rechtsnachfolger
- **Miterben, §§ 2032 ff.**

  ⇨ sind **Gesamthandsgemeinschaft**, d.h.: Allen gehört alles, begrenzt durch die Mitberechtigung der anderen, **daher bei Geschäften bzgl. Erbmasse:**

Verpflichtungsgeschäfte	Verfügungsgeschäfte	Forderungseinzug
§ 2038	§ 2040	§ 2039
– Abs. 1 S. 1: grds. gemeinsam	– über Nachlassgegenstände:	– jeder allein forderungszuständig
– Abs. 1 S. 2: einer allein **bei Notfall**	• alle gemeinsam	– alle gemeinsam empfangszuständig
– Abs. 2 i.V.m. § 745: Mehrheit bei **Maßnahmen ordnungsgemäßer Verwaltung**	• h.M.: bei **Notfall** aber § 2038 Abs. 1 S. 2 analog!	
⚠ h.M.: § 2038 regelt neben Geschäftsführungsbefugnis im Innenverhältnis **auch Vertretungsmacht** im Außenverhältnis	– über Miterbenanteil, § 2033	

  ⇨ **Anspruch auf Erbauseinandersetzung, § 2042 i.V.m. §§ 749 ff.**
  - **Grds.: Jederzeit,** § 2042; Ausnahme: §§ 2043 ff.
  - **Berichtigung der Nachlassverbindlichkeiten, § 2046**
  - **Verteilung des verbleibenden Überschusses, § 2047**; ggf. Teilungsanordnung des Erblassers zu berücksichtigen, § 2048
  - **ggf. Ausgleichspflichten, §§ 2050 ff.**
  - **Auskunftspflicht, § 2057**

- **Vorerbschaft, Nacherbschaft, §§ 2100 ff.**

  ⇨ d.h. **zeitlich nacheinander Rechtsnachfolger** des Erblassers

  1. Vorerbe
  - muss Nachlass **ordnungsgemäß verwalten** und im Nacherbfall an Nacherbe herausgeben, § 2130
  - **Verfügungsbefugnis beschränkt gem. §§ 2113 ff:**
    ⚠ – *keine unentgeltlichen Verfügungen, § 2113 Abs. 2*
    – *keine Grundstücksgeschäfte, §§ 2113 Abs. 1, 2114* } Befreiung möglich, § 2136
    ↳ **Ausnahme:** gutgläubiger Erwerb eines Dritten, § 2113 Abs. 3

  2. Nacherbe
  a) **bis zum Nacherbfall:**
  - **Einwilligungspflicht**, § 2120
  - **Anwartschaftsrecht an Erbschaft**
  - **Informationsrechte des Nacherben**, §§ 2121 ff.

B. Vertiefungsschemata

V. Erbrecht
6. Am Nachlass Beteiligte (Fortsetzung)

I. Dinglich Berechtigte (Fortsetzung)

b) **ab Eintritt des Nacherbfalls, §§ 2106, 2139:**
- **Herausgabeanspruch** und Anspruch auf Rechenschaft gegen Vorerben aus § 2130
- **Sekundäransprüche** aus §§ 2133, 2134, 2127
- **Haftung des Nacherben**, §§ 2144, 2125
- Anzeigepflicht, § 2146

- **Ersatzerben, §§ 2096 ff.**

 ⇨ d.h. Erbeinsetzung **für den Fall, dass ein anderer als Erbe vor oder nach dem Erbfall wegfällt**, § 2096
 Auslegungshilfe: §§ 2097, 2098

II. Schuldrechtlich Berechtigte

1. **Vermächtnisnehmer**, § 2147
   - **Bloßer schuldrechtlicher Anspruch auf Gegenstände oder Geldsumme aus § 2174**; Entstehen, Fälligkeit, §§ 2176 ff.
   - **Einsetzung des Vermächtnisnehmers**
     - **durch letztwillige Verfügung**, §§ 2147, 1939
     - **durch Gesetz**, z.B. Voraus, § 1932 Abs. 2; Dreißigster, § 1969 Abs. 2 für Ehegatte
2. **Pflichtteilsberechtigter, § 2303**
   - **bloßer schuldrechtlicher Zahlungsanspruch** i.H.d. Hälfte des gesetzlichen Erbteils aus § 2303 Abs. 1 S. 2; Nachlasswert z.Z. des Erbfalls, § 2311 (Auskunftspflicht gem. § 2314); ggf. Anrechnung, § 2315
   - **berechtigte Personen**, § 2303; nur Abkömmlinge; Ehegatte und Eltern des Erblassers
   - **Voraussetzung:** kein Erbe geworden
     - falls enterbt, § 2303
     - falls Ehegatte Erbschaft ausschlägt, § 2303 Abs. 2 S. 2 i.V.m. § 1371 Abs. 3
   - **Sonderfälle:**
     - **Pflichtteilsrestanspruch aus § 2305:** falls Pflichtteilsberechtigter zwar Erbe geworden, aber zu **kleinerer Quote** eingesetzt als der Pflichtteil ausmachen würde
     - **Pflichtteilsergänzungsanspruch aus § 2325:** falls zwar Quote der Erbeinsetzung in Ordnung, **aber Erbmasse geschmälert durch Schenkung des Erblassers an Dritte**
       - **Ausnahmen:**
         -- Schenkung außerhalb der 10 Jahresfrist, § 2325 Abs. 3 S. 2 (davor: beachte Abs. 3 S. 1!)
         -- Anstandsschenkung, § 2330
       - **Anspruchsgegner:**
         -- grds. Erben, es sei denn, diese sind selbst ergänzungsberechtigt, § 2328
         -- dann Anspruch gegen den Beschenkten aus § 2329 i.V.m. § 812
       - **Verjährung:** § 2332
3. **Auflagenbegünstigter, §§ 1940, 2192 ff.**
   - **schafft bloße schuldrechtliche Verpflichtung** des Erben oder Vermächtnisnehmers zu einer Leistung
   - umgekehrt **aber kein Anspruch des Auflagenbegünstigten**
   - Vollziehungsberechtigte, § 2194

B. Vertiefungsschemata

V. Erbrecht
7. Rechtsfolgen des Erbfalls

I. Universalsukzession, § 1922

- Vermögen des Erblassers **geht automatisch als Ganzes** auf Erben über
  Sonderfälle: HöfeO, GesellschaftsR ⇨ **S. 300**
- **Fiktiver Erbenbesitz, § 857**, daher ggf. Abhandenkommen, § 935, sodass Dritte nicht gutgläubig erwerben können; Ausn.: Erwerb vom Scheinerben, § 2366
- Erben sind Rechtsnachfolger bzgl. aller Rechtspositionen des Erblassers; für Zwangsvollstreckung, §§ 727, 728 ZPO
  Ausnahme: höchstpersönliche Positionen

II. Erbenhaftung

1. **Gem. § 1967 Haftung für:**
   - **Erblasserschulden:** dem Grunde nach noch vom Erblasser begründet
   - **Erbfallschulden:** entstehen erst mit Erbfall (§§ 1932, 1969, 1371)
   - **Erbschaftsverwaltungsschulden:** entstehen durch Abwicklung des Nachlasses
   - **Nachlasserbenschulden:** durch Erben selbst begründet
2. **Erben haften für diese Schulden:**
   a) **Grds.: unbeschränkte Haftung** mit Nachlass(-anteil) und Privatvermögen des Erben
   b) **Ausnahmen:**
   - **Ausschlagung der Erbschaft, §§ 1942 ff.** ⇨ *S. 282*
   - **Haftungsbeschränkung auf Nachlass, §§ 1975 ff.**
     – Nachlassverwaltung, §§ 1975, 1981 ff.
     – Nachlassinsolvenz, §§ 1975, 1980   } prozessual: § 780 ZPO
     – Dürftigkeitseinrede, § 1990
   - **Haftungsbeschränkung auf Nachlassanteil**
     ⇨ **bei Miterben** durch Einrede des ungeteilten Nachlasses, § 2059
   - **Sonderfall:** Verbindlichkeiten aus **Handelsgeschäften, § 27 HGB!** ⇨ *S. 286*
   - **Vor-, Nacherbschaft: §§ 2144, 2145**

III. Ansprüche gegen Erbschaftsbesitzer

- *Erbschaftsbesitzer: nur derjenige, der aufgrund eines vermeintlichen Erbrechts Gegenstände aus der Erbmasse besitzt*

⚠ 1. **Primäransprüche auf Gesamtherausgabe aus § 2018 (§ 2019)**
2. **Sekundäransprüche aus §§ 2020 ff.** *auf Nutzungs-, Verwendungs-, Schadensersatz*
   - *Struktur ähnlich wie im EBV, §§ 985 ff.* ⇨ *S. 50*

B. Vertiefungsschemata
V. Erbrecht
8. Erbschein

I. Erteilung des Erbscheins

- **auf Antrag** durch Nachlassgericht, § 2353
- **Feststellung des Erbrechts, § 2359**
- **Verfahren nach §§ 345 ff. FamFG**

II. Öffentlicher Glaube des Erbscheins, §§ 2365 ff.

- **§ 2366:**   **Dritter kann gutgläubig vom „Scheinerben" erwerben**
  - Überwunden wird nur die fehlende Erbenstellung

  Dem Dritten schadet nur positive Kenntnis!
  - war Erblasser selbst nicht Eigentümer, so ist zusätzlich noch gutgläubiger Erwerb des Dritten gem. §§ 932 ff. bzw. § 892 zu prüfen!
- **§ 2367:**   **Dritter, der gutgläubig an „Scheinerben" leistet, wird frei**
  - z.B. Bank zahlt aus dem Bankkonto des Erblassers an den „Scheinerben" aus
- **keine Bindungswirkung des Erbscheins im späteren Prozess des wahren Erben**, daher Anspruch auf Herausgabe aus § 2362, falls keine Einziehung von Amts wegen, § 2361

B. Vertiefungsschemata

VI. Handelsrecht
1. Systematik

I. Verhältnis zum BGB

- **HGB modifiziert bzw. ersetzt z.T. das BGB**, um eine schnellere Abwicklung und Rechtsklarheit zu schaffen („im HGB weht ein härterer Wind").
- **subjektives System:** Adressat des HGB sind Kaufleute, §§ 1 ff., bzw. Gesellschaften, § 6; u.U. analog auf GbR anzuwenden ⇨ **S. 298**

II. Regelungsmaterie

1. **Handelsstand, §§ 1–104 HGB***
   - Kaufleute, §§ 1 ff.
   - Handelsregister, §§ 8 ff.
   - Handelsfirma, §§ 17 ff.
   - Hilfspersonen der Kaufleute, §§ 48 ff.
   - Handelsvertreter, -makler, §§ 84 ff.
2. **Handelsgesellschaften, §§ 105 ff., s.** ⇨ **S. 292**
3. **Handelsbücher, §§ 238 ff.**
4. **Handelsgeschäfte, §§ 343 ff.**
   - allgemeine Vorschriften, §§ 343 ff.
   - Handelskauf, §§ 373 ff.
   - Kommissionsgeschäft, §§ 383 ff.
   - Frachtgeschäft, §§ 407 ff.
   - Speditionsgeschäft, §§ 453 ff.
   - Lagergeschäft, §§ 467 ff.

*Im Folgenden sind §§ ohne Gesetzesangabe solche des HGB.

B. Vertiefungsschemata

VI. Handelsrecht
2. Kaufleute, Firmengrundsätze

I. Kaufleute, §§ 1 ff.

Gewerbe = jede nach außen erkennbare, erlaubte, selbstständige, planmäßige auf gewisse Dauer mit Gewinnerzielungsabsicht ausgeübte Tätigkeit, die nicht freier Beruf ist (Details streitig)

Bezeichnung	Gewerbeart	Eintragung im HR	sonstige Voraussetzungen	Besonderheiten
Ist-Kaufmann, § 1 Abs. 2	Art + Umfang erfordern kfm. Einrichtungen (vermutet, § 1 Abs. 2)	gem. § 29 besteht Pflicht, aber nur **deklaratorisch**		
Kann-Kaufmann, § 2	keine kfm. Einrichtungen erforderlich	keine Pflicht, aber Eintragung wirkt **konstitutiv**		
Kann-Kaufmann, § 3	Land-, Forstwirtschaft, die kfm. Einrichtungen erfordern	keine Pflicht, aber Eintragung wirkt **konstitutiv**		Nebengewerbe, § 3 Abs. 3
Fiktiv-Kaufmann, § 5	keine kfm. Einrichtungen erforderlich	dennoch im HR eingetragen	Gewerbe muss tatsächlich noch betrieben werden.	überschneidet sich mit § 2
Form-Kaufmann, § 6 Abs. 2	Vereine sowie alle Kapitalgesellschaften (GmbH, AG, eG)	**konstitutiv**	Verein bzw. Kapitalgesellschaft wirksam gegründet	
Schein-Kaufmann	Auftreten wie ein Kaufmann im Rechtsverkehr	(–), Auftreten außerhalb des HR	Dritter gutgläubig im Vertrauen auf den Rechtsschein	nicht geregelt, daher allgemeiner Rechtsschein

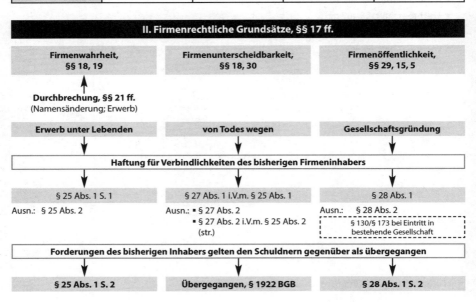

B. Vertiefungsschemata

VI. Handelsrecht
3. Unselbstständige Hilfspersonen der Kaufleute

	Prokurist, §§ 48 ff.	Handlungsbevollmächtiger, § 54	Ladenangestellter, § 56
Begriff	Prokura = handelsrechtliche Vollmacht mit gesetzlich festgelegtem, weitestgehendem Umfang, § 49	Handlungsvollmacht = handelsrechtlich erteilte Vollmacht, die nicht Prokura ist, § 54	gesetzlicher Fall der Anscheins-, Duldungsvollmacht
Begründung	• durch Kaufmann persönlich und ausdrücklich, § 48 Abs. 1 • Eintragung ins HR gem. § 53 Abs. 1 nur deklaratorisch	• durch Kaufmann oder dessen Stellvertreter • ausdrücklich oder konkludent oder durch Umdeutung einer unwirksamen Prokuraerteilung, § 140 BGB • Eintragung ins HR nicht möglich!	• Tätigkeit im Laden oder offenen Warenlager • mit Wissen/Wollen des Kaufmanns
Arten	• Einzelprokura, § 48 Abs. 1 • Gesamtprokura, § 48 Abs. 2 • Filialprokura, § 50 Abs. 3	• Generalvollmacht • Artvollmacht, z.B. nur Einkauf • Spezialhandlungsvollmacht, § 54 Abs. 1	
Umfang der Vertretungsmacht	• alle Geschäfte, § 49 • nicht auf Branchenüblichkeit begrenzt • Handlungen vor Gericht • nur mit besonderer Ermächtigung, § 49 Abs. 2: – Grundstücksveräußerung/-belastung – Inhabergeschäfte, z.B. Betriebseinstellung • weitere Beschränkung Dritten ggü. unwirksam, § 50 Abs. 3	• alle gewöhnlichen Geschäfte dieser konkreten Branche, § 54 • nur mit besonderer Ermächtigung, § 54 Abs. 2: – Grundstücksveräußerung/-belastung – Wechselverbindlichkeiten – Darlehen, Prozesshandlungen • weitere Beschränkungen nur möglich, falls Dritter Kenntnis/fahrlässige Unkenntnis, § 54 Abs. 3	• nur Veräußerung: – schuldrechtlich (§ 433 BGB) – sachenrechtlich (§§ 929 ff. BGB) – nicht Ankauf! • Inempfangnahme von Zahlungen und Nebenrechten (h.M.), z.B. Entgegennahme von Mängelanzeigen • beschränkt auf Üblichkeit • weitere Beschränkungen: § 54 Abs. 3 analog
Beendigung	• Widerruf der Prokura, § 52 Abs. 1 • oder Kündigung des Arbeitsvertrages, § 168 BGB • Eintragung gem. § 53 Abs. 2 nur deklaratorisch	Kündigung des Arbeitsvertrages, § 168 BGB	Aufgabe der Tätigkeit im Laden/Warenlager
Rechtsschein	• im Handelsregister: § 15 • außerhalb des HR: allgemeiner Rechtsschein	• § 15 (–), da Eintragung nicht im HR möglich • allgemeiner Rechtsschein	• § 15 (–), da Eintragung nicht im HR möglich • falls § 56 nicht greift: ggf. Anscheins-, Duldungsvollmacht

B. Vertiefungsschemata

VI. Handelsrecht
4. Selbstständige Hilfspersonen

	Handelsvertreter, §§ 84 ff.	Handelsmakler, §§ 93 ff.	Kommissionär, §§ 383 ff.	Frachtführer, §§ 407 ff.	Spediteur, §§ 453 ff.	Lagerhalter, § 467
Auftreten	Stellvertreter oder Vermittler, § 84	vermittelt Waren, Wertpapiere, Versicherungen, u.a. § 93	kauft oder verkauft im eigenen Namen, § 383	befördert Güter	übernimmt es, Güterversendungen zu besorgen, § 453; befördert nicht selbst	lagert Güter, § 416
besondere Arten	Handelsvertreter im Nebenberuf, § 92 b	▪ Gelegenheitsmakler, § 93 Abs. 3 ▪ nicht Grundstücksmakler, § 93 Abs. 2	Gelegenheitskommissionär, § 406	▪ zu Land, Binnengewässern, § 407 ▪ zur See, §§ 556 ff.		
Besonderheiten	selbstständiges Tätigwerden für einen anderen Unternehmer, § 84 Abs. 1		handelt wirtschaftlich für Kommittenten (als „Strohmann")		schließt im eigenen Namen Frachtverträge für Rechnung des Auftraggebers	
Kaufmannseigenschaft	(+) § 1	(+) § 1	(+) § 1	(+) § 1	(+) § 1	(+) § 1

B. Vertiefungsschemata

VI. Handelsrecht
5. Rechtsschein im Handelsregister/außerhalb

	§ 15 Abs. 1 negative Publizität	§ 15 Abs. 2 positive Publizität	§ 15 Abs. 3 positive Publizität	Allg. Rechtsscheinshaftung
Situation	In Wahrheit bestehender Umstand wurde **nicht** offengelegt.	In Wahrheit bestehender Umstand wurde **offengelegt**.	In Wahrheit **nicht bestehender Umstand** wurde **offengelegt**.	Rechtsschein bzgl. eines in Wahrheit **nicht** bestehenden Umstandes
Wer will sich auf die Tatsachen berufen?	Geschäftsgegner	Kaufmann	Geschäftsgegner	Geschäftsgegner
Voraussetzungen	1. Eintragungspflichtige Tatsache 2. Keine Eintragung oder Eintragung und keine Bekanntmachung 3. Keine Kenntnis beim Geschäftsgegner es schadet nur Vorsatz! 4. Vorgang im Geschäftsverkehr, d.h. nur bzgl. (quasi-)vertragl. Ansprüchen anzuwenden	1. dto. 2. Eintragung und Bekanntmachung 3. 15 Tage seit Bekanntmachung vergangen oder innerhalb der 15 Tage aber Bösgläubigkeit des Geschäftsgegners 4. Vorgang im Geschäftsverkehr	1. dto. 2. Unrichtige Bekanntmachung (dann unerheblich, ob Eintragung auch falsch oder richtig) • § 15 Abs. 3 (–), wenn nur Eintragung falsch 3. h.M.: ungeschriebene Voraussetzung: modifiziertes Veranlasserprinzip • Eintragung veranlasst • oder Korrektur unterlassen 4. Keine Kenntnis von der Unrichtigkeit beim Gegner es schadet nur Vorsatz! 5. Vorgang im Geschäftsverkehr	1. Fall, der von § 15 (bzw. § 5) nicht erfasst ist 2. Kaufmann hat Rechtsschein = außerhalb des HR erzeugt 3. Gutgläubigkeit des Geschäftsgegners: leichte Fahrlässigkeit schadet bereits! 4. Konkr. Kausalität: Geschäftsgegner muss im Vertrauen auf Rechtsschein gehandelt haben
Rechtsfolgen	• Geschäftsgegner kann sich auf das Nichtvorliegen der nichtpublizierten Tatsache berufen • oder wahlweise auf wahre Rechtslage	**Kaufmann** kann sich auf publizierte Tatsache berufen	• Geschäftsgegner kann sich auf Bekanntmachung berufen • oder wahlweise auf wahre Rechtslage	• Geschäftsgegner kann sich auf Rechtsschein berufen • oder wahlweise auf wahre Rechtslage

B. Vertiefungsschemata

VI. Handelsrecht
6. Handelsgeschäfte – Abweichen vom BGB

- **Handelsgeschäfte** sind gem. **§ 343** alle Geschäfte eines Kaufmanns, die zum Betrieb des Handelsgewerbes gehören, was gem. **§ 344 vermutet** wird
- Grds. müssen nicht beide Parteien Kaufleute sein, § 345 – **Besondere Regeln:**

Materie	Rechtsfolgen	Regelung im BGB
Handelsbräuche, § 346	für Bedeutung und Wirkung von Handeln und Unterlassen ist auf **Handelsbräuche** Rücksicht zu nehmen, § 346	§§ 157, 242 BGB: Verkehrssitte
Sorgfalt/ Verschulden, § 347	Sorgfalt eines ordentlichen Kaufmanns geschuldet; Ausn.: Haftungsprivilegien aus BGB bleiben bestehen, § 347 Abs. 2	§ 276 BGB: im Verkehr erforderliche Sorgfalt
Vertragsstrafe, § 348	keine Herabsetzung der Vertragsstrafe möglich, § 348; allg. Grenze: § 138 BGB	§ 343 BGB: Herabsetzung möglich
Einrede der Vorausklage, § 349	Kaufmann hat als Bürge **keine Einrede der Vorausklage**, § 349	§ 771 BGB: Bürge hat **Einrede der Vorausklage** (Ausn.: § 773 BGB)
Formerfordernisse, § 350	Bürgschaft, abstraktes Schuldversprechen, -anerkenntnis durch Kaufmann formfrei, § 350	§§ 766, 780, 781 BGB: Schriftform; sonstige Formvorschriften, z.B. § 311 b, § 518 BGB gelten auch für Kaufleute!
gesetzlicher Zinssatz, § 352	gesetzlicher Zinssatz – mit Ausnahme der Verzugszinsen – **bei beiderseitigen Handelsgeschäften 5%**	§ 246 BGB: 4%
Fälligkeitszinsen, § 353	bei beiderseitigen Handelsgeschäften ab **Fälligkeit** bereits Zinsforderung möglich, § 353	§ 288 BGB: Zinsen erst ab Verzug, § 286 oder ab Rechtshängigkeit, § 291 BGB
Provision, Lagergeld, § 354	Provision, Lagergeldanspruch auch ohne besondere Abrede möglich	§§ 675, 611 BGB: Vergütungsanspruch nur falls vereinbart oder üblich (§ 612)
Abtretungsverbot, § 354 a	unter Kaufleuten ist vereinbartes **Abtretungsverbot** bzgl. Geldforderungen unwirksam, § 354 a Abs. 1; Ausn.: Abs. 2!	§ 399 Alt. 2 BGB: vereinbartes Abtretungsverbot verhindert die Abtretung (= Ausnahme zu § 137 BGB!)
laufende Rechnung, Kontokorrent, §§ 355 ff.	Verrechnung in regelmäßigen Zeitabschnitten (laufende Rechnung, Kontokorrent)	§§ 387 ff. BGB: Aufrechnungserklärung bzgl. jeder einzelnen Forderung erforderlich
Leistungsbewirkung, § 359	Leistung kann **nur während** der **gewöhnlichen Geschäftszeit** bewirkt und gefordert werden, § 359	§ 271 BGB: Fälligkeit **nach den Umständen**; u.U. sofort
Gattungsschuld, § 360	Handelsgut **mittlerer Art und Güte** geschuldet, § 360	§ 243 Abs. 1 BGB: dto.
Schweigen, § 362	• **Kaufleute, die Geschäfte für andere besorgen** und auf Angebot schweigen: Schweigen gilt als Zustimmung, § 362 • für **sonstige Kaufleute** gilt gewohnheitsrechtliches Institut: **kaufmännisches Bestätigungsschreiben** ⇨ S. 147	im BGB hat Schweigen grds. keine Bedeutung ⇨ **S. 146**
Orderpapiere, §§ 363 ff.	bestimmte **Papiere**, die durch Indossament übertragen werden, **ersetzen die Übergabe i.S.v. § 929 BGB**	§ 929 BGB erfordert grds. Übergabe der Sache als Vollzugsmoment (Ausnahme: §§ 930, 931 BGB)

B. Vertiefungsschemata

VI. Handelsrecht
6. Handelsgeschäfte – Abweichen vom BGB (Fortsetzung)

Materie	Rechtsfolgen	Regelung im BGB
Gutgläubiger Erwerb beweglicher Sachen, §§ 366, 367	• **guter Glaube an Verfügungsbefugnis** i.S.v. § 185 Abs. 1 BGB (nach h.M. auch an Vertretungsmacht) geschützt, § 366 Abs. 1 • **gesetzliches Pfandrecht** kann gutgläubig erworben werden, § 366 Abs. 3 ⇨ *S. 261* • **Fiktion der Bösgläubigkeit** gem. § 367	• §§ 932 ff. BGB schützen nur guten Glauben an Eigentum des Veräußerers • mangels Verkehrsgeschäfts kann im BGB ein gesetzliches Pfandrecht nicht gutgläubig erworben werden, h.M. ⇨ *S. 260 ff.* • gem. § 932 Abs. 2 BGB wird Gutgläubigkeit vermutet
Zurückbehaltungsrecht, §§ 369 ff.	• für ZBR reicht es, dass **Forderung und Gegenforderung aus der Geschäftsbeziehung** stammen, § 369 • **Befriedigungsrecht** gem. § 371 • **Eigentumsvermutung** gem. § 372 bzgl. zurückbehaltener Sache	• § 320 BGB erfordert denselben gegenseitigen Vertrag (Synallagma) • § 273 BGB: Konnexität/Identität der Sache erforderlich • § 1000 BGB: Identität mit der herauszugebenden Sache
Annahmeverzug, §§ 373 ff.	Hinterlegungs-, Verwertungsbefugnis bei Annahmeverzug, § 373	Gem. § 304 BGB Ersatzanspruch
Fixhandelskauf, § 376	Rücktritt oder Schadensersatz **bei Fixhandelskauf** ohne Fristsetzung möglich	• **Rücktritt** gem. § 323 Abs. 2 Nr. 2 BGB • **Schadensersatz** statt der Leistung, § 280 Abs. 1 u. 3 i.V.m. § 281 Abs. 2
Untersuchungs-, Anzeigeobliegenheit, § 377	bei beiderseitigem Handelskauf oder Werklieferungsvertrag i.S.v. § 381 besteht **Obliegenheit** des Käufers **zur unverzüglichen Untersuchung der Ware und Mängelrüge**, § 377 Abs. 1 • **Ausnahme: Arglist** des Verkäufers, § 377 Abs. 5 • **Inhalt** der Rügeobliegenheit: – **offene Mängel:** unverzügliche Untersuchung (u.U. Stichproben) und Rüge – **versteckte Mängel:** nach Erkennbarkeit, § 377 Abs. 3 ⇨ rechtzeitige Absendung der Rüge reicht, § 377 Abs. 4 • **Rechtsfolgen:** – **bei nicht ordnungsgemäßer Rüge:** Ware gilt als genehmigt, § 377 Abs. 2 ⇨ Gewährleistungsrechte i.S.v. §§ 434 ff. BGB sind ausgeschlossen – **bei ordnungsgemäßer Rüge:** Käufer behält Gewährleistungsrechte aus §§ 434 ff. BGB – gilt auch für Werklieferungsvertrag, § 381 Abs. 2 und Einkaufskommission, § 391	gem. §§ 434 ff. BGB genügt, dass **Mangel z.Z. des Gefahrübergangs objektiv vorlag;** unverzügliche Mängelrüge nicht erforderlich, aber später u.U. Beweisprobleme, falls Vermutung des § 477 BGB (gilt nur für Verbrauchsgüterkauf) nicht weiterhilft

B. Vertiefungsschemata
VII. Gesellschaftsrecht
1. Systematik

Arten der Zusammenschlüsse

Personengesellschaften

1. **Handelsgesellschaften**

   ⇨ gemeinsamer Zweck = Betreiben eines Handelsgewerbes

   - **Offene Handelsgesellschaft, OHG, § 105**

     ⇨ alle Gesellschafter haften persönlich, § 128

   - **Kommanditgesellschaft, KG, § 161**

     ⇨ Komplementäre haften persönlich, § 128 i.V.m. § 161 Abs. 2

     ⇨ Kommanditisten haften beschränkt auf ihre Einlage, § 171

   - **Stille Gesellschaft, § 230**

     ⇨ nach außen haftet nur einer

     ⇨ nur intern gemeinsamer Zweck

2. **BGB-Gesellschaft, GbR, § 705 BGB**

   ⇨ gemeinsamer Zweck = unterhalb eines Handelsgewerbes

3. **Partnerschaftsgesellschaft, PartGG**

   ⇨ gemeinsamer Zweck = freiberufliche Tätigkeit

Abgrenzung zu anderen Instituten

1. **Bruchteilsgemeinschaft, § 741 BGB**

   ⇨ Interessengemeinschaft, also bloße Zweckgemeinschaft, d.h. nur gemeinsames Haben und Halten einer Sache; sonst verfolgt jeder eigene Zwecke

2. **Wohnungseigentümergemeinschaft i.S.d. WEG**

   ⇨ teilrechtsfähiger Personenzusammenschluss, § 10 Abs. 6 WEG

3. **Lebensgemeinschaften**

   ⇨ gemeinsamer Zweck geht nicht über die Notwendigkeiten des Zusammenlebens hinaus

4. **Partiarisches Darlehen, § 488 BGB**

   ⇨ Darlehensvertrag, § 488 BGB, mit besonderer Abrede: Rückzahlung je nach Geschäftslage

   ⇨ auch intern kein gemeinsamer Zweck

5. **EWiV = Europäische wirtschaftliche Interessenvereinigung**

Körperschaften

⇨ verselbstständigter „Körper", der grds. vom Mitgliederbestand unabhängig ist

- **Gesellschaft mit beschränkter Haftung, GmbH (GmbHG), Unternehmergesellschaft – haftungsbeschränkt** (UG – haftungsbeschränkt, § 5 a GmbHG)
- **Aktiengesellschaft, AG (AktG)**
- **Kommanditgesellschaft auf Aktien, KGaA (§ 278 AktG)**
- **Genossenschaft, eG (GenG)**
- **Versicherungsverein auf Gegenseitigkeit, VVaG (VAG)**
- **Vereine:**
  - eingetragener Verein = eV, § 21 BGB
  - wirtschaftlicher Verein, § 22 BGB
  - Idealverein, § 21 i.V.m. § 54 BGB (nicht wirtschaftlich)

B. Vertiefungsschemata

VII. Gesellschaftsrecht
2. Prüfungsschema zum Anspruchsaufbau bei Personengesellschaften

Anspruch gegen die Gesellschaft

„Anspruch aus § ... BGB i.V.m. § 124 Abs. 1 (§ 161 Abs. 2)/§ 7 Abs. 2 PartGG"

I. **Bestehen der Gesellschaft**
  1. Gesellschaft entstanden ⇨ **S. 295**
  2. keine Auflösung der Gesellschaft, § 131 Abs. 1, § 727 BGB
II. **Verbindlichkeit der Gesellschaft**
  1. **Ist Gesellschaft überhaupt haftungsfähig?**
     ⇨ wenn rechtsfähig
     - juristische Person: Kapitalgesellschaften, rechtsfähige Vereine
     - Personengesellschaften sind (teil-)rechtsfähig; nach h.M. auch GbR
  2. **Verbindlichkeit der Gesellschaft entstanden**
     - aus Vertrag, wenn **wirksame Stellvertretung** der Gesellschaft
     - **aufgrund Fehlverhaltens**, wenn Zurechnung des Fehlverhaltens der natürlichen Personen:
       – der Gesellschafter analog § 31 BGB
       – sonstige Personen § 278 BGB bzw. § 831 BGB im Deliktsrecht
  3. **Verbindlichkeit der Gesellschaft nicht untergegangen**
     ⇨ allgemeine Untergangsgründe ⇨ **S. 7**
  4. **Verbindlichkeit der Gesellschaft durchsetzbar**
     ⇨ keine Einreden der Gesellschaft ⇨ **S. 8**

Anspruch gegen Gesellschafter

„Anspruch aus § ... BGB i.V.m. § 128 (§ 161 Abs. 2)/§ 8 Abs. 1 PartGG"

I. **Bestehen der Gesellschaft**
   dto.
II. **Verbindlichkeit der Gesellschaft**
   1. Entstanden
   2. Kein Untergang
      ⇨ da Gesellschafter grds. akzessorisch haften
III. **Anspruchsgegner ist z.Z. der Begründung der Gesellschaftsverbindlichkeit Gesellschafter**
   - **falls erst später als Gesellschafter eingetreten:** Sondervorschriften erforderlich
     – § 130 (§ 161 Abs. 2)
     – § 173
     – für GbR: § 130 analog (h.M.)
   - **falls erst später als Gesellschafter ausgetreten:** zeitliche Begrenzung der Haftung:
     – § 160 (§ 161 Abs. 2)
     – § 736 Abs. 2 BGB i.V.m. § 160 entspr. für GbR
   - **falls z.Z. der Begründung der Verbindlichkeit Austritt schon erfolgt und im HR eingetragen war:** keine Haftung
IV. **Keine Einwendungen/Einreden des Gesellschafters**
   1. **alle Einreden der Gesellschaft**, § 129 Abs. 1 (i.V.m. § 161 Abs. 2), § 8 Abs. 1 S. 2 PartGG – wegen Akzessorietät
      - Einrede der Anfechtbarkeit, § 129 Abs. 2
        ⇨ analog auf andere, noch nicht von der Gesellschaft ausgeübte Gestaltungsrechte
      - Einrede der Aufrechenbarkeit, § 129 Abs. 3
   2. **eigene Einreden des Gesellschafters** gegenüber Gläubiger
V. **Haftung der Gesellschafter**
   1. **Umfang**
      a) **Grds.: Volle akzessorische Haftung**
         ⇨ § 128 (i.V.m. § 161 Abs. 2)
         ⇨ § 128 analog bei GbR-Gesellschaftern
      b) **Ausnahme: Haftungsbeschränkung**
         ⇨ § 171 Abs. 1 : Kommanditist haftet nur i.H.d. noch ausstehenden Einlage
         ⇨ § 8 Abs. 2 u. 3 PartGG: einzelner Sachbearbeiter/ Höchstbetrag möglich
         ⇨ § 8 Abs. 4 LPartGG: keine persönliche Haftung bei PartGmbH

B. Vertiefungsschemata

VII. Gesellschaftsrecht
2. Prüfungsschema zum Anspruchsaufbau bei Personengesellschaften (Fortsetzung)

Anspruch gegen die Gesellschaft	Anspruch gegen Gesellschafter
„Anspruch aus § ... BGB i.V.m. § 124 Abs. 1 (§ 161 Abs. 2)/§ 7 Abs. 2 PartGG"	„Anspruch aus § ... BGB i.V.m. § 128 (§ 161 Abs. 2)/§ 8 Abs. 1 PartGG"

2. **Inhalt der Gesellschafterhaftung**
   a) **h.M.: Erfüllungstheorie**
      aa) **Grds.: Gesellschafter schulden Erfüllung so wie die Gesellschaft**
      bb) **Ausnahme:** falls Erfüllung für den einzelnen Gesellschafter als Gesamtschuldner **unmöglich** (§ 275 BGB)
         - aus Rechtsgründen: z.B. weil Übereignung einer unvertretbaren Sache aus dem Gesellschaftsvermögen geschuldet
         - aus tatsächlichen Gründen: z.B. geheimes Spezialrezept der Gesellschaft
         ↳ dann Haftung der Gesellschafter nur auf das Wertinteresse in Geld
   b) **m.M.: Haftungstheorie**
      Gesellschafter haften stets nur auf Wertinteresse in Geld
      ⇨ Meinungsstreit stellt sich nicht, falls Gesellschaft sowieso nur Geld schuldet!

⚠ *Zwangsvollstreckung gegen Gesellschaft:*
⇨ *Titel gegen Gesellschaft erforderlich, § 124 Abs. 2*
⇨ *bei GbR reicht auch Titel gegen alle Gesellschafter, § 736 ZPO*

⚠ *Zwangsvollstreckung gegen Gesellschafter:*
⇨ *Titel gegen Gesellschafter erforderlich, vgl. § 129 Abs. 4*

⚠ **bei Leistung eines Gesellschafters an Gläubiger:**
- **Grds.: Erstattungsanspruch nur gegen die Gesellschaft (in voller Höhe)**
  – aus § 110 (§ 161 Abs. 2)
  – aus § 713 i.V.m. § 670 BGB bei GbR
- **Ausnahme: Erstattungsanspruch gegen Mitgesellschafter aus § 426 BGB**
  – aber nur subsidiär, d.h. nur, falls Anspruch gegen Gesellschaft nicht durchsetzbar!
  – nur anteilig (pro rata)

B. Vertiefungsschemata

VII. Gesellschaftsrecht
3. Entstehen der Personengesellschaften

Entstehungs-voraussetzungen	OHG/KG	Partnerschaft	GbR
1. **Gesellschaftsvertrag:** Mindestinhalt folgt aus:	§ 105/§ 161, § 705 BGB:	§§ 1, 3, 6 PartGG:	§ 705 BGB:

a) **Personen der Gesellschafter**	mindestens 2 Gesellschafter
	
	• bei OHG, § 105: alle sollen unbeschränkt haften
	• bei KG, § 161:
	  – **Kommanditist:** beschränkte Haftung
	  – **Komplementär:** unbeschränkte Haftung
	    · i.d.R. natürliche Person
	    · GmbH: falls **GmbH & Co. KG**
		mindestens 2 Partner	mindestens 2 Gesellschafter

b) **gemeinsamer Gesellschaftszweck**	• **kaufmännisches Gewerbe,** §§ 105 Abs. 1, 161 i.V.m. § 1
	• § 105 Abs. 2: auch eigene Vermögensverwaltung, falls im HR eingetragen
	• § 105 Abs. 2 Hs. 2: auch **Kleingewerbe,** falls im Handelsregister eingetragen
		Zusammenschluss zur Ausübung freier Berufe i.S.v. §§ 1, 6 PartGG	• jeder beliebige nicht kaufmännische Zweck (auch einmaliger Zweck)
			• Ausnahme:
			  – bloßes Haben und Halten einer Sache (= nur Bruchteilsgemeinschaft i.S.v. §§ 741 ff. BGB)
			  – bloße Lebensgemeinschaften (⇨ *S. 269*)

c) **Beiträge**	Festlegung der Pflichten, §§ 105 Abs. 3, 161 Abs. 2 i.V.m. §§ 705, 706 BGB	dto., § 1 Abs. 4 PartGG i.V.m. §§ 705, 706 BGB	Festlegung der Pflichten zur Zweckförderung, §§ 705, 706 BGB
d) **fakultativer Inhalt**	• **Geschäftsführung** im Innenverhältnis • **Vertretungsmacht** im Außenverhältnis	dto., aber § 6 PartGG: Beachtung des jeweiligen Berufsrechts	• **Geschäftsführung** im Innenverhältnis • **Vertretungsmacht** im Außenverhältnis

B. Vertiefungsschemata

VII. Gesellschaftsrecht
3. Entstehen der Personengesellschaften
(Fortsetzung)

Entstehungs-voraussetzungen	OHG/KG	Partnerschaft	GbR
2. Wirksamkeit des Gesellschaftsvertrags	• Gesellschaftsvertrag formlos möglich, § 105 i.V.m. § 705 BGB/ § 161 Abs. 2 ⚠ Ausn.: Einbringung von Grundstücken, § 311 b BGB • allgemeine Nichtigkeitsgründe der §§ 104 ff. BGB	• Schriftform, § 3 PartGG ⚠ Ausnahme: dto. • dto.	• Gesellschaftsvertrag, § 705 BGB, formlos möglich ⚠ Ausnahme: dto. • dto.

Besonderheit: ⚠	\multicolumn{3}{l}{Bei Unwirksamkeit: Grundsätze zur fehlerhaften Gesellschaft
	a) **Voraussetzungen:**
	  (1) Fehlerhafter (nichtiger) Gesellschaftsvertrag
	  (2) Vollzug des Gesellschaftsverhältnisses
	  (3) Keine entgegenstehenden Interessen Einzelner oder der Allgemeinheit (z.B. §§ 134, 138 BGB)
	b) **Rechtsfolge:** Fehlerhafte Gesellschaft wird wie eine wirksame behandelt, aber ex nunc ohne Kündigungsgrund auflösbar}		

3. Entstehungszeitpunkt	• grds. mit Eintragung ins HR, §§ 123 Abs. 1, 106, 108, 161 Abs. 2 • oder sonst mit Geschäftsbeginn, § 123 Abs. 2, also Eintragung nur deklaratorisch • Ausn.: bei Gewerben i.S.v. §§ 2, 3 ist Eintragung konstitutiv!	• mit Eintragung im Partnerschaftsregister; § 7 PartGG = also Eintragung konstitutiv • anderenfalls nur Innengesellschaft	• mit Hervortreten nach außen im Geschäftsverkehr • anderenfalls nur BGB-Innengesellschaft

4. Bezeichnung der Gesellschaft	• OHG: §§ 18, 19 Abs. 1
	  – nicht irreführende, unterscheidungsfähige Bezeichnung
	  – Zusatz „OHG" o.ä.
	  – Angaben auf Geschäftsbriefen, § 125 a
	• KG: §§ 18, 19
	  – wie OHG
	  – Zusatz „KG" o.ä.
	  – Sonderfall: „GmbH & Co. KG": § 19 Abs. 2
		• § 2 PartGG, mindestens ein Name u. Zusatz: „Partner/Partnerschaft" und Berufsbezeichnung
		• § 7 Abs. 5 PartGG i.V.m. § 125 a für Angaben auf Geschäftsbriefen
		• § 8 Abs. 4 S. 3 PartGG: ggf. Zusatz mbH
			alle Namens- und/oder Sachbezeichnungen, die Gesellschaftsverhältnis andeuten und nicht irreführend sind

5. Rechtsfähigkeit der Gesellschaft	vgl. § 124 Abs. 1/§ 161 Abs. 2	vgl. § 7 Abs. 2 i.V.m. § 124, § 7 Abs. 4 PartGG	h.M.: § 124 analog ⚠ Grundbuchfähigkeit: § 47 Abs. 2 GBO ⚠ beachte § 899 a BGB

B. Vertiefungsschemata

VII. Gesellschaftsrecht
4. Vertretung und Geschäftsführung

	OHG/KG	Partnerschaft	GbR
1. Vertretung der Gesellschaft im Außenverhältnis a) **Vertretung durch Gesellschafter** = organschaftliche Vertretung	▪ **Grundsätzlich:** – Einzelvertretung, §§ 125 Abs. 1, 161 Abs. 2 – außer Kommanditist, § 170 ▪ **Ausnahme:** – echte Gesamtvertretung, §§ 125 Abs. 2, 161 Abs. 2: mehrere Gesellschafter zusammen – unechte Gesamtvertretung: ein Gesellschafter mit Prokuristen, §§ 125 Abs. 3, 161 Abs. 2 HGB ⚠ § 125 Abs. 3 darf nicht die alleinige Vertretungsform sein, vgl. Wortlaut „wenn nicht mehrere Gesellschafter zusammen…"	▪ **Grundsätzlich:** – Einzelvertretung, § 7 Abs. 3 PartGG i.V.m. § 125 Abs. 1 ▪ **Ausnahme:** – Gesamtvertretung, § 7 Abs. 3 PartGG i.V.m. § 125 Abs. 2 – unechte Gesamtvertretung nicht möglich, da mangels Handelsgewerbes auch keine Prokura möglich	▪ **Grundsätzlich:** – Gesamtvertretung, § 714 i.V.m. § 709 BGB ▪ **Ausnahme:** – Einzelvertretung, vgl. Wortlaut des § 714 BGB – sonstige Vereinbarungen der Gesellschafter
⚠ **Umfang der Vertretungsmacht**	*unbeschränkte* Vertretungsmacht, §§ 126, 161 Abs. 2	*unbeschränkter Umfang*, § 7 Abs. 3 PartGG, § 126	*Umfang nach Gesellschaftsvertrag*; aber u.U. Rechtsschein
b) **Vertretung der Gesellschaft durch Dritte**	▪ **handelsrechtliche Hilfspersonen** ⇨ S. 287 – Prokurist, §§ 48 ff. – Handlungsbevollmächtigter, § 54 – Ladenangestellte, § 56 ▪ **allgemeine Stellvertreter,** §§ 164, 167 BGB	▪ **handelsrechtliche Hilfspersonen** (–), weil Partnerschaft kein Handelsgewerbe, § 1 Abs. 1 PartGG! ▪ **allgemeine Stellvertreter,** §§ 164, 167 BGB	▪ **handelsrechtliche Hilfspersonen** (–), weil GbR kein Handelsgewerbe betreibt! ▪ **allgemeine Stellvertreter,** §§ 164, 167 BGB
⚠ **Umfang der Vertretungsmacht**	▪ *für handelsrechtliche Hilfsperson: aus §§ 49, 54, 56* ▪ *für allgemeine Stellvertreter §§ 164 ff. BGB: aus Vollmacht, § 167* ▪ *ggf. Rechtsschein*	▪ *§§ 164 ff. BGB: aus Vollmacht, § 167* ▪ *ggf. Rechtsschein*	▪ *§§ 164 ff. BGB: aus Vollmacht, § 167* ▪ *ggf. Rechtsschein*
2. Geschäftsführungsbefugnis im Innenverhältnis	▪ **Grundsätzlich:** – gewöhnliche Aufgaben jeder allein, §§ 115 Abs. 1, 116 Abs. 1 – außergewöhnliche Aufgaben gemeinschaftlich, § 116 Abs. 2 – außer Kommanditist, § 164 ▪ **Ausnahme:** Notgeschäftsführungsrecht, analog § 744 Abs. 2 BGB	▪ **Grundsätzlich:** dto., § 6 Abs. 3 PartGG ▪ **Ausnahme: dto.**	▪ **Grundsätzlich:** – alle Aufgaben gemeinschaftlich, § 709 BGB – aber i.d.R. andere Regelung im Gesellschaftsvertrag (auch konkludent möglich durch Aufgabenverteilung) ▪ **Ausnahme: dto.**

B. Vertiefungsschemata

VII. Gesellschaftsrecht
5. Haftung

Haftung gegenüber Gläubigern	OHG/KG	Partnerschaft	GbR
I. Haftung der Gesellschaft	• OHG/KG haftet gem. §§ 124, 161 Abs. 2 • Zwangsvollstreckung aus Titel gegen Gesellschaft, § 124 Abs. 2 ⇨ S. 294	• Partnerschaft haftet gem. § 7 Abs. 2 PartGG, § 124 • dto. ⇨ S. 294	• GbR haftet analog § 124 (h.M.) • dto. ⇨ S. 294

II. Haftung der Gesellschafter
1. Umfang
	a) **Haftung der Gesellschafter einer OHG:**
	• **voll, persönlich**, als Gesamtschuldner, § 128
	• auch **Neueintretende**, § 130
	• **Austretende**, § 160
	b) **Haftung der Gesellschafter einer KG:**
	• **Komplementäre:**
	– **voll, persönlich**, als Gesamtschuldner, §§ 161 Abs. 2, 128
	– auch **Neueintretende**, §§ 161 Abs. 2, 130
	– **Austretende**, §§ 161 Abs. 2, 160
	• **Kommanditisten:**
	– **Grundsätzlich:**
	  · **beschränkt** auf Einlage, § 171 Abs. 1
	  ⚠ auch bei Einlagenrückzahlung, vgl. § 172 Abs. 4
	  · auch **Neueintretende**, § 173 i.V.m. § 171
	– **Ausnahme: voll, persönlich**, falls neu eingetretener Kommanditist z.Z. der Begründung der Verbindlichkeit noch nicht im HR eingetragen, § 176 Abs. 2 i.V.m. Abs. 1
		Haftung der Partner
		• **Grundsätzlich:**
		– **voll, persönlich** als Gesamtschuldner, § 8 Abs. 1 PartGG
		– auch **Neueintretende**, § 8 Abs. 1 S. 2 i.V.m. § 130 entspr.
		– auch **Austretende**, § 10 Abs. 2 PartGG i.V.m. § 160 entsprechend
		• **Ausnahme:**
		– **§ 8 Abs. 2 PartGG:** Haftungsbeschränkung auf den Partner, der die Leistung erbringt
		– **§ 8 Abs. 3 PartGG:** Haftungshöchstbetrag
		– **§ 8 Abs. 4 PartGG:** keine persönliche Haftung bei PartGmbH
			Haftung der Gesellschafter
			• **Grundsätzlich: voll, persönlich** als Gesamtschuldner:
			– h.M.: **Akzessorietätstheorie:** akzessorische Haftung analog § 128
			– **Doppelverpflichtungstheorie:** Gesellschafter haften originär, da Geschäftsführer für die GbR und zugleich für Gesellschafter den Vertrag schließt
			– auch **Neueintretende**, § 130 analog (str.)
			– **Austretende**, § 736 Abs. 2 BGB i.V.m. § 160 entsprechend
			• **Ausnahme: Haftungsbeschränkung für Gesellschafter**
			– **durch Vereinbarung** mit konkretem Vertragspartner
			– oder **Beschränkung der Vertretungsmacht** (und kein anderer Rechtsschein!)
			⇨ jeweils mit dem **Inhalt:** es soll nur Gesellschaftsvermögen haften
			– **„GbR mbH"** als pauschale Beschränkung unzulässig

298

B. Vertiefungsschemata

VII. Gesellschaftsrecht
5. Haftung (Fortsetzung)

Entstehungsvoraussetzungen	OHG/KG	Partnerschaft	GbR

II. **Haftung der Gesellschafter** (Fortsetzung)
 	
2. **Inhalt**
	• **h.M.: Erfüllungstheorie**
	  – Grundsätzlich: Gesellschafter schulden Erfüllung, so wie sie von der Gesellschaft geschuldet ist (Akzessorietät)
	  – Ausnahme: Falls Erfüllung für den einzelnen Gesellschafter rechtlich oder tatsächlich unmöglich ⇨ dann Haftung auf Geldinteresse
	  ⇨ **S. 294**		

3. **Einwendungen, Einreden**	• **Einwendungen und Einreden der Gesellschaft** können auch die Gesellschafter geltend machen wegen akzessorischer Haftung		
	§§ 129, 161 Abs. 2	§ 8 Abs. 1 S. 2 PartGG/ § 129	§ 129 analog (Akzessorietätstheorie)
	• im Übrigen **persönliche Einreden** der Gesellschafter (z.B. Stundungsvereinbarung)		
4. **Zeitgrenzen**	• über Verjährung der jeweiligen Verbindlichkeit gem. §§ 195 ff. BGB • **Nachhaftungsbegrenzung** für Ausgeschiedene		
	§§ 159, 160, 161 Abs. 2	§ 10 Abs. 2 PartGG i.V.m. §§ 159, 160	§ 736 Abs. 2 BGB i.V.m. §§ 159, 160

B. Vertiefungsschemata

VII. Gesellschaftsrecht
6. Wechsel im Gesellschafterbestand

	Ausscheiden eines Gesellschafters	**Eintritt eines Gesellschafters**
1. Voraussetzungen	**Ausscheidungsgrund** • **Tod** des Gesellschafters, § 131 Abs. 3 Nr. 1; § 727 BGB; § 9 PartGG • Sonderfall: Tod eines Kommanditisten, § 177 • **Insolvenzverfahren** über Vermögen des Gesellschafters, § 131 Abs. 3 Nr. 2; § 728 BGB; § 9 PartGG • **Kündigung** durch Gesellschafter/Privatgläubiger, § 131 Abs. 3 Nr. 3, 4; §§ 723, 725 BGB; § 9 PartGG • **Ausschluss**, § 737 BGB; § 140; § 9 PartGG • **weitere Gründe aus Gesellschaftsvertrag**, § 9 PartGG	**Wirksamer Eintritt** • Eintritt durch (Aufnahme-)Vertrag mit den bisherigen Gesellschaftern • oder durch Abtretung des Gesellschaftsanteils mit Zustimmung der anderen Gesellschafter, §§ 398, 413 BGB • oder durch Erbfolge i.V.m. erbrechtlicher Nachfolgeklausel
2. Rechtsfolgen	• i.d.R. **Fortbestand der Gesellschaft** (Ausnahme: „Ein-Mann-Gesellschaft" unzulässig) • **Abwachsen und Anwachsen** des Gesellschaftsanteils, § 738 BGB (§ 105 Abs. 3) • **Anspruch des Gesellschafters auf Schuldbefreiung**, § 738 Abs. 1 S. 2 BGB • aber **Forthaftung im Außenverhältnis** für bisherige Verbindlichkeiten; Grenze: § 736 Abs. 2 BGB i.V.m. § 160 entsprechend • **keine Haftung für Neuverbindlichkeiten** • **Abfindungsanspruch**, § 738 Abs. 1 S. 2 BGB	• **Fortbestand der Gesellschaft** • **Abwachsen und Anwachsen** des Gesellschaftsanteils • **Haftung des Gesellschafters für Verbindlichkeiten**, die ab jetzt begründet werden • **Haftung für Altschulden** gem. §§ 130, 161 Abs. 2 bzw. § 173 (für GbR-Eintritt str., ob § 130 analog)

B. Vertiefungsschemata

VII. Gesellschaftsrecht
6. Wechsel im Gesellschafterbestand (Fortsetzung)

Zusammensetzung der Gesellschaft

1. **Grundsatz:** Fortbestand der Gesellschaft unter den übrigen Gesellschaftern (muss bei GbR vereinbart werden wegen § 727 BGB)
2. **Ausnahme:**
   - § 177: beim Tod eines Kommanditisten: Fortsetzung mit den Erben
   - sonst: Regelung im Gesellschaftsvertrag (beachte § 9 Abs. 4 PartGG)

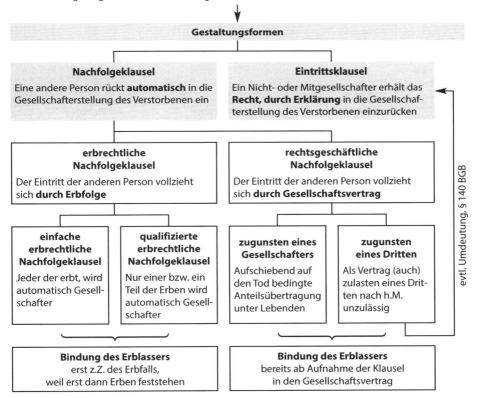

Gestaltungsformen

Nachfolgeklausel	Eintrittsklausel
Eine andere Person rückt **automatisch** in die Gesellschafterstellung des Verstorbenen ein	Ein Nicht- oder Mitgesellschafter erhält das **Recht, durch Erklärung** in die Gesellschafterstellung des Verstorbenen einzurücken

erbrechtliche Nachfolgeklausel
Der Eintritt der anderen Person vollzieht sich **durch Erbfolge**

rechtsgeschäftliche Nachfolgeklausel
Der Eintritt der anderen Person vollzieht sich **durch Gesellschaftsvertrag**

einfache erbrechtliche Nachfolgeklausel	qualifizierte erbrechtliche Nachfolgeklausel	zugunsten eines Gesellschafters	zugunsten eines Dritten
Jeder der erbt, wird automatisch Gesellschafter	Nur einer bzw. ein Teil der Erben wird automatisch Gesellschafter	Aufschiebend auf den Tod bedingte Anteilsübertragung unter Lebenden	Als Vertrag (auch) zulasten eines Dritten nach h.M. unzulässig

evtl. Umdeutung, § 140 BGB

Bindung des Erblassers
erst z.Z. des Erbfalls, weil erst dann Erben feststehen

Bindung des Erblassers
bereits ab Aufnahme der Klausel in den Gesellschaftsvertrag

B. Vertiefungsschemata

VII. Gesellschaftsrecht
7. Körperschaften – GmbH

	Entstehen und Haftung		
1. Entstehen der Gesellschaft in drei Phasen	**1. Vorgründungsgesellschaft** • mit **Vertragsschluss** zwecks GmbH-Gründung: **Mindestinhalt:** gemeinsamer Zweck: GmbH-Gründung • **Rechtsnatur:** nicht geregelt – OHG, wenn § 123 Abs. 2, § 1 – sonst GbR	**2. Vor-GmbH** • mit **notariellem Gesellschaftsvertrag**, § 2 GmbHG **Mindestinhalt:** § 3 GmbHG • **Rechtsnatur:** nicht geregelt rechtsfähige Gesellschaft eigener Art	**3. GmbH** • mit **Eintragung ins HR**, Abteilung „B" **Inhalt:** §§ 7 ff. GmbHG • **Rechtsnatur:** juristische Person, § 13 GmbHG
2. Haftung **a) der Gesellschaft**	• **falls OHG** gem. § 124 • **falls GbR:** § 124 analog (h.M.)	• als **rechtsfähige Gesellschaft sui generis** (+) (bzw. § 124 analog)	• Haftung, da **juristische Person**, § 13 GmbHG • Haftung auch für Verbindlichkeiten der Vor-GmbH, da identischer Übergang
b) der Gesellschafter	**1. Vorgründungsgesellschafter** • § 128, falls OHG bejaht • sonst als GbR-Gesellschafter, § 128 analog (h.M.)	**2. Vor-GmbH-Gesellschafter** • **grundsätzlich** (nach neuer Rspr.; str.): – im Außenverhältnis: keine Haftung – im Innenverhältnis: volle Haftung • **Ausnahme:** – Handelnder haftet voll, § 11 Abs. 2 GmbHG, falls im Namen der noch nicht existierenden GmbH gehandelt – nicht, falls im Namen der Vor-GmbH gehandelt (str.)	**3. GmbH-Gesellschafter** • **Haftung für Verbindlichkeiten der GmbH** – grds. (–), § 13 Abs. 2 GmbHG – **Ausnahme:** bei Rechtsmissbrauch persönliche Haftung aus § 826 BGB • **Haftung für Altschulden** – der Vorgründungsgesellschaft: bleibt bestehen, § 128 (analog), str. – Handelndenhaftung aus § 11 Abs. 2 GmbHG erlischt mit der Eintragung der GmbH
	Organe der GmbH		
3. Art und Funktion	**Geschäftsführer** • **Vertretung** der GmbH im Außenverhältnis, §§ 35 ff. GmbHG • **Verwaltung** der GmbH im Innenverhältnis, §§ 41 ff. GmbHG • keine Identität des Geschäftsführers mit Gesellschafter erforderlich, „**Fremdorganschaft**", § 6 Abs. 3 GmbHG	**Aufsichtsrat** • **kein notwendiges Organ**, § 52 GmbHG • Aufgaben: Überwachung, Kontrolle	**Gesellschafter** • **Mitglieds-, Vermögensrechte**, §§ 14 ff. GmbHG • **Willensbildung**, §§ 45 ff. GmbHG ⇔ Gesellschafterversammlung, § 48 GmbHG • **Ein-Mann-GmbH** zulässig, § 1 GmbHG • Gutgläubiger Erwerb eines Geschäftsanteils, § 16 Abs. 3 GmbHG
4. Verschuldenszurechnung an GmbH	• Verschulden der Organe analog § 31 BGB • Sonstige Hilfspersonen gem. §§ 278, 831 BGB	• dto.	• dto.
	Stammkapital		
Stammkapital	• § 5 GmbHG: mindestens 25.000 € • § 5 a GmbH: bei Unternehmergesellschaft – haftungsbeschränkt (UG – haftungsbeschränkt) mindestens 1 €, arg. ex § 5 Abs. 2 GmbHG; aber 1/4 des Jahresüberschusses sind als Rücklagen zu bilden		

B. Vertiefungsschemata

VII. Gesellschaftsrecht
8. Körperschaften – AG

	Entstehen der AG		
1. Entstehen der AG in drei Phasen	**Vorgründungsgesellsch.** (konkludenter) Vertragsschluss (Rechtsbindungswille!) • OHG, wenn § 123 Abs. 2 • sonst GbR, § 705 BGB	**Vor-AG** **notariell beurkundete Satzung, § 23 AktG** • Gesellschaft sui generis = rechtsfähig	**AG** **Eintragung ins HR** • juristische Person, § 1 AktG
	Haftung der AG		

2. Haftung
– vertraglich
 	
– deliktisch
	• **Haftungsbegründung**
	– **bei Vertrag** durch Vertretung durch Vorstand, § 78 AktG
	– **bei vertraglicher (Neben-)Pflichtverletzung**
	  • § 31 BGB analog bzgl. Organen
	  • § 278 BGB bzgl. Hilfspersonen
	– **bei Delikt**
	  • § 31 BGB analog bzgl. Organen
	  • § 831 BGB bzgl. Hilfspersonen
			• **Haftung nur der AG**, § 1 Abs. 1 S. 2 AktG
			
			• **Ausnahme:**
			– bei Rechtsmissbrauch persönliche Haftung aus § 826 BGB

3. Organe Art Funktion	Organe der AG		
	Vorstand • **Vertretung** im Außenverhältnis, §§ 78 ff. AktG • **Verwaltung** im Innenverhältnis, §§ 90 ff. AktG	**Aufsichtsrat** • **Kontrolle**, bzgl. Vorstand, §§ 111 ff. AktG	**Gesellschafter** • **Mitgliedsrechte, Vermögensrechte**, §§ 8 ff., 150 ff. AktG • **Willensbildung**, § 133 AktG • **Hauptversammlung**, §§ 118 ff. AktG • **„Ein-Mann-AG"** möglich, § 2 AktG

B. Vertiefungsschemata

VIII. Arbeitsrecht
1. Systematik – Rechtsquellen im Arbeitsrecht

I. Zwingendes Gesetzesrecht

1. **EU-Recht**
2. **Grundgesetz:** mittelbare Drittwirkung der Grundrechte; unmittelbare Wirkung Art. 9 Abs. 3 GG
3. **Spezialgesetze:** z.B. MutterschutzG, KSchG, SGB IX
4. **Allgemeines Gleichbehandlungsgesetz** (AGG)
5. **BGB:** insbes. §§ 611 a ff., SchuldR AT, BGB AT
6. **Kollektivrecht:** Tarifverträge (TVG), Betriebsvereinbarung (§ 77 BetrVG)

II. Einzelarbeitsvertrag

Ergänzt durch:
1. **Allgemeine Arbeitsbedingungen**
2. **Allgemeiner Gleichbehandlungsgrundsatz**
3. **Betriebliche Übung**
4. **Direktionsrecht des Arbeitgebers**

III. Richterrecht/Gewohnheitsrecht

z.B.:
- Grds. zum **innerbetrieblichen Schadensausgleich**
- **Betriebsrisikolehre** i.V.m. § 615 S. 3 BGB*
- **Arbeitskampfrecht**

IV. Dispositives Recht

1. **in Spezialgesetzen**
2. **im BGB**, insbes. im Dienstvertragsrecht, §§ 611 a ff., SchuldR AT, BGB AT

V. Konkurrenzen

1. **Grds. Rangprinzip** = ranghöhere verdrängt die nachrangige Rechtsquelle
2. **Ausn.: Günstigkeitsprinzip**, falls gesetzlich zugelassen (z.B. § 4 Abs. 3 TVG)

---

* Im Folgenden sind §§ ohne Gesetzesangabe solche des BGB.

B. Vertiefungsschemata

VIII. Arbeitsrecht
2. Entstehen des Arbeitsverhältnisses

I. Einigung über Arbeitsvertrag

Anforderungen an Arbeitsvertrag

1. **Privatrechtlicher Vertrag**
   - Rechtsbindungswille
     Ⓟ *Ehegattenmitarbeit, § 1360 Kindermitarbeit, § 1619*
   - auch bei Angestellten im öffentlichen Dienst

2. **Arbeitsvertrag, § 611 a**
   - Dienstleistung für einen anderen, keine erfolgsabhängige Vergütung

3. **Unselbstständige Dienste**
   - Arbeiter ┐ Unterscheidung aber
   - Angestellte ┘ i.d.R. irrelevant!
   - arbeitnehmerähnliche Personen
   - **Ausn.:** nur für das jeweilige SpezialG! z.B.:
     - § 5 Abs. 1 S. 2, 3, Abs. 3 ArbGG
     - § 2 BetrVG
     - § 14 KSchG etc.
   - **Kriterien für unselbstständige Dienste**
     - ausgeprägte **Weisungsgebundenheit** (fachlich/zeitlich)
     - **Eingliederung in Betrieb** (auf fremdbestimmte Organisation angewiesen)
     - ganze Arbeitskraft geschuldet (bei Full-Time-Job)
     - Entlohnung durch festes Gehalt
     - Abführung von Lohnsteuern/Sozialabgaben durch Dienstherrn
     - Weiterbezahlung bei Krankheit/Urlaub

Abgrenzung zu anderen Instituten

1. **Andere Verhältnisse**
   - Gefälligkeitsverhältnisse
   - öffentlich-rechtliche Dienstverhältnisse
     - Beamte, Richter, Soldaten
     - Gefangene (StVollzG)

2. **Andere Vertragsarten**
   - Werkvertrag, § 631: Erfolg geschuldet
   - Gesellschaftsvertrag, § 705: gleichrangige Position der Gesellschafter

3. **Unternehmer**
   - Kaufleute, §§ 1 ff. HGB (auch Handelsvertreter)
   - Kleinunternehmer
   - Freiberufler (Ärzte, Rechtsanwälte etc.)

   - **Kriterien für Unternehmer**
     - weisungsunabhängig (fachlich/zeitlich)
     - eigene Betriebsstruktur
     - Tätigkeit für mehrere Dienstberechtigte
     - Bezahlung nach Stunden/Erfolgen/festen Sätzen
     - Rechnungserteilung ggf. mit USt-Ausweis
     - Bezahlung nur für geleistete Dienste

B. Vertiefungsschemata

VIII. Arbeitsrecht
2. Entstehen des Arbeitsverhältnisses (Fortsetzung)

II. Wirksamkeit der Einigung

1. **Allgemeine Nichtigkeitsgründe, §§ 104 ff.**
   - aber nach **ProstG:** Keine Sittenwidrigkeit des Arbeitsvertrages der Prostituierten
   - **abweichend von § 139:** grds. keine Gesamtnichtigkeit (Schutz des Arbeitnehmers)
2. **Besonderheiten bei Anfechtung, §§ 119 ff.**
   - **§ 119 Abs. 2:** nur, falls Anfechtungsgrund für Arbeitsplatz von Bedeutung
   - **§ 121:** Anfechtungsfrist „unverzüglich" = analog § 626 Abs. 2: 2 Wochen
   - **§ 123:** arglistige Täuschung des Arbeitnehmers nur bei zulässiger Frage des Arbeitgebers (Orientierung an wesentl. Eigenschaft i.S.v. § 119 Abs. 2)
   - **§ 142:** falls Arbeitsverhältnis in Vollzug gesetzt: abweichend von § 142 nur ex nunc Wirkung, um Rückabwicklungsschwierigkeiten zu vermeiden.
3. **Besonderheiten bei Formularverträgen**
   - **§§ 305 ff.:** AGB-Recht anwendbar, aber unter Berücksichtigung arbeitsrechtlicher Besonderheiten, § 310 Abs. 4 S. 2
4. **Besonderheit bei unzulässiger Befristung**
   - **16 TzBfG:** Kein nichtiger Vertrag, sondern wirksamer unbefristeter Vertrag
5. **Besonderheit: faktisches, fehlerhaftes Arbeitsverhältnis**
   - **Voraussetzungen:**
     – Fehlerhafter (nichtiger) Arbeitsvertrag
     – In Vollzug gesetzt
     – Keine entgegenstehenden Interessen Einzelner (z.B. §§ 104 ff.) oder der Allgemeinheit (z.B. §§ 134, 138)
   - **Rechtsfolge:** Behandlung wie wirksamer Arbeitsvertrag, aber Lösung ohne Einhaltung von Kündigungsfristen möglich

III. Bloße Formalien

- § 2 NachweisG: Schriftform des Arbeitsvertrages
- § 14 Abs. 4 TzBfG: Schriftform der Befristungsabrede
- § 99 BetrVG: Zustimmung des Betriebsrats

B. Vertiefungsschemata
VIII. Arbeitsrecht
3. Pflichten im Arbeitsverhältnis

Pflichten des Arbeitnehmers (AN)

1. **Arbeitsleistung**
   a) **Inhalt**
      - Arbeitspflicht aus Arbeitsvertrag
      - konkretisiert durch Direktionsrecht des AG oder allgemeine Arbeitsbedingungen
      - höchstpersönliche Pflicht, § 613

   b) **Untergang der Arbeitspflicht**
      - **§ 275 Abs. 1:** Unmöglichkeit
        ⇨ Fixschuldcharakter der Arbeitsleistung!
      - **§ 275 Abs. 3:** persönl. Unmöglichkeit
        ⇨ persönl. Leistungshindernisse des AN (z.b. Beerdigung der Eltern, Krankheit des Kindes)
      - **§ 615:** Keine Nachleistungspflicht bei Annahmeverzug des AG
      - **Krankheit** des AN oder **Feiertag**, §§ 2, 3 EFZG
      - **Urlaub** des AN, BUrlG
      - **Betriebsausfall**, § 615 S. 3 i.V.m. Betriebsrisikolehre
      - **bei rechtmäßigem Arbeitskampf ruht Arbeitspflicht** ⇨ *S. 315*

   c) **Konsequenzen bei Verletzung der Arbeitspflicht**
      - **Schadensersatz statt der Leistung** aus § 280 Abs. 1 u. 3 i.V.m. § 283, wenn Nichterfüllung der Arbeitspflicht
        ⇨ i.d.R. Unmöglichkeit wegen Fixschuldcharakters!
      - ⇨ Verschulden des AN wird nicht vermutet, **§ 619 a!**

Pflichten des Arbeitgebers (AG)

1. **Lohnzahlung** und **Beschäftigungspflicht**
   a) **Inhalt**
      - **Lohn:** aus Arbeitsverhältnis ggf. i.V.m. Tarifvertrag
      - **Beschäftigung:**
        – Pflicht des AG aus § 242 i.V.m. Art. 1 GG!
        – Besonderheiten während des KSch-Prozesses ⇨ *S. 314*

   b) **Untergang der Lohnzahlungspflicht:**
      - **§ 326 Abs. 1:** grds. bei Nichtarbeit
      - **Ausn.: Lohn ohne Arbeit:**
        - **§ 326 Abs. 2:** Unmöglichkeit (überwiegend) vom AG zu verantworten
        - **§ 616:** persönl. Verhinderung des AN für kurzen Zeitraum
        - **§ 615 S. 2, 3:** Annahmeverzug des AG bzgl. Arbeitsleistung
        - **§§ 2, 3 EFZG:** Entgeltfortzahlung bei Krankheit des AN oder Feiertage
        - **§ 11 BUrlG:** Urlaubsentgelt
        - **§ 615 S. 3 i.V.m.** Betriebsrisikolehre bei betrieblichen Störungen, die nicht vom AG zu vertreten sind (sonst greift schon § 326 Abs. 2 s.o.!)
      - **beim Arbeitskampf ruht Lohnzahlungspflicht** ⇨ *S. 315*

   c) **Konsequenzen bei Verletzung der Lohnzahlungspflicht**
      - **Ersatz der Verzögerungsschäden aus § 280 Abs. 1 u. 2 i.V.m. § 286**
        ⇨ bei Verzug des AG mit Lohnzahlung, § 286
        ⇨ Verschulden des AG wird vermutet, §§ 280 Abs. 1 S. 2, 286 Abs. 4
        ⇨ Verzugszinsen gem. § 288!

B. Vertiefungsschemata

VIII. Arbeitsrecht
3. Pflichten im Arbeitsverhältnis (Fortsetzung)

Pflichten des Arbeitnehmers (AN)	Pflichten des Arbeitgebers (AG)
⇨ Schadensersatz neben der Leistung aus § 280 Abs. 1, wenn **Schlechterfüllung** der Arbeitspflicht ⇨ in §§ 611 ff. ist keine Minderung des Lohns vorgesehen! • Kündigungsrecht des AG, § 626	
2. **Nebenpflichten des AN** • **Schutz-, Sorgfaltspflichten aus §§ 241 Abs. 2, 242**, insbesondere: – keine Schädigung der Rechtsgüter des AG – Abwehr fremder Schädigungen – keine Verleitung von Kollegen zum Vertragsbruch – Verschwiegenheit – kein Wettbewerb • **Konsequenzen bei Verletzung der Nebenpflichten** – Schadensersatz gem. § 280 Abs. 1 ⇨ Verschulden des AN nicht vermutet, § 619 a ⇨ Besonderheiten: innerbetrieblicher Schadensausgleich ⇨ **S. 309** – u.U. KündigungsR des AG aus § 626	2. **Nebenpflichten des AG** • **Schutz-, Sorgfaltspflichten aus §§ 241 Abs. 2, 242**, insbesondere – keine Schädigung der Rechtsgüter des AN; Sicherheit von Arbeitsmitteln, § 618 – Wahrung der Interessen des AN (Fürsorgepflicht des AG) • Keine Diskriminierung, §§ 6 ff. AGG ⇨ **S. 317** • **Konsequenzen bei Verletzung der Nebenpflichten** – Schadensersatz gem. § 280 Abs. 1 ⇨ Verschulden des AG wird vermutet, § 280 Abs. 1 S. 2 ⇨ Besonderheiten: Personenschäden §§ 104 ff. SGB VII ⇨ **S. 309**
3. **Pflicht des AN, Urlaub zu nehmen, § 7 Abs. 3 BUrlG** Ausn.: § 7 Abs. 4 BUrlG	3. **Pflicht des AG, Urlaub zu gewähren, § 7 Abs. 3 BUrlG** Ausn.: § 7 Abs. 4 BUrlG

B. Vertiefungsschemata

VIII. Arbeitsrecht
4. Haftungsprivilegien im Arbeitsrecht

SE-Ansprüche gegen Arbeitnehmer (AN)			Ansprüche gegen Arbeitgeber (AG)		
Nichtarbeit	Schlechtarbeit	Nebenpflichtverletzung	Personenschäden	Sachschäden, Vermögensschäden	
§ 280 Abs. 1 u. 3 i.V.m. § 283	§ 280 Abs. 1	§ 280 Abs. 1	§ 280 Abs. 1	§ 280 Abs. 1	§ 670 analog
1. **Schuldverhältnis** = ArbeitsV	1. **Schuldverhältnis** = ArbeitsV	1. **Schuldverhältnis** = ArbeitsV	1. **Schuldverhältnis** = ArbeitsV	1. **Schuldverhältnis** = ArbeitsV	1. **Vollzug** der Arbeit durch AN
2. **Pflichtverletzung** = Unmöglichkeit der Arbeitsleistung (Fixschuld!)	2. **Pflichtverletzung** = Schlechtarbeit (in §§ 611 ff. kein Gewährleistungsrecht!)	2. **Pflichtverletzung** = Nebenpflichtverletzung, §§ 241 Abs. 2, 242	2. **Pflichtverletzung des AG** = Schutz-, Sorgfaltspflicht, ggf. § 618	2. **Pflichtverletzung des AG** = Schutz-, Sorgfaltspflicht, § 241 Abs. 2, ggf. § 618	2. **Schaden des AN** „ungewöhnlich": a) kein allg. Lebensrisiko b) nicht bereits durch Lohn abgedeckt (z.B. Gefahrenzulage)
3. **Verschulden des AN** ⇨ nicht vermutet, § 619 a!	3. **Verschulden des AN** ⇨ nicht vermutet, § 619 a!	3. **Verschulden des AN** ⇨ nicht vermutet, § 619 a!	3. **Verschulden des AG** ⇨ vermutet bis zur Exkulpation, § 280 Abs. 1 S. 2	3. **Verschulden des AG** ⇨ vermutet bis zur Exkulpation, § 280 Abs. 1 S. 2	3. **vom AG unverschuldet**
4. **Rechtsfolge:** SE statt der Leistung	4. **Rechtsfolge:** SE neben der Leistung	4. **Rechtsfolge:** SE und ggf. Schmerzensgeld, § 253 Abs. 2	4. **Rechtsfolge:** SE und ggf. Schmerzensgeld, § 253 Abs. 2	4. **Rechtsfolge:** SE und ggf. Schmerzensgeld, § 253 Abs. 2	4. **Rechtsfolge:** a) verschuldensunabhängige Ersatzhaftung des AG b) Kürzung wegen „Mitverschuldens des AN" ⚠ Maßstäbe aus innerbetrieblichem Schadensausgleich, s. links! also je nach Verschuldensgrad
⇩	⇩	⇩	⇩	⇩	
⚠ **Innerbetrieblicher Schadensausgleich** (Rechtsgedanke aus § 254): • betrieblich veranlasste Tätigkeit des AN • Haftung je nach **Verschuldensgrad** des AN: – **leichte Fahrlässigkeit:** keine Haftung – **mittlere Fahrlässigkeit:** Quotelung i.S.d. § 254 – **grobe Fahrlässigkeit:** · grds: volle Haftung des AN · Ausn.: falls grob unbillig – **Vorsatz:** volle Haftung des AN			⚠ **Ausschluss gem. § 104 SGB VII**, falls: • kein Vorsatz des AG • kein Wegeunfall	⚠ **§ 104 SGB VII unanwendbar!** Gilt nur für Personenschäden	
ggf: Ansprüche aus § 823			ggf. Ansprüche aus § 823		§ 823 (–)
⚠ Grundsätze zum innerbetrieblichen Schadensausgleich gelten auch hier			⚠ Ausschluss gem. § 104 SGB VII ⇩ aber Anspruch gegen Sozialversicherungsträger (i.d.R. Berufsgenossenschaft)	⚠ kein Ausschluss, s.o. ⇩ kein Anspruch gegen Sozialversicherungsträger vorgesehen	⚠ kein Verschulden des AG! ⇩

B. Vertiefungsschemata

VIII. Arbeitsrecht
5. Beschäftigungs- und Weiterbeschäftigungsanspruch

I. Allgemeiner Beschäftigungsanspruch

1. **Anspruch entstanden**
   - zwar in § 611 a nicht als Hauptleistungspflicht erwähnt
   - aber **Herleitung** des Anspruchs Arbeitnehmer gegen Arbeitgeber auf Beschäftigung aus Art. 1, 2 GG i.V.m. § 242 i.V.m. allg. Persönlichkeitsrecht des Arbeitnehmers i.V.m. Arbeitsvertrag
   - Beschäftigungsanspruch kann **im Wege der Leistungsklage** eingeklagt werden
2. **Anspruch ausgeschlossen**
   - **Falls Beschäftigung durch den Arbeitgeber unmöglich, § 275**
     - § 275 Abs. 1 (technische/rechtliche Unmöglichkeit)
     - § 275 Abs. 2 (wirtschaftlich unmöglich, z.B. keine Aufträge)
     - § 275 Abs. 3 (persönliche Leistungshindernisse des Arbeitnehmers)
     - Besondere Beschäftigungshindernisse (Feiertag, Krankheit, Urlaub = EFZG, BUrlG)
   - u.U. dann aber dennoch Lohnzahlungspflicht nach Grundsatz Lohn ohne Arbeit
     ⇨ **S. 307**

II. Weiterbeschäftigungsanspruch bei Kündigung des AG

1. **Anspruch entstanden**
   - **kraft Gesetzes: § 102 Abs. 5 BetrVG**, falls Betriebsrat der Kündigung widersprochen hatte
   - **sonst: Allg. Weiterbeschäftigungsanspruch**
     - **wenn Kündigung evident unwirksam ist:** durchgehender Beschäftigungsanspruch
     - **andernfalls:** wegen Unsicherheit über Wirksamkeit oder Unwirksamkeit der Kündigung:
       ⇨ Weiterbeschäftigungsanspruch erst ab erstinstanzlichem obsiegenden Urteil im Kündigungsschutzprozess; weil dann Kündigung wohl unwirksam
       ⇨ Anspruch wird daher durch unechten Hilfsantrag eingeklagt
2. **Anspruch ausgeschlossen**
   - Falls **Beschäftigung durch Arbeitgeber unmöglich, § 275 (s.o. I. 2.)**
   - Falls obsiegendes **Urteil in späteren Instanzen aufgehoben** wird (falls Kündigung wirksam ist)
   - Falls **Auflösung des Arbeitsverhältnisses durch Arbeitsgericht gem. §§ 9 ff. KSchG**
     ⇨ trotz Unwirksamkeit der Kündigung kann auf Antrag Auflösung des Arbeitsverhältnisses durch das Arbeitsgericht wegen Unzumutbarkeit erfolgen:
     – **bei unwirksamer ordentlicher Kündigung:**
       auf Antrag des Arbeitnehmers oder Arbeitgebers, § 9 KSchG
     – **bei unwirksamer außerordentlicher Kündigung:**
       nur auf Antrag des Arbeitnehmers, § 13 Abs. 1 S. 3 KSchG
     ⇨ dann nur Abfindung, §§ 10, 11 KSchG
   - **falls keine Kündigungsschutzklage binnen der 3-Wochen-Frist des § 4 KSchG (ggf. i.V.m. § 13 Abs. 1 S. 2 KSchG) erhoben wurde**
     ⇨ da **dann Kündigung gem. § 7 KSchG als wirksam** gilt: **kein Weiterbeschäftigungsanspruch**
     ⇨ **Ausn.: § 5 KSchG** bei unverschuldeter Fristversäumnis
     ⇨ wird keine Kündigungsschutzklage erhoben: ggf. aber **Abfindungsanspruch gem. § 1 a KSchG!**

B. Vertiefungsschemata

VIII. Arbeitsrecht
6. Abänderung oder Untergang des Arbeitsverhältnisses

I. Abänderung

1. Abänderung durch Erklärung

- **zweiseitige Erklärung:** Abänderungsvertrag, § 311 Abs. 1
- **einseitige Erklärung:** Änderungskündigung, § 2 KSchG

2. Abänderung durch Gesetz

- **§ 613 a:** bei Betriebsübergang personelle Änderung
  - **Voraussetzungen:**
    - Betrieb/Betriebsteil
    - Übergang durch Rechtsgeschäft
      ⇨ jeder Inhaberwechsel (Kauf, Pacht etc.)
      ⇨ Rechtsgeschäft muss nicht wirksam sein
      (nur Abgrenzung zu gesetzlichem/hoheitlichem Erwerb)
    - **Kein Widerspruch des Arbeitnehmers, § 613 a Abs. 6**
  - **Rechtsfolge:**
    - **Neuer Arbeitgeber** tritt in das Arbeitsverhältnis automatisch ein
    - **Alter Arbeitgeber** haftet aber noch für Alt-Verbindlichkeiten bis zum Betriebsübergang
    - **Arbeitnehmer** hat Arbeitspflicht gegenüber neuem Arbeitgeber

II. Untergang des Arbeitsverhältnisses

1. Automatischer Untergang des Arbeitsverhältnisses

- **Befristung:** § 620 Abs. 1, Abs. 3 i.V.m. §§ 14 ff. TzBfG
  - § 14 Abs. 1 TzBfG: mit sachlichem Grund
  - § 14 Abs. 2 TzBfG: ohne sachlichen Grund
- **Auflösende Bedingung:** § 21 i.V.m. § 14 Abs. 1 TzBfG:
  - nur mit sachlichem Grund

  } bei Verstoß: unbefristeter/unbedingter Vertrag, § 16 i.V.m. § 21 TzBfG

- **Tod des Arbeitnehmers:** Nicht bei Tod des Arbeitgebers, da dann Übergang des Betriebes auf dessen Erben, §§ 1922, 1967

2. Untergang durch zweiseitige Erklärung

- **Aufhebungsvertrag:** § 311 Abs. 1 (Vertragsfreiheit)
  - Schriftform erforderlich, § 623!
  - h.M.: Kein Widerrufsrecht gem. § 312 g; aber Gebot fairen Verhandelns ist zu beachten
    „besondere Vertriebsform" passt nicht!
- **Prozessvergleich** § 46 Abs. 2 ArbGG i.V.m. § 794 Nr. 1 ZPO

3. Untergang durch einseitige Erklärung

- **Ordentliche Kündigung:** §§ 622, 623
- **Außerordentliche Kündigung:** §§ 626, 623 } „Beendigungskündigung"
- **Gerichtlich:** auf Auflösungsantrag, §§ 9 ff. KSchG

B. Vertiefungsschemata

VIII. Arbeitsrecht
6. Abänderung oder Untergang des ArbV (Fortsetzung)

Prüfschema: Wirksamkeit einer Beendigungskündigung

ordentliche Kündigung

I. Ursprünglich wirksamer Arbeitsvertrag
II. **Schriftliche Kündigungserklärung, §§ 623, 126** (keine elektronische Form)
III. **Vorherige Anhörung des Betriebsrats gem.** § 102 BetrVG
IV. **Besonderer Kündigungsschutz**
  - Schwangere, § 17 MuSchG
  - Schwerbehinderte, §§ 168 ff. SGB IX
  - Betriebsräte, § 15 KSchG
  - Auszubildende, § 22 BerufsbildG
V. **Allg. Kündigungsschutz**
  1. **Nach KSchG:**
     a) **Anwendbarkeit**
       - Arbeitsverhältnis bestand länger als 6 Monate, § 1 Abs. 1
       - Kein Kleinbetrieb: **i.d.R. mehr als 5 AN**, § 23 Abs. 1 S. 2 bzw. S. 3: **i.d.R mehr als 10 AN bei Neueinstellungen ab 01.01.2004**
     b) **Kündigung unwirksam, wenn sozial ungerechtfertigt, § 1 Abs. 1; soziale Rechtfertigung gem. § 1 Abs. 2**
       - personenbedingt
       - verhaltensbedingt (+ vorherige Abmahnung = ungeschriebene Voraussetzung!)
       - betriebsbedingt: richtige soziale Auswahl erforderlich, § 1 Abs. 3
       - weitere Gründe: § 1 Abs. 2 S. 2, 3
       - beachte § 14!
  2. **Falls KSchG nicht anwendbar:** Kündigung nur unwirksam, wenn Verstoß gegen §§ 138 Abs. 1, 242 BGB
  3. **Falls Kündigung objektiv unwirksam:**
     - **Wirksamkeitsfiktion, § 7 KSchG**, falls 3-Wochenfrist des § 4 KSchG versäumt
     - **Ausn.: § 5 KSchG** bei **unverschuldeter Fristversäumnis**
     ⚠ *§§ 4–7 KSchG gelten auch für Kleinbetr., s. Wortlaut des § 23 Abs. 1 KSchG*
     ⚠ *§§ 4–7 KSchG gelten nach h.M. auch, falls ArbV < 6 Monat i.S.v. § 1 Abs. 1 (Argument: einheitliche Klagefrist)*
VI. **Kündigungsfrist gem. § 622 eingehalten**

außerordentliche Kündigung

I. Ursprünglich wirksamer Arbeitsvertrag
II. **Schriftliche Kündigungserklärung, §§ 623, 126** (keine elektronische Form)
III. **Vorherige Anhörung des Betriebsrats gem.** § 102 BetrVG
IV. **Besonderer Kündigungsschutz**
  - Schwangere, § 1 MuSchG
  - Elternzeit, § 18 BEEG
  - Pflegezeit, § 5 PflegeZG
  - Schwerbehinderte, § 174 SGB IX
  - Betriebsräte, § 15 KSchG, § 103 BetrVG
V. **Voraussetzungen des § 626**
  1. **An sich wichtiger Grund i.S.v. § 626 Abs. 1?**
     - Tatsachen, die generell geeignet sind, einen wichtigen Grund abzugeben (abstrakte Prüfung)
     - ℗ *Verdachtskündigung: Falls dringender Tatverdacht, Sachverhalt bestmöglich ermittelt und Arbeitnehmer rechtliches Gehör hatte*
  2. **Auch im konkreten Fall? Gesamtabwägung der widerstreitenden Interessen**
     - bei verhaltensbedingten Gründen grds. vorherige Abmahnung erforderlich
     - Abwarten bis zur ordentlichen Kündigungsmöglichkeit für AG zumutbar?
     - außerordentliche Kündigung nur als ultima ratio!
  3. **Kündigungserklärungsfrist, § 626 Abs. 2**
     - Zugang innerhalb von 2 Wochen ab Kenntnis vom wichtigen Grund
  4. **Falls Kündigung unwirksam:**
     - **Wirksamkeitsfiktion gem. § 13 Abs. 1 S. 2 i.V.m. § 7 KSchG**
     - **Ausn.: § 13 Abs. 1 S. 2 i.V.m. § 5 KSchG bei unverschuldeter Fristversäumnis**
VI. **Kündigungsfrist**
  - entfällt
  - AG kann aber „Auslauffrist" einräumen
VII. **Ggf. Umdeutung, § 140, in ordentliche Kündigung**
  - nur falls urspr. Betriebsrat hilfsweise zur ordentlichen Kündigung gehört worden war

B. Vertiefungsschemata

VIII. Arbeitsrecht
7. Grundzüge des arbeitsgerichtlichen Verfahrens

I. Prozessuale Grundlagen

- **Arbeitsgerichtsgesetz (ArbGG)**
- **Zivilprozessordnung (ZPO):** über § 46 Abs. 2 ArbGG grds. anwendbar
- **Gerichtsverfassungsgesetz** (GVG)

II. Prozessuale Besonderheiten

- **Rechtsweg/sachliche Zuständigkeit der Arbeitsgerichte**
  - ⇨ Terminologie nicht eindeutig, s. Wortlaut §§ 2, 48 ArbGG
  - **Für Klageverfahren:** Aufzählung der Fälle in § 2 ArbGG; Sonderregeln in § 5 Abs. 1 S. 2 u. 3, Abs. 3 ArbGG!
  - **Für Beschlussverfahren:** Aufzählung der Fälle in § 2 a ArbGG
- **Örtliche Zuständigkeit des Arbeitsgerichts**
  - **Für Klageverfahren:** gem. § 46 Abs. 2 ArbGG i.V.m. §§ 12 ff. ZPO nach den Gerichtsständen ⇨ *S. 321*
  - **Für Beschlussverfahren:** § 82 ArbGG
- **Parteifähigkeit**
  - **§ 46 Abs. 2 ArbGG i.V.m. § 50 ZPO:**
    - grds. nur rechtsfähige Personen/Gesellschaften
  - **§ 10 ArbGG:** generell Gewerkschaften/AG-Vereinigungen parteifähig
- **Prozessvertretung: § 11 ArbGG** ⇨ ersetzt § 78 ZPO
  - ⚠ *§ 12 a ArbGG: Kein Kostenerstattungsanspruch in 1. Instanz bzgl. Rechtsanwaltskosten*
- **Güteverfahren: § 54 ArbGG** ⇨ ersetzt § 278 ZPO
- **Versäumnisurteil:**
  - § 46 Abs. 2 ArbGG i.V.m. §§ 330 ff. ZPO
  - **§ 59 ArbGG:** Einspruch dagegen binnen **1 Woche** (anders § 339 ZPO) ⇨ *S. 325*
- **Mahnbescheidverfahren**
  - § 46 a Abs. 1 ArbGG i.V.m. §§ 688 ff. ZPO
  - **§ 46 a Abs. 3 ArbGG:** Widerspruch binnen 1 Woche (anders § 692 ZPO) ⇨ *S. 326*

B. Vertiefungsschemata

VIII. Arbeitsrecht
8. Kündigungsschutzklage

Prüfungsschema: Kündigungsschutzklage

I. Zulässigkeit der Klage

1. **Rechtsweg zu den Arbeitsgerichten bzw. sachliche Zuständigkeit der Arbeitsgerichte**
   - Gem. § 2 Abs. 1 Nr. 3 b ArbGG
   - Sonderregeln gem. § 5 Abs. 1 S. 2 u. 3; Abs. 3 ArbGG!
2. **Statthafte Klageart = Kündigungsschutzklage, § 4 KSchG?**
   a) **Anwendbarkeit des KSchG**
      - §§ 4–7 KSchG gelten auch in Kleinbetrieben, s. Wortlaut des § 23 Abs. 1 S. 2 u. 3 KSchG: gelten nicht, „mit Ausnahme der §§ 4–7"
      - **Gemäß § 1 Abs. 1 KSchG** muss das Arbeitsverhältnis länger als 6 Monate bestanden haben

      ⚠ *aber h.M.: auch unter 6 Monaten ist § 4 KSchG anwendbar*
      (Argument: einheitliche Klagefrist)
   b) **Klageart:**
      - Kündigungsschutzklage ist **Feststellungsklage**, vgl. Wortlaut des § 4 KSchG
      - Klageantrag: „festzustellen, dass das Arbeitsverhältnis nicht durch Kündigung vom … aufgelöst wurde."
      - **Feststellungsinteresse:** besteht allein wegen der durch § 7 KSchG sanktionierten Klagefrist des § 4 KSchG
   c) **Klagefrist des § 4 KSchG (3 Wochen)**

   ⚠ *Nach h.M. keine Zulässigkeitsvoraussetzung, sondern Frage der Begründetheit der Klage, weil § 7 KSchG bei Fristversäumung die Kündigung als materiell wirksam fingiert*
3. **Ggf. weitere Klageanträge – Klagehäufung, § 260 ZPO i.V.m. § 46 Abs. 2 ArbGG:**
   a) **Leistungsklage auf rückständigen** Lohn zzgl. Verzugszinsen
   b) **Leistungsklage auf Weiterbeschäftigung** ⇨ *S. 310*
4. **Postulationsfähigkeit** § 11 ArbGG
5. **Ggf.: sonstige Zulässigkeitsprobleme**

   ⚠ *Gemäß § 46 Abs. 2 ArbGG gilt grds. die ZPO* ⇨ *allg. Zulässigkeitsvoraussetzungen*
   ⇨ *S. 320*

II. Begründetheit der Klage

⇨ Kündigungsschutzklage ist begründet, falls das Arbeitsverhältnis nicht durch die Kündigung des Arbeitgebers aufgelöst wurde **und** die Wirksamkeitsfiktion des § 7 KSchG nicht greift
⇨ Prüfungsschema ⇨ *S. 312*

B. Vertiefungsschemata

VIII. Arbeitsrecht
9. Tarifrecht – Arbeitskampfrecht (Grundzüge)

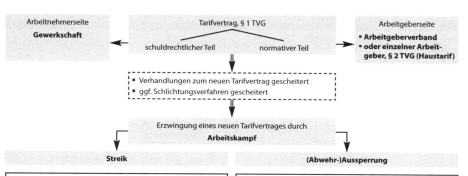

Streik

RM-Voraussetzungen:
a) **Friedenspflicht** eingehalten
   - nicht vor Ablauf des alten Tarifvertrages
b) **Ziel tarifvertraglich regelbar**
   - keine politischen Streiks, z.B. zum Klimaschutz
c) **Gewerkschaftliche Organisation**
   - keine wilden Streiks
d) **Verhältnismäßigkeit** bzgl.:
   - **„ob"** des Streiks
     · alle Verhandlungsmöglichkeiten ausgeschöpft (ultima ratio-Prinzip)
   - **„wie"** des Streiks
     · keine Beschädigung
     · kein Abhalten Arbeitswilliger

(Abwehr-)Aussperrung

RM-Voraussetzungen:
a) **Streik** (da Abwehr-Aussperrung)
   - str., ob Streik rm sein muss, da bei rw Streik gerichtlicher Schutz möglich
b) **Ziel tarifvertraglich regelbar**
   - keine politischen Ziele
c) **Arbeitgeberverband**
   - keine „wilde Aussperrung"
     Ausn.: einzelner AG bei Haustarif
d) **Verhältnismäßigkeit** bzgl.:
   - **„ob"** der Aussperrung
     · grds. nur **suspendierende** Aussperrung
     · Ausn.: **lösende** Aussperrung bei langen, intensiven Streiks, um den Druck zu erhöhen
   - **„wie"** der Aussperrung
     · Verbot selektiver Aussperrung
     · Ausweitung des Kampfrahmens

Rechtsfolgen:
a) **bei rm Streik:** Hauptpflichten aus Arbeitsverhältnis sind suspendiert:
   - keine Arbeitspflicht des AN
   - keine Lohnzahlungspflicht des AG
   - Ausn.: Notstandsarbeiten
b) **bei rw Streik:**
   - Hauptpflichten nicht suspendiert, also Verletzung der Arbeitspflicht durch Streikende
   - Sanktionen des AG
     · gegen **streikende** AN:
       – Schadensersatz aus §§ 280 Abs. 1 u. 3, 283 und aus § 823 Abs. 1 (eingerichteter und ausgeübter Gewerbebetrieb)
       – Kündigungsrecht, § 626
       – Unterlassen, § 1004 Abs. 1 S. 2 (analog)
     · gegen **Gewerkschaft**:
       – § 280 Abs. 1 wegen Verletzung der Friedenspflicht aus Tarifvertrag
       – § 823 Abs. 1 (Gewerbebetrieb)
       – § 1004 analog
c) **bei Fernwirkung auf andere, nicht bestreikte Betriebe**
   - **Lohnrisiko** bei AN, falls mittelbare Störung des Verhandlungsgleichgewichts (typisierende Betrachtung, str.)

Rechtsfolgen:
a) **bei rm Aussperrung:**
   - **Suspendierende** Aussperrung
     · keine Arbeitspflicht
     · keine Lohnzahlungspflicht
     · Ausn.: Notstandsarbeiten
   - **Lösende** Aussperrung
     · wirkt wie Kündigung
     · aber nach Ende des Arbeitskampfes: Wiedereinstellungsanspruch nach billigem Ermessen des AG
b) **bei rw Aussperrung:**
   - Hauptpflichten nicht suspendiert
   - Sanktionen:
     · gegen **AG:**
       – AG in Annahmeverzug, § 615 S. 1
       – Unterlassen, § 1004 Abs. 1 S. 2 analog
     · gegen **AG-Verband:**
       – § 1004 Abs. 1 S. 2 analog
c) **bei Fernwirkung auf andere, nicht direkt ausgesperrte Betriebe**
   - **Lohnrisiko** bei AG, falls mittelbare Störung des Verhandlungsgleichgewichts (typisierende Betrachtung, str.)

B. Vertiefungsschemata

IX. Allgemeines Gleichbehandlungsgesetz
1. Struktur

---

1. Abschnitt: Allgemeiner Teil, §§ 1–5 AGG

§ 1: Ziel des AGG

- Verhinderung/Beseitigung von Benachteiligungen – nur – wegen:
  Rasse/Herkunft, Geschlechts/sexueller Identität, Religion/Weltanschauung, Behinderung/Alters

§ 2: Anwendungsbereich des AGG

ArbeitsR	Allg. ZivilR	SozialR, Bildung, öffentl. Güter/Dienste	Soldatinnen, Soldaten
• § 2 Abs. 1 Nr. 1–4 • Ausn.: – betr. Altersversorgung, § 2 Abs. 2 – Kündigung, § 2 Abs. 4	• § 2 Abs. 1 Nr. 1 • Ausn.: – Kündigung, § 2 Abs. 4	• § 2 Abs. 1 Nr. 5–8 • Ausn.: – falls Sondervorschriften, § 2 Abs. 2 u. 3 – Kündigung, § 2 Abs. 4	• Art. 2 SoldGG

§ 3: Benachteiligungsformen

unmittelbar, § 3 Abs. 1	mittelbar, § 3 Abs. 2	allgemein, § 3 Abs. 3	sex. Belästigung, § 3 Abs. 4

Anweisung zu Benachteiligung, § 3 Abs. 5

Unterschiedliche Behandlung wegen mehrerer Gründe, § 4

Positive Ausgleichsmaßnahmen, § 5

Besonderer Teil: Schutz vor Benachteiligung

2. Abschnitt: ArbeitsR, §§ 6 ff.	3. Abschnitt: Allg. Zivilrechtsverkehr, §§ 19 ff.
§ 6: Anwendungsbereich § 7: Benachteiligungsverbot §§ 8 ff.: Sachliche Gründe §§ 11 ff.: Organisationspflichten §§ 13 ff.: Rechtsfolgen	§ 19: Anwendungsbereich/Benachteiligungsverbot § 20: Sachliche Gründe § 21: Rechtsfolgen

4. Abschnitt: Rechtsschutz

§ 22: Beweislastvorschrift   § 23: Klagebefugnis

5. Abschnitt: Öffentlich-rechtliche Dienstverhältnisse

6. Abschnitt: Antidiskriminierungsstelle

7. Abschnitt: Schlussvorschriften

§ 31: Unabdingbarkeit der Vorschriften

B. Vertiefungsschemata

IX. Allgemeines Gleichbehandlungsgesetz
2. Schutz vor Benachteiligung im Arbeitsrecht

1. Anwendungsbereich

a) **Persönlicher Anwendungsbereich, § 6**
  - § 6 Abs. 1, 2: Arbeitnehmer – Arbeitgeber
    ⇨ § 6 Abs. 3 für Selbstständige/Organvertreter!
b) **Sachlicher Anwendungsbereich**
  - **Benachteiligung** i.S.v. § 1 im Anwendungsbereich des § 2 Abs. 1 Nr. 1–4
  - **Ausn.:** – betriebliche Altersversorgung § 2 Abs. 2 S. 2
    – Kündigung, § 2 Abs. 4
      - (P) *Europarechtswidrig, da die EU-RiLi auch „Beendigung von Verträgen" erfasst?*
        H.M.: Europarechtskonforme Auslegung: jedoch kann AGG als Konkretisierung der Sozialwidrigkeit der Kündigung i.S.v. § 1 KSchG herangezogen werden. Ist KSchG unanwendbar, greift § 2 Abs. 4 AGG nicht, d.h. diskriminierende Kündigung gem. § 134 BGB unwirksam.

2. Verstoß gegen das Benachteiligungsverbot

a) **Inhalt des Benachteiligungsverbots**
  - Definition: § 7 Abs. 1 im Bereich des § 2 Abs. 1 Nr. 1–4 nur bzgl. der Kriterien aus § 1
b) **Benachteiligung = Verstoß, §§ 3, 4**
  - § 3 Abs. 1: unmittelbarer Verstoß
  - § 3 Abs. 2: mittelbarer Verstoß
  - § 3 Abs. 3: allgemeiner Verstoß
  - § 3 Abs. 4: sexuelle Belästigung
  - § 3 Abs. 5: Anweisung zur Benachteiligung
  - § 4: Mehrere Gründe

  > Beweislast, § 22:
  > ⇨ zunächst reichen nur Indizien!

c) **Rechtfertigung durch sachlichen Grund**
  - § 8: berufliche Anforderungen
  - § 9: Religion/Weltanschauung (sog. Kirchenklausel)
  - § 10: Alter
  - § 5: Positive Ausgleichsmaßnahmen

3. Rechtsfolge bei verbotswidriger Benachteiligung

a) **Allgemeine Sanktionen**
  - § 7 Abs. 2: Vereinbarung ist unwirksam
  - § 13: Beschwerderecht
  - § 14: Leistungsverweigerungsrecht
b) **Ersatzansprüche, § 15**

Schadensersatz, § 15 Abs. 1	Immaterieller Schaden, § 15 Abs. 2	Allg. Ansprüche, z.B. § 280 Abs. 1 BGB	
Verschulden vermutet bis zur Exkulpation	Verschuldens-unabhängig!	• bleiben unberührt, § 15 Abs. 3	Maßregelungsverbot, § 16
§ 15 Abs. 3 bei Anwendung kollekt. Vereinbarungen Haftung nur bei Vorsatz/grober Fahrlässigkeit			
Ausschlussfrist 2 Monate, § 15 Abs. 4			

B. Vertiefungsschemata

IX. Allgemeines Gleichbehandlungsgesetz
3. Schutz vor Benachteiligung im allgemeinen Zivilrechtsverkehr

1. Anwendungsbereich, § 19

a) **Persönlicher Anwendungsbereich**
- § 19 Abs. 4: Kein besonderes Nähe-, Vertrauensverhältnis der Parteien oder ihrer Angehörigen
  ⇨ § 6 Abs. 3 für Selbstständige/Organvertreter

b) **Sachlicher Anwendungsbereich**
- § 19 Abs. 1 Nr. 1: **Massengeschäfte**
  ⚠ ⇨ Kein **Massengeschäft**:
    – Wohnraummiete bis 50 Wohnungen, § 19 Abs. 5 S. 3
    – Familien-/erbrechtliche Schuldverhältnisse, § 19 Abs. 4
- § 19 Abs. 1 Nr. 2: **Versicherungen**

2. Verstoß gegen das Benachteiligungsverbot

a) **Inhalt des Benachteiligungsverbots**
- Definition: § 19 Abs. 1 bzw. § 19 Abs. 2

b) **Benachteiligung** = Verstoß § 19 i.V.m. § 3
- § 3 Abs. 1: unmittelbarer Verstoß
- § 3 Abs. 2: mittelbarer Verstoß
- § 3 Abs. 3: allgemeiner Verstoß
- § 3 Abs. 4: sexuelle Belästigung
- § 3 Abs. 5: Anweisung zur Benachteiligung
- § 4: Mehrere Gründe

> Beweislast, § 22:
> ⇨ zunächst reichen nur Indizien!

c) **Rechtfertigung durch sachlichen Grund**
- § 19 Abs. 4: bei Wohnraummiete ⇨ wirtschaftliche/soziale/kulturelle Wohnstrukturen
- § 20 Abs. 1: – Gefahrvermeidung
  – Schutz der Intimsphäre/persönliche Sicherheit
  – besondere Vorteile und kein Interesse an Gleichbehandlung
  – bzgl. Religion unter Beachtung des Selbstverständnisses
- § 20 Abs. 2: Prämiendifferenzierung bei Versicherung
- § 5: positive Ausgleichsmaßnahmen

3. Rechtsfolge bei verbotswidriger Benachteiligung

a) Anspruch auf **Beseitigung** der Benachteiligung, § 21 Abs. 1 S. 1
b) Anspruch auf **Unterlassen** der Benachteiligung, § 21 Abs. 1 S. 2
c) Ersatzansprüche des Benachteiligten

Schadensersatz, § 21 Abs. 2 S. 1	Immaterieller Schaden, § 21 Abs. 2 S. 3	Allgemeine Ansprüche
Verschulden vermutet bis zur Exkulpation, § 21 Abs. 2 S. 2	Verschuldensunabhängig!	§ 21 Abs. 3: §§ 280 ff. und §§ 823 ff. BGB bleiben unberührt
Unabdingbar, § 21 Abs. 4, § 31		
Ausschlussfrist 2 Monate, § 21 Abs. 5		

B. Vertiefungsschemata

X. Zivilprozessrecht
1. Systematik

I. Erkenntnisverfahren der ZPO

1. **Gerichte, Streitwert, §§ 1 ff. ZPO***
2. **Parteien, §§ 50 ff.**
   - Parteifähigkeit, Prozessfähigkeit, §§ 50 ff.
   - Streitgenossen, §§ 59 ff. (subjektive Klagehäufung)
   - Beteiligung Dritter am Rechtsstreit, §§ 64 ff.
3. **Verfahren, §§ 128 ff.**
4. **Verfahren 1. Instanz vor Landgerichten: §§ 253 ff.**
   - Verfahren bis zum Urteil, §§ 253 ff.
   - Urteile, §§ 300 ff.
   - Versäumnisurteile, §§ 330 ff.
   - Beweisaufnahme, Beweismittel, §§ 355 ff.
5. **Verfahren vor Amtsgerichten, §§ 495 ff.**
6. **Rechtsmittel, §§ 511 ff.**
   - Berufung, §§ 511 ff.
   - Revision, §§ 542 ff.
   - Beschwerde, §§ 567 ff.
7. **Wiederaufnahme des alten Verfahrens, §§ 578 ff.**
8. **Besondere Verfahrensarten, §§ 592 ff.**
   - Urkunden-, Wechselprozess, §§ 592 ff.
   - Musterfeststellungsverfahren, §§ 606 ff.
   - Mahnbescheidverfahren, §§ 688 ff.

II. Zwangsvollstreckungsverfahren der ZPO

1. Allgemeine Vorschriften, §§ 704 ff.
2. Zwangsvollstreckung wegen Geldforderungen, §§ 803 ff.
3. Zwangsvollstreckung wegen Herausgabe von Sachen, §§ 883 ff.
4. Zwangsvollstreckung zur Erwirkung einer Handlung oder Unterlassung, §§ 887 ff.
5. Zwangsvollstreckung zur Abgabe einer Willenserklärung, § 894

III. Einstweiliger Rechtsschutz der ZPO

1. Arrest, §§ 916 ff.
2. Einstweilige Verfügung, §§ 935 ff.

*Im Folgenden sind §§ ohne Gesetzesangabe solche der ZPO.

B. Vertiefungsschemata

X. Zivilprozessrecht
2. Prüfungsschema: Zulässigkeit der Klage

⚠ **Aufbauhinweis:** *Die Prüfungsreihenfolge innerhalb von I. und II. ist nicht zwingend, jedoch sollten alle Punkte gedanklich durchgeprüft werden. In der schriftlichen Ausarbeitung werden aber nur die Punkte erörtert, deren Vorliegen zweifelhaft ist.*

I. Echte Prozessvoraussetzungen

1. **Deutsche Gerichtsbarkeit**, §§ 18–20 GVG
2. **Funktionelle Zuständigkeit** des angerufenen Gerichts **als 1. Instanz**
3. **Wirksame Klageeinreichung**, § 253; nur bei schwerem Mangel unwirksam (z.B. bedingte Klage)
4. **Postulationsfähigkeit**, §§ 78, 79 (RA-Zwang)
5. In der Praxis: **Gerichtskostenvorschuss** eingezahlt, § 12 GKG
   Bei Fehlen: ▪ es entsteht kein Prozess; keine Klagezustellung, kein mündlicher Termin anberaumt
   ▪ erneute Klageerhebung unter Vermeidung des Mangels möglich, da **keine Rechtskraft**

II. Sachurteilsvoraussetzungen

1. **Zivilrechtsweg**, § 13 GVG
2. **Ordnungsgemäße Klageerhebung**, § 253 (beachte zu den unterschiedlichen Fehlerfolgen oben I. 3.)
3. **Partei- u. Prozessfähigkeit**, §§ 50 ff.
4. **Prozessführungsbefugnis** (wenn Kläger fremdes Recht im eigenen Namen geltend macht = Prozessstandschaft)
5. **Zuständigkeit des Gerichts**
   a) sachlich, §§ 23, 71 GVG
   b) örtlich, §§ 12 ff.
6. **Streitgegenstandsbezogene Sachurteilsvoraussetzungen**
   a) entgegenstehende **Rechtskraft**, § 322
   b) **anderweitige Rechtshängigkeit**, § 261 Abs. 3 Nr. 1
   c) **prozessuale Klagbarkeit** des Anspruchs, z.B. § 1297 Abs. 1 BGB
   d) **bes. Sachurteilsvoraussetzungen** für jeweilige Klageart, z.B. Feststellungsinteresse, § 256 Abs. 1
   e) **Rechtsschutzbedürfnis** (fehlt, falls Klageziel einfacher, schneller, billiger zu erreichen ist)
   f) **sonstige Besonderheiten:** z.B. Klageänderung, § 263; Klagerücknahme, § 269; Bescheinigung i.S.v. § 15 a EG ZPO
7. **Besondere Verfahrensarten**
   a) **Familien-, Kindschafts-, Unterhaltssachen:** in §§ 1 ff., 111 ff. FamFG geregelt
   b) **Urkunds- und Wechselprozess**, §§ 592 ff.
   c) **Musterfeststellungsverfahren**, §§ 606 ff.
   d) **Mahnbescheidsverfahren**, §§ 688 ff.; falls Übergang ins Klageverfahren, § 696
   e) **Einstweiliger Rechtsschutz**, §§ 916 ff.
   Bei Fehlen: ▪ Es entsteht zwar Prozess, also Klagezustellung, Termin, mündliche Verhandlung.
   ▪ Wenn Voraussetzungen aber nicht bis zur letzten mündlichen Verhandlung erfüllt, ergeht keine Sachentscheidung, sondern Abweisung der unzulässigen Klage durch **Prozessurteil**; Ausn. § 17 a Abs. 2 GVG.
   ▪ Rechtskraft auf Prozessfragen beschränkt ⇨ Kläger kann unter Vermeidung des Mangels erneut klagen

III. Prozesshindernisse

1. **Einrede des Schiedsvertrages**, § 1032
2. **Mangelnde Kostenerstattung** bei vorheriger Klagerücknahme, § 269 Abs. 6
3. **Kostengefährdung bei Ausländern**, §§ 110–113
   Bei Fehlen: ▪ Berücksichtigung nur auf Rüge, also nicht von Amts wegen
   ▪ dann Abweisung der Klage als unzulässig **durch Prozessurteil**, Ausn. § 113
   ▪ erneute Klageerhebung unter Vermeidung des Mangels möglich

B. Vertiefungsschemata

X. Zivilprozessrecht
3. Zuständigkeit der Zivilgerichte

I. Sachliche Zuständigkeit gem. § 1 ZPO im GVG geregelt!

Amtsgericht, §§ 23 ff. GVG	Landgericht, §§ 71 ff. GVG
1. **Grundsatz:** Streitwert bis 5.000 €, § 23 Nr. 1 GVG 2. **Ausnahme:** a) **streitwertunabhängige Zuweisung an das AG**, §§ 23 ff. GVG: insbes.: • Wohnraummiete, § 23 Nr. 2 GVG • Ehe-, Kindschaftssachen, §§ 111 ff. FamFG b) **streitwertunabhängige Zuweisung an das LG**, § 71 Abs. 2 GVG insbes. Amtshaftungsklagen oder Zuweisung an OLG, §§ 118, 119 GVG	1. **Grundsatz:** Streitwert ab 5.000,01 €, § 71 Abs. 1 GVG 2. **Ausnahme:** a) **streitwertunabhängige Zuweisung an das AG:** insbes.: • Wohnraummiete, § 23 Nr. 2 GVG • Ehe-, Kindschaftssachen, §§ 111 ff. FamFG b) **streitwertunabhängige Zuweisung an das LG**, § 71 Abs. 2 GVG insbes. Amtshaftungsklagen oder Zuweisung an OLG, §§ 118, 119 GVG

OLG, §§ 118 ff. GVG
- Musterverfahren für Kapitalanleger, § 118 GVG
- Musterfeststellungsverfahren, § 119 Abs. 3 GVG

II. Örtliche Zuständigkeit, §§ 12 ff. ZPO, sog. Gerichtsstände

1. **Besteht ein ausschließlicher Gerichtsstand?**
   - z.B. dinglicher Gerichtsstand, § 24, Mietsachen, § 29 a
   - Rechtsfolge: das im Gesetz genannte Gericht ist ausschließlich zuständig; keine abweichende Vereinbarung möglich, § 40 Abs. 2 Nr. 2

   falls (−)

2. **Allgemeiner Gerichtsstand**
   - Beklagtenwohnsitz, §§ 12, 13
   - Sitz der Gesellschaft, § 17

3. **Daneben besonderer Gerichtsstand?**
   - z.B. Firmensitz, § 21
   - Erbschaft, § 27
   - Erfüllungsort, § 29
   - unerlaubte Handlung, § 32; § 20 StVG

- **Kläger kann wählen, § 35**
- **Vereinbarung** möglich, **§ 38**
  - § 38 Abs. 1: unter Kaufleuten unproblematisch möglich
  - § 38 Abs. 3: sonst nur **nach** Entstehung der Streitigkeit
  - **§ 39: rügelose Einlassung** des Beklagten möglich
    ⚠ § 39 gilt auch für die sachliche Zuständigkeit.
    ⚠ Vor AG: Hinweispflicht gem. § 39 S. 2 i.V.m. § 504

B. Vertiefungsschemata

X. Zivilprozessrecht
4. Parteien

Parteien, §§ 50 ff. ZPO

Parteifähigkeit, § 50

1. § 50 Abs. 1: Parteifähig ist, wer **rechtsfähig** ist.

   - **natürliche Person** ab Vollendung der Geburt, § 1 BGB
   - **juristische Person**, z.B. GmbH, AG
   - **rechtsfähige Personengesellschaften**
     - Handelsgesellschaften, § 124 (§ 161 Abs. 2) HGB
     - GbR, § 124 HGB analog ⇨ **S. 296**
2. § 50 Abs. 2: **Nicht rechtsfähiger Verein**
3. **Wohnungseigentümergemeinschaft** ist teilrechtsfähig, § 10 Abs. 6 WEG

Prozessfähigkeit, §§ 51 ff.

Prozessfähigkeit = Fähigkeit, vor Gericht zu stehen ≈ **Geschäftsfähigkeit**, §§ 51, 52

⟶ bei Minderjährigen: **Vertretung durch Eltern**; Ausnahme: § 1629 Abs. 2 i.V.m. § 1795 Abs. 1 Nr. 3 BGB ⇨ **S. 272**

⟶ **Vertretung durch Organe** ⇨ **S. 302, 303**

⟶ **Vertretung durch Organe** ⇨ **S. 297**

⟶ **Vertretung durch Organe** ⇨ **S. 297**
⟶ **Vertretung durch Organe**
⟶ **Vertretung durch Verwalter**

Streitgenossen, §§ 59 ff. ZPO

1. **Grundsätzlich: einfache Streitgenossen, §§ 59–61**
   a) Voraussetzung: es reicht ein rechtlicher/tatsächlicher Zusammenhang, § 59
   b) Rechtsfolge: getrennte Behandlung, § 61 („Einzelkämpfer")
2. **Ausnahme: notwendige Streitgenossen, § 62**
   a) Voraussetzung: es muss notwendigerweise einheitlich entschieden werden, § 62 Hs. 1
      - aus prozessualen Gründen (z.B. Auflösungsklage, § 133 HGB)
      - aus materiellen Gründen (z.B. Gesamthandsklage, § 2040 BGB)
   b) Rechtsfolge: einheitliche Behandlung, daher Vertretungsfiktion bei Säumnis, § 62 Abs. 1 Hs. 2 ⇨ **S. 325**

Hauptintervention, § 64 ZPO

- Klage eines Dritten gegen beide Parteien eines laufenden Prozesses

---

Streithelfer, §§ 66 ff. ZPO

Nebenintervention, § 66

Dritter erklärt Beitritt und unterstützt eine Partei (Kläger oder Beklagten) aus rechtlichem Interesse, § 66.

Streitverkündung, §§ 72 ff.

Partei verkündet Drittem den Streit, weil sie bei negativem Prozessausgang Anspruch auf Gewährleistung/Schadloshaltung gegen Dritten hat, § 72.

Interventionswirkung, § 68:
Im Verhältnis zur unterstützten Partei grds. keine Möglichkeit mehr, im späteren Prozess gegen Dritten geltend zu machen, der erste Prozess sei unrichtig entschieden/mangelhaft geführt worden.

§ 74 Abs. 3

B. Vertiefungsschemata

X. Zivilprozessrecht
5. Besondere Zulässigkeitsfragen

I. Prozessführungsbefugnis

- **Grds. unproblematisch** und daher nicht zu erörtern
- **Ausnahme: Kläger klagt offensichtlich ein fremdes Recht im eigenen Namen ein** (also nicht als Stellvertreter).
  ⇨ dann **Voraussetzungen der Prozessstandschaft** prüfen:
  – **gesetzlich zugelassene Fälle:**
    • Parteien kraft Amtes: Insolvenzverwalter, § 80 InsO, Zwangsverwalter etc.
    • Veräußerung streitbefangener Sache, vgl. § 265 Abs. 2
    • Revokatorische Klage eines Ehegatten gem. § 1368 BGB ⇨ **S. 268**
  – **sonst gewillkürte Prozessstandschaft:**
    Voraussetzungen:
    (1) **Recht** muss **abtretbar** sein **oder** zumindest einem anderen zur Ausübung **überlassen werden können** = kein höchstpersönliches Recht
    (2) **Ermächtigung des wahren Anspruchsinhabers analog § 185 Abs. 1 BGB**
    (3) **Eigenes schutzwürdiges Interesse** des Klägers an Rechtsverfolgung
    (4) **Keine unzumutbare Beeinträchtigung des Beklagten** (z.B. weil Kläger vermögenslos)

II. Klageänderung, §§ 263 ff. ZPO

Prüfungsschema:

1. Liegt **überhaupt** eine **Veränderung des Streitgegenstandes** vor? → nach **rein prozessual zweigliedriger Streitgegenstandstheorie** (h.M.):
   - falls Klageantrag
   - oder Klagegrund (= Sachverhalt) geändert wurde

   ↓ falls (+)

2. Gesetzlich zugelassener Fall i.S.v. **§ 264**? = **Fiktion:** „gilt" nicht als Änderung, § 264 Hs. 1 → **§ 264: ohne** Änderung des Klagegrundes
   - **Nr. 1:** bloße Berichtigung/Ergänzung
   - **Nr. 2:** Antragserweiterung/Beschränkung
   - **Nr. 3:** statt der Sache das Interesse (z.B. Schadensersatz)

   ↓ falls (–)

3. **Einwilligung des Beklagten, § 263 Alt. 1?** → **§ 267 fingiert** Einwilligung, falls Beklagter sich schon zur Begründetheit der geänderten Klage einlässt

   ↓ falls (–)

4. **Sachdienlichkeitserklärung durch Gericht, § 263 Alt. 2** → **i.d.R. (+)**, da es einen neuen Prozess zu vermeiden gilt (Prozessökonomie)

B. Vertiefungsschemata

X. Zivilprozessrecht
6. Widerklage

I. **Hauptklage** ist (noch) **rechtshängig**

II. **Wirksame Erhebung der Widerklage**
   1. richtet sich nach § 261 Abs. 2:
      - durch Zustellung einer Klageschrift (mit den Anforderungen des § 253)
      - oder mündlich im Termin zu Protokoll
   2. auch hilfsweise möglich („Waffengleichheit" zum Kläger)
   3. **kein** Gerichtskostenvorschuss erforderlich, § 12 Abs. 2 Nr. 1 GKG

III. **Widerklage hat im Verhältnis zur Klage einen selbstständigen Streitgegenstand**
   ⇨ d.h. nicht bloße Negation des Hauptklageantrags

IV. **Parteiidentität**
   ⇨ Widerklage hat im Verhältnis zur Klage umgekehrte Parteibezeichnung

   Ausnahme: Drittwiderklage, z.B. Klage einer OHG und Widerklage gegen OHG **und** daneben gegen die Gesellschafter der OHG aus § 128 HGB

V. **Zuständigkeit des Gerichts der Hauptklage auch für die Widerklage**
   1. **sachliche Zuständigkeit nach Streitwert**
      - keine Addition der Streitwerte von Klage und Widerklage, **§ 5 Hs. 2**
      - sondern Streitwert der Klage ist entscheidend; hat dieser zum AG geführt und hat Widerklage Streitwert über 5.000 €, so wird gem. **§ 506** der Rechtsstreit nur auf Antrag an LG verwiesen
   2. **örtliche Zuständigkeit**
      a) **Ausschließlicher** Gerichtsstand für Widerklageforderung?
         ⇨ z.B. dinglicher Gerichtsstand, § 24; sonst:
      b) **Allgemeiner** Gerichtsstand für Widerklage = Wohnsitz des Widerbeklagten, §§ 12, 13
      c) **Besonderer** Gerichtsstand für Widerklage, § 33, falls Zusammenhang zwischen Klage- und Widerklageforderung

VI. Streitig, ob § 33 eine besondere Zulässigkeitsvoraussetzung ist, die stets zu prüfen ist, also auch falls Gericht z.B. gem. §§ 12, 13 für Widerklage zuständig ist:
   1. Rspr.: (+), daher stets Zusammenhang i.S.v. § 33 Abs. 1 erforderlich, der nicht eng ausgelegt werden darf; ansonsten ist die Widerklage als unzulässig abzuweisen.
   2. Lit.: (–), § 33 begründet nur besonderen Gerichtsstand, daher unerheblich, falls allgemeiner Gerichtsstand §§ 12, 13 greift, sodass Widerklage zulässig ist; jedoch Trennung der Prozesse gem. § 145 Abs. 2 möglich.

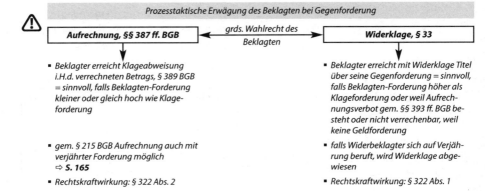

Prozesstaktische Erwägung des Beklagten bei Gegenforderung

Aufrechnung, §§ 387 ff. BGB ← grds. Wahlrecht des Beklagten → **Widerklage, § 33**

- Beklagter erreicht Klageabweisung i.H.d. verrechneten Betrags, § 389 BGB = sinnvoll, falls Beklagten-Forderung kleiner oder gleich hoch wie Klageforderung

- gem. § 215 BGB Aufrechnung auch mit verjährter Forderung möglich
  ⇨ **S. 165**
- Rechtskraftwirkung: § 322 Abs. 2

- Beklagter erreicht mit Widerklage Titel über seine Gegenforderung = sinnvoll, falls Beklagten-Forderung höher als Klageforderung oder weil Aufrechnungsverbot gem. §§ 393 ff. BGB besteht oder nicht verrechenbar, weil keine Geldforderung

- falls Widerbeklagter sich auf Verjährung beruft, wird Widerklage abgewiesen
- Rechtskraftwirkung: § 322 Abs. 1

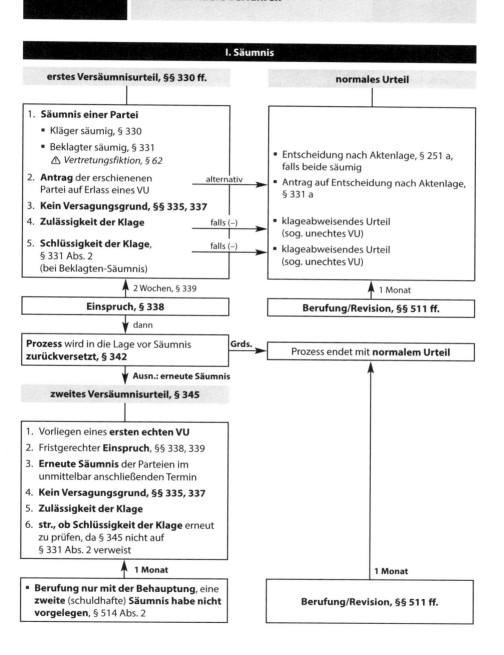

B. Vertiefungsschemata

X. Zivilprozessrecht
7. Besondere Verfahren (Fortsetzung)

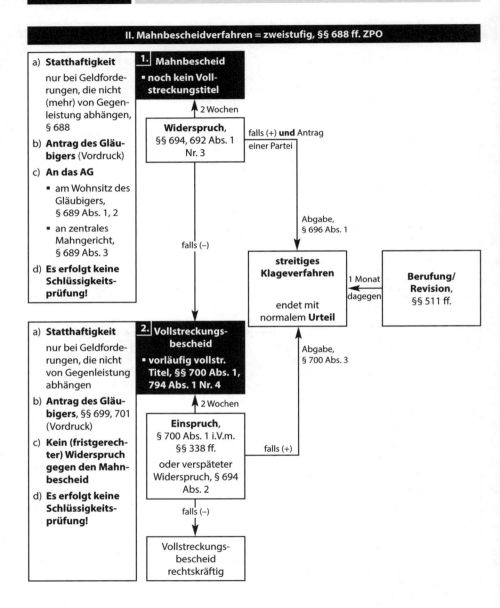

B. Vertiefungsschemata

X. Zivilprozessrecht
8. Beendigung des Verfahrens

	Voraussetzungen	Rechtsfolge
Beidseitige Erledigungserklärung, § 91 a	1. **Übereinstimmende Erledigungserklärung** ⇨ fehlender Widerspruch des Beklagten genügt 2. **Erledigung wird vom Gericht nicht geprüft** (Dispositionsmaxime)	• **Beseitigung der Rechtshängigkeit der Klage** • **Kostenbeschluss** nach bisherigem Sach-/Streitstand/Billigkeit, § 91 a

Einseitige Erledigungserklärung des Klägers nicht geregelt!	1. **Einseitige Erledigungserklärung des Klägers**
	2. Dieser Übergang von ursprünglicher Leistungs- zur jetzigen Feststellungsklage ist an sich Klageänderung, aber **privilegiert** gem. § 264 Nr. 2 Alt. 2
	3. **Erledigung wird vom Gericht geprüft:** (+), falls
	  a) im Zeitpunkt des erledigenden Ereignisses Klage zulässig und begründet war
	  b) h.M.: Erledigung nur nach Rechtshängigkeit möglich
		• **Feststellungsurteil** über Erledigungsfrage
		• **Kosten nach §§ 91 ff.**

Klagerücknahme, § 269	1. **Erklärung des Klägers** nach § 269 Abs. 2
	2. **Ab Beginn der mündlichen Verhandlung Einwilligung des Beklagten notwendig**, § 269 Abs. 1
		• **Beseitigung der Rechtshängigkeit**, daher neue Klage möglich
		• **Kostenbeschluss:**
		  – Grds. Kläger, § 269 Abs. 3, 4
		  – Ausnahme: Klageanlass vor Rechtshängigkeit weggefallen, § 269 Abs. 3 S. 3

Klageverzicht, § 306	Einseitige Erklärung des Klägers, dass er auf Klageforderung verzichtet	• **Verzichtsurteil**, § 306 • **Neue Klage unzulässig**, da Rechtskraft des Verzichtsurteils, § 322 Abs. 1 • **Kosten: Kläger, § 91**
Anerkenntnis, § 307	1. **Einseitige Erklärung des Beklagten,** dass er die Klageforderung anerkennt (kein bloßes Geständnis i.S.v. § 288) 2. **Zulässigkeit der Klage** 3. **Rechtsfolge nach der Rechtsordnung möglich** (= keine komplette Schlüssigkeitsprüfung!)	• **Anerkenntnisurteil, § 307** • **Kosten: Beklagter, § 91, Ausn. § 93** bei überraschender Klage und sofortigem Anerkenntnis

Prozessvergleich, § 794 Abs. 1 Nr. 1	1. **Prozessuale Voraussetzungen:**
	  a) **übereinstimmende Prozesserklärung** der Parteien
	  b) **vor einem deutschen Gericht** (nicht notwendig Prozessgericht)
	  c) **über den Streitgegenstand oder Teil davon**
	  d) **Protokollierung**, § 160 Abs. 3 Nr. 1
	2. **Materielle Voraussetzungen:** Vergleich i.S.v. § 779 BGB = gegenseitiges Nachgeben
	3. **Wegen Doppelnatur:**
	  • Widerrufsvorbehalt möglich
	  • Anfechtung wegen Irrtums möglich
		• **Prozess** ist **beendet**
		• **Prozessvergleich ersetzt** ein **Urteil**, daher:
		  – **Vollstreckungstitel**, § 794 Abs. 1 Nr. 1
		  – aber **keine Rechtskraftwirkung**, da § 322 nur für Urteile gilt
		• **materiell-rechtliche Neuordnung** nach Inhalt des Vergleichs (i.d.R. Teilverzicht)
		⎬ dann Fortsetzung des alten Verfahrens

B. Vertiefungsschemata

X. Zivilprozessrecht
9. Rechtsmittel

I. Prüfungsschema

A. Zulässigkeit		Berufung, §§ 511 ff.	Revision, §§ 542 ff.	sofortige Beschwerde, §§ 567 ff.
I.	Statthaft gegen	- Urteile des AG, LG als 1. Instanz, §§ 511, 512 - grds. nicht VU, § 514 Abs. 1 Ausn. § 514 Abs. 2	- **Berufungsurteile**, § 542 - Urteile 1. Instanz bei **Sprungrevision** gem. § 566	**Beschlüsse, § 567:** - falls im Gesetz bestimmt - falls Zurückweisung eines Gesuchs
II.	Rechtsmittelberechtigung	1. **Beschwer** - Kl.: bei Abweichen des Urteils vom Klageantrag (formelle Beschwer) - Beklagter: bei Verurteilung (materielle Beschwer) 2. **Wert der Beschwer über 600 €**, § 511 Abs. 2 Nr. 1 **oder:** 3. erstinstanzliches Gericht hat **Berufung zugelassen**, § 511 Abs. 2 Nr. 2, Abs. 4	1. **Beschwer** dto. 2. **Zulassung d. Revision** - durch Berufungsgericht, § 543 Abs. 1 Nr. 1, Abs. 2 - durch RevisionsG bei Nichtzulassungsbeschwerde, § 543 Abs. 1 Nr. 2	1. **Beschwer** dto. 2. **Wert der Beschwer** in den Fällen des § 567 Abs. 2: über 200 €
III.	Ordnungsgemäße Einlegung	1. **Adressat u. Form** a) beim Berufungsgericht, § 519 Abs. 1 b) durch Einreichen der Berufungsschrift, § 519 Abs. 2–4 2. **Frist zur Einlegung** binnen 1 Monat nach Urteilszustellung, § 517	1. **Adressat u. Form** a) beim Revisionsgericht, § 549 Abs. 1 Dies ist einheitlich der BGH, § 133 GVG! b) durch Einreichen als Revisionsschrift, § 549 2. **Frist zur Einlegung** dto., § 548	1. **Adressat u. Form** a) beim iudex a quo, § 569 Abs. 1 b) schriftlich/zu Protokoll, § 569 Abs. 2, 3 2. **Frist zur Einlegung** binnen 2 Wochen ab Zustellung der Entscheidung, § 569
IV.	Ordnungsgemäße Begründung	1. **Adressat u. Form** a) beim Berufungsgericht, § 520 b) Form: § 520 Abs. 3 2. **Frist zur Begründung** binnen 2 Monaten seit Urteilszustellung, § 520 Abs. 2	1. **Adressat u. Form** a) beim Revisionsgericht, § 551 b) Form: § 551 Abs. 3 2. **Frist zur Begründung** binnen 2 Monaten seit Urteilszustellung, § 551 Abs. 2	§ 571: Beschwerde soll begründet werden
B. Begründetheit		Überprüfung in **tatsächlicher und rechtlicher Hinsicht**, §§ 528 ff.	Überprüfung **nur** in **rechtlicher** Hinsicht, §§ 557 ff.	Überprüfung in **tatsächlicher und rechtlicher Hinsicht**, §§ 572 ff.

II. Rechtsfolgen

1. **falls Rechtsmittel ordnungsgemäß eingelegt:** Suspensiveffekt und Devolutiveffekt
2. **falls nicht (ordnungsgemäß) eingelegt oder Rechtsmittel ausgeschöpft:**
   - Urteil ist **formell rechtskräftig**, d.h. unanfechtbar
   - Urteil erwächst in **materielle Rechtskraft**, §§ 322, 325
   - **Durchbrechung der Rechtskraft:**
     – Abänderungsklage, § 323; gegen Unterhaltstitel jedoch § 238 FamFG
     – Wiederaufnahme des Verfahrens, §§ 579, 580
     – Schadensersatzansprüche aus § 826 BGB auf Unterlassen der Vollstreckung und Herausgabe des Titels (§ 249 Abs. 1 BGB), falls Titel sittenwidrig erschlichen/erzwungen
     – Verfassungsbeschwerde, §§ 90 ff. BVerfGG, nur bei spezifischer Grundrechtsverletzung

B. Vertiefungsschemata

X. Zivilprozessrecht
10. Vollstreckungsarten

Titel	Vollstreckungsobjekt	Durchführung der Vollstreckung	
Titel geht auf: „ZV wegen"	„in"	Pfändung „wie"	Verwertung
I. Zahlung von Geldforderungen, §§ 803 bis 882 a	1. bewegliches Vermögen a) körperliche **Sachen**	**Inbesitznahme** durch GV, § 808	i.d.R. öffentlich-rechtliche **Versteigerung** durch GV, §§ 814 ff.
	b) **Geldforderung des Schuldners** gegen Dritten = Drittschuldner	**Pfändungsbeschluss** des VollstrG (Rpfleger), § 829	**Überweisungsbeschluss** des VollstrG (Rpfleger), § 835
	c) **Anspruch des Schuldners gegen Dritten = Drittschuldner auf Herausgabe** von: aa) beweglichen Sachen	**Pfändungsbeschluss** des VollstrG, §§ 846, 829; daneben Anordnung der Herausgabe an GV, § 847	öffentlich-rechtliche **Versteigerung** durch GV, §§ 814 ff.
	bb) unbeweglichen Sachen (bei Auflassungsanspruch)	**Pfändungsbeschluss** des VollstrG, §§ 848, 829; daneben Anordnung der Auflassung an Sequester als Vertreter des Schuldners, § 848 Abs. 2	nach ZVG
	d) andere Vermögensrechte des Schuldners	**Pfändungsbeschluss** des VollstrG, §§ 857, 829	Überweisungsbeschluss, §§ 857, 835 (andere Verwertung nach §§ 844, 857 Abs. 4 u. 5 möglich)
	2. **unbewegliches Vermögen**	(Wahlweise, § 866)	
		Zwangsversteigerung	
		Beschlagnahme durch Versteigerungsbeschluss, § 15 ZVG	durch VollstrG nach ZVG
		Zwangsverwaltung	
		Beschlagnahme durch VollstrG, Anordnung der Zwangsverwaltung, § 146 ZVG	Verwaltung durch einen vom VollstrG eingesetzten Verwalter
		Zwangshypothek	
		Eintragung durch Grundbuchamt als Sicherungshypothek, § 867	
II. Herausgabe von Sachen, §§ 883 bis 886	1. **Sache beim Schuldner;** herausgabebereitem **Dritten** a) bewegliche Sachen b) unbewegliche Sachen	a) Wegnahme durch GV, Übergabe an Gläubiger, § 883 b) GV setzt Schuldner aus Besitz und weist Gläubiger in Besitz, § 885	
	2. **Sache ist bei nicht herausgabebereitem Dritten**	Gläubiger pfändet etwaigen Anspruch des Schuldners gegen Dritten und lässt ihn sich überweisen, §§ 886, 829, 835.	
III. Vornahme von Handlungen oder Unterlassung oder Duldung, §§ 887 bis 893	1. **vertretbare** Handlung	ProzessG 1. Instanz ermächtigt Gläubiger, Handlung auf Kosten des Schuldners vornehmen zu lassen, § 887.	
	2. **unvertretbare** Handlung	Festsetzung von **Zwangsgeld/Zwangshaft** nach vorheriger Androhung durch ProzessG 1. Instanz, § 888	
	3. **Unterlassen oder Dulden**	Verurteilung durch ProzessG 1. Instanz zu **Ordnungsgeld/Ordnungshaft** für schuldhafte Zuwiderhandlung, §§ 890 ff.	
IV. Abgabe einer Willenserklärung, § 894		Willenserklärung des Beklagten wird durch rechtskräftiges Urteil **fingiert, § 894!**	

B. Vertiefungsschemata

X. Zivilprozessrecht
11. Voraussetzung jeder Zwangsvollstreckung

I. Rechtmäßigkeit des „ob" der Zwangsvollstreckung (ZV)

1. **Allgemeine Voraussetzungen**
   a) **Antrag** an das zuständige Vollstreckungsorgan (je nach Vollstreckungsart)
   b) **Vollstreckungstitel:** Urteil, § 704; besondere Titel, § 794; Arrest, einstweilige Verfügung, §§ 922, 936
   c) **Vollstreckungklausel, §§ 724 ff.**
      - einfache Klausel, §§ 724, 725 (durch Urkundsbeamten der Geschäftsstelle erteilt)
      - qualifizierte Klausel, §§ 726 ff. (durch Rechtspfleger erteilt)
      - ggf. entbehrlich, §§ 796 Abs. 1, 929 Abs. 1, 936
   d) **Zustellung** des Titels an Gegner
      - spätestens gleichzeitig mit ZV, § 750 Abs. 1
      - ggf. Ausnahme: §§ 845, 929 Abs. 3, 936
2. **Besondere Voraussetzungen**
   - Ablauf des Kalendertags, § 751 Abs. 1
   - Nachweis der Sicherheitsleistung, § 751 Abs. 2; Ausnahme: § 720 a!
   - Zug-um-Zug-Verurteilung, §§ 756, 765
   - Einhaltung der Wartefrist, §§ 798, 798 a, 750 Abs. 3
3. **Keine Vollstreckungshindernisse**
   a) **keine einstweilige Einstellung** der ZV
      - Rechtsmittel/Einspruch gegen Titel, § 719
      - Vollstreckungsschutz, § 765 a
      - bei Drittwiderspruchsklage, § 771 Abs. 3
   b) **keine Einstellung** der ZV ⇨ Fälle des § 775
   c) **kein Insolvenzverfahren** des Schuldners, § 89 InsO

II. Rechtmäßigkeit des „wie" der Zwangsvollstreckung (ZV)

1. **„zur rechten Zeit":** § 758 a Abs. 4 (Nachtpfändung)
2. **„am rechten Ort":** §§ 808, 809
   (Sachpfändung: Gewahrsamssphäre des Schuldners/herausgabebereiten Dritten)
3. **„in der rechten Art und Weise":**
   - § 808 Abs. 2: für Sachpfändung
   - §§ 829 Abs. 3, 835: für Forderungspfändung
   - §§ 864 ff. i.V.m. ZVG: für Grundstücke
   - §§ 883 ff.: für Herausgabe
   - §§ 887 ff.: für Handlungen/Unterlassen
   - § 894: für Willenserklärung
4. **„im rechten Umfang":**
   - § 803: Verbot der Überpfändung
   - §§ 811 ff.: unpfändbare Sachen
   - §§ 850 ff.: unpfändbare Forderungen

B. Vertiefungsschemata

X. Zivilprozessrecht
12. Zwangsvollstreckung in Sachen

I. Pfändung der Sache, § 808

1. **Es entsteht ein öffentlich-rechtliches Gewaltverhältnis, sog. Verstrickung**
   a) **Voraussetzung:**
      - **wirksamer Pfändungsakt** des Gerichtsvollziehers; Nichtigkeit nur bei schweren, evidenten Fehlern (z.B. kein wirksamer Titel vorhanden)
   b) **Rechtsfolgen:**
      - zivilrechtlich: **relatives Veräußerungsverbot**, § 136 Alt. 2 i.V.m. § 135 BGB
      - strafrechtlich: **Verstrickungsbruch**, § 136 Abs. 1 StGB
      - **Formelles Verwertungsrecht** für Gläubiger, d.h. Recht, die Zwangsversteigerung zu betreiben, bis ggf. Rechtsbehelfe eingelegt werden
2. **Es entsteht für ZV-Gläubiger ein Pfändungspfandrecht, § 804**
   a) **Voraussetzungen:**
      - **wirksame Verstrickung**, s.o. I. 1.
      - **weitere Voraussetzungen** nach gemischt privatrechtlich-öffentlicher Theorie (h.M.):
        – **wesentliche Vollstreckungsvoraussetzungen** eingehalten,
        – **zu vollstreckende Forderung** ist nicht untergegangen
          (= Akzessorietät des Pfandrechts, analog § 1252 BGB)
        – **Pfandsache im Eigentum des ZV-Schuldners**
          (gutgläubiger Pfandrechtserwerb gem. § 1207 BGB **nicht** möglich, da kein Rechtsgeschäft)
   b) **Rechtsfolgen des Pfändungspfandrechts:**
      - **Materielles Befriedigungsrecht** des ZV-Gläubigers
      - **Rechtsgrund** i.S.v. § 812 BGB, für Behaltendürfen des ZV-Erlöses
      - bei **Anschlusspfändung § 826:** Prioritätsprinzip § 804 Abs. 3

II. Zwangsversteigerung der Pfandsache

1. **Zuschlag an den Meistbietenden = schuldrechtlicher Teil**
   - keine einklagbaren Erfüllungsansprüche
   - keine Gewährleistung, § 806 (§ 445 BGB gilt nur für zivilrechtliche Versteigerungen!)
2. **Barzahlung des Meistbietenden an den GV, § 817 Abs. 2**
   - Ausnahme: § 817 Abs. 4, Zuschlag an ZV-Gläubiger selbst
   - **dingliche Surrogation analog § 1247 S. 2 BGB:** alle dinglichen Rechte an der Pfandsache setzen sich automatisch am Erlös fort: Eigentümer der Pfandsache ist Eigentümer des Erlöses; ZV-Gläubiger hat Pfändungspfandrecht am Erlös; aber nur bis zur Auskehr, s.u. II. 4.
   - **gem. § 819 erlischt titulierte Forderung** (also nicht erst mit Auskehr an ZV-Gläubiger)
     h.M.: § 819 gilt nicht bei Versteigerung schuldnerfremder Sachen
3. **Ablieferung der Pfandsache an Meistbietenden = sachenrechtlicher Teil**
   - **Meistbietender erwirbt Eigentum originär per VA** des Gerichtsvollziehers, auch an schuldnerfremden Sachen, auch falls bösgläubig/Abhandenkommen.
     ⚠ **§§ 929 ff. BGB unanwendbar;** § 935 Abs. 2 BGB gilt nur für die öffentliche Versteigerung i.S.v. § 383 BGB, welche zivilrechtlich, rechtsgeschäftlich ist (Auktion).
   - ursprünglicher Eigentümer verliert sein Eigentum
4. **Auskehr des Erlöses an ZV-Gläubiger**
   - ZV-Gläubiger erwirbt Eigentum originär per VA am Erlös.
   - **Rechtsgrund** i.S.v. § 812 BGB ist das **Pfändungspfandrecht** des ZV-Gläubigers.

B. Vertiefungsschemata

X. Zivilprozessrecht
13. Zwangsvollstreckung in Forderungen

I. Pfändung der Forderung durch Beschluss, § 829

1. **Es entsteht ein öffentlich-rechtliches Gewaltverhältnis, sog. Verstrickung**
   a) **Voraussetzung:**
      - **wirksamer Pfändungsakt** des Rechtspflegers
        – Nichtigkeit des Pfändungsbeschlusses nur bei schweren, evidenten Fehlern:
          · kein wirksamer Titel vorhanden
          · zu pfändende Forderung besteht nicht ⇨ Pfändungsbeschluss geht ins Leere
        – Zustellung an Drittschuldner, § 829 Abs. 3
   b) **Rechtsfolgen:**
      - Auszahlungs-, Veräußerungsverbot, § 829 Abs. 1; §§ 135, 136 BGB
2. **Es entsteht für ZV-Gläubiger ein Pfändungspfandrecht an der gepfändeten Forderung, § 804**
   a) **Voraussetzungen:**
      - **wirksame Verstrickung**, s.o.
      - **weitere Voraussetzungen** nach gemischt privatrechtlicher-öffentlicher Theorie (h.M.):
        – **wesentliche Vollstreckungsvoraussetzungen** eingehalten,
        – **zu vollstreckende Forderung** ist nicht untergegangen (= Akzessorietät des Pfandrechts, analog § 1252 BGB)
        ⚠ *besteht die zu pfändende Forderung nicht ⇨ Pfändungsbeschluss ist unwirksam, da ins Leere gegangen, s.o. I. 1. a)*
   b) **Rechtsfolgen:**
      - Verwertungsrecht für ZV-Gläubiger
      - Erklärungspflicht für Drittschuldner, § 840

II. Überweisung der gepfändeten Forderung an ZV-Gläubiger durch Beschluss, § 835

zur Einziehung ← wahlweise →	an Zahlungs statt zum Nennwert
• ZV-Schuldner bleibt Forderungsinhaber • ZV-Gläubiger erwirbt lediglich Einzugsermächtigung • Titulierte Forderung bleibt bis zur Zahlung des Drittschuldners an ZV-Gläubiger bestehen • **ggf. Klage** des ZV-Gläubigers gegen Drittschuldner aus fremdem Recht (≈ Prozessstandschaft) erforderlich, da Überweisungsbeschluss kein Titel gegen Drittschuldner = sog. **Einziehungsklage**	• ZV-Schuldner verliert Forderung durch Zwangsüberweisung (≈ Zwangsabtretung) • ZV-Gläubiger wird neuer Forderungsinhaber • Titulierte Forderung erlischt i.H.d. Nennwertes, da Überweisung „an Zahlungs statt" ⇨ gefährlich, da unklar, ob Drittschuldner zahlt! Daher selten! • **ggf. Klage** des ZV-Gläubigers gegen Drittschuldner aus **zwangsüberwiesenem Recht**

B. Vertiefungsschemata

X. Zivilprozessrecht
13. Zwangsvollstreckung in Forderungen (Fortsetzung)

II. Überweisung der gepfändeten Forderung an ZV-Gläubiger (Fortsetzung)

⚠ *Besonderheiten:*

- i.d.R. ergehen **beide Beschlüsse i.S.v. §§ 829, 835 zusammen** als Pfändungs- und Überweisungsbeschluss **(PfÜB)**
- gem. **§ 836 Abs. 3 S. 1** ist Schuldner zur **Auskunft** und **Urkundsherausgabe** bzgl. der gepfändeten Forderung verpflichtet; werden Urkunden nicht herausgegeben, kann gleich – ohne besonderen Herausgabetitel – auf Herausgabe vollstreckt werden, § 836 Abs. 3 S. 5 (sog. Hilfspfändung)
  ⇨ z.B. Sparbuch
- bereits mit Vorliegen eines Vollstreckungstitels (restliche Voraussetzung der ZV wie Klausel, Zustellung des Titels müssen noch nicht vorliegen!) ist **Vorpfändung, § 845, möglich:** falls dann PfÜB binnen 1 Monat zugestellt ⇨ Wirkung eines Arrestes, § 930! Vorteil: Verstrickung/Pfändungspfandrecht entstehen bereits ab Zeitpunkt der Vorpfändung!
- *unpfändbare Forderungen:*
  - §§ 850 ff.: Lohnanspruch, Unterhaltsanspruch, Rentenanspruch etc.
  - § 850 k: Pfändungsschutzkonto
    ⇨ sonst sind bei Girokonto nur Tagessalden und Salden aus Rechnungsabschlüssen pfändbar, nicht Einzelpositionen, da sie durch Einstellung ins Kontokorrent (§§ 355 ff. HGB) ihre Selbstständigkeit verlieren
  - § 851: nicht übertragbare Forderungen (höchstpersönliche Forderungen)
- *bei Wertpapieren ist zu differenzieren:*
  - **Wertpapiere i.w.S.;** „Recht am Papier folgt Recht aus dem Papier, § 952 BGB", z.B. Sparbuch
    ⇨ Forderung steht im Vordergrund, daher Forderungspfändung durch PfÜB
    ⇨ Pfändung des Papiers als bloße Hilfspfändung gem. § 836 Abs. 3 S. 5, s.o.
  - **Wertpapiere i.e.S.;** „Recht aus dem Papier folgt Recht am Papier", z.B. Wechsel, Scheck
    ⇨ Papier als Sache steht im Vordergrund, daher Sachpfändung, vgl. § 808 Abs. 2, § 831; also kein PfÜB!
- *Zwangsvollstreckung in andere Vermögensrechte gem. § 857*
  - Pfändung grds. per PfÜB, §§ 829, 835 i.V.m. § 857 Abs. 1
  - Ausn.: unübertragbare Rechte, § 851 i.V.m. § 857 Abs. 1
    (Rückausnahme: § 857 Abs. 3: falls diese einem Dritten wenigstens zur Ausübung überlassen werden können)

B. Vertiefungsschemata

X. Zivilprozessrecht
14. Rechtsbehelfe in der Zwangsvollstreckung

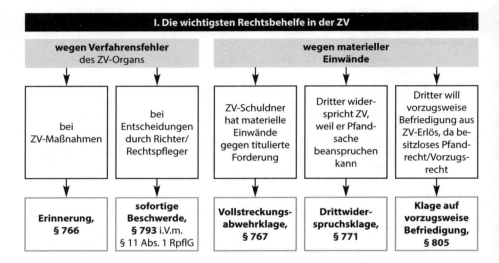

II. Allgemeines Prüfungsschema zu den Rechtsbehelfen

A. Zulässigkeit des Rechtsbehelfs

I. **Statthafter Rechtsbehelf**
 1. **Erinnerung, § 766:** bzgl. Verfahrensfehler
 2. **Sofortige Beschwerde, § 793:** bzgl. Verfahrensfehler bei **Entscheidung** des ZV-Gerichts oder des Rechtspflegers; § 11 Abs. 1 RpflG
    ⇨ bei **Maßnahmen** (ohne Anhörung oder Verhandlung) des Rechtspflegers gilt § 766 i.V.m. § 11 Abs. 1 RpflG
 3. **Vollstreckungsabwehrklage, § 767:** bzgl. materieller Einwände des ZV-Schuldners gegen titulierten Anspruch
 4. **Drittwiderspruchsklage, § 771:** Interventionsrecht eines Dritten am Pfandobjekt
 5. **Klage auf vorzugsweise Befriedigung, § 805:** Dritter hat besitzloses Pfandrecht/Vorwegbefriedigungsrecht an Pfandsache

II. **Rechtsbehelfsbefugnis**
 1. **Erinnerung, § 766:** jeder von den ZV-Maßnahmen Betroffene
 2. **Sofortige Beschwerde, § 793:** jeder von den ZV-Entscheidungen Betroffene
 3. **Vollstreckungsabwehrklage, § 767:** nur ZV-Schuldner
 4. **Drittwiderspruchsklage, § 771:** nur Dritter
 5. **Klage auf vorzugsweise Befriedigung, § 805:** nur Dritter

B. Vertiefungsschemata

X. Zivilprozessrecht
14. Rechtsbehelfe in der Zwangsvollstreckung (Fortsetzung)

II. Allgemeines Prüfungsschema zu den Rechtsbehelfen (Fortsetzung)

A. Zulässigkeit des Rechtsbehelfs (Fortsetzung)

III. **Zuständiges Gericht (beachte § 802!)**
 1. **Erinnerung, § 766:** ZV-Gericht, § 764
 2. **Sofortige Beschwerde, § 793:** Beschwerdegericht
 3. **Vollstreckungsabwehrklage, § 767:** Prozessgericht 1. Instanz (für bes. Titel: § 796)
 4. **Drittwiderspruchsklage, § 771:** im Bezirk der ZV: AG/LG (streitwertabhängig)
 5. **Klage auf vorzugsweise Befriedigung, § 805:** ZV-Gericht, § 805 Abs. 2
IV. **Allgemeines Rechtsschutzbedürfnis**
 1. Grundsätzlich: von Beginn der Vollstreckung bis Ende der Versteigerung
 2. Ausnahme: Vollstreckungsabwehrklage, § 767: bereits ab Erlass des Titels
 (daher Wahlrecht zur Berufung, § 511)
V. **Allgemeine Klagevoraussetzungen**
 nur bei den Klagen (also nicht bei Erinnerung, § 766, sofortiger Beschwerde, § 793): §§ 253 ff., 78 ff.

B. Begründetheit des Rechtsbehelfs

I. **Erinnerung, § 766:** falls Verfahrensfehler bei Zwangsvollstreckungsmaßnahmen („ob"/„wie")
II. **Sofortige Beschwerde, § 793** (§ 11 Abs. 1 RpflG): falls Verfahrensfehler bei Entscheidung
III. **Bei Vollstreckungsabwehrklage, § 767:**
 1. Besteht **materieller Einwand** des ZV-Schuldners gegen die titulierte Forderung?
 2. **Einwand neu i.S.v. § 767 Abs. 2** ⇔ sonst Einwand ausgeschlossen = präkludiert!
 ⚠ *Präklusion des § 767 Abs. 2 gilt nur bei Urteilen (auch Versäumnisurteilen), vgl. Wortlaut des Abs. 2, sowie bei Vollstreckungsbescheiden, § 794 Abs. 1 Nr. 4 i.V.m. §§ 795, 796 Abs. 2; dagegen **nicht** für die sonstigen Titel i.S.v. § 794* ⇔ *dazu keine Beschränkung auf neue Einwände!*
IV. **Drittwiderspruchsklage, § 771:**
 1. Dritter hat **Interventionsrecht** an Pfandsache (= besseres Recht als der ZV-Gläubiger)
  - **Jedes dingliche Recht**
    – Eigentum, auch Sicherungseigentum (h.M.)
    – Anwartschaftsrecht
    – Besitzpfandrechte (vertragl. PfandR, §§ 1204 ff. BGB; WerkunternehmerpfandR, § 647 BGB)
    – nicht: besitzlose Pfandrechte, § 805 Abs. 1 Hs. 1! (§§ 562, 704 BGB)
  - Dritter hat **schuldrechtlichen Herausgabeanspruch** auf die gepfändete Sache, z.B. § 604 BGB
 2. **Berufung hierauf nicht ausgeschlossen**, z.B. treuwidrig, § 242 BGB, weil Dritter materiell selbst auf titulierte Forderung haftet oder er sein Interventionsrecht anfechtbar nach AnfG erworben hat
V. **Klage auf vorzugsweise Befriedigung, § 805**
 1. Dritter hat **besitzloses** Pfandrecht (Vermieterpfandrecht, § 562 BGB; Gastwirt, § 704 BGB)
 2. **Berufung hierauf möglich**, da weder § 242 BGB, noch anfechtbar nach AnfG, noch § 562 d BGB

B. Vertiefungsschemata

X. Zivilprozessrecht
15. Vorläufiger Rechtsschutz

	Arrest, §§ 916 ff.	Einstweilige Verfügung, §§ 935 ff.
Voraussetzungen	**Arrestgesuch, § 920** schlüssige Darlegung und Glaubhaftmachung (§ 294) von: 1. **Arrestanspruch, § 916** Sicherung der Zwangsvollstreckung • eines Geldanspruchs • oder eines Anspruchs, der in Geldleistung übergehen kann, z.B. zukünftiger Schadensersatzanspruch 2. **Arrestgrund, §§ 917, 918** Gefährdung der Zwangsvollstreckung • **dinglicher Arrest, § 917** • **persönlicher Arrest, § 918**	**Antrag, §§ 936, 920** schlüssige Darlegung und Glaubhaftmachung (§ 294) von: 1. **Verfügungsanspruch** • **Sicherungsverfügung, § 935** ⇨ Sicherung eines Anspruchs auf Individualleistung = alle Ansprüche außer Geldansprüche • **Regelungsverfügung, § 940** ⇨ einstweilige Regelung in Bezug auf streitiges Rechtsverhältnis • **Leistungsverfügung, § 940 analog** ⇨ vorläufige Befriedigung des Gläubigers erstrebt, also nicht bloße Sicherung • **Räumungsverfügung, § 940 a** 2. **Verfügungsgrund** • Gefährdung der Verwirklichung des Rechts, § 935; Ausn.: § 885 Abs. 1 S. 2 BGB; § 899 Abs. 2 S. 2 BGB • wesentliche Nachteile/Gewalt drohen, § 940
Zuständiges Gericht	• **Gericht der Hauptsache**, §§ 919, 943 • oder **AG, in dessen Bezirk** sich der zu arrestierende Gegenstand/Person befindet, § 919	• **grds. Gericht der Hauptsache**, §§ 937, 943 • **ausnahmsweise AG der belegenen Sache**, § 942
Entscheidung des Gerichts	• **durch Beschluss**: ohne mündliche Verhandlung, § 922 Abs. 1 • **durch Urteil**: nach mündlicher Verhandlung, § 922 Abs. 1	• **grds. durch Urteil** nach mündlicher Verhandlung • **ausnahmsweise durch Beschluss** ohne mündliche Verhandlung bei Dringlichkeit, §§ 937 Abs. 2, 944
Vollziehung	• **dinglicher Arrest, § 917**: – durch **Pfändung** der beweglichen Sache, § 930 – durch Eintragung einer **Sicherungshypothek** am Grundstück, § 932 ⚠ *Jeweils keine Verwertung* durch Versteigerung, da einstweiliger Rechtsschutz die Hauptsache nicht vorwegnehmen darf! • **persönlicher Arrest, § 918**: – **Haft**, § 933 – oder **sonstige Beschränkungen**, § 933	• **Sicherungsverfügung, § 935**: – falls Anspruch auf eine Sache durch Pfändung, § 936 i.V.m. § 930 – sonstige Ansprüche: abhängig vom Tenor • **Regelungsverfügung, § 940**: je nach Inhalt der Regelung • **Leistungsverfügung, § 940 analog**: es erfolgt nicht nur Sicherung, sondern Verwertung/Befriedigung! • **Räumung, § 940 a**
Schadensersatzpflicht	gem. § 945 falls Arrest zu Unrecht erwirkt	gem. § 945 falls einstweilige Verfügung zu Unrecht erwirkt

C. Strukturschemata

I. Auswirkungen mangelnder/beschränkter Geschäftsfähigkeit

I. Vertrag/Vertragsähnliche Ansprüche

1. **Willenserklärung**

   Ausführlich ⇨ S. 153
   - WE eines **Geschäftsunfähigen** ist nichtig, § 105 Abs. 1
     Ausnahme: Geschäfte des täglichen Lebens, § 105 a
   - WE eines **beschränkt Geschäftsfähigen** ist bei zweiseitigen Rechtsgeschäften schwebend unwirksam, § 108 Abs. 1
     Ausnahmen:
     - Zustimmung der gesetzlichen Vertreter, § 108 Abs. 1 (ggf. besondere Zustimmungserfordernisse gem. §§ 1629 Abs. 1, 1643, 1821, 1822 oder §§ 1829 Abs. 2, 1795)
     - Geschäft ist lediglich rechtlich vorteilhaft, § 107
     - Geschäft mit eigenen Mitteln bewirkt (Taschengeld, § 110)
     - Geschäft im Rahmen von Dienst-/Arbeitsverträgen, § 113
     - Geschäft im Rahmen eines selbstständigen Erwerbsgeschäfts, § 112
   - WE eines **beschränkt Geschäftsfähigen** ist **bei einseitigem Rechtsgeschäft** nichtig, § 111

2. **Erfüllung**

   Ausführlich ⇨ S. 162

   Leistung an beschränkt Geschäftsfähigen/Geschäftsunfähigen bewirkt keine Erfüllung gem. § 362 Abs. 1, da nicht empfangszuständig (h.M.)

3. **Vorvertragliche Pflichtverletzung** ⇨ *S. 21*

   Keine Haftung aus §§ 280 Abs. 1, 311 Abs. 2, 241 Abs. 2 für vorvertragliches Verschulden, es sei denn, gesetzlicher Vertreter hat Verhandlungen zugestimmt

4. **Rechtsscheinshaftung**

   Ausführlich ⇨ S. 346

   Mangels zurechenbarer Veranlassung keine Rechtsscheinshaftung

5. **Verjährung**

   Ausführlich ⇨ S. 217
   - Hemmung der Verjährung zwischen Eltern und Kindern während der Minderjährigkeit, § 207
   - Ablaufhemmung der Verjährung während der Minderjährigkeit, sofern kein gesetzlicher Vertreter vorhanden ist, § 210
   - Hemmung der Verjährung von Ansprüchen wegen Verletzung der sexuellen Selbstbestimmung bis zum 21. Lebensjahr, § 208

6. **GoA**
   - Haftung als Geschäftsführer nur aus §§ 823 ff. und §§ 812 ff. (vgl. § 682)
   - Haftung als Geschäftsherr nur, wenn gesetzliche Vertreter Geschäftsführung zugestimmt haben.

C. Strukturschemata

I. Auswirkungen mangelnder/beschränkter Geschäftsfähigkeit (Fortsetzung)

II. Sachenrecht

- An Minderjährige kann grds. Sache übereignet werden, da i.d.R. lediglich rechtlich vorteilhaft (–), nur wenn Übereignung mit Rechtsnachteilen verbunden, z.B. Eintritt in einen Mietvertrag, § 566
- Minderjähriger kann **eigene** Sache nicht übereignen, da nachteilig
  - ⚠ Str., ob Minderjähriger fremde Sache übereignen kann (h.M. [+], da rechtlich neutral; a.A. [–], da Erwerber dann – Gutgläubigkeit unterstellt – besser stehen würde, als bei Eigentum des Minderjährigen, da dann Übereignung gerade nicht möglich.
- Haftung eines Minderjährigen aus **EBV**
  - Haftung nach §§ 989, 990 bei Bösgläubigkeit des Minderjährigen, wenn Sache deliktisch erlangt
  - Haftung bei Rückabwicklung fehlgeschlagener Verträge nur bei Bösgläubigkeit des gesetzlichen Vertreters (Gedanke der §§ 104 ff.)
- Bei **Vertretung durch gesetzlichen Vertreter §§ 1629 Abs. 2, 1795 bzw. §§ 1643, 1821 beachten!**

III. Deliktsrecht

Ausführlich ⇨ *S. 56, 167*

- **Verschuldensunfähig** vor Vollendung des 7. Lebensjahres, § 828 Abs. 1, und im Zustand der Bewusstlosigkeit bzw. in einem die freie Willensbestimmung ausschließenden Zustand krankhafter Störung der Geistestätigkeit, § 827 S. 1.
- **Beschränkt verschuldensfähig:** Ab Vollendung des 7. Lebensjahres und vor Vollendung des 18. Lebensjahres kommt es auf die Einsichtsfähigkeit an, § 828 Abs. 3 S. 1.
  Bei Unfällen mit Kfz oder Bahnen besteht zwischen dem 7. und 10. Lebensjahr keine Haftung für Fahrlässigkeit, § 828 Abs. 2 (allerdings nur bei Unfällen im fließenden Verkehr – nicht also bei der Beschädigung eines parkenden Kfz).

IV. Bereicherungsrecht

Ausführlich ⇨ *S. 222*

- An einen Minderjährigen kann geleistet werden (lediglich rechtlich vorteilhaft); aber keine Erfüllungswirkung (s.o.).
- **Saldotheorie** zulasten des Minderjährigen nicht anwendbar
- **Bösgläubigkeit:**
  - Bei Leistungskondiktion Kenntnis des gesetzlichen Vertreters erforderlich
  - Bei Eingriffskondiktion kommt es auf eigene Kenntnis an, wenn die erforderliche Einsichtsfähigkeit vorhanden ist, § 828 entsprechend

V. Erbrecht

- Testierfähigkeit mit Vollendung des 16. Lebensjahres, § 2229 Abs. 1
- Erbvertrag erfordert aber unbeschränkte Geschäftsfähigkeit, § 2275

VI. Familienrecht

- Ehemündigkeit, §§ 1303 ff. ⇨ *S. 264*

C. Strukturschemata

II. Akzessorietät

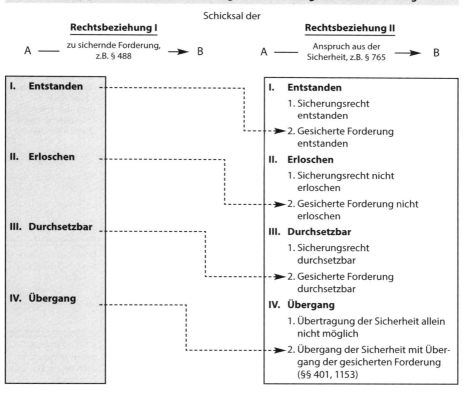

C. Strukturschemata

II. Akzessorietät (Fortsetzung)

	Bürgschaft	Hypothek	Vormerkung	Pfandrecht
Entstehen	Zwar § 765 Abs. 2 (Sicherungsfähigkeit künftiger und bedingter Forderungen) Die Bürgschaft und damit Anspruch aus § 765 Abs. 1 entsteht aber erst **mit Entstehen der gesicherten Forderung.** § 767 Abs. 1 S. 3: **Anlassrechtsprechung**	Zwar § 1113 Abs. 1 (Sicherungsfähigkeit künftiger und bedingter Forderungen) Die Hypothek und damit Anspruch aus § 1147 entsteht aber erst **mit Entstehen der gesicherten Forderung.** Vorher: Eigentümergrundschuld (rangwahrend); §§ 1163 Abs. 1 S. 1, 1177 Abs. 1 S. 1	§ 883 Abs. 1 S. 2 (Sicherungsfähigkeit künftiger und bedingter Forderungen) Wg. der Wirkung des § 883 Abs. 3 soll nach BGH die Vormerkung auch bei Sicherung von künftigen Ansprüchen bereits mit Eintragung entstehen und der Vormerkungsschutz eintreten; **Schutzwirkungen dürfen aber erst nach Entstehen der Forderung geltend gemacht werden.**	Zwar § 1204 Abs. 2 (Sicherungsfähigkeit künftiger und bedingter Forderungen) Das Pfandrecht und damit Anspruch aus § 1204 Abs. 1 entsteht aber erst **mit Entstehen der gesicherten Forderung**
Erlöschen	§ 767 Abs. 1 S. 1 Bürgschaft ist vom jeweiligen Bestand der Hauptschuld abhängig	Fremdhypothek wird, soweit gesicherter Anspruch erlischt, zur Eigentümergrundschuld (§§ 1163 Abs. 1 S. 2, 1177 Abs. 1 S. 1)	Erlischt mit Erlöschen des gesicherten Anspruchs	Erlischt mit Erlöschen des gesicherten Anspruchs
Durchsetzbarkeit	§ 768: Einreden gegen Hauptschuld wirken auch gegen § 765 § 770: Wenn Hauptschuld gestaltbar (vernichtbar, verzichtbar, erfüllbar)	§ 1137: Einreden gegen die gesicherte Forderung auch gegen die Hypothek, es sei denn: **§ 216 Abs. 1**; ggf. § 1169 oder: § 1138 Alt. 2: Gutgläubiger einredefreier Erwerb der Forderung für Zwecke des § 1147	§ 886: Dauernde Einrede gegen gesicherten Anspruch (z.B. § 214 Abs. 1) führt nach Einredeerhebung zum Beseitigungsanspruch bzgl. Vormerkung; Dilatorische Einrede hat keine Auswirkung	§ 1211: Einreden gegen Hauptschuld auch gegen das Pfandrecht
Übertragung	§ 401, auch i.V.m. z.B. §§ 412, 774, 1143, 268 Abs. 3, 426 Abs. 2, 1225, 1249			

C. Strukturschemata

III. Normkonkurrenzen

Wichtige Konkurrenzprobleme

I. Gewährleistungsrecht

1. **zur Anfechtung**
   - **§ 119 Abs. 1:** Inhalts- oder Erklärungsirrtum des Käufers
     Keine Konkurrenz, da Schutz der Willensbildung vorrangig
   - **§ 123:** Arglistige Täuschung des Verkäufers
     Konkurrenz: Wahlrecht des Käufers (Arglistig handelnder Verkäufer ist nicht schutzwürdig)
   - **§ 119 Abs. 2:** Eigenschaftsirrtum
     – Käufer irrt
     Konkurrenz: Vorrang der Gewährleistung (auch für Rechtsmängel), da
     - Gewährleistungsfrist kürzer als Anfechtungsfrist
     - Gewährleistungsausschluss bei grob fahrlässiger Unkenntnis des Käufers
     - Gewährleistungsrecht vor Rückabwicklung eine Nacherfüllung vorsieht
     - Rückabwicklung nach §§ 346 ff. und nicht nach §§ 812 ff.

     Zeitpunkt (str.):
     - ab Gefahrübergang (vorher bestehen keine Gewährleistungsrechte)
     - ab Vertragsschluss (Gewährleistungsausschluss wegen grob fahrlässiger Unkenntnis des Mangels stellt auf Kenntnis „bei Vertragsschluss" ab)

     – Verkäufer irrt: Vorrang der Gewährleistung (auch für Rechtsmängel), da Verkäufer sich Gewährleistung nicht entziehen soll (Voraussetzung ist daher aber, dass tatsächlich Gewährleistungsrechte des Käufers bestehen, denen sich der Verkäufer entziehen kann)

2. **zum Erfüllungsanspruch**
   Konkurrenz, da Mangelfreiheit Hauptleistungspflicht ist (§ 433 Abs. 1 S. 2) und durch Schlechtleistung keine Erfüllung eintritt
   Ⓟ *Minderlieferung = Sachmangel gem. § 434 Abs. 3 Alt. 2?*
   (Der Primärleistungsanspruch geht bei einer Minderlieferung nach h.M. nur unter, wenn der Käufer annehmen konnte, dass der Verkäufer mit seiner Lieferung seine ganze Leistungsverpflichtung erbringen wollte und nicht lediglich eine Teilleistung i.S.v. § 266.)
   - Vorrang der spezielleren §§ 434 ff., da kurze Verjährung (zugunsten des Verkäufers) und besondere Regelungen zur Nacherfüllung zugunsten des Käufers (§ 439)

3. **zum allg. Leistungsstörungsrecht**
   Konkurrenz, da § 437 auf allg. Regeln verweist
   - Vorrang der spezielleren §§ 434 ff. wegen kürzerer Verjährung
   - Ausnahme: Andere Pflichtverletzung als Lieferung einer i.S.v. §§ 434 ff. mangelhaften Sache
   - Ausnahme: § 320 anwendbar (str.), a.A. § 438 Abs. 4 S. 2 („erst Recht")

4. **zur vorvertraglichen Haftung gem. §§ 280, 311 Abs. 2 (c.i.c.)**
   Konkurrenz soweit vorvertragliche Pflichtverletzung zugleich Mangel
   - Vorrang der spezielleren §§ 434 ff., da
     – Kürzere Verjährungsfrist
     – Gewährleistungsausschluss bei grob fahrlässiger Unkenntnis des Käufers
     – Gewährleistungsrecht vor Schadensersatz eine Nacherfüllung vorsieht

C. Struktur- schemata

III. Normkonkurrenzen (Fortsetzung)

Wichtige Konkurrenzprobleme (Fortsetzung)

I. Gewährleistungsrecht (Fortsetzung)

- Ausnahme: Verkäufer handelt arglistig, da er dann nicht schutzwürdig ist
- Ausnahme: Falschangaben über nicht mangelbegründende Umstände

5. **zur Störung der Geschäftsgrundlage**
   Konkurrenz: Grundsätzlicher Vorrang der §§ 434 ff.
   - Ausnahme: Angaben/Vorstellungen über künftige Eigenschaften, da insoweit kein Mangel zum Zeitpunkt des Gefahrübergangs vorliegt

6. **zum Deliktsrecht**
   Keine Konkurrenz: Ansprüche bestehen nebeneinander, da §§ 434 ff. das Äquivalenz- und §§ 823 ff. das Integritätsinteresse schützen.
   - Relevanz v.a. bei „weiterfressenden Mängeln", wenn Gewährleistungsrechte verjährt sind oder die Rügepflicht des § 377 HGB verletzt wurde

II. EBV/Eigentumsherausgabeanspruch

Konkurrenzproblem im EBV (§§ 987 ff.) stellt sich hinsichtlich

Schadensersatzes, den der Eigentümer vom Besitzer verlangt ⟶ EBV contra Deliktsrecht/Vertragsrecht

Nutzungen, die der Eigentümer vom Besitzer verlangt ⟶ EBV contra Bereicherungsrecht/Vertragsrecht

Verwendungen, die der Besitzer vom Eigentümer verlangt ⟶ EBV contra Bereicherungsrecht/Vertragsrecht

Eine Konkurrenz kann jedoch nur vorliegen, wenn ein *EBV im Zeitpunkt der Verletzungshandlung/Nutzung/ Verwendung* besteht. Dies ist in den folgenden Fällen problematisch:

1. **Beendigung wirksamer Verträge (z.B. Miete)**

- **Herausgabeanspruch**
  - Vertraglicher Rückgabeanspruch und dingl. Herausgabeanspruch (§ 985) können nebeneinander stehen (h.M.).
  - Nach der Lehre vom Vorrang des Vertragsverhältnisses ist § 985 gegenüber vertraglichen Rückgabeansprüchen subsidiär.
- **Schadensersatz, Nutzungsersatz**
  Entfällt das Besitzrecht nach Ablauf des Vertrages „ex nunc" **(Nicht-mehr-berechtigter-Besitzer)**, ist das Konkurrenzverhältnis str.:
  - §§ 987 ff. beim nachträglichen Wegfall des Besitzrechts nicht anwendbar; vertragliche Schadensersatzansprüche sowie §§ 823 ff., 812 ff. unmittelbar anwendbar (Lit.)
  - §§ 987 ff. treten als *haftungssteigernde* Auffangregelungen hinzu, sperren aber nicht die Anwendbarkeit der §§ 823 ff., 812 ff. (Rspr. und teilweise Lit.) (entscheidend v.a. für verschärfte Haftung nach §§ 989, 990 – hier ist u.a. § 278 anwendbar)

C. Strukturschemata

III. Normkonkurrenzen (Fortsetzung)

II. EBV/Eigentumsherausgabeanspruch (Fortsetzung)

2. Verträge, nach denen jederzeitige Herausgabe geschuldet wird (z.B. Verwahrung, berechtigte GoA)

- Herausgabeanspruch (s.o. zur Beendigung wirksamer Verträge)
- Schadensersatz, Nutzungsersatz
  Auch Verträge oder vertragsähnliche Schuldverhältnisse begründen bis zur Herausgabeaufforderung ein Recht zum Besitz (**Noch-berechtigter-Besitzer**).
  - §§ 987 ff. nicht anwendbar; vertragliche Schadensersatzansprüche sowie §§ 823 ff., 812 ff. unmittelbar anwendbar (Lit.)
  - Rspr.: zusätzlich §§ 989, 990 analog anwendbar

3. Überschreitung des (bestehenden) vertraglichen Besitzrechts

- Schadensersatz, Nutzungsersatz
  Besitzer hat ein wirksames Recht zum Besitz, überschreitet dieses aber, indem er die Sache nicht vertragsgemäß benutzt (**Nicht-so-berechtigter-Besitzer**).
- §§ 823 ff. unmittelbar anwendbar – kein Fall der §§ 987 ff. (h.M.)
- Streit v.a. bei Nutzungen (unberechtigte Untervermietung) relevant, da keine Ansprüche des Vermieters aus §§ 535 ff. oder §§ 812 ff., sondern ggf. nur aus §§ 990 Abs. 1, 987 Abs. 1

4. Umwandlung berechtigten Fremdbesitzes in unrechtmäßigen Eigenbesitz

- Schadensersatz
  Berechtigter Fremdbesitzer (Mieter) veräußert Sache an Dritten (wandelt seinen Besitz also in unrechtmäßigen Eigenbesitz)
- Rspr.: §§ 989, 990 neben §§ 823 ff. anwendbar
- Lit.: Nur vertragliche Ansprüche und §§ 823 ff., da Rechtmäßigkeit des (Fremd)besitzes nicht berührt wird; erforderlich zunächst Beendigung des Besitzrechts (z.B. durch Kündigung)

5. Zusendung unbestellter Waren

- Herausgabeanspruch
  - str., ob durch § 241 a ausgeschlossen (nach h.M. [+])
  - jedenfalls gegeben, wenn § 241 a nicht anwendbar
- Schadensersatz, Nutzungsersatz
  - ausgeschlossen, soweit § 241 a anwendbar

6. Unberechtigte GoA

- Unberechtigte GoA gibt kein Besitzrecht, sodass EBV anwendbar ist.
- Die Rechtsfolgenverweisung des § 684 auf das (durch das EBV gesperrte!) Bereicherungsrecht läuft in diesem Fall leer.

7. Angemaßte Eigengeschäftsführung, § 687 Abs. 2

§§ 987 ff. anwendbar, da keine Schutzbedürftigkeit

C. Strukturschemata

III. Normkonkurrenzen (Fortsetzung)

Konkurrenz des EBV zum Deliktsrecht

- **Schadensersatz**
  § 826 nicht ausgeschlossen, da kein Schutzbedürfnis
- **Sperrwirkung** der §§ 823 ff.
  §§ 823 ff. werden durch das EBV grds. gesperrt. Es ist jedoch umstritten, ob die Sperrwirkung des § 993 Abs. 1 Hs. 2 auch für den **bösgläubigen Besitzer** gilt:
  - Nach einer Ansicht gilt die Sperrwirkung nicht, sodass die §§ 823 ff. unmittelbar anwendbar sind. Begründung: Der bösgläubige und der verklagte Besitzer seien nicht schutzwürdig. Wenn schon der gutgläubige Fremdbesitzer beim Fremdbesitzerexzess nach § 823 Abs. 1 hafte, so müsse dies erst recht für den bösgläubigen gelten.
  - Nach h.M. sind die §§ 823 ff. entsprechend des Wortlauts des § 993 auch beim bösgläubigen Besitzer nicht anwendbar. Dafür spricht, dass der Vorenthaltungsschaden gem. § 990 Abs. 2 nur bei Verzug ersetzt werden soll, was bei einer Haftung nach § 823 unterlaufen würde; außerdem würde entgegen § 990 Abs. 2 stets für Zufall gehaftet (vgl. § 848).

Sonderproblem: **Fremdbesitzerexzess**

Gutgläubiger Besitzer hat kein wirksames Recht zum Besitz, überschreitet das vermeintliche Besitzrecht aber, indem er die Sache nicht gem. des vermeintlichen Vertrages benutzt (**Fremdbesitzerexzess**)

- §§ 823 ff. – trotz § 993 Abs. 1 Hs. 2 – anwendbar (h.M.), da der gutgläubige unrechtmäßige Besitzer nicht besser stehen soll, als ein rechtmäßiger Besitzer, der sein Besitzrecht überschreitet
- zusätzliche Haftung analog §§ 991 Abs. 2, 989
- Anwendung vertraglicher Haftungsmaßstäbe

Konkurrenz des EBV zum Bereicherungsrecht

- Bereicherungsansprüche, die nicht auf Nutzungen abzielen, sondern die Unmöglichkeit der Herausgabe der Sache infolge Verbrauchs oder Veräußerung ausgleichen sollen, werden von den §§ 987 ff. nicht verdrängt.
- **Nutzungsersatz**
  - h.M.: §§ 812 ff. werden durch §§ 987 ff. immer gesperrt (Arg. §§ 993 Abs. 1 Hs. 2, 992, Privilegierung des redlichen unverklagten Besitzers: für ihn stellt Herausgabe der Sache die Haftungsgrenze dar, d.h. §§ 987 ff. sind Rechtsgrund i.S.v. §§ 812 ff.).
  - m.M.: §§ 823 ff. und §§ 987 ff. stehen uneingeschränkt nebeneinander.

Sonderproblem: **Doppelnichtigkeit/Rückabwicklung fehlgeschlagener Verträge**

- Rspr.: §§ 812 ff. werden durch §§ 987 ff. zwar immer gesperrt; Eine **AUSNAHME** besteht bei **rechtsgrundlosem Erwerb**; hier gilt **§ 988 analog, d.h. der rechtsgrundlose Erwerb steht dem unentgeltlichen gleich** (Arg.: Wenn bei einem Vertrag „nur" das schuldrechtliche Geschäft unwirksam ist, sind die §§ 812 ff. für die Rückabwicklung anwendbar; wenn zusätzlich auch das Verfügungsgeschäft unwirksam ist, darf nichts anderes gelten.).
- Lit.: §§ 812 ff. werden durch §§ 987 ff. bei Rückabwicklung unwirksamer Verträge nicht gesperrt (Arg.: Gesetzesverfasser haben sich beim EBV am Modell des fehlgeschlagenen gutgläubigen Erwerbs orientiert und nicht am Modell fehlgeschlagener Kausalgeschäfte).
- *Unterschied:* Wenn Besitzer Sache von Drittem entgeltlich erworben hat, muss er nach Rspr. trotzdem Nutzungsersatz leisten. Nach Lit. kann sich Eigentümer hier nicht an Besitzer wenden, da dieser Besitz „durch Leistung" von einem Dritten erhalten hat, sodass Lit. vorzugswürdiger.
- m.M. (aber gut vertretbar): §§ 987 ff. sperren Eingriffskondiktion, nicht aber Leistungskondiktion (Arg.: Vindikation hat enge Verwandtschaft mit Eingriffskondiktion, sodass auch hier der bereicherungsrechtliche Vorrang der Leistungskondiktion gilt).

C. Strukturschemata

III. Normkonkurrenzen (Fortsetzung)

Konkurrenz des EBV zum Bereicherungsrecht (Fortsetzung)

Sonderproblem: Verwendungsersatz bei „weitem" Verwendungsbegriff

1. **Rspr.: Enger Verwendungsbegriff**
   (Verwendung [–], wenn Sache grundlegend umgestaltet wird, ☞ Bau eines Hauses auf fremden Grundstück)
   - **Konkurrenz zum Bereicherungsrecht gem. §§ 951, 812 ff.:**
     – Bereicherungsrecht ist durch EBV auch hinsichtlich weiter Verwendungen gesperrt.
     (**Arg.:** Umgestaltung ist sprachlich keine Verwendung mehr; Eigentümer soll vor aufgedrängter Bereicherung geschützt werden)

2. **Lit.: Weiter Verwendungsbegriff**
   - **Konkurrenz zum Bereicherungsrecht gem. §§ 951, 812 ff.:**
     – Der **redliche Besitzer** erhält Verwendungen gem. §§ 994 ff., auch wenn es sich um eine Umgestaltung handelt, sodass sich Konkurrenzproblem hier nicht stellt.
     – Der **unredliche Besitzer** erhält allerdings nur nützliche Verwendungen. Teilweise sollen die §§ 951, 812 ff. anwendbar sein, da der unrechtmäßige Verwender, der die Sache besitzt, nicht schlechter stehen soll, als der unrechtmäßige besitzlose Verwender.
     – Soweit Bereicherungshaftung bejaht wird, Problem der „aufgedrängten Bereicherung"

Sonderproblem: Verwendungsersatz des gutgläubigen Werkunternehmers

1. Werkunternehmer arbeitet für Eigentümer (Werkvertrag unwirksam)
   - GoA nach Rspr. (+), nach Lit. (–), da §§ 812 ff. für Abwicklung unwirksamer Verträge vorrangig
   - §§ 994, 996 bei GoA ausgeschlossen; bei Anwendung §§ 812 ff. (str.):
     – h.M. §§ 994, 996 anwendbar
     – a.A. §§ 994, 996 nicht anwendbar (Arg.: § 814 wird umgangen)
     – ABER: Kein Anspruch aus §§ 994, 996 da **Verwender = Besteller** und nicht der Werkunternehmer
   - ERGEBNIS: Ersatz nach Rspr. gem GoA, nach Lit. gem. §§ 812 ff.
2. Werkunternehmer arbeitet für Dritten, der nicht Eigentümer ist (Werkvertrag unwirksam)
   h.M.: §§ 994, 996 anwendbar (str.)

C. Strukturschemata

IV. Zurechnung und Rechtsschein

	Wessen Verhalten wird zugerechnet	Wem wird zugerechnet	Was wird zugerechnet	Grenzen der Zurechnung
§ 31 (§ 89)	• Vereins-, Stiftungsvorstand • analog für Organe einer jur. Person oder Personenhandelsgesellschaft	• Dem Verein/der Stiftung • Der jur. Person oder Personenhandelsgesellschaft	• Zum Schadensersatz verpflichtendes Verhalten • Deliktisches Verhalten • Verschulden	„in Ausführung der ihm zustehenden Verrichtung"
§ 164 Abs. 1 S. 1	Vertreter	Vertretenem	Willenserklärung	„innerhalb der ihm zustehenden Vertretungsmacht"
§ 166	Vertreter	Vertretenem	Wissen (Kenntnis) im Rahmen von **Willenserklärungen** • subjektive Merkmale §§ 134, 138 • § 142 Abs. 2 • § 173 • Mängelkenntnis, § 442 Abs. 1 S. 1 • Arglist, §§ 442 Abs. 1 S. 2, 444 • Böser Glaube, §§ 892, 932, 990 und § 366 HGB	„innerhalb der ihm zustehenden Vertretungsmacht"
§ 166 analog	Dritter („Wissensvertreter" = eigenverantwortlicher Repräsentant des Geschäftsherrn) Beispiele: Rechtsanwalt, Anlagevermittler, Kontoverfügungsberechtigter	Geschäftsherrn	Wissen (Kenntnis) im Rahmen von **Realakten** • Abnahme, § 640 Abs. 2 • Besitzerwerb durch bösgläubigen Besitzdiener • Haftung gem. § 819 (str., bei Minderjährigen §§ 827, 828) • Wissenszusammenrechnung in Organisationen	
§ 185 (ggf. analog)	Ermächtigter	Ermächtigenden	• Realakt • Verfügung (nicht Verpflichtung: §§ 164 ff. lex specialis)	„innerhalb der Ermächtigung"
§ 278	Erfüllungsgehilfe (wer mit Wissen und Wollen des Schuldners bei einer diesem obliegenden Verpflichtung tätig wird)	Geschäftsherrn	• Zum Schadensersatz verpflichtendes Verhalten • Verschulden	• Erfüllungsgehilfe muss mit Wissen und Wollen des Geschäftsherrn tätig werden und eine ihm obliegende Verpflichtung erfüllen • Kein Handeln des Erfüllungsgehilfen „bei Gelegenheit"
[§ 831]	§ 831 ist KEINE Zurechnungsnorm, sondern eine Anspruchsgrundlage			
Rechtsschein	• Rechtlich relevanter Umstand liegt nicht vor. – Bevollmächtigung – Organstellung – Ermächtigung – etc. • Aus Sicht des Dritten besteht der Rechtsschein des Vorliegens. • Gegner hat den Rechtsschein in zurechenbarer Weise gesetzt (mind. fahrlässig). • Der Dritte ist gutgläubig hinsichtlich des Rechtsscheins. • Die Gutgläubigkeit des Dritten war kausal für sein Handeln.			

STICHWORTVERZEICHNIS

Abgabe einer Willenserklärung 138
Absolutes Fixgeschäft 170
Abstammung 272
Abtretung 208
Adoption 273
Aktiengesellschaft 303
Akzessorietät ....339 f.
Allgemeine Geschäftsbedingungen ....151 f.
Allgemeines Persönlichkeitsrecht ....59 f.
Aneignung 236
Anerkenntnis 327
Anfechtung ....158 f.
    Letztwillige Verfügung 280
Annahmeverzug ....114, 175 f.
Anspruchsgrundlagen
    Erfüllung 4
    Nacherfüllung 9
    Schadensersatz ....15 ff.
Anwartschaftsrecht ....239 ff.
Arrest 336
Aufrechnung 165
Aufwendungsersatzanspruch 111
    Annahmeverzug des Gläubigers 114
    Anstelle des Schadensersatzes
    statt der Leistung ....112 f.
    Mangelbeseitigung durch Besteller 120
    Mangelbeseitigung durch Käufer 12
    Mangelbeseitigung durch Mieter 118
    Mangelbeseitigung durch
    Reisenden 121
Auslegung 161
Ausschlagung 280
Außergeschäftsraumvertrag 180

Bedingung 160
Befristung 160
Berechtigung 226, 231, 250
Bereicherung
    Leistungskondiktion ....91 ff.
    Nichtleistungskondiktion ....95 ff.
    Umfang der Herausgabepflicht ....222 f.
Berufung 328
Beschaffenheitsgarantie ....204 f.
Beschränkte Geschäftsfähigkeit ....153 f.
Beschwerde 328, 334
Beseitigung einer Störung ....127 f.
Besitzkehr 88
Besitzkonstitut ....225 f.
Besitzrecht 86
Besitzschutz ....88 ff.
Besitzwehr 88
Bestandteile 235
Betreuung 273

Bösgläubigkeit im EBV 51
Briefübergabe 249
Bürgschaft ....177 ff.

Dissens 161
Dritte im Schuldverhältnis ....206 f.
Drittschadensliquidation 206
Drittwiderspruchsklage 334
Duldung der Zwangsvollstreckung
    Grundschuld ....135 ff.
    Hypothek ....132 ff.

Ehe 266
Eheverträge 270
Eigentumserwerb kraft Gesetzes ....234 ff.
Eigentumsherausgabeanspruch ....85 ff.
Eigentumsvorbehalt ....242 f.
    erweiterter 242
    verlängerter ....242 f.
Eingriffskondiktion 99
Einigung ....143 ff.
Einstweilige Verfügung 336
Eintrittsklausel 301
Elterliche Sorge 272
Enterbung 280
Enthaftung 258
Entreicherung ....222 f.
Erbenhaftung 283
Erbenstellung ....274, 276 f., 279
    Verlust 280
Erbfähigkeit 274, 276
Erbrecht (Systematik) ....274 f.
Erbschaftsbesitz 283
Erbschein 284
Erbunwürdigkeit 280
Erbvertrag ....276 f.
Erbverzicht 280
Erfüllung ....162 ff.
Erfüllungsanspruch ....7 f.
Erfüllungsinteresse 213
Erfüllungsort 166
Erfüllungssurrogate ....163 ff.
Erinnerung 334
Erledigung 327
Ersitzung 236
Erzeugnisse 235

Factoring ....244 f.
    echtes ....244 f.
    unechtes ....244 f.
Fahrerhaftung 66
Fahrzeughalterhaftung 66
Fälligkeit 166

Familienrecht (Systematik) .... 264 f.
Fernabsatzvertrag 180
Finanzierungsleasing 202
Firma 286
Form .... 155 ff.
   Letztwillige Verfügung 277
   Frachtführer 288
Fund 236

Garantie .... 204 f.
Gemeinschaftliches Testament .... 276 f.
Gesamtschuld .... 208 ff.
Geschäftsfähigkeit .... 153 f., 337 f.
Geschäftsführung ohne Auftrag
   Schadensersatz des Geschäftsherrn .... 47 f.
Gesellschaft bürgerlichen Rechts .... 295 f.
Gesellschaft mit beschränkter Haftung 302
Gesellschafter .... 300 f.
Gesellschaftsrecht (Systematik) 292
Gesetzliche Erbfolge 274
Gesetzlicher Eigentumserwerb .... 234 ff.
Gewährleistungsausschluss 10, 13
Gewährleistungsrecht (Systematik)
   Kaufrecht 190
   Mietrecht 192
   Werkvertragsrecht 191
Gläubigerverzug .... 175 f.
Grundschuld
   Ersterwerb .... 248 ff.
Zweiterwerb 253
Gütergemeinschaft 267
Güterstände 267
Gütertrennung 267
Gutgläubiger Erwerb
   Bewegliche Sachen .... 227 ff.
   Ersterwerb einer Grundschuld .... 251 f.
   Ersterwerb einer Hypothek .... 251 f.
   Unbewegliche Sachen 232
   Zweiterwerb einer Grundschuld .... 254 ff.
   Zweiterwerb einer Hypothek .... 254 ff.

Haftungsverband von Hypothek/
   Grundschuld .... 257 f.
Haltbarkeitsgarantie .... 204 f.
Handelsgeschäfte .... 290 f.
Handelsmakler 288
Handelsrecht (Systematik) 285
Handelsvertreter 288
Handlungsbevollmächtigter 287
Herausgabe
   Besitz (petitorisch) 91
   Besitz (possesorisch) .... 89 f.
   Eigentum .... 85 ff.
   Erbschaftsbesitzer 283
   GoA .... 48 f.

Hinterlegung 164
Hypothek
   Ersterwerb .... 248 ff.
   Zweiterwerb .... 253 ff.

Innerbetrieblicher Schadensausgleich 309
Integritätsinteresse 213

Kaufmann 286
Kaufmännisches Bestätigungsschreiben ... 147
Kausalität 58
Kfz-Schäden 216
Klageänderung 323
Klagerücknahme 327
Klageverzicht 327
Kommissionär 288
Konkurrenzen .... 341 ff.
Körperschaften 292

Ladenangestellter 287
Lagerhalter 288
Leasing .... 202 f.
Lebenspartnerschaft 266
Leistungskondiktion .... 91 ff.
Leistungsort 166
Leistungszeit 166

Mahnbescheidverfahren 326
Mahnung 173
Mangelbegriff
   im Kaufrecht .... 186 f.
   im Mietrecht .... 188 f.
   im Reiserecht .... 188 f.
   im Werkvertragsrecht .... 186 f.
Mietvertrag .... 200 f.
Minderlieferung
   im Kaufrecht .... 79 ff.
Minderung
   im Kaufrecht .... 194 f.
   im Mietrecht .... 196 f.
   im Reiserecht .... 196 f.
   im Werkvertragsrecht .... 194 f.
Miterben 281
Mitverschulden 215

Nachbesserung .... 11 f.
Nacherbschaft 278
Nacherfüllungsanspruch
   im Kaufrecht .... 10 ff.
   im Werkvertragsrecht .... 13 f.
Nachfolge 301
Nachfolgeklausel 301
Nachlieferung .... 11 f.
Naturalrestitution 214
Negatives Interesse 213

Neuherstellung 14
Nichtleistungskondiktion ....95 ff.
Nutzungsbegriff 103
Nutzungsersatzanspruch ....101 f.
  Deliktsbesitzer ....54 f., 105
  Nebenpflichtverletzung 80
  Nichtleistung ....25 ff., 76 f.
  Nichtleistung im Kauf- und
    Werkvertragsrecht ....78 f.
  Schlechtleistung ....76 f.
  Schlechtleistung im Kauf- und
    Werkvertragsrecht ....78 f.
  Teilunmöglichkeit 82
  Teilunmöglichkeit im Kauf- und
    Werkvertragsrecht ....83 f.
  Übermaßfrüchte 105
  Unentgeltlich/rechtsgrundlos
    gutgläubiger Besitzer ....104 f.
  Unmöglichkeit ....74 f.
  Unrechtmäßiger bösgläubiger
    Fremdbesitzer 104
  Unrechtmäßiger bösgläubiger/
    verklagter Besitzer 103

Offene Handelsgesellschaft 295
Operatingleasing 202

Parteien 322
Partnerschaft 295
Personengesellschaft ....295 ff.
Pfandrecht ....260 ff.
Pflegschaft 273
Pflichtteilsberechtigter 282
Pflichtverletzungen (Systematik) 184
Positives Interesse 213
Primärleistung ....4 ff.
Produkthaftung ....67 f.
Prokurist 287
Prozessführungsbefugnis 323
Prozesshindernisse 320
Prozessvergleich 327
Prozessvoraussetzungen 320
Prüfungsreihenfolge ....1 ff.
Publizität des Handelsregisters 289

Recht am eingerichteten und
  ausgeübten Gewerbebetrieb ....59 f.
Recht zum Besitz 86
Rechtshängigkeit im EBV 51
Rechtsschein 346
  Handelsregister 289
Relatives Fixgeschäft 28, 76, 170
Revision 328
Revokatorische Klage 268, 323
Rückgriffskondiktion 99
Rücktritt ....71 ff.

Nebenpflichtverletzung 80
Nichtleistung ....76 f.
Schlechtleistung ....76 f.
Schlechtleistung im Kauf- und
  Werkvertragsrecht ....78 f.
Teilunmöglichkeit ....81 f.
Teilunmöglichkeit im Kauf- und
  Werkvertragsrecht ....83 f.
Unmöglichkeit ....74 f.
Rückzahlung
  Rücktritt ....71 ff., 78 ff., 81 ff.
  Unmöglichkeit ....74 f.
Sachmangel
  Kaufrecht ....186 f.
  Mietrecht ....188 f.
  Reiserecht ....188 f.
  Werkvertragsrecht ....186 f.
Sachurteilsvoraussetzungen 320
Saldotheorie 222
Schadensersatzansprüche
  Anfängliche Unmöglichkeit 18
  Anfängliche Unmöglichkeit der
    Nacherfüllung ....19 f.
  Anfechtung 46
  Angemaßte GoA ....47 f.
  Aufsichtspflichtiger 64
  Deliktsbesitzer ....54 f.
  Fahrzeugführer 66
  Fahrzeughalter 66
  Gebäudehaftung 65
  Gerichtlicher Sachverständiger 65
  Kreditgefährdung 61
  Mietrecht ....41 f.
  Mittäterschaft 62
  Nachträgliche Unmöglichkeit ....32 f.
  Nachträgliche Unmöglichkeit der
    Nacherfüllung ....34 ff.
  Nichtleistung ....25 ff.
  Nichtleistung bei der Nacherfüllung ...28 ff.
  Personenmehrheit 62
  Pflichtverletzung ....21 f.
Produkthaftung ....67 f.
  Reiserecht ....43 ff.
  Rückgewährschuldverhältnis ....71 ff.
  Schlechtleistung ....25 ff.
  Schlechtleistung bei der Nacherfüllung ...28 ff.
  Schutzgesetzverletzung 61
  Teilnehmer 62
  Unberechtigte GoA ....47 f.
  Unerlaubte Handlung ....56 ff.
  Unrechtmäßiger gutgläubiger Besitzer 53
  Unrechtmäßiger verklagter/
    bösgläubiger Besitzer ....49 ff.
  Unzumutbare Nebenpflichtverletzung 40
  Verletzung von Rahmenrechten ....59 f.
  Verrichtungsgehilfe 63

Vertrauensschaden	46
Vertreter ohne Vertretungsmacht	46
Verzögerung	37
Verzögerung der Nacherfüllung	38 f.
Vorsätzliche sittenwidrige Schädigung	62
Vorvertragliche Pflichtverletzung (c.i.c.)	21 f.
Zwischenverfügung	241
Schadenskompensation	214
Schadensumfang	213 ff.
Scheidung	271
Scheingeheiß	227
Schuldübernahme	207
Schuldnerverzug	173 f.
Selbsthilfeverkauf	164
Selbstvornahme	
im Kaufrecht	14
im Mietrecht	119
im Reiserecht	121
im Werkvertragsrecht	120
Sicherungsübereignung	237 f.
Sittenwidrigkeit von Sicherungsverträgen	259
Spediteur	288
Stellvertretung	148 ff.
Störer	128
Störung der Geschäftsgrundlage	172
Streitgenossen	322
Streithelfer	322
Teilschlechtleistung	79
Testament	276 f.
Testierfähigkeit	276
Übereignung	
Bewegliche Sachen	224 ff.
Unbewegliche Sachen	230 ff.
Übergabe	224 ff.
Übersicherung	259
Universalsukzession	283
Unmöglichkeit	170 f.
Unterlassung einer Störung	
Besitzer	88 f.
Eigentümer	127 ff.
Unternehmer	198
Unverhältnismäßigkeit der Nacherfüllungskosten	11
Unwirksamkeit von Sicherungsverträgen	259
Verarbeitung	234 f.
Verbindung	234 f.
Verbotene Eigenmacht	88
Verbraucher	198
Verbraucherdarlehen	181
Verbrauchsgüterkauf	198
Verbundene Verträge	183
Vergleich	337
Verjährung	217 ff.
Verkehrssicherungspflicht	211 f.
Verlöbnis	264
Vermächtnis	282
Vermischung	234 f.
Verrichtungsgehilfe	63
Versäumnisurteil	325
Verschulden	167 ff.
Vertrag mit Schutzwirkung zugunsten Dritter	206
Vertrag zugunsten Dritter	206
Vertrauensschaden	
nach Anfechtung	46
des Vertreters ohne Vertretungsmacht	46
Vertretenmüssen	167 ff.
Vertretung	148 ff.
Verwendung	108
Verwendungsersatzansprüche	106 ff.
Verwendungskondiktion	99
Verzug	173 ff.
Vindikationslage	49 f., 85 f.
Vollerbschaft	278
Vollstreckungsabwehrklage	334 f.
Vorerbschaft	278, 281
Vor-GmbH	302
Vorgründungsgesellschaft	302
Vorläufiger Rechtsschutz	336
Vormerkung	246 f.
Vormundschaft	273
Vorteilsausgleichung	215
Vorzugsweise Befriedigung	334 f.
Weiterfresserschäden	56
Widerklage	324
Widerruf	180 ff.
Willenserklärung	143 ff.
Zivilprozessrecht (Systematik)	319
Zugang	145
Zugewinngemeinschaft	267
Zulässigkeit einer Klage	320
Zurechnung	346
Zuständigkeit des Gerichts	321
Zuwendungsausgleich im Familienrecht	269
Zwangsvollstreckung	329 ff.
Forderungspfändung	332 f.
Sachpfändung	331
Überweisung	332 f.
Versteigerung	331
Zwischenverfügung	241